DIAIRE

OU JOURNAL DU VOYAGE

DU CHANCELIER SÉGUIER

EN NORMANDIE.

A PARIS,

CHEZ JULES RENOUARD ET Cie, LIBRAIRES,
RUE DE TOURNON, 6.

ROUEN. — IMP. CHEZ NICÉTAS PERIAUX.

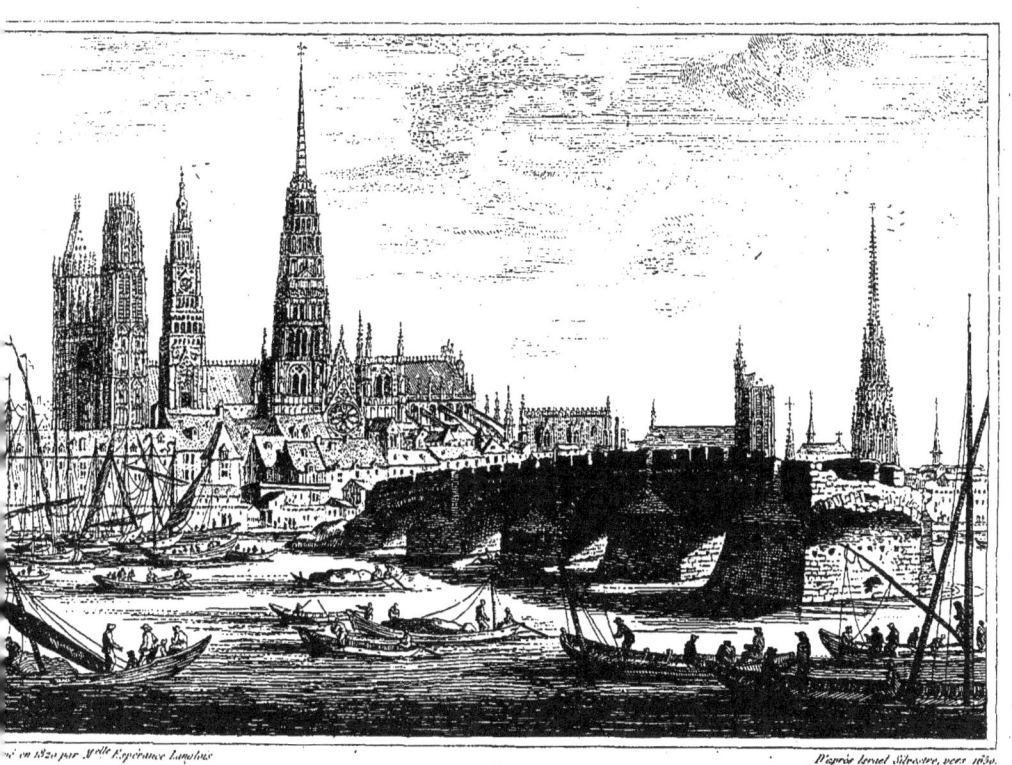

Rouen au XVII.ᵉ siècle.

DIAIRE
OU JOURNAL DU VOYAGE
DU
CHANCELIER SÉGUIER
EN NORMANDIE
APRÈS LA SÉDITION DES NU-PIEDS (1639-1640)
ET DOCUMENTS
relatifs à ce voyage et à la sédition
PUBLIÉS POUR LA PREMIÈRE FOIS
D'après les Manuscrits de la Bibliothèque royale

avec de nombreuses annotations propres à éclaircir et compléter le texte

PAR

A. FLOQUET
ANCIEN ÉLÈVE DE L'ÉCOLE DES CHARTES
GREFFIER EN CHEF DE LA COUR ROYALE DE ROUEN
MEMBRE DE L'ACADÉMIE DE LA MÊME VILLE, DE LA SOCIÉTÉ DES ANTIQUAIRES
DE NORMANDIE, ET CORRESPONDANT DE L'INSTITUT DE FRANCE

ROUEN
ÉDOUARD FRÈRE, ÉDITEUR
LIBRAIRE DE LA BIBLIOTHÈQUE DE LA VILLE
Quai de Paris, 45

M DCCC XLII

NOTICE

SUR LA RELATION DU VOYAGE

DU CHANCELIER SÉGUIER

EN NORMANDIE,

SUR LES DOCUMENTS

PUBLIÉS ICI AVEC CETTE RELATION,

et sur les deux Volumes manuscrits de la Bibliothèque royale (fonds de Saint-Germain), où la plupart de ces pièces sont contenues.

La dure administration du cardinal de Richelieu pesa sur la Normandie plus lourdement, peut-être, que sur aucune autre contrée de la France. Les registres du Parlement et de la cour des Aides de Rouen, les cahiers des États de la province, nous sont d'irrécusables témoins de l'extrême misère, de la détresse, du désespoir auxquels une dévorante fiscalité avait réduit ce pays. Les remontrances des cours souveraines, les doléances des trois ordres, n'obtenant point d'allégement à de si intolérables souffrances, les peuples, à la fin, s'étaient indignés, et, dans les quinze dernières années du règne de Louis XIII, rien ne fut plus commun, en Normandie, que les émeutes. Le fisc, insatiable et âpre, s'en prenant successivement à chaque profession, et disputant aux hommes de labeur un pain angoisseusement gagné à la sueur du front, d'abord on avait vu s'émouvoir, l'une après l'autre, chacune des industries menacées de périr : les drapiers, les tanneurs, les corroyeurs, les cordonniers, les teinturiers, les *cartiers,* nombre d'autres hommes de métier dans Rouen, et jusqu'aux *quatre mille gagne-pain* de cette grande ville, qu'on s'était follement mis en tête d'imposer et de poursuivre comme *titulaires d'offices domaniaux.* Les procureurs qu'on voulait rendre *héréditaires* et assujettir à de lourdes taxes, s'insurgèrent aussi à leur manière, en désertant souvent, tous ensemble, le palais. Le palais même, où il leur fallait revenir bientôt, en vertu des arrêts de la cour, fut un jour troublé par leurs violences, et put voir jusqu'où allait leur haine profonde pour le fisc et ses agents. — Locales et partielles au commencement, ces manifestations, plus tard, parurent dans toute la province ; et un jour on vint dire à Richelieu qu'elle se soulevait tout entière. La *solidité*[1]

---

[1] *Solidité.* On appelait ainsi, alors, ce qui, depuis, a été appelé *solidarité.*

qu'on voulait établir, en matière de subsides, l'incarcération de nombre d'habitants ayant payé leurs taxes, et qu'on emprisonnait, toutefois, jusqu'à ce qu'ils eussent payé aussi pour leurs concitoyens récalcitrants ou insolvables, avait excité en tous lieux une irritation profonde. La *gabelle*, odieuse aux contrées de la Normandie où elle existait, appréhendée, à l'égal du feu, dans celles qui n'y étaient point assujetties encore, la *gabelle*, source funeste de rigueurs inouïes et d'inimaginables cruautés, ayant été annoncée, à la fin, aux régions jusque-là exemptes, aussitôt les peuples exaspérés s'émurent, s'armèrent, s'organisèrent en *armée de souffrance*; c'étaient les redoutables *Nu-pieds*, dont les audacieux et menaçants placards promettaient, toutefois, moins de mal encore que bientôt on ne les en vit faire. Et pendant qu'à Rouen le Parlement, par ses arrêts, foudroyait ces séditieux ordres du jour, sous ses yeux même fermentait le peuple en colère, et se commirent bientôt, à la lumière du jour, de hardis, d'odieux attentats. Le désastreux édit du *contrôle des teintures*, cause de ruine pour la principale industrie du pays, repoussé par la cour des Aides, y ayant, à la fin, été forcément enregistré (avec neuf ou dix autres) par des *porteurs d'ordres*, le peuple, exaspéré, poursuivit, arracha de la cathédrale, massacra dans le parvis de l'église, l'officier du roi chargé de contrôler les draps en vertu de cet édit détesté. Tous les efforts de la justice n'ayant pu découvrir les coupables, la populace, enhardie par là, s'en prit bientôt à tous les bureaux du roi, où étaient perçus des *droits* qu'elle ne pouvait, qu'elle ne voulait plus supporter. Démolir ces bureaux, abattre, piller, brûler les maisons des principaux officiers des finances, en emporter les meubles, l'argent et l'or, ce fut, trois jours durant, (21, 22, 23 août 1639), tout le travail des artisans de Rouen et de ceux des faubourgs, accourus, en hâte, à leur aide. Le receveur général des gabelles, assiégé, pendant deux jours et deux nuits, dans sa maison, que criblait la mitraille, ne dut la vie qu'au dévoûment héroïque de deux conseillers au Parlement; sa fuite parut une sorte de miracle; et, lui parti, son mobilier somptueux, et les deniers du roi, trouvés dans sa demeure, furent la proie des pillards.

Promptement connus de la Basse-Normandie, dès long-temps insurgée, les attentats de Rouen y accroissant encore l'audace des *Nu-pieds*, leurs violences, leurs excès, leurs menaces y eurent bientôt mis tout en crainte. Les officiers des finances étaient poursuivis, traqués comme des bêtes fauves; on assassinait les magistrats en plein prétoire; les maisons des agents du fisc étaient pillées et démolies. Partout retentissaient des menaces de mort, que toujours l'effet suivait de près. Les lieutenants-généraux, les gouverneurs de villes et de châteaux ne pouvaient rien faire; les magistrats étaient terrifiés; la révolte était maîtresse; l'incendie allait se propageant toujours, non sans soupçon de suggestions étrangères.

Le gouvernement crut le moment venu de frapper un grand coup, propre à intimider pour long-temps, en France, l'esprit de révolte. On avait envoyé Gassion et ses aguerris et intrépides soldats, qui se disaient eux-mêmes, et à bon droit, *les fléaux de Dieu*, pour tailler en pièces l'armée des *Nu-pieds*. Elle tint bon quelque temps; mais ce redouté capitaine en eut raison à la fin. Après quoi, restait à remplir encore une immense tâche, pour laquelle il fallut d'autres moyens.

En cour, on voulait que partout les magistrats, qu'à Rouen surtout, les cours souveraines eussent connivé aux mouvements populaires dont, depuis tant de temps, la Normandie avait été le théâtre. Les officiers n'avaient su (disait-on), ni prévenir des troubles prévus, annoncés long-temps à l'avance, ni, pendant les séditions, imposer au peuple par d'énergiques démonstrations, et faire rentrer dans le devoir la populace émue. On s'indignait que, trois mois après les séditions de Rouen, aucune justice n'eût été faite encore des mutins les plus notoirement coupables, saisis en flagrant délit, pas même de Noël Gorin du Castel, le chef des révoltés, qui, trois jours durant, criant: *Raoul! Raoul!* se disant lieutenant du général *Jean-nu-pieds*, avait, une barre de fer à la main, mené audacieusement les mutins à l'incendie, au meurtre et au pillage; que, malgré les ordres du roi les plus exprès, dans Rouen, non plus que dans les autres lieux où la sédition avait sévi, n'eussent pas été rétablis encore les bureaux ruinés par le peuple, ni remis en charge les officiers expulsés; de sorte que, partout presque, en Normandie, avait cessé toute perception tant des anciens droits que des nouveaux.

Nulle part, aussi, on ne s'était occupé d'indemniser, ni les officiers du roi, ni les particuliers qui avaient été pillés dans les émeutes.

Faire justice de nombreux coupables trop longtemps épargnés; frapper les magistrats qui les avaient laissés s'émouvoir, et ensuite n'avaient pas su ou n'avaient pas voulu les punir; indemniser les préjudiciés; mais, surtout, et avant tout, rétablir imposante et redoutable en Normandie, l'autorité royale, audacieusement, impunément bravée; et enfin *remettre sus* des *droits utiles*, depuis trop longtemps en souffrance: voilà, en somme, ce qui restait à faire en Normandie; et, pour une aussi importante mission, avait été choisi le chancelier Séguier, qui la sut bien remplir. D'immenses pouvoirs lui étaient donnés, et tels qu'aucun chancelier de France n'en avait eus avant lui, n'en eut dans la suite, et n'en aura jamais, on le peut dire. Dans la personne du chancelier Séguier, c'était la *justice armée* que Louis XIII, que Richelieu avaient prétendu montrer à la Normandie long-temps rebelle, encore impunie, et qu'on voulait terrifier. Aux fonctions de chancelier, unissant, alors, celles de connétable, Séguier eut le commandement souverain des armes, pour le temps que devait durer son séjour dans la province. Au maréchal de camp Gassion avait été enjoint de lui déférer (sur ce point même) en toutes choses. Gassion devait ponctuellement obéir; trois mois durant, on vit ce fier guerrier et tous les capitaines des régiments qu'il commandait, venir, le soir, remettre au chancelier de France les drapeaux, les enseignes colonelles, qui demeurèrent sous la garde de Séguier pendant tout le voyage. Chaque jour, ils vinrent ponctuellement recevoir, de lui, le *mot d'ordre*. Dans les villes qui s'étaient signalées, entre les autres, pendant les troubles, le chancelier n'avait qu'un mot à dire; aussitôt le prévôt de l'Ile allait, avec ses archers, y jeter à terre les maisons des plus notables mutins, et parfois châtier la ville elle-même, en rasant ses murailles.

Que dis-je? Au chancelier avait été donné le redoutable droit de vie et de mort. Car comment qualifier autrement l'effrayant pouvoir qu'il avait reçu de condamner, d'envoyer à l'échafaud, sans les voir, sans les entendre, sans entrer en connaissance de cause, ceux des séditieux qu'il lui plairait de désigner aux bourreaux! Droit terrible, dont il usa plusieurs fois; mais (hâtons-nous de le déclarer) envers des hommes qui avaient mérité de mourir.

Avec cela, gourmander en tous lieux les cours souveraines, les compagnies qui paraissaient avoir manqué à leur devoir, exécuter les déclarations royales qui les avaient interdites; dans les hôtels de ville, dans les prétoires, et jusque dans le palais de justice à Rouen, préposer des *commissaires* pour remplacer les officiers envoyés en exil; ôter partout à la populace des armes dont elle avait fait un si déplorable usage; faire solennellement rétablir en tous lieux les bureaux du roi démolis naguère; imposer aux villes d'énormes taxes pour la réparation des pertes du fisc, de celles aussi des officiers des finances, des particuliers préjudiciés; presser, en Haute et Basse-Normandie, les conseillers d'État Le Tellier, Talon, La Poterie, *commissaires* chargés, dès long-temps, d'instruire contre un nombre incroyable de mutins incarcérés, que Séguier n'avait pas jugés dignes de périr en vertu de son *ordre verbal;* s'enquérir partout de la conduite qu'avaient tenue, pendant les troubles, les gentilshommes normands, que l'on accusait de les avoir fomentés, au moins par leurs indiscrets discours, et en ne cachant pas assez leur opposition au cardinal, souverain maître en France, et leur antipathie pour son désastreux système de guerre éternelle ; dénoncer responsables les seigneurs dans les campagnes, comme les magistrats dans les villes, des troubles qui pourraient survenir dans la suite ; rendre des réglements pour l'ordonner ; mander les seigneurs pour le leur dire à eux-mêmes, en publique audience ; le dire aussi aux officiers de ville, aux bourgeois, qui, non moins contraires aux *monopoliers* que le peuple, et pensant, au fond, comme les mutins, étaient demeurés, les bras croisés, à les regarder faire ; défendre, sous peine de mort, ces irritantes qualifications de *monopoliers*, de *gabeleurs*, de *maltôtiers*, sans cesse dans la bouche du peuple, depuis vingt ans, et qui avaient été le signal de cent émeutes : voilà, en somme, ce que vint faire, en Normandie, le chancelier Séguier, que ces soins y retinrent pendant les trois premiers mois de l'année 1640. L'armée de Gassion lui avait été donnée pour escorte, et était entièrement à ses ordres. Les conseillers d'État, les maîtres des requêtes furent du voyage ; le ministre secrétaire d'État Phélypeaux de La Vrillière suivit aussi ; en sorte qu'en tous lieux se tenait le sceau, s'assemblait le conseil, étaient expédiés et signés des *ordres en commandement*, comme si le roi eût été là ; Louis XIII ayant voulu que son chancelier, quoique éloigné de sa personne, retînt, néanmoins, toute l'autorité attachée à sa charge[1].

On comprend l'importance, l'intérêt de ce voyage. Un des maîtres des requêtes à la suite du chancelier, *François* DE VERTHAMONT [2], reçut du chancelier

---

[1] *Histoire chronologique de la Chancellerie de France*, par Tessereau, t. I, p. 415.

[2] François de Verthamont (fils de François de Verthamont, conseiller au Parlement de Paris, et de Marie Versoris) fut baptisé en la paroisse de Saint-Landry, à Paris, le 27 mars 1597. Il fut seigneur et baron de Breau, et marquis de Manœuvres, fut reçu conseiller au Parlement de Paris, le 7 août 1618, puis maître des requêtes ordinaires de l'hôtel du roi, le 29 mai 1626; fut intendant de justice au siége de La Rochelle, puis en l'armée d'Italie, commandée par le roi, et enfin dans l'armée de Guyenne, depuis l'an 1630, jusqu'en 1638. Il fut fait conseiller d'État en 1643, au commencement de la régence; prit séance en cette qualité en 1644; et, sur la fin de 1651, dans la conjoncture la plus fâcheuse des affaires, il fut un des conseillers d'État appelés à la suite du roi, et accompagna S. M. jusqu'à son retour à Paris, où elle entra, le 22 octobre 1652. Il présida aux États de Languedoc, l'an 16...., et figurait parmi les conseillers d'État nommés, en 1654, pour assister au sacre du roi; lors de la réforme du conseil d'État, faite en 1657, il fut l'un des douze conseillers d'État réservés. Il mourut en octobre 1666.

Je dois ces particularités à M. Lacabane, premier employé au cabinet des Mss. de la Bibliothèque royale.

En 1629, par ordre du roi, le maître des requêtes Verthamont était allé, avec l'archevêque de Bordeaux, dans les vallées dépendantes de Briançon (occupées par des calvinistes), pour y rétablir la religion romaine. Louis XIII, revenant d'Italie, était là tout près, avec une armée victorieuse. Verthamont fit des procédures en toute sûreté, ces peuples n'osant bouger; mais, aussitôt que le roy eut repassé les monts, il fallut laisser tout là (*a*).

(*a*) *Histoire de l'édit de Nantes*, (par Élie Benoit), tom. IV, p. 317.

lui-même la mission d'en consigner, jour par jour, les particularités, dans un *Diaire* ou *Journal* qui existe encore, que nous venons publier pour la première fois, et sur lequel nous devons au public quelques détails. D'abord, quant à la mission que l'auteur (quel qu'il soit) du *Diaire* avait reçue de l'écrire, on voit, dans ce *Diaire* même, à la date du 26 décembre 1639, le chancelier Séguier la lui donner, au château de Gaillon, où il s'entretient avec lui. « *Entre autres choses* (dit l'auteur) : *Monseigneur le chancelier m'a tesmoigné qu'il auroit agréable que je feisse un* **DIAIRE** ou **JOURNAL** FORT EXACT *de ce qui se passeroit au voyage; et* (me dit) *que M. de La Berchère, son parent, faisoit aussy un semblable Journal.* »

Ce *Diaire* ou *Journal*, dressé comme Séguier l'avait voulu, remontant jusqu'au 15 décembre 1639, jour où Séguier reçut du roi sa mission, et ne s'arrêtant qu'à trois mois de là, après que cette mission est remplie, a droit, assurément, à la confiance des lecteurs.

Qu'il soit l'ouvrage du maître des requêtes François de Verthamont, venu certainement en Normandie à la suite du chancelier, son nom, consigné en tête du journal, mais évidemment écrit d'une autre main, et postérieurement au journal lui-même, n'en serait pas une preuve dont on dût se contenter peut-être. Des indices plus concluants vont l'établir sans réplique. Le 5 janvier 1640, le chancelier

Séguier étant à Rouen, un arrêt du conseil d'État est rendu, qui, pour mettre un terme aux violences, aux exactions, aux excès des soldats entrés dans cette ville, le 31 décembre, à la suite de Gassion, prescrit de sages et efficaces mesures. *Commission* est donnée aux maîtres des requêtes de l'hôtel, étant à Rouen, près le chancelier, d'informer de ces exactions, de ces excès, et de procéder extraordinairement contre les coupables[1].

En exécution de cet arrêt, Séguier assigne aux maîtres des requêtes les quartiers de la ville dans lesquels devront s'exercer leur surveillance, leur pouvoir et leur juridiction; et, pour chacun de ces quartiers, *commet* deux d'entre eux, qui devront toujours agir de concert. Dans cette assignation de quartiers, celui de Saint-Hilaire et de Darnétal (hors la ville) est spécialement et exclusivement attribué à deux maîtres des requêtes, MM. de Verthamont et de Saint-Jouin. Or, dans la *relation* du voyage, à la date du 8 janvier, c'est-à-dire trois jours après qu'ont été assignés aux maîtres des requêtes les divers quartiers de Rouen, nous lisons: «*Le reste de la journée fut employé, par M. de Saint-Jouyn* ET MOY, *à la visite du quartier de Sainct-Hilaire* (l'un de ceux de la ville) A NOUS ASSIGNÉ, *dans lequel* NOUS *trouvasmes,* etc. Et le lendemain, 9 janvier, le rédacteur du *Diaire*, parlant, une

---

[1] Arrêt du conseil d'État, du 5 janvier 1640.

seconde fois, de la mission des maîtres des requêtes, « *M. de Saint-Jouyn* ET MOY (dit-il) *avons continué* NOSTRE VISITE au faulxbourg Sainct-Hilaire et au bourg de Darnestal, à un tiers de lieue de la ville, où NOUS avons reçeu grandes plainctes, etc. » Après ce qu'on vient de lire, le nom de l'auteur de la *relation* que nous publions ne peut plus être un mystère.

Verthamont continua son *Diaire*, sans jamais rien omettre ; car le chancelier Séguier avait cette affaire à cœur. A son retour d'Avranches, de Saint-Lô, de Coutances, de Bayeux, de Caen, où il était allé après avoir fait à Rouen un long séjour, il pense, de nouveau, à la *relation* qu'il a désiré qu'on en fît. Le 20 mars, Verthamont étant à Lisieux, avec lui, « *il m'a faict l'honneur* (dit ce dernier) *de me faire ramentevoir*[1] *le présent* DIAIRE, *et de me commander de le luy faire transcrire et le luy remettre, quoique je luy aye faict cognoistre la longueur, inutilité et petite considération d'iceluy.* » Séguier en faisait plus de cas, comme le montre assez le soin qu'il a eu de le placer à la tête de toutes les pièces relatives aux séditions de 1639, et à son voyage en Normandie, qui en fut la suite ; événement si mémorable dans les fastes de notre province, dans lequel le chancelier eut le rôle important qu'on vient de voir, et dont le *Diaire* de Verthamont donnera une idée bien

---

[1] *Ramentevoir*, rappeler à la mémoire. D. Carpentier, *Gloss. français*, et *Suppl. Cang.*, v° REMENTUS.

plus complète encore. Mais cette *relation* recèle aussi des particularités curieuses, intéressantes, quoique étrangères à la haute mission que le chancelier était venu remplir en Normandie. Au milieu de ces soins importants, Séguier « le plus éclairé et le plus docte chancelier qui fut jamais[1] », trouvait quelques instants pour s'occuper, de temps à autre, de la théologie, sa science favorite, et dont une question le captiva, un jour, à Rouen, au point de lui donner une forte migraine[2]. A Rouen, il allait visiter les jésuites qu'il goûtait fort; à Caen, les jésuites encore, et aussi « pour ne point faire de jaloux », l'université qu'il aimait moins, mais où le fameux poète Antoine Halley soutint, devant lui, sa thèse de docteur en droit, et lui adressa des vers latins, tels qu'il les savait si bien faire. A Rouen, il allait assister, en cérémonie, un dimanche, à la grand'messe de la Cathédrale, en visiter les tombeaux, le trésor, surtout la bibliothèque, les livres, qu'il aimait tant; puis dîner à l'archevêché, avec François de Harlay, *la grande barbe,* et avec Gassion, religionnaire, que le prélat, pendant tout le repas, essayait de convertir, mais sans succès. A Bayeux, chez l'évêque, il parlait théologie, de rechef, avec Gassion, qu'un docte chanoine de cette église, intarissable en textes latins, grecs, hébraïques,

---

[1] *Histoire des grands Officiers de la couronne*, par le P. Anselme, tome VI, p. 564.
[2] Diaire de Verthamont, 30 janvier 1640.

avait bien compté réduire, mais qui, cette fois, perdit tout-à-fait patience[1]. Partout, on rendait au chancelier de grands honneurs; partout s'empressaient autour de lui des compagnies qui le haranguaient, des personnes haut placées, des prêtres, des religieux, de nobles dames qui intercédaient pour des amis, pour des parents compromis. Partout on lui cherchait des livres, des manuscrits. « *Si l'on veut me séduire* (avait-il dit quelquefois), *on n'a qu'à m'offrir des livres.* » En Normandie, on lui en donna quelques-uns; la relation de Verthamont en fait foi.

Sur tout cela, le *Diaire* offre de curieux détails. Il en donne aussi sur ce que firent les conseillers d'État, les maîtres des requêtes, venus en Normandie à sa suite; sur les sentiments qu'avait inspirés l'apparition de ces redoutés commissaires; sur les seize magistrats du Parlement de Paris, qui vinrent les relever dans la suite; sur la rigueur dont on usa envers les membres du Parlement interdit.

En somme, le *Diaire* de Verthamont a beaucoup d'intérêt pour la Normandie, où se passèrent les faits qu'il raconte; mais il en offre encore à d'autres égards. Trois mois de la vie d'un chancelier de France, tel que Séguier[2], et trois mois passés dans

---

[1] Diaire de Verthamont, 1ᵉʳ mars 1640.

[2] C'est un des chanceliers les plus capables qu'ait eus la France. Le marquis de Marolles en fait cet éloge, plein de vérité : « Petrus

l'exercice d'une si importante mission, dans l'usage de si exorbitants pouvoirs, sans exemple avant lui, ces trois mois, racontés, jour par jour, par un des maîtres des requêtes qui l'ont suivi, et qu'il a chargé de la mission d'en tenir un *Journal,* c'est chose, assurément, qui regarde la France, et qui importe à son histoire.

Pendant ces trois mois, Verthamont a pu, a dû tout voir; et il dit, minutieusement, parfois, ce qu'il a vu.

Le *Journal* de Le Goux de La Berchère (si en effet ce conseiller d'État en rédigea un aussi) ne dirait pas autre chose, n'en dirait pas davantage, et même n'en dirait pas tant, à coup sûr, du moins quant au dernier mois du séjour de Séguier en Normandie. Car Verthamont, dans son *Diaire*, nous apprend que La Berchère se sépara, le 2 mars, du chancelier, pour aller, en commission, au Mans et à Saumur. Ainsi, et sur cette journée du 2 mars, et sur le reste du voyage, qui ne finit que le 27 du

---

Seguierius.... judiciariarum, atque earum quæ ad ærarium pertinent rerum peritissimus, has in regio, cui per regis absentiam præesse solet, consilio ita tractabat, ut id nemo usque rectiùs, omnium judicio, fecerit. Cæterùm, huic ea dicendi facultas et gravitas, quæ primum regni Magistratum deceat, prætereà in immensâ negotiorum mole summa animi tranquillitas, quin et sæpius otium est, mirâ ingenii ad omnia plusquàm sufficientis facultate quæsitum. » (Johann. La Bardæi, Matrolarum ad Sequanam Marchionis, *De Rebus gallicis Histor.*, lib, I, p. 6 et 7.)

mois, jour où Séguier effectua son retour à Paris, Le Goux de La Berchère n'a rien pu dire, du moins comme témoin oculaire, du séjour du chancelier à Coutances, l'un des périodes les plus importants du voyage ; sur les démolitions des maisons des séditieux, par ordre du chancelier ; sur l'exécution de quelques coupables ; sur les officiers du présidial de Coutances, compromis dans les séditions ; sur la leçon faite, le 10 mars, par le chancelier, aux gentilshommes du Cotentin, mandés exprès, par lui, à Coutances ; sur les prisons de Bayeux et de Caen, encombrées de misérables, arrêtés longtemps avant les troubles, pour non paiement de tailles, pour fauxsaunage, etc. ; toutes choses dont parle, avec détail, comme témoin oculaire, et acteur pour sa part, Verthamont, qui était resté avec le chancelier jusqu'au 20 mars.

Projetant, depuis long-temps, de donner au *Journal* de Verthamont la publicité dont il me paraît digne, j'avais été fort exact à recueillir, en toutes rencontres, les particularités propres à l'expliquer, à l'éclaircir, à en combler les lacunes. J'avais, aussi, recherché les pièces auxquelles il fait allusion, et qu'il ne fait point connaître. Mais le travail auquel j'ai dû me livrer pour écrire *l'Histoire du Parlement de Normandie*, les recherches persévérantes qu'il m'a fallu faire, sont venues me révéler ce que j'ignorais encore, et me donner plus que je n'avais espéré. Le Parlement de Normandie ayant été interdit en 1640, pour sa prétendue *connivence* aux séditions de 1639, pour sa mollesse à en punir les auteurs, sa lenteur à en dédommager les victimes, à en réparer les désastres, le soin de faire notifier, à cette compagnie, l'interdiction dont elle était frappée, de la faire obéir, d'en contraindre tous les membres à quitter Rouen pour aller en exil, de faire ensuite ce qu'elle avait négligé de faire, ce soin étant l'un des plus importants objets de la mission de Séguier et de sa venue à Rouen, on sent combien cette mission et les faits qui s'y rattachent, adhèrent à l'histoire de cette compagnie, et nous intéressent profondément, nous qui avons entrepris de l'écrire. La sédition des *Nu-pieds*, l'interdiction du Parlement, en janvier 1640, son rétablissement à la fin de 1641, mais en deux semestres, c'est une des circonstances notables de son histoire. Aussi, pour l'écrire (comme nous le désirons) en pleine connaissance de cause, avons-nous fait de longues et heureuses recherches, dont on verra le résultat dans notre ouvrage, mais dont une partie, aussi, rédigée en annotations, sert ici à éclaircir, à compléter le *Diaire* de Séguier, à lui donner (nous le croyons) plus d'intérêt. Des *notes* si nombreuses et si abondantes, mais surtout la partie, très étendue, de notre *Histoire du Parlement de Normandie*, consacrée au règne de Louis XIII, nous justifieront complètement, sans doute, aux yeux des personnes qui pourraient regretter de n'avoir point trouvé en tête de cette publication du *Diaire* de Séguier, une notice plus détaillée sur les séditions de 1639, notice que nous pouvions, mais que nous n'avons point voulu faire, renvoyant nos lecteurs à nos notes sur le *Diaire* lui-même, et surtout à notre *Histoire du Parlement,* sous Louis XIII.

Nous n'avons voulu ici que publier la *relation* du voyage du chancelier Séguier en Normandie, la publier complète, expliquée, et avec elle les diverses *pièces* qui s'y rapportent. Donnons, sur cela, quelques détails encore; et, avant tout, racontons sommairement l'histoire du *manuscrit* d'après lequel nous avons fait ce travail.

Déférant au vœu de Séguier, le maître des requêtes Verthamont lui avait remis son *Diaire*. Le chancelier, de son côté, avait conservé nombre de pièces importantes (tant imprimées que manuscrites), relatives à sa mission en Normandie, et aux séditions qui y avaient donné lieu. Il les réunit toutes ensemble, et mit en tête le *Diaire* rédigé, sur sa demande, par Verthamont, indiquant assez, par là, de quelle valeur était, à ses yeux, ce *Diaire*, qu'il préférait à celui qu'avait pu écrire son parent Le Goux de La Berchère, si, toutefois, ce dernier en rédigea un, en effet, ce qui n'est nullement prouvé jusqu'à ce jour. De tous ces documents divers, fort précieux pour l'histoire de la mémorable sédition des *Nu-pieds* et de l'importante mission que Séguier eut plus tard à exercer dans la province, ce chancelier remplit, presque, deux volumes petit in-folio, qu'il fit relier, timbrer au sceau de ses armes, et déposa dans sa bibliothèque, l'une des plus riches du royaume[1], contenant plus de quatre mille Mss., dont les deux tiers, environ, regardaient l'histoire de France[2].

Lui mort, tous ses livres (les Mss. notamment) passèrent à son petit-fils le duc de Coislin, évêque de Metz, qui, après les avoir mis en dépôt à la bibliothèque de Saint-Germain-des-Prés, les légua, dans la suite (en 1732), à cette abbaye[3], en faisant apposer, sur le premier feuillet de chacun d'eux, une notice imprimée, conçue en ces termes : « *Ex bibliothecâ Mss. Coisliana,* OLIM SEGUERIANA, *quam illust. Henricus du Cambout, dux de Coislin, par Franciae, Episcopus Metensis, etc., monasterio S.-Germani à Pratis legavit, ann.* MDCCXXXII. »

---

[1] « Il n'y avoit point, de son temps, aucun particulier qui eust une plus belle Bibliothèque que la sienne, toujours ouverte à toutes les personnes de mérite qui désiroient la voir, et mesme en profiter. » (*Les hommes illustres qui ont paru en France, pendant ce siècle*, par M. Perrault, t. 1er, p. 30, 1696, grand in-folio.)

[2] *Bibliothèque historique de la France*, par Jacques Le Long et Févret de Fontette, t. II, no 15945.

[3] *Bibliothèque historique de la France*, t. II, n° 15945.

Les deux volumes qui nous regardent furent au nombre de ceux légués à l'abbaye. Dans la bibliothèque du chancelier, ces deux volumes avaient porté le n° 182[1]. Dans le *Catalogue des manuscrits de la bibliothèque de défunt monseigneur le chancelier Séguier, à Paris, chez Fr. Lecointe,* 1686, *in-*12 (catalogue dressé par Thévenot, garde de la Bibliothèque du Roi[2]), ils étaient indiqués en ces termes : « Séditions en Normandie, èz années 1639, quarto folio, veau marbré, 2 vol.[3] Dans celle de Saint-Germain, ils prirent les n°ˢ 1599, 296, 297. Épargnés dans un incendie où avaient péri beaucoup de livres et de manuscrits de ce monastère (entre autres un assez grand nombre de ceux donnés par Séguier à M. de Coislin,) et légués par celui-ci à l'abbaye de Saint-Germain, ils passèrent plus tard, de la Bibliothèque de cette abbaye à la Bibliothèque royale, où ils sont inscrits, aujourd'hui, sous le n° 1055. Sur le dos de chacun d'eux, on lit, en lettres d'or : *Séditions de Normandie.* Sur le premier feuillet de chacun de ces deux volumes (*reliés en veau marbré,* comme les avait décrits Thevenot, en 1686), on lit ce titre, plus ample :

---

[1] *Bibliothèque historique de la France*, t. II, n° 21978.

[2] *Bibliothèque historique de la France*, t. II, n° 15945.

[3] Catalogue des manuscrits de la Bibliothèque de défunt monseigneur le chancelier Séguier, à Paris, chez François Lecointe, 1686, in-12, page 27, in fine.

« *Séditions en Normandie, ès années* 1639, 1640, *et la punition qui s'en est faicte de la part du roy* [1]. »
La *relation* de M. de Verthamont, placée (nous l'avons dit) en tête de ces volumes, forme, à elle seule, 131 pages in-folio, d'une écriture assez fine. Elle est intitulée : « *Relation du voyage de monseigneur le chancelier en Normandie*, 1639, 1640, *faicte par mons^r de Verthamont.* » Le titre a dû être écrit dans le même temps que la *relation*, ou peu après ; mais les mots : *par mons^r de Verthamont*, sont d'un autre temps et d'une autre main.

Après cette *relation*, viennent les déclarations du roi, portant interdiction du Parlement, de la cour des Aides, de l'Hôtel-de-Ville, des officiers du bureau des finances, du lieutenant général du présidial ; les arrêts du conseil d'État, les ordonnances pour la police de Rouen, pour la punition des séditieux, pour le dédommagement des préjudiciés ; l'acte par lequel les bourgeois notables de Rouen déclarent prendre cette ville en leur garde, et se rendre garants de sa fidélité ; toutes pièces officielles, imprimées à Rouen en 1639 et 1640, soigneusement recueillies par le chancelier lui-même, on le voit par

---

[1] Ils sont ainsi décrits au tome VI du *Catalogue des mss. françois de Saint-Germain des Prés*, contenant depuis le n°. 1001 jusqu'au n° 1200. — Mss. Bibliothèque du roi, fonds divers. On y lit, de plus, cette indication : *Meslanges, selon l'ordre alphabétique*, 2 vol. in-fol., (papier.)

le journal de Verthamont[1] formant ensemble 75 pages in-4°, et que l'on trouverait difficilement ailleurs. C'est une collection précieuse ; elle nous a fourni des éléments pour l'*Histoire du Parlement*, et aussi pour nos annotations sur le *Journal*, qui fait souvent allusion aux divers actes officiels dont elle se compose.

Suivent, dans ce premier volume, et en l'ordre où nous les indiquons ici, les pièces dont voici l'exacte et complète énumération :

1° Ms. Mémoire de deulx séditions en la ville de Rouen, 1639, aoust.

2° Ms. Mémoire de la première, seconde et troisième séditions de Rouen.

3° Ms. Mémoire de la dernière sédition de Rouen, contre un nommé Hugot.

4° Ms. Des extraits des registres du Parlement de Normandie, relatifs à la grande sédition de Rouen (des 21, 22 et 23 août 1639), et à ses suites; formant 43 pages in-f°.

5° Ms. Procédures, par le lieutenant général et par le Parlement de Rouen, sur les séditions arrivées en la dicte ville, l'an 1639, au mois d'aoust, 18 pages in-f°.

6° Ms. L'ordre donné en la ville de Rouen, pour empescher les esmotions populaires, une page in-f°.

---

[1] Relation de Verthamont, 9 février 1640.

7° Ms. Relation de la sédition qui s'est passée en la généralité de Caen.

8° Ms. Relation des séditions arrivées en la Basse-Normandie, 11 pages in-f°.

9° Ms. Relation de la révolte de la Basse-Normandie, 14 pages in-f°, d'une écriture fine.

10° Ms. Abbregé des choses qui se sont passées en Basse-Normandie, sur le faict de la rébellion, 1 page in-f°.

11° Ms. Lettres de ce qui s'est passé en la révolte de la Basse-Normandie, 3 pages in-f°.

12° Vers pour exciter à sédition ceux de la basse-Normandie. Mss.

13° Mémoire des séditions arrivées en la Basse-Normandie, Ms., 2 pages in-f°.

14° Procèz-verbal du lieutenant général de Costentin, de la sédition arrivée en la ville de Coustances, Ms. original signé De Sainct-Simon, 3 pages in-f°.

15° Mémoire des billetz affichéz pour esmouvoir la sédition. Ms., une page in-f°.

16° Ms. Mémoire de ceux qui ont esté piller la maison de monsieur de Tourneville, et qui ont emporté les biens.

Pièces du 2e volume, relatives à la sédition :

17° Projet de déclaration du roy, contre la cour de Parlement de Rouen, pour avoir ceux du dict Parlement esté négligents de punir les séditieux. Ms., 2 pages in-f°.

18° Procès-verbal de l'interdiction du Parlement de Rouen. Ms. original, signé Tourte et Le Gay.

19° Projet de déclaration du roy contre les magistrats qui ont connivé aux séditions de Normandie, Ms., 2 pages in-f°.

20° Mémoire pour punir les séditieux de la Basse-Normandie. Ms. adressé par le chancelier Séguier au cardinal de Richelieu.

21° Monitoire sur parchemin, Ms., pour avoir révélation des auteurs de l'assassinat commis en la personne de Jacob Hay, dit Rougemont.

22° Mémoire touchant l'abolition des Nu-pieds du diocèse d'Avranches, Ms.

23° Mémoire portant le même titre que le précédent. Ms. — C'est la même pièce. Le premier est plus complet que le deuxième.

24°, 25°, 26, 27°, 28°, 29°, 30°, 31°, 32°, 33° Procès-verbaux mss. et *originaux* du rétablissement fait par des conseillers d'État et maîtres des requêtes, des divers bureaux de recettes démolis, ou inactifs depuis les troubles d'août 1639. Ces procès-verbaux sont en original, signés des conseillers d'État ou maîtres des requêtes De Juyé, De Montescot, De Hère, Marescot, Gaudart, Daubray, *Martin de Laubardemont*, Vignier.

34° Mémoire des lieux où sont envoyées en garnison les trouppes d'infanterie qui sont venues à Rouen. Ms.

35° Mémoire des deniers levés en Normandie, pour la subsistance des gens de guerre. Ms., 11 pages in fol.

36° Estat abrégé où se voient les sommes principalles de la taille qui ont esté imposées sur chacunes des eslections de Normandie en 1636, où se voient aussy plusieurs autres choses. Ms., 3 pages in-f°.

37° Inventaire des pièces d'artillerie qui se sont trouvées en la ville de Rouen, six pages in-12, Ms. in-f°. original ; du 20 janvier 1640 ; signé du sieur Du Perron, commissaire ordinaire et provincial de l'artillerie de France, au département de Normandie.

38° Estat des armes remises par les bourgeois de Rouen, signé du S^r de La Vigerie, lieutenant du comte de Guiche, gouverneur du Vieux Palais de Rouen. Ms. (20 janvier 1640).

39° Liste des membres du Parlement de Normandie, au jour de son interdiction (3 janvier 1640) ; y figurent sept présidents (en comptant le *premier président*) ; quatre-vingts conseillers ; deux avocats-généraux ; deux greffiers en chef (un *civil*, un) *criminel*; deux notaires-secrétaires.

40° Liste des officiers du bailliage de Rouen : un *lieutenant-général ;* un *lieutenant général criminel ;* un lieutenant-particulier ; un *lieutenant-particulier criminel ;* seize conseillers ; un premier avocat du roi ; un procureur du roi ; un second avocat du roi. Ms.

41° Noms des échevins et officiers de l'hôtel de ville de Rouen. Ms.

42° Promesse des capitaines et principaux bourgeois de la ville de Rouen, de conserver la dicte ville en l'obéissance du roy ; 19 janvier 1640. Ms. Expédition authentique, signée du greffier de l'hôtel de ville.

43° Acte, par les officiers de la cour des Aides de Caen, pour l'asseurance de la dicte ville en l'obéissance du roy. Ms.

original signé des présidents et conseillers de la dicte cour.

44° Advis pour remédier aux désordres de Normandie, Ms. six pages in-f°.

45° Mémoire touchant le domaine et foires de Rouen, et pour remédier aux désordres commis en Normandie par les gens de guerre, avec la response. Ms.—Ce mémoire, en cinq pages in-4°, est du chancelier Séguier. Les réponses en marge sont de la main du secrétaire d'État Sublet de Noyers.

Les diverses *relations de séditions*, mentionnées ici (il est important de le dire), n'ont point un caractère officiel. Elles furent rédigées, à titre *d'avis confidentiels*, par des hommes sans mission, du moins légale et publique, par des personnes en rapport, apparemment, avec le cardinal de Richelieu, le chancelier Séguier et les ministres, et peu bienveillantes, la plupart, aux cours souveraines, qui n'étaient point en faveur alors. Nous les publions à la suite de la *Relation du voyage* du chancelier Séguier, non comme pièces authentiques, mais comme renseignements exacts, quant aux faits de sédition en eux-mêmes, propres à compléter le *Diaire* de Verthamont, et en donnant souvent la clé; en un mot, comme des documents curieux sur les mémorables séditions dont il y est parlé avec tant de détail.

RELATION

DU VOYAGE

DU CHANCELIER SÉGUIER

DANS LA NORMANDIE, EN 1640,

APRÈS LA RÉVOLTE DES NU-PIEDS;

PAR M. DE VERTHAMONT.

Le jeudy quinzième jour de décembre 1639, le roy ayant tesmoigné et faict cognoistre à monseigneur le chancelier messire Pierre Séguier, chevalier, comte de Gien sur Loire, et baron d'Autry, la Barre et autres lieux[1], qu'il luy feroit service très agréable, et très utile pour le bien de son

15 octobre 1639. Le roi Louis XIII donne mission au chancelier Séguier d'aller à Rouen rétablir l'autorité royale blessée par les troubles de 1639.

---

[1] En 1650, les terres de Saint-Liébault et de Villemor, en Champagne, appartenant au chancelier Séguier, furent érigées, pour lui, en *duché-pairie*.

Estat, de se transporter[1] en la ville de Roüen, pour y restablir l'auctorité de sa Majesté, grandement blessée par les séditions survenuës en la province de Normandie l'esté dernier, pendant le voyage de

---

[1] Les pouvoirs de Séguier, en cette conjoncture, étaient immenses, exorbitants, et tels qu'à aucun chancelier de France, avant lui, il n'en avait été donné de semblables. C'est la remarque de tous les écrivains qui en ont parlé (a). Le roi lui avait délégué l'autorité la plus absolue sur les armes et sur la justice (b); et cet envoyé du monarque « réunissoit ainsi pour un temps, en sa personne, les différentes fonctions du chancelier et du connestable (c). » Le colonel Gassion, chef des troupes envoyées à Rouen, devait, en toutes choses, lui déférer, comme à son supérieur, même en ce qui regardait les armes. A Rouen, Gassion alla, chaque jour, lui demander l'*ordre*. Le droit du chancelier eût été de le donner lui-même, de sa bouche, à tous les capitaines et officiers. De son consentement, et pour épargner son temps, Gassion venait prendre l'*ordre* de lui, puis le transmettait, en son nom, aux capitaines et autres chefs militaires. Le 30 décembre, au Pont-de-l'Arche, le sieur de Saint-Georges, qui y commandait pour le cardinal de Richelieu, alla demander l'*ordre* au chancelier; on le voit par le *Diaire*. A Caen, le chancelier donna directement l'*ordre* aux capitaines (d). On verra bientôt jusqu'où s'étendaient les pouvoirs *extraordinaires* du chancelier, en qualité de *grand-justicier*.

(a) *Histoire chronologique de la Chancellerie de France*, par Tessereau, in-f°, t. I, p. 414, 415. — *Les Hommes illustres qui ont paru en France pendant ce siècle*, par M. Perrault, in-f°, 1696, t. I, p. 29, article sur PIERRE SÉGUIER, chancelier de France.

(b) *Histoire des Chanceliers et Gardes des Sceaux de France*, par François Du Chesne, in-f°, p. 794.

(c) *L'Histoire du cardinal duc de Richelieu*, par Aubery, in-f°, liv. VI, chap. 44. — *L'Oraison funèbre de messire Pierre Séguier*, chancelier de France, par l'abbé De la Chambre, in-4°, p. 29.

(d) *Diaire*, 20 février 1640.

sa dicte Majesté sur les frontières de son Royaume, et particulièrement par les désordres arrivéz en la dicte ville de Roüen, aveq meurtre de plusieurs commis èz receptes de sa dicte Majesté, perte et dissipation de ses deniers et des magazins de sa ferme des gabelles, bruslement et ruine dès maisons et meubles, tant du Sr Letellier de Tourneville, commis général de la dicte ferme des gabelles en la dicte province, que de plusieurs autres commis et autres serviteurs de sa Majesté. Mon dict seigneur le chancelier a faict advertir, par Le Gay huissier au dict Conseil, suivant les ordres de sa Majesté, Mrs d'Ormesson, de Moric, Gaudart, La Thuillerie et Laubardemont conseillers d'Estat; (Mrs Favier, Haligre et Miraumesnil (Miromesnil)[1] s'en estantz excuséz, le premier

Les conseillers d'État et maîtres des reqûêtes ordinaires de l'hôtel, sont avertis de suivre le chancelier Séguier, dans ce voyage.

---

[1] Son nom était Diel, que l'on avait écrit *Dyel*, au 16e siècle. Un Dyel de Miromesnil, conseiller au Parlement de Normandie, s'était, à l'époque des troubles de la Ligue, signalé par son opposition aux factieux et son dévouement au devoir (*a*). Jacques Dyel, celui dont il s'agit ici, avait rempli et devait remplir encore, dans la suite, diverses missions en Normandie. En 1634, il était venu rétablir à Arques les juridictions royales, tenues, depuis long-temps, aux faubourgs de Dieppe (*b*). En 1638 et 1639, il avait été envoyé en Normandie, en qualité d'Intendant de justice, et y avait exercé ces fonctions, en concours avec le père de l'im-

(*a*) Notre *Hist. du Parlement de Normandie*, t. III, p. 286 et suiv.

(*b*) Articles des remonstrances faictes en la convention des trois Estats de Normandie, tenus à Rouen, le 25 février 1655.

à cause de son grand aage, le second pour estre retenu au conseil de la marine, et l'autre à cause qu'il est originaire du dict pays,) comme aussy Mrs de Montescot, Verthamont, Daubray, Vignier, de Hère, La Berchère, du Til et Marescot, aussi conseillers au dict Conseil d'Estat, M^es des requestes ord^res de l'hostel du roy, cinq du quartier courant, les autres de divers quartiers, ont esté advertiz de se tenir prestz pour accompagner mon dict seigneur le chancelier en son dict voyage, outre Mrs Talon, conseiller d'Estat, et Le Tellier M^e des requestes, qui ont informé, depuis deux mois, des dictes affaires de Roüen. Et encore ont esté commandéz, à mesme fin, les officiers de la grande chancellerie, pour, durant le cours du dict voyage, y tenir les conseils, sceau, et expéditions de chancellerie, en la manière accoustumée ; et,

Les officiers de la chancellerie de France reçoivent ordre de suivre, ainsi que le secrétaire des commandements, La Vrillière, Galland, secrétaire du conseil d'État, et Forcoal, secrétaire du conseil des parties.

---

mortel Blaise PASCAL (*a*). Il y revint, en 1644 et 1645, en qualité d'Intendant de la justice, police et finances en la généralité de Rouen (*b*). Etant l'un des juges de Cinq-Mars et de De Thou, il eut le courage d'ouvrir l'avis de l'absolution, pour De Thou (*c*). « Seul, entre tant de personnes, il ne fléchit point à la violence, et osa dire son sentiment en toute liberté (*d*). »

(*a*) *Reg. de l'hôtel de ville de Rouen.*

(*b*) *Reg. de l'hôtel de ville de Rouen*, passim, celui entre autres du 24 janvier 1645.

(*c*) *Mémoires de Tallemant des Réaux*, t. II, p. 225, édit. de 1840.

(*d*) *Mémoires pour justifier M. F.-A. De Thou*, par M. Pierre Du Puy, § 3.

pour cet effect, a esté faict fondz en l'Espargne, à chascun des dicts sieurs conseillers d'Estat et M⁽ᵉˢ⁾ des requestes, de certaine somme pour les frais du dict voyage; pour lequel ont aussy esté ordonnéz M⁽ʳˢ⁾ de la Vrillière, secrétaire des commandements, ayant le dép⁽ᵗ⁾ de la province de Normandie, Galland, secrétaire du conseil d'Estat, et Forcoal, greffier du Conseil des parties, afin d'y pouvoir expédier toutes sortes de dépesches, tant d'Estat que de finances et de justice, suyvant le pouvoir très ample et absolu donné par sa Majesté à mon dict seig⁽ʳ⁾ le chancelier. L'ordre fut pris de partir le lundi 19ᵉ, pour se rendre, en trois jours, au Pont de l'Arche, et le 4ᵉ qui seroit le jeudy 22ᵉ, arrriver en la ville de Roüen, en laquelle M⁽ʳ⁾ Gassion, mareschal de camp, debvoit avoir faict entrer et loger les trouppes auparavant l'arrivée de mon dict seig⁽ʳ⁾ le chancelier.

Le vendredy 16ᵉ du dict mois, le Conseil des parties a esté tenu par mon dict seigneur le chancelier, en son hostel à Paris en la manière accoustumée; et, entre autres, y a esté jugée et décidée l'affaire d'entre les S⁽ʳˢ⁾ de Graignague, second président du Parlement de Tholoze, et de Durand, cy-devant juge mage en la seneschaussée et siége présidial de la dicte ville, laquelle, depuis plusieurs années, avoit esté traictée dans le Conseil; et n'y a point eu de sceau l'après disnée.

Vendredi seize décembre 1639. Le chancelier tient, à Paris, le Conseil des parties.

Samedi 17 décembre 1639. Le chancelier prend congé du roi, de la reine, du cardinal de Richelieu, salue le dauphin, dine chez le grand écuyer Cinq-Mars.

Le samedy 17ᵉ, sur les huict heures du matin, monseigneur le chancelier, accompagné de Mʳ le prince d'Henrichemont (Enrichemont), l'un de ses gendres, de mon dict sieur de la Vrillière, et du dict Sʳ de la Thuillerie, fut prendre congé du roy et de la royne, et saluer monseigneur le daulphin à Sᵗ-Germain, où il fut traicté à disner par Mʳ Cinq-Mars[1], grand escuier de France; et l'après disnée il fut pareillement prendre congé de monseigneur le cardinal de Richelieu, en sa maison de Ruel.

Le dimanche 18 décembre, le chancelier tient le Conseil de la petite direction des finances; il donne des audiences, reçoit des visites.

Le dimanche 18ᵉ, après que mon dict seigneur le chancelier eust entendu la messe en sa maison, il tint Conseil de la petite direction des finances, pendant toute la matinée, avec Mʳˢ les sur intendantz, intendantz et autres, lesquels reçeurent ses commandementz; puis donna grand nombre d'audiences à diverses personnes au mesme lieu, et reçeut plusieurs visites, ayant disné aveq aucuns de ses proches et quelques autres, puis a esté encore

---

[1] A moins de trois ans de là (le 12 septembre 1642), Cinq-Mars était décapité à Lyon, en vertu de l'arrêt d'une *commission* qu'avait présidée Séguier. On accusait ce chancelier d'avoir, en leurrant Cinq-Mars de vaines espérances, surpris de lui des confidences accablantes pour De Thou, que le cardinal de Richelieu voulait perdre aussi, et qui, en effet, fut condamné et exécuté avec Cinq-Mars (*a*).

(*a*) *Histoire du règne de Louis XIII*, par le R. P. Griffet, t. III, page 506.

visité de diverses personnes, particulièrement de Madam{elle} de Rohan, madame la marquise d'O, et Mad{elle} sa fille, monsieur le prévost de Paris, le Père g{al} des Feuillants, le Sr de Bullion, frère de M. le surintendant, président en la court des Aydes de Vienne, et le Sr de la Fosse, Procureur g{al} en icelle[1], s'estant séparé pour aller dire adieu à madame la duchesse d'Aiguillon, et ayant dict, pour se descharger de plusieurs visites qu'il avoit reçeues les jours précédentz et qui luy restoient à recevoir, que le reste du tems luy estoit nécessaire pour la disposition de ses papiers et cassettes ; pendant cet

---

[1] François du Fossé, sieur De la Fosse, procureur général en la cour des Aides de Vienne. Par lettres patentes du 29 janvier 1640, il fut *commis* pour exercer à Rouen les fonctions de Procureur général près les présidents et conseillers du Parlement de Paris, délégués pour rendre provisoirement la justice souveraine en Normandie, à la place du Parlement de la province, interdit. — L'abbé De la Chambre, dans son *Oraison funèbre du chancelier Séguier*, loue ce chancelier d'avoir fait connaître au roi, et pourvoir des emplois éminents dont ils étaient dignes, des gens doctes et d'un mérite hors ligne, qu'il avait remarqués dans les provinces. « J'en appelle à tesmoins (dit-il) les Bosquet, les *La Fosse*, et tant d'autres lumières les plus éclatantes de nos jours, qui seroient peut-être demeurées ensévelies dans les ténèbres de l'oubli, ou dans l'obscurité des provinces, si le chancelier n'eût eu le soin de les en tirer et de les produire aux yeux de la cour. » (a)

(a) *Oraison du chancelier Séguier*, par l'abbé De la Chambre, 39 pages in-4°.

intervalle, depuis le jeudy, M⊃rs&/sup; les m⊃tres&/sup; des requestes ord⊃res&/sup; de l'hostel du roy, du quartier courant, tant de ceux cy-dessus nommez, au nombre de cinq, que les autres demeurantz à Paris, s'estantz informéz si monseigneur trouveroit bon que l'on vacquast, en son absence, à l'expédition des affaires légères du Conseil, pour lui envoyer signer les arrestz, il a tesmoigné ne l'entendre pas ainsy; mais que ceux du quartier, qui auroient veu des affaires, les pourroient venir rapporter en la ville de Rouen, s'ils le jugeoient à propos, la liberté n'en estant ostée à personne, ains seulement l'ordre donné de suyvre, à ceux cy-dessus nomméz; et, pour cet effect, les gardes-sacz du conseil ont aussy eu ordre de suyvre.

Le lundy 19ᵉ, sur les neuf heures et un quart du matin, mon dict seigneur le chancelier est partj de son hostel, accompagné tant de madame la chancelière son épouse [1], que de mon dict sieur le prince d'Enrichemont [2], M⊃r&/sup; le marquis de Coas-

---

[1] Madeleine Fabri, fille de Jean Fabri, seigneur de Champauze, trésorier de l'extraordinaire des guerres.

[2] Henri de Bourbon, duc de Verneuil, prince d'Enrichemont, avait épousé Charlotte Séguier, fille cadette du chancelier, veuve de Maximilien-François de Béthune, duc de Sully. Enrichemont était une principauté, comme Chalais et Marsillac. — Les *Hommes illustres* de Ch. Perrault, page 30, et les *Historiettes* de Tallemant des Réaux, t. VI, p. 91, (édit. de 1840.)

lin¹, son aultre gendre, estant employé pour l'affaire de Salses, et mesdames ses filles detenuës pour grossesse ou autre incommodité; M^rs l'Evesque de Meaux son frère²; le président Séguier³; et le prévost de Paris, ses couzins germains; Fabry m^tre des requestes son beau-frère; Brandon conseiller d'Estat, cy-devant gendre de feüe madame de Ligny sa sœur, l'accompagnoient aussi; et furent tous disner à la Barre, au delà Sainct-Denyz en France, maison nouvellement acquise par mon dict seigneur le chancelier, ou plustost à la Chevrette, apparte-

Il dine à la Chevrette.

---

¹ Marie Séguier, fille aînée du chancelier, avait épousé en premières noces César du Cambout, marquis de Coislin, colonel des Suisses et Grisons, lieutenant général des armées du roi, gouverneur de Brest, qui fut tué d'un coup de mousquet, au siége d'Aire, en 1641, à la veille de recevoir le bâton de maréchal de France, que le roi lui avait promis. — Elle épousa, en secondes noces, le marquis de Laval, aussi lieutenant général des armées du roi (a).

² Dominique Séguier, conseiller-clerc au Parlement de Paris, doyen de l'église de Paris, évêque d'Auxerre, puis de Meaux, premier aumônier du roi, mourut en 1659.

³ Le président Séguier, président à mortier au Parlement de Paris.

C'est lui qui, plus tard, sera *commis*, par lettres patentes du 4 janvier 1640, avec plusieurs conseillers du même Parlement, pour aller à Rouen exercer provisoirement la justice souveraine, au lieu et place du Parlement de Normandie, interdit.

(a) *Les Hommes illustres qui ont paru en France pendant ce siècle*, par M. Perrault, grand in-f°, 1696, p. 30.

nant au sieur Montauron, cy-devant receveur général des finances en Guyenne, lequel traicta mon dict seigneur le chancelier, comme n'estant pas encore accommodé ny meublé en sa dicte maison de la Barre.

Le chancelier voit, à Pontoise, sa sœur, supérieure des Carmélites; là, madame la chancelière le quitte.

Au dict lieu de la Barre, se séparèrent M^{rs} l'évesque de Meaux, les président Séguier, et prévost de Paris, Fabry, Brandon, et autres proches de mon dict seigneur le chancelier; madame la chancelière suyvit jusques à Pontoyse, où elle s'arresta en la maison des Carmélites, aveq la mère Jehanne, supérieure de ce monastère, sœur de mon dict seigneur le chancelier[1], lequel, aveq M^r le prince d'Henrichemont, après avoir veu la dicte mère supérieure et s'estre séparé de ma dicte dame la chancelière, fut coucher au faulxbourg du dict Pon-

---

[1] Le chancelier Séguier aimait tendrement cette pieuse sœur, et voulut être inhumé auprès d'elle dans le couvent des Carmélites de Pontoise. « Il a renoncé (disait Mascaron) à ce superbe tombeau de ses pères, pour trouver une humble retraite dans la terre des Saints, et pour entretenir et cultiver, par le voisinage du corps d'une sainte, qui a toujours été sa protectrice, ce germe d'immortalité qu'emportent les fidèles mourants, par la participation de la chair vivifiante de Jésus-Christ. » (Mascaron, *Oraison funèbre de messire Pierre Séguier*.) — On y lit en marge du passage rapporté ci-dessus : *La sœur de M. le chancelier, religieuse Carmélite de Pontoise, où il a choisi sa sépulture.*

NOTA. — Cette oraison funèbre fut prononcée par Mascaron, dans l'église des Carmélites de Pontoise, en 1672, le jour où les obsèques du chancelier eurent lieu dans cette église.

thoyse, en la maison de Mrs de la Grange Trianon frères, l'un m^e des comptes, et l'autre conseiller au Parlement, lesquelz l'y traictèrent à souper et au lendemain disner, dont Mr Bouthillier, surintendant des finances, leur proche parent, estoit venu, aveq eux, supplier mon dict seigneur le chancelier, quelques jours avant son départ de Paris.

Le mardy 20me, mon dict seigneur le chancelier ayant heu advis, dèz le jour précédent, que le colonel Gassion et ses trouppes ne pourroient pas estre si tost à Roüen, et s'estant résolu, pour cet effect, d'aller séjourner à Gaillon [1], soit que la chose eust

Mardi 20 décembre 1639. Le chancelier va à Mantes.

---

[1] En 1262, le domaine de Gaillon (royal jusqu'alors), avait été donné en échange, par saint Louis, à l'illustre archevêque de Rouen, Eude Rigaud. Il y existait, dès ce temps-là, un château, où le saint roi fut reçu le 19 décembre 1264, et plusieurs autres fois par l'archevêque Rigaud, son ami, comme nous l'apprend le *Livre des visites* de ce prélat (a). De nouvelles et importantes constructions y furent faites par le cardinal d'Estouteville. Le cardinal-légat, Georges d'Amboise, 1er du nom, archevêque de Rouen, employa à l'achèvement et embellissement de cette résidence, une somme de 20,000 écus, somme qu'il s'était fait payer par la ville de Gênes, en punition d'une révolte des habitants, et qu'il donna à son ministre. Georges d'Amboise bâtit, à grands frais, sur les hauteurs, y fit apporter une magnifique fontaine de marbre, don de la ville de Venise; y éleva des chapelles et oratoires, auxquels il prodigua les ornements somptueux et les reliques. Les deux cardinaux de Bourbon, succes-

(a) *Liber visitationum Odonis, archiepiscopi rothom.*, Ms. Bibl. reg., n° 1265.

esté concertée dès auparavant, soit que, par effect, ce mesconte se soit trouvé par l'employ des trouppes en la Basse-Normandie, et l'impossibilité à les faire rendre si tost à Roüen, quoique monseigneur le card^{al} de Richelieu l'en eust asseûré, il prit sa route à Mantes, comme feirent aussy M^{rs} d'Ormesson et de Moric conseillers d'Estat, Daubray, La Berchère

---

sivement archevêques de Rouen, ajoutèrent au château de nouvelles dépendances, et y fondèrent une chartreuse. Un incendie en ayant détruit quelques parties, le cardinal de Joyeuse répara, de ses propres deniers, ce dommage. Vint François de Harlay, qui l'embellit à grands frais, y fit circuler les eaux, l'orna de fontaines jaillissantes, fit placer en tous lieux des portraits du cardinal-légat d'Amboise, son arrière-grand-oncle, et des tableaux exquis où étaient représentées les actions les plus notables de ce cardinal-ministre. Mais voici une particularité plus ignorée. François de Harlay, l'un des français les plus doctes de son temps, ayant, outre l'archevêché de Rouen, l'abbaye de Saint-Victor, à Paris, avait fondé dans ce monastère une académie de *Saint-Paul*, instituée pour célébrer l'éloquence du saint apôtre des nations. On avait vu s'y porter tous les savants du royaume. Par un effet du malheur des temps, cette académie n'ayant pu subsister à Paris, Harlay lui offrit le château de Gaillon pour asile, faisant un généreux appel aux savants, aux littérateurs, qui répondirent par de fréquentes visites aux instances du prélat.

Harlay avait poussé le zèle jusqu'à établir dans ce château une *imprimerie*, qui nous a conservé des pièces, les unes importantes, les autres curieuses. Quelques-unes sont l'ouvrage du prélat; les autres sont relatives à son diocèse, à sa juridiction archiépiscopale, aux vifs démêlés qu'il eut avec des religieux, et dans lesquels il fut vainqueur. Toutes portent cette indication :

et Marescot maistres des requestes, et les dicts sieurs Talon et Letellier, commissaires, qui avoient couché à Ponthoyse, et encor ledict sieur Galland, secrétaire du Conseil, qui l'avoit suyvj dès la Barre; et ce mesme jour le dict sieur de Verthamon, l'un des M^{es} des requestes du quartier courant, partit de Paris sur les deux heures après midj, et fut coucher à Ponthoize.

Ex typographiá Gallionaeá. Imprimées dans le format in-4º, elles ont été réunies en un volume, que l'on est convenu d'appeler le *Mercure* de Gaillon, volume rare aujourd'hui, et fort à priser, surtout en Normandie, lorsque toutes les pièces alors imprimées à Gaillon s'y trouvent. Quelques-unes sont relatives au domaine de Gaillon, où elles furent imprimées; une, entre autres, du mois d'août 1632, intitulée: *Solatium musarum ad academicos, Rothomagensis pastoris Gallio, Ecloga, sive pastoralis Descriptio insignis archiepiscopalis castelli Gallionis;* titre qui indique assez son objet. Dans cette pièce, de 250 vers latins, Harlay, après avoir parlé de son *Académie* de Saint-Paul, qu'il a recueillie à Gaillon, décrit en détail cette belle et vraiment royale résidence, son dôme imposant, ses somptueux portiques et leurs sculptures exquises, ses colonnes lydiennes, sa grande galerie, et les admirables peintures qu'on y voyait en tous lieux, son parc, ses jardins, sa chartreuse; la splendide fontaine de marbre dont la dota Venise, et d'autres fontaines qui ne le cédaient guère à la première; ses chapelles, leurs autels, leurs trésors, leurs ornements, leurs reliquaires, la riche bibliothèque qui, dans la suite, devait être donnée au chapitre de Rouen. Dans une inscription latine, placée, en 1632, par François de Harlay, dans le principal vestibule du château (et imprimée aussi dans le *Mercure* de Gaillon), le prélat traça sommairement l'Histoire de cette célèbre et magnifique résidence, et indiqua les principaux objets qui l'embellissaient, les souvenirs notables qui s'y rattachent.

Mercredi 21 décembre 1639.
Le chancelier arrive à Gaillon, et se loge dans le château des archevêques de Rouen, comme l'en avait prié M. de Harlay, premier du nom.

Le mercredy 21me, jour de St-Thomas, mon dict seigneur le chancelier, aveq M^rs d'Aubray, La Berchère, Marescot et Galland, vinrent coucher à Gaillon. M^rs d'Ormesson, de Moric, Tallon et Le Tellier, et encor Mr de Laubardemont, conseillers d'Estat, demeurèrent à Vernon; et le dict Sr de Verthamon fut coucher à Bray, entre Magnj et Vernon. Mon dict seigneur le chancelier, avec M^r le prince d'Henrichemont, ayantz esté magnifiquement logéz au chasteau de Gaillon¹ aveq. . . . . domestiques et. . . . . chevaux de la suite et équipage de mon dict seigneur le chancelier; et grand nombre d'autres domestiques et équipage de mon dict seigneur d'Henrichemont; et, bien que M^r l'archevesque de Rouen eust faict, par civilité, offrir à M^rs les conseillers d'Estat et M^tres des requestes semblable logem^t dans le chasteau, nul ne le voulust accepter; ains prit-on maisons dans le bourg et èz environs, sans craye ny fourrier, selon que l'on arriva des premiers, et que l'on les rencontra plus commodes.

---

¹ M. François de Harlay, premier du nom, « fist une despense très considérable pour traiter vingt-quatre des principaux qui estoient à la suite et en la compagnie de monsieur le chancelier et du général Gassion, qui confessèrent qu'il les avoit régalés avec une magnificence incroyable (*a*). »

(*a*) *Histoire des Archevesques de Rouen*, par un religieux bénédictin (Pommeraye), 1667, in-folio, p. 659.

Le jeudy 22me, mon dict seigneur le chancelier voulut voir la dicte maison de Gaillon en laquelle il estoit logé, et y receut diverses visites, tant de quelques particuliers de la ville de Roüen, que des officiers de Vernon, Andely, du dict lieu de Gaillon et autres circonvoysins; entre lesquelz Mr Godart de Bractuit[1], conseiller clerc au Parlement de Roüen, frère du S^r de (du) Becquet, lieuten^t général civil de la dicte ville[2], luy rendit une lettre

Jeudi 22 décembre 1639. Le chancelier, averti qu'à Rouen M. de Harlay devait aller à sa rencontre, aux portes de la ville, avec tout le clergé, demander grâce pour le peuple, écrit au prélat, pour le détourner de cette démarche, dont il montre l'inutilité.

---

[1] Godart (Jean-Baptiste), sieur de Bracquetuit, avait été reçu, le 24 janvier 1614, conseiller-clerc au Parlement de Normandie. Il était chanoine, et devint grand trésorier de l'église métropolitaine de Rouen. On voit, par les registres secrets du Parlement de Normandie, que ce conseiller-chanoine rendit de signalés services aux pauvres et à la ville, dans l'administration des hospices (*a*).

[2] *Godart* (Arthus), sieur du Becquet, *d'abord conseiller* au Parlement de Normandie, puis procureur général à la chambre des comptes de Rouen, était devenu plus tard lieutenant-général du bailliage et siége présidial de Rouen, en remplacement de Marcq de la Ferté. Il prêta serment, en cette qualité, à l'audience de la grand'chambre, le 12 juillet 1635. Il était fort estimé par le Parlement, comme remplissant sa charge avec autant de zèle que de lumières (*b*). En septembre 1634, le peuple de Rouen, ayant jeté à la rivière un *monopolier*, nommé Trotart, venu à Rouen pour établir un nouvel impôt, ce malheureux fut tiré de l'eau par un batelier, et se réfugia dans le prieuré de Bonnes-Nouvelles. Mais on l'avait su, et bientôt le monastère fut assailli par cinq ou six mille séditieux, qui s'efforçaient d'en briser les portes.

(*a*) *Reg. secr.*, 14 janvier 1638. (*b*) *Reg. secr.*, 29 décembre 1634.

de Mr l'archevesque de Rouen, par laquelle, et par le discours du dict sieur de Bractuit, mon dict seigneur le chancelier recongneut que le dict Sr archevesque faisoit estat de luy venir au rencontre à son arrivée en la dicte ville de Rouen,

---

Le lieutenant-général, Godart du Becquet, accouru en hâte à Bonnes-Nouvelles, annonça au peuple la mort de Trotart, espérant, par ce pieux mensonge, apaiser le tumulte. Mais, devinant bien qu'on les trompait, les séditieux redoublèrent leurs imprécations et leurs efforts; le lieutenant-général Godart du Becquet était, à son tour, assiégé dans le prieuré, et *en danger de sa personne*. Des arrêts du Parlement, rendus coup sur coup, étant demeurés sans effet, le président Poërier d'Amfreville monta dans son carosse, avec le procureur-général Sallet, les conseillers Duval de Bonneval, Baudry de Biville, et De Vigneral, et parvint jusqu'à la porte du prieuré. Protégés par quelques hommes de la cinquantaine, ces magistrats purent délivrer et emmener avec eux, dans leur voiture, le lieutenant-général Godart du Becquet et le commis Trotart; puis on revint à Rouen, au milieu des imprécations du peuple et de ses efforts pour arrêter et ouvrir le carrosse. Les sauveurs, comme les sauvés, faillirent être les victimes de la fureur du peuple (*a*). — Dans les années 1656, 1637, Rouen étant désolé par la peste qui y faisait d'incroyables ravages, le lieutenant-général Godart du Becquet déploya un zèle intelligent qui ne se lassait jamais, n'oubliant rien pour arrêter le mal, pour le soulagement des malheureux qui en étaient atteints; il était partout. Les *rapports* qu'il venait faire au Parlement sur l'état sanitaire de la ville, montrent avec quel soin exact et scrupuleux il se rendait compte des alternatives de ce fléau, et que pas un habitant n'était frappé, qui aussitôt ne reçût des secours.

(*a*) *Reg. secr.*, des 14, 15 septembre 1634; 8 et 9 janvier 1635.

processionnellement, revestu de ses habitz pontificaux, accompagné de tout son clergé, afin de demander pardon pour les faultes du peuple de la dicte ville [1], qu'il avoit exhorté, par ses prédications de l'Advent entier, à une sérieuse et véritable péni-

---

[1] François de Harlay, aussitôt qu'il sut que Gassion avait eu ordre de venir à Rouen avec ses légions, écrivit au cardinal de Richelieu la lettre la plus pathétique, pour détourner de Rouen ce redoutable fléau. Richelieu étant gouverneur de Pontoise, du Pont-de-l'Arche et du Hâvre, François de Harlay, qui, par là, se trouvait être *trois fois son archevesque*, adressa à son redoutable diocésain la lettre la plus pressante; le suppliant de « s'employer à obtenir du roy miséricorde pour la province de Normandie, et notamment pour la ville de Rouen. » Tout l'Avent, ce fut le prélat lui-même qui prêcha, dans sa métropole, les habitants consternés et remplis de terreur. Par cette lettre, et par les registres du chapitre, on voit que le zélé et savant pontife, appropriant ses instructions à la situation de ses auditeurs, prenait le texte de ses homélies, tantôt dans le prophète Aggée, tantôt dans les lamentations de Jérémie. « Je sors (écrivait-il à Richelieu) de l'autel, et de ma chaire où se font les vœux et les instructions pour la royauté et la gloire du gouvernement; mais ce peu de travail, que j'advance (possible) plus utilement, par l'instruction que je donne moy-mesme au peuple, qui n'a besoin que de cela, se perd à moitié par l'appréhension de l'estat déplorable qui menace les consciences que je presse, et le sexe fragile que je presche. — Les blasphèmes et violements inséparables des garnisons et des troupes qui vivent à discrétion, et *dont les exemples ne sont pas loin* (a), troublent nos consciences... La seule présence, Monseigneur, vous amolliroit le cœur, et vous feroit voir la Normandie tout autre qu'on ne vous la figure, *et que sa faute est plus pour n'estre pas gouvernée, que pour s'estre mal gouvernée.*

(a) Gassion et ses troupes étaient en Basse-Normandie.

tence humiliation et obéissance aux voluntéz du roy. Mon dict seigneur le chancelier, par sa lettre et response au dict S^r archevesque, et par son discours au dict sieur de Bractuit (Bracquetuit), tesmoigna qu'il ne jugeoit pas ce dessein convenable; que le dict

---

Toutes les fois qu'il plaira à V. E., daigner prescrire à Roüen, une conduite, il la gardera inviolablement; et la croix marchera quand vous l'ordonnerez, avec le troupeau, pour en asseûrer vostre piété, vous mettant (sans aucune contrainte de force et de soldatesque) leur honneur, leur vie et leurs biens entre les mains. N'est il possible d'appaiser Dieu irrité que par de plus grandes fautes et offenses de Dieu, qui passent pour punition? *Ecoutez une mère de qui l'on veut punir l'enfant, pour venger la perte de l'autre.....* Que si ces prières ne vous désarment pas, au moins (je vous le demande pour dernière grâce), qu'à l'exemple de nostre maistre, il soit permis au pasteur de souffrir pour son troupeau. » Cette lettre est du 12 décembre. Harlay alla, le 17, visiter son chapitre assemblé. Il représenta à cette compagnie les malheurs présents, leur parla de ses prédications, et de son dessein « de continuer les lamentations du prophète Hiérémie, *si convenables au temps.* » Il dit « qu'il exhortoit tout le clergé d'offrir ses sacrifices à Dieu, par prières et collectes en leurs messes, pour le roy, l'estat de la France, et pour conjurer les *malheurs qui menaçoient la ville de Roüen et toute la province.* » Il présenta aux chanoines sa lettre qu'il venait d'envoyer au cardinal. « Lecture faicte de ladicte lettre, et en icelle veu et considéré la sincère affection et grand zèle d'un vray pasteur pour son troupeau, M. le hault doyen a remercié monseigneur l'archevesque, au nom de la compaignie, de la faveur qu'il a faicte au chapitre, de luy en donner la communication, et supplié qu'elle demeurast au greffe (du chapitre), pour estre registrée, et l'original mis aux archives, pour en conserver la mémoire.....

sieur archevesque se demettroit de sa dignité, de laquelle il a tousjours esté très soigneux, ne debvant cet honneur qu'à la personne du roy, en l'attendant en son églize ; que, d'ailleurs, luy mon dict seigneur le chancelier ne venant point pour

---

Ce que mon dict seigneur a tesmoigné souhaitter; et est sorty, reconduict jusqu'à la porte du chapitre par tous messieurs qui y estoient.... Et, après avoir délibéré sur la dicte lettre et remonstrance, a esté ordonné que la dicte lettre sera insérée dans les registres, et l'original mis aux archives, *pour la conserver à la postérité.* » De plus, déférant à ce qu'avait dit M. de Harlay, sur les prières extraordinaires que réclamait la conjoncture, le chapitre arrêta « qu'à la grand'messe, il seroit dict cy après une collecte : *pro tribulatione.* »

Cette lettre étant, selon toutes les apparences, demeurée sans réponse, M. de Harlay écrivit au chancelier Séguier, qui venait d'arriver à Gaillon :

« Monsieur, je n'ay point encore eu qu'aujourd'huy, la tentation de n'estre pas prédicateur, me voyant privé de l'honneur de vous recepvoir en personne dans la maison de l'esglise (a) que vous daignez honorer. Je suppléerai ma présence du mieulx qui me sera possible, par ceulx qui vous présenteront les clefz, et par vostre fidèle serviteur le thrésorier de nostre église et vénérable chanoine, M. Godart. Permettez que je me reserie, de loin, avec saint Augustin : « negotiosissimum in republicâ virum, et non « suis sed aliorum utilitatibus attentissimum, qualem te esse et tibi « gratulamur, et rebus humanis, nec deserere debemus alloquio, « nec occupare proemio » ; et que ce qu'il escrivoit ainsy à Macedonius, soit suivy d'une très excellente suite de son discours, qui est : *de la façon qu'il fault que les évesques intercèdent pour les accuséz.* « Si ergò vobis fas est ecclesiasticam correptionem inter-

(a) *Gaillon*, résidence des archevêques de Rouen.

délibérer, mais pour prononcer et exécuter les choses dont luy-mesme avoit esté d'advis dans le Conseil du roy et en la présence de sa Majesté [1], il ne pourroit accorder au dict sieur archevesque ceste demande ny aucune partie d'ycelle, ny rien remettre des choses résolues et concertées ; que, ce faisant, cela pourroit avoir un effect contraire aux bonnes et pieuses intentions du dict sieur archevesque, tant pour le service du roy que pour l'advantage particulier des habitantz de la dicte ville de Roüen, en ce que cet esclat et pompe de la religion ne pouvantz pas estre considéréz ny efficaces en ceste occurrence, les espritz du peuple s'en pourroient esmouvoir davantage, et se retirer

---

« cedendo mitigare, quomodo episcopus vestro gladio non debet in-
« tercedere, cùm ille exeritur, ut in quem exeritur benè vivat. Iste
« ne vivat. Postremo ipse dominus apud homines intercessit ne la-
« pidaretur adultera, et eo modo nobis intercessionis commendavit
« officium, nisi quia ille terrendo fecit, quod nos petendo. » *C'est assez pour Gaillon. Le reste, s'il vous plaît, en moins de mots, quand, en habit de pasteur, vous aurez agréable que je vous recommande le troupeau, à vostre arrivée (a).* »

[1] En effet, les déclarations royales prononçant l'interdiction du Parlement, de la cour des Aides, du lieutenant-général du Bailliage, et du corps de ville de Rouen, avaient été rendues le 17 de ce mois ; celle portant interdiction des officiers du bureau des Finances, avait été rendue le *quinze* dudit mois.

(a) Cette lettre est dans les registres du chapitre de Rouen, à la date du 20 décembre 1639.

de l'obéissance deüe à sa Majesté, laquelle ensuite seroit obligée de les chastier plus sévèrement.

Ce mesme jour, dès le matin, mon dict seigneur le chancelier eust advis, du dict sieur Gassion, qu'il se rendroit prèz sa personne pour recevoir ses ordres le 26 du mois, et que le dernier jour d'iceluy les trouppes arriveroient èz environs de Roüen, de sorte que mon dict seigneur le chancelier fit cognoistre publiquement le séjour que l'on seroit à peu prèz obligé d'y faire; les dicts Srs Talon et Le Tellier commissaires, Gaudart C^{er} d'Estat, Daubray, la Berchère, Marescot, M^{tres} des requestes, disnèrent avecq luy, comme aussy le Sr Galand, et le dict Sr de Verthamon pareillement, qui y arriva ce jour là mesme. Et parce qu'encor que la table de mon dict seigneur fust très bone, néantmoins il voyoit que beaucoup y estoient survenuz et se délibéroient de loger au dict bourg de Gaillon, contre ce que l'on avoit creu du commencement, il eut ceste bonté de fayre excuse, come s'il eust manqué quelque chose à sa table, ce qui n'estoit pas, et dona les ordres à ce que, cy-après, elle feust doublée, comme elle fut le lendemain, pour 25 à 30 couvertz, très magnifiquement et bien servie, et a continué par tout le cours du voyage, ayant prié un chacun de Mrs du Conseil de ne prendre autre table que la sienne.

Le dict jour, après disner, mon dict seigneur le

Le chancelier reçoit des nouvelles de Gassion, qui était dans la Basse-Normandie.

Pendant tout le voyage et le séjour en Normandie, tous les membres du Conseil dinèrent à la table du chancelier.

chancelier fut en la compaignie de tous les susnomméz, entendre vespres au monastère des
Chartreux, et se pourmena dans leur maison; et,
au retour, estant monté à cheval, traversa le parc
ou les jardins, qui sont au pied des terraces du
chasteau, ayant trouvé bon que M^r le prince d'Henrichemont feist venir, de Rosny, son équipage de
chasse, pour, le samedy ensuyvant, entre la
messe et les vespres de la vigile de Noël, faire
chasser quelques dains dans le parc du dict Gaillon, où il y en a fort grande quantité; le marquis
de Varenne et quelque aultre noblesse estoient
lors aussy prèz mon dict seigneur le chancelier ou
mon dit S^r d'Henrichemont son gendre.

Vendredi 23 décembre 1639. Des députations du Parlement de Rouen, de la cour des Aides, du présidial, viennent à Gaillon, saluer et haranguer le chancelier.

Le vendredy 23me, M^{rs} les députéz du Parlement
de Rouen [1], de la cour des Aydes et du présidial
ou bailliage, le visitèrent, les premiers présidentz
et le lieutenant général portantz la parolle chascun

---

[1] Le samedi 22 décembre, le Parlement, apprenant que le chancelier avait couché la veille à Gaillon, et qu'il y séjournerait encore quelques jours, nomma, pour aller l'y *saluer, et luy
rendre ses devoirs*, une députation composée du premier président De Faucon de Ris, des conseillers De Brinon (que rem-
plaça le conseiller Baudry de Biville) (*a*), Le Brun, Romé et de
Galentine. (*Reg. secr.* dudit jour.)

Le jeudi 30, ces députés, de retour, firent leur rapport au
Parlement.

(*a*) *Reg. secr.*, 2 janvier 1640.

à leur tour; on dict que Mʳ le premier président du Parlement parla peu intelligiblement; et les autres se firent mieux entendre; mais mon dict seigneur le chancelier respondit à chascun d'eux aveq grande éloquence, gravité et dignité; les parolles estoient différentes, prises sur le champ pour response aux harengues qui luy avoient esté portées; mais la substance estoit tousiours, sur la justiffication que chacun se donoit, qu'il venoit sur les lieux pour recognoistre ceux qui auroient bien servy le roy, et chastier exemplairement et fayre servir de marques à la postérité ceux qui se seroient oubliéz ou auroient manqué en leur debvoir; il reconduisit les députéz du Parlement jusques dans une seconde chambre après celle où ilz avoient eu leur audience, ceux de la cour des Aydes à la porte de la chambre où il les receut, et point du tout le présidial et bailliage [1].

---

[1] Il reçut aussi une députation de l'hôtel de ville. Les officiers de l'hôtel de ville de Rouen, voulant conjurer les rigueurs dont la ville était menacée, venaient d'envoyer des députés vers le roi, mais avec ordre de voir, en passant, le chancelier à Gaillon.

Ces députés ayant été admis près du chancelier, le lieutenant-général Godart du Becquet, qui était à leur tête, dit qu'ils allaient à Paris, intercéder le roi pour la ville, et supplia le chancelier d'être leur médiateur auprès du monarque. Mais la réponse du chancelier leur montra qu'il n'y avait plus de remède. « *Je vous défends* (leur dit-il) *d'aller vers le roy. Sa Majesté a*

M.rs Dormesson, Moriq et Laubardemont vindrent de Vernon le visiter, mais ilz s'en retournèrent après avoir retenu logement aux Chartreux, duquel pourtant ilz ne se sont pas servj, soit parce que l'on ne peut pas y uzer de viandes, soit pour aultre considération.

<small>Le père Faure, général des Augustins, fait connaître à Verthamont les dispositions où l'on est à Rouen.</small>

Le père Faure, général de l'ordre des chanoines réguliers de Saint-Augustin, venant de S.t-Lô de Roüen, où le nouvel establissement de sa congrégation, en vertu de divers arrestz du Conseil, est encor traversé, en parla à mon dict seigneur le chancelier, pour y recevoir justice et protection de luy ; mais ne luy ayant peu parler qu'en passant, il dist au dict S.r de Verthamont, plus particulièrement, comme il avoit faict à M.rs Talon et Le Tellier, lez dispositions d'obéissance d'un chascun[1] en la dicte

---

résolu de restablir, par ses armes, son auctorité qui a esté violée, et de prendre un chastiment exemplaire de la rébellion qui a esté commise à Roüen. » Et comme ils insistaient encore, Séguier leur intima, de rechef, l'expresse « *défense d'aller par devers le roy* », et l'injonction de retourner de suite à Rouen, pour y attendre les ordres qui leur y seraient donnés. (a)

[1] Le 6 octobre 1639, à neuf heures du soir, comme les aides du bourreau de Rouen venaient de planter la potence sur la place du Vieux-Marché, pour une exécution par effigie, qui devait avoir lieu le lendemain matin, les artisans de Rouen, s'i-

(a) *Reg. de l'hôtel-de-ville de Rouen*, 22 décembre 1639, et jours antérieurs et suivants.

ville de Roüen, les plaintes (possible mal fondées) contre l'incapacité et inagibilité (inhabileté) prétendüe du chef du Parlement, leur attente pour l'interdiction, qu'ilz disent avoir aussy soufferte,

---

maginant qu'on allait faire mourir Gorin et d'autres prisonniers compromis dans les séditions du mois d'août, s'attroupèrent autour de l'échafaud; et les valets de l'exécuteur des hautes œuvres s'étant enfuis après avoir éteint les flambeaux, le artisans se ruèrent sur la potence, criant : *Raoul, Raoul!* la traînèrent dans les rues, et revinrent la brûler au Vieux-Marché, en criant que c'était la *grande-monopollière* (*a*).

Le 19 décembre, l'avocat-général Le Guerchois remontra au Parlement « qu'il y auoit gens en ceste ville de Rouen, perturbateurs du repos public, qui se plaisoient de semer des libelles diffamatoires et afficher des placardz tendants à sédition. » Un arrêt fut rendu par les chambres assemblées, pour ordonner des informations à cet égard (*b*).

Le 24 décembre encore, (par suite, il est vrai, de querelles particulières entre des familles notables de Rouen), des démêlés à main armée eurent lieu dans la rue *aux Ours*, entre des bandes armées d'épées, de pistolets et de carabines. Il y fallut l'intervention de la cinquantaine et des arquebusiers, celle de plusieurs conseillers du Parlement, délégués pour informer de ce tumulte, comme *d'affaire générale*, Louise de Rassent, veuve d'un président de la chambre des comptes (Le Cordier du Troncq), avait mené une des bandes de gens armés; aussi fut-elle écrouée à la conciergerie du palais, avec ses filles et le sieur de Roncherolles de la Ferté. A cette occasion, le peuple s'était ému encore une fois. Le conseiller Lenoble fut député à Gaillon, pour raconter les faits au chancelier, qui vit bien que la ville était toujours en proie à une grande fermentation. (*c*)

(*a*) *Reg. secr.*, 7 octobre 1639.   (*c*) *Reg. secr.*, 24 décembre 1639.
(*b*) *Reg. secr.*, 19 décembre 1639.

en 1540¹, pour contravention à quelque arrest du grand Conseil, et que leur registre en est chargé. Mais ils ne peuvent deffendre le parachronisme, que ce fut par M^r le chancelier du Prat, venu exprèz à Roüen pour cet effect, quoy qu'ilz allèguent

---

¹ Le Parlement de Normandie avait, en effet, été interdit en 1540, par François Ier, venu exprès à Rouen pour cet acte de rigueur. Les *Mercuriales* des douze ou quinze années qui avaient précédé l'interdiction, révèlent, dans ce Parlement, de grands désordres, qui appelaient une prompte et énergique réforme. De plus, cette compagnie s'était défendue d'enregistrer la célèbre ordonnance de Villers-Cotterêts (du mois d'août 1539), dite la *Guillemine,* parce que *Guillaume* Poyet en était l'auteur. Ce chancelier s'en offensait ; et ce fut lui qui excita l'indignation de François Ier contre le Parlement de Rouen. Le voyage que fit la cour en Normandie, aux mois d'août et de septembre 1540, avait surtout pour objet de recueillir des renseignements sur les torts que pouvait avoir le Parlement, pour, ensuite, frapper cette compagnie, si elle se trouvait l'avoir mérité. Le 20 août, Poyet, étant à l'abbaye de Saint-Georges-de-Boscherville, près de Rouen, y adressa, à une députation du Parlement, qu'il avait fait venir exprès, une dure semonce, prélude d'une autre, plus humiliante encore, qu'il alla, le 6 septembre suivant, adresser au Parlement tout entier, réuni exprès au palais de justice, par l'ordre du roi. Mais cela ne devait point s'arrêter à des reproches ; on crut que François Ier irait en personne au palais, déclarer au Parlement l'interdiction prononcée contre lui ; car des députés de cette cour l'étant allés saluer à Saint-Ouën : « *J'iray, Messieurs,* (leur avait dit le monarque) *j'iray veoir mon Parlement ; les gens de bien en seront bien heureux, et les maulvais malheureux.* » Mais, le 10 septembre, trois jours après que Poyet eut gourmandé le Parlement au palais, cette compagnie fut mandée, en

leurs registres ; car l'histoire en auroit fait mention ; et d'ailleurs le dict Sr du Prat estoit lors décédé.

Le samedy 24me, veille de Noël, mon dict seigneur le chancelier, ayant entendu la messe, monta à cheval aveq M^r le prince d'Henrichemont, Mrs de la Berchère et Marescot M^tres des requestes et plusieurs aultres, et veit la chasse des dains dans le parc, où il en fut blessé et tué deux ou trois, et

<small>Samedi 24 décembre 1639. Le chancelier assiste à une chasse aux daims, dans le parc de Gaillon.</small>

corps, au logis abbatial de Saint-Ouen. — A peine était-elle dans la *grande galerie*, que François Ier parut, suivi des princes ses fils, des cardinaux de Bourbon et de Tournon, du connétable Anne de Montmorency, du chancelier Poyet, et des membres du Conseil privé. Apostrophant brusquement tous les membres du Parlement, qui s'étaient mis *à genoux* en le voyant paraître : « *En lieu* (leur dit-il) *de vous vouloir collauder et gratiffier de la bonne justice administrée à mes subjectz, je suis venu céans pour les grandes quérimonies qui m'ont esté faictes, vous reprendre de toute injustice, dont j'ay esté si avant informé, que je suis contrainct de y mettre ordre moy-mesme; et vous déclare que je casse l'arrest rendu contre Maillart, et l'arrest de Coquainviller et Bouju, pour le prieuré de Sainct-Laurens-de-Lyons; et mesmement veulx que le registre falsifié, en la matière des officiers d'Avranches, soit rayé; et, au surplus, je ferme et cloue l'entrée de mon Parlement de Rouen, jusques à ce que aultrement par moy en ait esté ordonné. — Mon arrest tiendra, mais je n'entendz que les bons en doibvent souffrir, ains plustost en seront exaltèz, la vérité estant congneue des faultes à moy faictes entendre; et les maulvais seront réprimèz* (a). »

(a) Voir notre *Histoire du Parlement de Normandie*, t. Ier, p. 522 et suiv., t. II, p. Ire et suivantes.

plusieurs aultres lasséz et couruz ; Mrs de Montescot, Vignier, de Hère et du Til (Jubert du Thil), M^es des requestes du quartier courant, venantz de la maison du Til (Thil), vindrent disner aveq luy, puis se retirèrent à Andely, l'ayantz accompagné à vespres, en la chapelle du chasteau. On avoit creu que mon dict seigneur le chancelier selleroit le dict jour, ce qu'il ne feit point.

Dimanche 25 décembre 1639.

Le dimanche 25me, jour de Noël, mon dict seigneur le chancelier, mon dict sieur d'Henrichemont, aveq leur maison, assistèrent à l'office dez chanoines du chasteau [1]; Mrs Daubray, la Berchère et Marescot se trouvèrent aux Chartreux à l'office de la nuict, nous demeurasmes en l'églize collégiale du bourg, où est la paroisse ou du moins l'annèxe, et y assistasmes aux trois messes, dictes par l'aumosnier ordinaire de la grande chancellerie, avec M^rs les grand audiancier, controlleur, garde des roolles, secrétaires, et aultres officiers estantz à la suitte.

L'indisposition du dict Sr de Verthamon ne luy

---

[1] En mai 1562, chassés, par les religionnaires, de leur église métropolitaine pillée et dévastée, et de Rouen, où, pendant six mois entiers, devait régner la révolte, les chanoines de Rouen avaient trouvé un asile au château de Gaillon, résidence de leur archevêque ; l'église collégiale de Gaillon, mise à leur disposition, fut comme la métropole du diocèse pendant ces six mois d'exil. (*Reg. cap. Eccles. rothom.*, mai, octobre et novembre 1562. — Et notre *Histoire du Parlement de Normandie*, t. II, p. 465.)

permit pas encor de disner chez mon dict seigneur le chancelier ; mais il s'y trouva à l'issüe de sa table. Comme il se disposoit pour aller entendre vespres en la Chartreuse, M^r le baron de Pont-Chasteau, frère de M^r le marquis de Coaslin, survint en poste à cinq chevaux, et luy rendit une grande dépesche, pour laquelle lire mon dict seigneur le chancelier rompit son dessein des Chartreux, et assista aux vespres de l'églize collégiale du chasteau ; Mrs Daubray, la Berchère, Marescot et le dict Sr de Verthamont furent entendre celles des Chartreux, après que les dictz Chartreux eurent envoyé vers monseigneur le chancelier, pour sçavoir le changement de son dessein ; et s'y trouvèrent aussy Mrs Gaudart, Galland et plusieurs aultres ; mon dict seigneur le chancelier retint pour loger au chasteau le dict Sr de Pont-Chasteau, lequel debvoit continuer son voyage à Caën. Et le soir arriva le dict sieur colonel Gassion[1], mareschal de

Le colonel Gassion arrive à Gaillon, et est logé dans le château.

---

[1] Il venait de la Basse-Normandie, où il avait signalé son passage par mille actes de rigueur qui n'étaient pas tous nécessaires. Le cardinal de Richelieu ne lui en écrivit pas moins, à la date du 26 décembre : « Vous ne pouviez pas donner plus de satisfaction au roy que vous avez faic dans la réduction des rebelles de Normandie.... Ce ne sera pas une simple corvée que vostre voyage ; et, quand il n'y auroit que l'estime que le roy à conceuë de vostre conduite, je ne sçay si vous n'en devriez pas estre satisfait. Mais il ne s'en tiendra pas à la seule estime, et vous verrez dans la suite l'égard dont il prétend reconnoistre vos actions ; vous pou-

camp, lequel mon dict seigneur le chancelier receut très bien, et le logea pareillement aveq luy.

Lundi 26 décembre 1639. Le chancelier, de concert avec Gassion, règle ce qui concerne le logement des troupes a Rouen.

Le lundy, jour de St-Estienne, 26 du mois, mon dict seigneur le chancelier s'entretint assez long temps aveq le dict S^r colonel Gassion, auquel il

vez bien penser que je n'apporteray point d'obstacles à ses bonnes intentions.... Si des conséquences très essentielles ne s'estoient rencontrées parmy nos affaires, le roy auroit déjà pourveu à une reconnoissance qu'il destine à vos bons services..... (Nous insérerons ailleurs le reste de cette lettre, qui se trouve dans la *Vie du mareschal de Gassion* (par l'abbé de Purre), tome II, pages 154 et 155.

Au reste, Gassion allait bientôt recevoir les louanges du roi lui-même; et c'est dans une *Déclaration royale* qu'elles sont consignées. « Les émotions qui sont arrivées en nostre province de Normandie, nous ayant obligé d'envoyer le sieur Gassion, mareschal de camp en nos armées, avec des troupes d'infanterie et de cavalerie, pour restablir, par nos armes, nostre auctorité, et contenir, par la force, en nostre obéissance ceux de nos subjects qui ne pourroient y estre retenus par les vrays respects et obligations envers leur prince, sa conduite a esté si prudente et si généreuse, qu'en peu de temps il a dissipé toute la faction qui s'estoit formée, obligé ceux qui avoient pris les armes contre nostre service, de se retirer hors nostre royaume, pour éviter la punition et le chastiment qu'un si énorme crime pouvoit mériter; et enfin, après avoir fait chastier ceux qui avoient esté si téméraires que d'attendre nos armes, il a dissipé toutes les assemblées de nos subjects qui, poussez de passion et de fureur ou de mauvais conseil, s'estoient soubstraits de nostre obéissance....

Déclaration du roi, donnée à Saint-Germain-en-Laye, le 8 janvier 1640, pour rendre responsables, désormais, des séditions, les magistrats dans les villes, et les gentilshommes dans les campagnes.

mit en main la description de la ville de Roüen, l'estat et les forces des logementz et les noms des habitants, qu'il avoit heu soin de retirer du greffier de la maison de ville, auquel il avoit ordonné, dès le vendredy précédent, de les luy apporter dans le dict jour de lundy, comme il feit; sur ce pied, il fut arresté par mon dict seigneur le chancelier, aveq le dict Sr Gassion, de départir la ville en neuf quartiers, l'un desquelz (qui est celuy de Sainct-Oüen) seroit réservé pour mon dict seigneur le chancelier et pour le Conseil qui est en sa suite; les huict autres seroient départis, chascun pour le logement d'un régiment d'infanterie; et la cavallerie logée dans les faulx bourgz ; on a particulièrement résolu d'exempter les officiers de l'Election de tous logementz, come s'estantz bien et vertueusement comportéz pour le service du roy pendant toute la dicte sédition.

Le dict Sr Gassion avoit remis à mon dict seigneur le chancelier un acte de délibération de tous les officiers du présidial de Coustances, signé de leur greffier et demeuré en leurs registres, par lequel, lors des séditions de la dicte ville, de celle d'Avranches et aultres de la Basse-Normandie, ilz avoient unanimement résolu de ne recevoir ny admettre aucuns des officiers de nouvelle création, quelques arrestz du Conseil ou actes de réception qu'ilz peussent avoir; et, de plus, il paroissoit que,

Le chancelier ordonne de faire le procès aux officiers du présidial de Coutances, et enjoint à ces magistrats de se rendre à sa suite, à Rouen.

lors de la dicte rébellion et du meurtre du receveur des tailles en la dicte ville de Coustances, tous les domestiques, lacquais et aultres portantz livrées des dicts officiers du dict siége présidial, s'y estoient trouvéz, par la connivence, et, possible, par la permission ou ordre des dicts officiers. Mr de la Poterie[1] et le dict Sr Gassion leur ayant ordoné de se rendre à la suite de mon dict seigneur le chancelier, en la ville de Roüen, (ce qu'ilz avoient promis), au lieu de ce faire, ilz s'estoient touz absentéz de la ville la nuict ensuyvant. Mon dict seigneur le chancelier a faict expédier arrest, qu'il a signé, *et moy après luy,* portant pouvoir et ordre à Mr de la Poterie, de leur faire et parfaire le procèz, et à eux, de rechef, de se rendre à la suite de mon dict seigneur le chancelier en la dicte ville de Roüen, à peine de razement de leurs maisons[2]; et le dict arrest ayant aussy tost esté expédié, puis scellé, aveq quelques commissions pour le dict Sr de Pont-Chasteau, il a esté adressé au M^e de la poste de Caën,

---

[1] Charles Le Roy, sieur de la Poterie, conseiller du roi en ses conseils, Intendant de la justice, police et finances en Normandie, dans la généralité de Caen.—Il avait été envoyé à Caen, il y avait deux mois environ, pour informer contre les séditieux de la Basse-Normandie, comme les conseillers d'Etat Le Tellier et Talon avaient été envoyés à Rouen, pour procéder contre les habitants compromis dans les séditions des 21, 22 et 23 août.

[2] Voir notre note sur le *Diaire*, à la date du 9 mars 1640.

aveq ordre exprèz de mon dict seigneur le chancelier, de faire, en toute diligence, rendre la dépesche au dict Sr de la Poterie, à peine d'en respondre en son nom. Le matin, mon dict seigneur le chancelier, après sa messe, s'est longuement entretenu aveq le dict Sr Gassion, dans la grande gallerie et aultres lieux du chasteau, estant sortj comme s'il eust voulu aller en l'appartement du dict Sr Gassion lorsqu'il le ramena, ce qu'il ne feit pas.

Le dict sieur Gassion, disnant avec mon dict seigneur le chancelier, a pris la place vis-à-vis de luy, M^r le prince d'Henrichemont estant au bout de la table; au dessoubz de monseigneur le chancelier, se sont trouvéz Mrs Gaudart, Talon, la Berchère, Marescot et aultres M^es des requestes; et au dessoubz du dict Sr Gassion, le dict S^r baron de Pont-Chasteau, et plusieurs cappitaines de la suite du dict Sr Gassion, prèz lequel le major du régiment de Champagne estoit venu prendre les ordres, estant deslogé, dès le jour précédent, de Vernon, où je le trouvay dès le jeudy 22e, que je passay par la dicte ville.

Gassion, après avoir diné avec le chancelier, prend congé de lui, et va à Elbeuf, rejoindre ses troupes.

Peu après le disner, le dict Sr Gassion a pris congé de mon dict seigneur le chancelier, pour monter en un carosse de six chevaux et aller coucher à Elbeuf, et de là trouver ses trouppes, mon dict seigneur le chancelier l'ayant accompagné depuis sa chambre jusques vers le milieu de la grande salle, *plus avant qu'il n'avoit faict les députéz du Parlement;* et ensuite il a pareillement congédié le dict Sr de Pont-Chasteau, et, par luy, dépesché à Caën pour le dict Sr de la Poterie, comme dict est; et, dès ce jour là, on a dict publiquement qu'il faudroit partir de ce lieu le dernier jour de cete année, ou le premier de la prochaine, pour arriver à Rouen au commencemeet de la sepmaine suyvante.

Le surplus de l'après disnée, mon dict seig^r le chancelier est demeuré pour la pluspart enfermé aveq Mrs Talon et Le Tellier, et ont veu papiers sur le faict de la dicte commission. Ensuite, Mr Gaudart *et moy* l'avons veu; et a trouvé bon de résoudre le project des lettres patentes dont je luy ay faict lecture, sur les brefz du vicaire général des Cordeliers et Récolletz en ce royaume. Ensuite il a donné audience aux officiers de l'admirauté de Rouen, lesquelz ont dict qu'estantz pourveuz par Son Eminence [1], ilz espèrent de luy particulière protection. Il les a reçeuz fort humainement en sa chambre; et ensuite le receveur des droictz de monseigneur le card^al luy a offert particulier service, et a ramenteu [2] qu'il l'avoit advertj, par Mr de Loynes,

---

[1] Le cardinal de Richelieu, surintendant de la navigation.

[2] *Ramenteu,* de *ramentevoir,* rappeler à la mémoire. On disait aussi *ramantoir* et *ramantevoir.* — Voir D. Carpentier, *Gloss. français,* au mot : Ramentevoir; et *Suppl. latin,* v° Rementus.

secrétaire de la marine, de toutes les particularitéz des séditions de Roüen, et que le dict sieur de Loynes luy avoit escrit en avoir doné compte à mon dict seigneur le chancelier; lequel n'a pas tesmoigné s'en souvenir, mais qu'il seroit encore fort ajse d'avoir de luy de bons mémoires des choses qui s'estoient passées.

L'un des cappitaines des cinquante [1] arquebuziers l'a veu aussi, et asseuré avoir fidèlement servj en ces occurrences; mais mon dict seigneur le chancelier luy a tesmoigné qu'il en avoit donné fort peu de preuve, et néantmoins que ceux qui auroient bien servj seroient estiméz, et au contraire les aultres chastiéz; *puis j'ay heu l'honeur de l'en-*

Le chancelier invite M. de Verthamont à rédiger un Diaire ou Journal du voyage de Normandie.

---

[1] Il existait, anciennement, à Rouen, trois compagnies d'hommes armés, qui devaient se tenir toujours à la disposition des magistrats, et prêts à assurer dans la ville le maintien de l'ordre, ou à le rétablir s'il était troublé. C'étaient, 1° la compagnie des arbalétiers (à cheval), dite la *cinquantaine*, et composée de cinquante hommes, comme son nom l'indique assez; chargée de faire le guet pendant la nuit, elle était à Rouen ce qu'était à Paris la compagnie des chevaliers du guet; 2° celle des archers, établie en mai 1513, dans un clos du faubourg Bouvreuil, où ils s'exerçaient à tirer de l'arc; 3° la compagnie des 104 arquebusiers, établie à Rouen, par Henri II, en octobre 1550 (*a*).

La *cinquantaine* et la compagnie des *arquebusiers* paraissent avoir, seules, subsisté jusqu'à la révolution de 1789.

(*a*) *Histoire de la ville de Rouen*, par Farin, édition de 1668, t. I, page 388 et suivantes.

tretenir fort longuement seul; et, entre aultres choses, il m'a tesmoigné qu'il auroit agréable que je feisse un Diaire ou Journal fort exact de ce qui se passeroit au voyage, m'ayant faict l'honeur de me dire quelque chose des desseins que l'on pouvoit y avoir, et de la conduite qu'il y vouloit tenir, et que M. de La Berchère, son parent, faisoit aussi un semblable journal.

Mardi 27 décembre 1639.

Le mardy, jour de S‑Jehan évangéliste, 27me, mon dict seigneur le chancelier s'est purgé, comme il avoit dict vouloir faire dès le jour précédent.

Sur les unze heures du matin, il s'est dict que M. le prince d'Henrichemont, son gendre, avoit pris congé de luy, pour s'en retorner en la court, quoy que l'on eust creu qu'il feroit le voyage tout entier pour tenir compagnie à mon dict seigneur le chancelier, en une saison pendant laquelle il ne pouvoit pas y avoir employ dans les armées.

Mr de Grimonville[1], deuxième président du Parlement de Rouen, estoit venu, ce jour-là, pour saluer mon dict seigneur le chancelier, comme particulier; mais il ne pust avoir audience, non

---

[1] Bretel de Grémonville (Raoul), reçu président à mortier le 4 avril 1622, « homme de beaucoup de capacité et de réputation (*a*). »

(*a*) *Mémoires de Mme de Motteville*, collection Petitot, 2me série, tome XXXVIII, page 167.

plus que les présidiaux d'Andely, venus à mesme dessein ; ny mesme Mʳ Mangot d'Orgères, Mᵉ des requestes, intendant de la justice, police et finances en Bourgongne, venu par l'occasion de quelques différentz survenuz entre luy et Mʳˢ du Parlement du dict pays de Bourgongne.

Ce mesme jour, Mʳˢ de Montescot, Vignier, de Hère et du Til (Thil), ont pris leur logement au quartier du Roulle, prèz la rivière, à une petite lieue de Gaillon.

Le mercredy jour des SS. Innocentz, 28ᵐᵉ, les dicts Sʳˢ de Grimonville, et députéz du présidial d'Andely, et aultres, ont heu leur audience de mon dict seigneur le chancelier, come aussj Mʳˢ de Criqueville[1], président du dict Parlement, les députéz de la chambre des comptes ; ceux de l'églize Cathédrale de Rouen, le Sʳ de Grimonville, hault doyen, portant la parolle pour eux[2].

Mʳ Mangot d'Orgères a aussj veu mon dict seigneur le chancelier, lequel n'a rien voulu changer

28 décembre 1639. Le chancelier reçoit, à Gaillon, des députations de la chambre des comptes de Rouen, du chapitre métropolitain, et du présidial d'Andely.

---

[1] De Launoy de Criqueville.

[2] Dès le samedi 17 décembre, le chapitre de Rouen, sachant que le chancelier devait partir de Paris, le lundi 19, avait chargé plusieurs de ses membres de lui présenter, à son arrivée à Rouen, le *pain* et le *vin* de chapitre. « Sur l'advis donné que M. le chancelier partoit, lundy, de Paris, pour estre le jeudy ensuyvant, en ceste ville, MM. Godart, Marette et De Caux ont esté députéz pour le saluer, et luy offrir, de la part de la compagnie, le *pain* et le *vin*. Le sieur Godart s'en estant dispensé,

èz choses desjà ordonnées entre le Parlement de Digeon et luy.

Monseigneur le chancelier a dépesché, le dict jour, le Sr Picot, lieutenant du grand prévost, servant prèz sa personne, prèz le S^r colonel Gassion, pour avoir advis de l'estat de ses trouppes, et a passé une partie de l'après disnée à se pourme-

---

pour avoir autre commission du Parlement, M. Le Royer, chantre, a esté prié de saluer ledict seigneur (*a*). »

Le 24 décembre, « M. le Haut-Doyen a esté prié aller demain à Gaillon, saluer monseigneur le chancelier, et luy offrir les vœux et prières de l'église, et le supplier d'exempter les maisons des chanoines, des gens d'armes qui viennent en garnison en ceste ville (*b*). » Le 29, « M. le Haut-Doyen a déclaré qu'avec MM. Caresmel, archidiacre, et de Bretteville, ilz avoient esté à Gaillon, saluer M. le chancelier, pour luy faire les compliments de la part du chapitre, et le supplier, dans ces mouvements du temps, exempter les maisons de MM. les chanoines des garnisons de soldats, et offert les vœux et prières de la compagnie, y ayant esté présentéz par M. de Guillengui, grand vicaire de Pontoise. Le chancelier les avoit fort bien reçus. Il avoit promis au doyen que, dans l'ordre qu'il donneroit à M. de Gassion, il n'obmettroit ladicte exemption de messieurs (*c*). » Le 30 décembre, Bretel de Grémonville, frère du haut-doyen, étant allé à Elbeuf saluer le colonel Gassion, vit les ordres que lui avait donnés le chancelier Séguier. « MM. les chanoines estoient au premier rang des exemptz. » Des députés allèrent trouver Gassion, et lui remettre une liste des membres du

(*a*) *Reg. capit. Eccles. rothom.*, 17 décembre 1639.
(*b*) *Reg. capit. Eccles. rothom.*, 24 décembre 1639.
(*c*) *Reg. capit. Eccles. rothom.*, 29 décembre 1639.

ner par la maison de Gaillon, mesmes à veu certaines machines au dessoubz du lieu où estoit naguères la bibliothèque, depuis donée par Mʳ l'archevesque de Rouen au chapitre de son églize Cathédrale, lesquelles machines ont divers mouvementz; et l'une d'icelles, qui est en forme d'un religieux de Sᵗ-Benoist, s'estant approchée de mon dict seigneur le chancelier, aveq une boëte pour quester, il y a mis une pistolle.

Le jeudy 29ᵐᵉ, mon dict seigneur le chancelier a dépesché l'un des siens à la court, pour donner advis, vraysemblablement, de l'estat auquel il se trouvoit. Il a publié aussy vouloir, le lendemain, se rendre au Pont-de-l'Arche, afin d'y avoir plus souvent des nouvelles de Roüen, où il s'est dict que, dès le dict jour de demain, le Sʳ colonel

Jeudi 29 décembre 1639. Demandes d'exemption du logement des troupes.

---

chapitre, avec leurs adresses. Toutefois, par l'effet de quelque méprise, une compagnie tout entière se présenta à la maison de M. de Mathan, chanoine, et douze gendarmes s'y logèrent malgré lui; il en entra aussi chez les chanoines Le Fèvre et De Moy. Mais les réclamations que se hâta de faire le chapitre eurent un plein succès(a). Des chanoines allèrent trouver le colonel Gassion, et, chose notable, offrirent à ce guerrier, *religionnaire*, « le *pain* et le *vin* de *chapitre*, en mesme quantité qu'au chancelier Séguier, *ce qu'il refusa favorablement.* » Mais, déférant aux représentations de ces chanoines, il signa des billets pour faire déloger les gendarmes qui s'étaient hébergés chez eux (*b*).

(*a*) *Reg. capit. Eccles. rothom.*, 30 décembre 1639.
(*b*) *Reg. capit. Eccles. rothom.*, 18 janvier 1640.

Gassion debvoit faire entrer ses trouppes et y faire ses logementz, pour lesquelz ayant esté pressé de diverses exemptions, mesmes par le S^r (*en blanc*) gentilhomme servant prèz le roy, pour sa maison; et par le Sr de Boisrobert[1] pour trente de ses amis, il a déclaré qu'il n'exempteroit que ceux qu'il plairoit à monseigneur le chancelier ordoner; et luy, de sa part, a déclaré qu'il se falloit adresser au dict sieur Gassion; et, de faict, ayant veu le dict Sr Gassion, il ne me feist point de difficulté en l'exemption de la maison de M^r le président de Bauquemare.

<small>Déférence de Gassion pour le chancelier.</small> Le dict Sr Gassion a, en toute autre chose, gardé grand respect, come il est deu, à mon dict seigneur le chancelier, en présence du quel y ayant heu plainte, lorsqu'il estoit à Gaillon, de quelque logement au voysinage, et ayant esté empesché par mon dict seigneur d'y aller luy mesme, il chargea celuy qu'il y envoya d'en venir rendre compte à mon dict seigneur, et non à luy.

---

[1] Métel de Bois-Robert, membre du chapitre de la cathédrale de Rouen, et, de plus, l'un des familiers du cardinal de Richelieu, qu'il égayait par ses saillies, n'était pas un homme dont les recommandations fussent sans poids alors, quoique, en vérité, il ne fût guère plus à sa place auprès du grand homme d'Etat, que digne d'appartenir au chapitre, qui, heureusement, ne comptait guère, dans son sein, de membres d'une vocation si équivoque.

Voir les *Historiettes de Tallemant des Réaux*, tome III, page 157 (édit. de 1840.)

Le dict jour, s'estant trouvé que quelques pro- *Des procureurs*
cureurs¹ du Parlement de Rouen, députéz vers *au Parlement*
de Rouen
mon dict seigneur, avoient, à la requeste des par- *sont arrêtés*
tizantz, esté arrestez prisonniers dans le chasteau *(à la poursuite*
des partisans)
mesme de Gaillon, il y a heu arrest pour la pro- *dans le château*
de Gaillon.

---

¹ Un Édit de 1620 avait déclaré *héréditaires* tous les offices des procureurs, à la charge, par chacun d'eux, de payer au fisc une somme de 1600 liv. Tous se refusant à payer, chaque jour étaient rendus, à Paris, des arrêts du Conseil pour les y contraindre et pour rendre cette dette *solidaire* entre eux. On envoyait à Rouen des huissiers du Conseil, pour leur signifier ces arrêts et leur enjoindre d'y obéir, sous peine de la prison. Des archers furent vus dans Rouen, épiant les procureurs qu'ils pourraient rencontrer, toujours prêts à les arrêter et à les mener au For-l'Evêque. Alors, ces officiers effrayés n'osaient plus venir au palais, interdits qu'ils avaient été, d'ailleurs, par les arrêts du Conseil, à cause du non paiement de leurs taxes. Cela arriva cinq ou six fois, de 1620 à 1639, au notable détriment des justiciables, et au grand déplaisir du Parlement, qui, par vingt arrêts, rendus à diverses époques, enjoignait aux procureurs fugitifs de venir faire leurs charges. Eux, se présentaient à la barre du Parlement, non plus en robe, ne l'osant pas, mais en manteau, et disaient leur détresse à cette cour souveraine, qui les rassurait par son langage paternel, et plus encore par des arrêts qui les relevaient de l'interdiction prononcée à Paris contre eux, et qui ordonnaient la surséance des taxes qu'on leur voulait imposer. Ainsi molestés, quoi qu'il en soit, pendant quinze ou dix-huit ans, on conçoit que les procureurs eussent pris en haine les *partisants*, les *traitants*, les agents du fisc, le fisc lui-même, et peut-être jusqu'à un gouvernement sous qui ce fisc se montrait si déraisonnablement insatiable. On verra, par une des relations que nous publions dans ce volume, les coupables excès

vision de leurs personnes, aveq promesse de payer dans certain temps.

Mon dict seigneur le chancelier a tesmoigné, le dict jour, n'avoir point offert logement, au chasteau, à Mrs du Conseil qui sont prèz de luy, à cause d'un grand appartement qu'il y réservoit à Mr de la Vrillière.

Le chancelier tient le sceau à Gaillon.

Le jeudy après disner, mon dict seigneur le chancelier a tenu le sceau[1], où il s'est présenté

---

auxquels des procureurs, des clercs, des praticiens, osèrent se laisser emporter, dans le palais même, envers des officiers de finances, qu'ils outragèrent et maltraitèrent indignement. L'arrestation si scandaleuse de quelques procureurs dans le château de Gaillon, était un dernier et désespéré effort du fisc, pour les contraindre au paiement des *taxes* de l'hérédité. Ils devaient, toutefois, ne s'y résigner qu'en 1641, le Parlement interdit n'étant plus là pour les protéger, et la commission Séguier, composée de magistrats étrangers, ne leur laissant point de quartier.

[1] Voici en quelle forme se tenait le sceau : « Peu auparavant l'ouverture du sceau, le porte-coffre de la Chancellerie apporte le coffre...

« Monsieur le Chancelier, estant entré en la chambre du sceau, et approché la table, aussitost le chauffe-cire, *teste nue, après révérence par luy faicte aux sceaux*, présente audict sieur chancelier, les coffres dans les quels ils sont, pour les ouvrir, *lequel, à l'instant, tire de son sin* (sein) *les clefs, des quelles il ouvre lesdits coffres que tient toujours ledit chauffe-cire*, lequel, l'ouverture faicte, les remet sur la table, et en tire les sceaux, des quels il scelle les lettres qui ont esté veuës par monsieur le chancelier et mises devant luy à cest effect. Et, estant scellées, elles sont prinses par le controlleur de l'audience, et,

grand nombre de provisions d'offices ; et a tenu pour présentz M^rs les secrétaires, qui estoient alléz devant au Pont de l'Arche ; promettant un aultre

---

au mesme instant, par luy mises dans le grand coffre, qui est au bout de la table.

« Les officiers de la chancellerie sont lors disposéz en telle façon, que, M. le chancelier estant seul d'un costé de la table, assis dans une chaire, les autres sont devant luy tout debout, sçavoir : le grand audiencier de France ; le chauffe-cire, qui souloit sceller teste nuë ; et le controlleur. Le grand audiencier présente les lettres audit sieur chancelier, et luy représente sommairement le faict et nature d'icelles ; et, selon qu'elles sont jugées par ledit sieur chancelier, elles sont scellees par ledit chauffe-cire, ou refusées, et reprinses par ledit audiencier ; et derrière et près ledit chauffe-cire est celuy qui appreste et mollifie la cire, qu'il baille comme en forme de lingos ou rondeaux, audit chauffe-cire, pour employer au faict de sa charge. Les maistres des requestes assistent monsieur le chancelier pendant l'ouverture desdits sceaux ; et estant assis près de luy, en lieu toutesfois séparé et hors la table du sceau, *à la quelle sied seul ledit chancelier*, rapportent toutes lettres de justice ; lesquelles, selon qu'elles sont trouvées bonnes et civilles, sont scellées, après avoir esté signées en queue par le maistre des requestes rapporteur. Les secrétaires du roy se trouvent aussi ordinairement à l'ouverture desdits sceaux, pour respondre à M. le chancelier de leurs lettres, sur les difficultéz qu'il pourroit trouver.

« Les lettres scellées, et le sceau finy, le chauffe-cire remet les sceaux dans leurs coffres, lesquels il présente à M. le chancelier, en la forme que dessus, pour les fermer. Ce faict, ils sont prins, et portéz par un des domestiques dudit sieur chancelier, et remis au lieu qui luy est ordonné (*a*). »

(*a*) *Traicté de la Chancellerie de France*, par Pierre de Miraulmont, etc., Paris, in-8°, 1610, folio 39 v° et suiv.

sceau pour samedy matin, dernier jour de l'année; il s'est dispensé aveq peine de sceller quelques lettres d'assiette, de peu de conséquence, en faveur des serviteurs ou petitz officiers de la grande chancellerie, auxquelz M^{rs} les grand audiencier, controlleurs et aultres ont dict les laisser par gratiffication.

Il les a chargéz aussj de se souvenir des concierge et jardiniers de la maison de Gaillon; ayant accordé aux chanoines de la chapelle du dict chasteau une descharge du droict d'admortissement, pour n'avoir rien acquis depuis leur fondation, faicte par M^r le légat d'Amboise en l'an 1516[1]; au contraire, les rentes constituées au denier dix, à eux données pour leur fondation, ont esté racheptées, et partant diminuées presque de moictyé par le remploy, outre les aultres pertes qui y peuvent estre survenues.

<small>Vendredi 30 décembre 1639. Le chancelier éconduit deux députés du Parlement de Rouen, qui demandaient qu'il dispensât tous les officiers de cette compagnie du logement des troupes.</small>

Le vendredy 30me, mon dict seigneur le chancelier, ayant entendu la messe avant huict heures, a doné audience, en la gallerie où estoit cy devant la bibliothèque, à Mrs Baudry sieur de Biville, et Go-

---

[1] Le cardinal Georges d'Amboise, premier du nom, archevêque de Rouen, légat du saint siège, étant mort le 25 mai 1510, la fondation de la chapelle de Gaillon (en 1516), est due à son neveu Georges d'Amboise, 2me du nom, qui devint aussi cardinal, dans la suite, mais ne fut jamais légat.

dard de Bractuit, conseillers en la grande chambre du Parlement de Rouen, venuz pour le supplier d'exempter les officiers du dict Parlement du logement des gens de guerre[1]; le subject de laquelle députation mon dict seig^r a dict à ceux qui estoient prèz de luy, lorsqu'il a esté advertj que l'on luy demandoit la dicte audience, et faict cognoistre la response qu'il avoit à leur faire; le dict Sr Baudry, en assez peu de parolles, a faict sa demande, fondée sur la dignité de la compagnie, laquelle espéroit de luy cete protection, ayant traicté de *monseigneur*[2], mais finj seulement de très humble, sans adjouster serviteurs ny aucun terme d'obéissance. Mon dict seigneur le chancelier a éludé, remettant

---

[1] Le 29 décembre 1639, les conseillers Baudry de Biville et Godart de Bracquetuit furent députés à Gaillon vers le chancelier, pour le supplier d'exempter du logement des gens de guerre les maisons des présidents, conseillers, gens du roi, et autres officiers du corps de la cour. Le chancelier leur répondit : « *Le sieur de Gassion a les ordres de guerre, dont les logements dépendent; et je ne me mesle point des affaires qui concernent les armes* (a). »

[2] S'il faut en croire Tallemant des Réaux, Séguier est le premier des chanceliers de France qui se soit avisé de se faire traiter de *grandeur*; avant lui, pas un ne s'était fait traiter de *monseigneur*, dans les harangues, quand on lui parle comme député (b).

(a) *Reg. secr.*, 29 et 31 décembre 1639.
(b) *Historiettes de Tallemant des Réaux*, édit. de 1840, t. IV, p. 220.

au Sʳ de Gassion, commandant les trouppes du roy, en qualité de mareschal de camp, et lequel le lendemain leur feroit sçavoir les ordres qu'il a de sa Majesté sur ce subject.

Le dict Sʳ Godart, ayant quelque particulière habitude aveq mon dict seigneur le chancelier, a répliqué par les exemples du passé, mesmes qu'y a environ trois ans quelques trouppes ayant logé à Roüen, les maisons de Mʳˢ du Parlement en avoient esté exemptéés ; ce qui a obligé mon dict seigneur de luy répartir *que l'on n'avoit point veu, la dicte année, ny en aultre occasion, les trouppes du roy logées dans ladicte ville de Rouen, pour un mesme subject qu'elles y estoient à présent.* Sur ce, mon dict seigʳ le chancelier les ayant congédiéz et se retirant, le dict Sʳ Godart l'a veu en particulier, et, vraysemblablement, luy ayant nommé le dict Sʳ de Biville¹, qui est celuy par le moyen duquel

Le chancelier fait bon accueil au conseiller Baudry de Biville, l'un des deux qui avaient sauvé la vie à Letellier de Tourneville, receveur-général des gabelles à Rouen.

---

¹ Le 23 août 1639, les séditieux assiégeaient, depuis deux jours, la maison de Le Tellier de Tourneville, receveur-général des gabelles à Rouen. Les uns tiraient des coups de fusil contre les fenêtres ; les autres, du haut du clocher de l'église de Sainte-Marie *la petite*, faisaient pleuvoir une grêle de pierres. Des hommes du peuple, avec des marteaux de forge, en ébranlaient les portes ; d'autres en détruisaient la toiture ; il y en eut qui parvinrent à y mettre le feu, par derrière. Le Tellier de Tourneville et ses agents, exécrés de cette populace, sur laquelle ils avaient été contraints de tirer pour se défendre, allaient tomber en ses mains, et être inévitablement mis en pièces. Au palais,

le Sr de Tourneville le Tellier avoit esté garentj dans le fort de la dicte sédition de la ville de Roüen, mon dict seigneur le chancelier l'a faict approcher, et l'a fort accueillj en son particulier. Ensuite, les deux conseillers députéz de la court des Aydes,

---

où était parvenue la nouvelle d'un si pressant péril, deux magistrats se levèrent, résolus à s'y aller exposer, et à tout faire pour arracher ces victimes au peuple, qui les voulait immoler. C'étaient les conseillers Baudry de Biville et Blondel, qui, partant en hâte du palais, avec des échevins, des conseillers de ville, et plusieurs bourgeois bien intentionnés, allèrent se jeter dans la *rue de la Prison*, au milieu de cette multitude exaspérée, l'exhortèrent énergiquement à se retirer, parvinrent, par des efforts inouïs, à la repousser aux deux extrémités de la rue, où ils firent établir à la hâte des barricades. Pendant ce temps-là, Le Tellier, averti, protégé par eux, se déguisait en trompette, se rasait la barbe, et, devenu méconnaissable, sortait de sa maison, avec quelques-uns des siens, déguisés ainsi que lui, criant tous : *tue, tue! vive le roi!* et, fendant la presse, ils parvinrent à se mettre en sûreté. Mais alors les assiégeants s'élancèrent des deux extrémités de la rue, où on les avait refoulés; indignés, furieux, ils renversèrent les barricades, et s'en prirent aux deux conseillers qui avaient favorisé cette évasion, les accablant d'injures, et cherchant à se saisir d'eux. Ces deux magistrats, en robe, sans armes, protégés seulement par deux ou trois arquebusiers venus là avec eux, eurent à soutenir, contre tout ce peuple exaspéré, une lutte corps à corps, dans laquelle ils pouvaient périr. Ils parvinrent toutefois à opérer leur retraite; et le Parlement qui, tremblant pour eux, les vit enfin reparaître dans la chambre dorée, avec le visage en sang et leurs robes déchirées, put mieux comprendre encore à quel danger ils venaient d'échapper (*a*).

(*a*) *Reg. secr. du Parlément de Normandie*, 23 août 1639.

<small>Il éconduit deux conseillers de la cour des aides, députés vers lui, pour solliciter une exemption de loger les troupes.</small>

à mesme fin, ont heu leur audience, laquelle ilz ont un peu plus estendue, finissantz néantmoins par l'honeur et obéissance qu'ilz rendroient aux armes du roy, au cas qu'ilz n'en feussent dispenséz ; à quoy mon dict seigneur le chancelier leur a faict à peu prèz semblable response, avec conclusion qu'ilz seroient traictéz de la mesme sorte que le Parlement ; de quoy ilz sont demeuréz satisfaictz. Les uns et les aultres de ces M^{rs} estoient en leurs longues robes du palais, aveq chapperons. Peu

<small>Le chancelier donne audience à M. Le Guerchois, avocat-général au Parlement de Rouen.</small>

après, s'est approché seul et en long manteau le S^r Le Guerchois[1], l'un des advocatz de sa Majesté

---

[1] *Le Guerchois* (Pierre), sieur de la Garenne, reçu avocat-général en 1623.

Le plaidoyer ou réquisitoire, par lui prononcé, au Parlement de Normandie, dans le procès de Tanquerel, prête-nom des Jésuites de Rouen, et qui avait fait imprimer, pour eux, des *Tablettes chronologiques*, dans un sens très ultramontain, eut alors un grand retentissement. Imprimé à Rouen, par Le Mesgissier, il fut reproduit dans le XVIme tome du *Mercure françois*, ou *Histoire de nostre temps*. — Dans la suite, il composa un livre « sur le sujet de l'injuste, cruelle et extraordinaire mort du feu roy d'Angleterre. » Antoine Halley, de Caen, poète fort renommé alors, célébra cet ouvrage, dans une pièce de vers dont Le Guerchois le remercia par une lettre du 6 mars 1650, dans laquelle ce magistrat le qualifie « de maistre et de premier des poëtes de nostre temps, et l'arbitre des plus belles pièces qui se composent (*a*). »

Au registre secret du Parlement, se trouve un curieux *Mémoire*

(*a*) *Anton. Hallaei opuscula miscellanea*, 1675, Cadomi, p. 315.

au dict Parlement de Roüen, lequel s'est excusé de n'avoir accompagné M^{rs} les présidentz et conseillers du Parlement en la première députation qu'ilz envoyèrent à Gaillon le vendredy précédent, à cause de l'obligation qu'il avoit de demeurer au parquet, destitué du procureur général, par sa mort arrivée depuis peu [1], et le Sr du Vicquet son collègue ne pouvant pas aussy y vacquer, à cause de la caducité de son aage; il a dict aussy avoir, ce jour-là, esté occupé en l'audience de la Tournelle, sur la publication d'une déclaration du roy contre les duelz, ou contre l'exposition des enfantz; de quoy il a tesmoigné avoir pris occasion d'eslever la

---

de l'avocat-général Le Guerchois, contre la prétention qu'avait le procureur-général (depuis seulement l'interdiction du Parlement, en 1640), d'exercer seul et exclusivement le ministère de la plume (a).

[1] Georges Sallet, sieur de Guilly, reçu procureur-général en 1632 ; sa mort est ainsi racontée dans un manuscrit du temps :

« Le 15 septembre 1639, mourut *de frayeur*, M. Sallet, procureur général ; et de luy peut-estre l'almanach avoit prédict *la mort d'un grand peu regretté*, à cause qu'il avoit trempé au monopolle. Le dernier du mois de septembre, fut enlevé sans honneur, ny sans prière, ny sans cérémonie chrestienne, son corps dans un carrosse, comme quelque pièce de bois, dans le monastère de Bonnes-Nouvelles, pour le porter en son pays, avec si peu d'honneur comme il en estoit sorty. » (Journal ms. relatif à la ville de Rouen, provenant de la Bibliothèque de l'abbé De la Rue, de l'Institut de France.)

(a) *Reg. secr. du Parlement de Normandie*, du 9 janvier 1642.

vigilance de mon dict seigneur le chancelier et ses soins pour l'establissement et la manutention de la justice et du bon ordre dans le royaume; et au surplus, a parlé de l'obéissance deue au roy, et des soins que luy advocat de sa Majesté a apportéz, èz occasions, pour la faire valoir. Mon dict seigneur le chancelier l'a bénignement receu; et, sur le subject de la recommandation qu'il a voulu luy donner au subject de cete déclaration, a dict que l'honeur et la gratitude sont deubz, en cete et aultres pareilles occasions, au roy seul, qui conçoit et ordone les choses que l'on peult désirer pour le bien de la justice, son ministère n'estant que de faire rédiger par escrit et faire valoir les bonnes et sainctes intentions de sa Majesté; au surplus, qu'estant le dict S⁺ Le Guerchois en une charge considérable, et, en icelle, dépositaire de l'authorité de sa Majesté, laquelle luy est commise, il ne doubte point qu'il n'aye tousjours corespondu à la faire valoir selon ce qui a esté et est de son debvoir.

Le chancelier arrive au Pont-de-l'Arche, où il est salué par l'artillerie du château.

Après le disner, mon dict seigneur le chancelier est partj dans son carosse, avec ses principaux domestiques, suyvj d'un carosse (à six chevaux, de M. Daubray), les aultres estantz partiz peu auparavant; et, sur les trois heures et demye, est arrivé au Pont de l'Arche, où il a esté salué, par le chasteau, de toute l'artillerie, au nombre de 23 coups de canon, la garnison en armes sortie hors de la porte, puis demeurée aux advenües d'icelle, Mr de Saint-Georges, gouverneur[1], ou plustost lieutenant de monseig^r le cardinal, soubz une siene lettre ou commission, et cy-devant capp^{ne} de ses gardes, luy estant venu au rencontre aveq tous les principaulx habitantz, les officiers ayant leurs longues robes, et aultres; les logementz ayantz esté donez fort commodes à un chascun ; mesme réservé le principal, après celuy de monseig^r le chancelier, pour Mr de la Vrillière.

Le soir, le dict S^r de S^t.-Georges est venu prendre le *mot* de mon dict seig^r le chancelier, lequel j'estime l'avoir doné ; et sur ce que mon dict seigneur avoit dict vouloir partir le dimanche suyvant, il a tesmoigné d'accorder au dict S^r de St-Georges de différer jusques au lundy (quoy que, jusques à cy, il eust parlé du mardy), pour accepter la prière que le dict Sr de Saint-Georges luy a faicte, au nom de son Eminence, de venir disner au chasteau le dict jour de dimanche, avec tous Mrs du Conseil estantz à sa suite. De faict, incontinent aprèz, le dict S^r de St-Georges, aveq grande civilité, a visité

Saint-Georges, gouverneur du Pont-de-l'Arche, vient demander le mot d'ordre au chancelier.

---

[1] Jean de Lonlay (ou Longlay), seigneur de Saint-Georges, capitaine des gardes du cardinal de Richelieu, et son lieutenant au gouvernement du Pont-de-l'Arche (a).

(a) *Reg. de Rapp. civ. du Parlement de Normandie*, 1er mars 1636.

chascun de mes dictz Srs du Conseil, en particulier, et a parlé de ne point partir sans avoir essayé du vin de monseig^r le cardinal dans le chasteau; proche duquel plusieurs de mes dictz sieurs du Conseil ayantz esté par promenade, par l'advis de M^r d'Ormesson, on n'a point entré dedans, ny demandé le dict S^r de St-Georges, jusques à ce que monseigneur le chancelier eust esté au dict chasteau. Dèz les 4 à 5 heures, tous Mrs du Conseil se séparantz d'auprèz la personne de mon dict seigneur le chancelier en sa maison; et ayant esté proposé de tenir conseil, M^r d'Ormesson y a insisté en faveur du sieur Forcoal[1], greffier du Con-

---

[1] « Forcoal est venu lacquais en ceste ville (Paris); et, après avoir receu maints coups de bastonnades qui luy ont esveillé l'esprit, il s'est jetté dans la maltôte des Aides, petit rat de cave, où, à force de fripponneries et volleries, ayant commencé d'amasser quelque chose, il se fit, du vivant de Bajots, fermier de Normandie, où, ayant eu matière d'exercer avantageusement son inclination, il s'est rendu si puissant qu'enfin il est parvenu à la ferme générale, qu'il exerce impunément, *avec un office de greffier du Conseil*, mange et consomme en taxes tous ceux qui ont des droits et revenus sur les aides, mesme les rentiers assignez sur icelles, tant à l'hostel de ville que d'aliénation. L'on ne peut le punir trop sévèrement après tant d'insignes volleries, considéré que sa femme estoit chétive servante d'une blanchisseuse, quand il l'espousa. Il demeure rue Chapon, en une superbe maison, qu'il a acquis depuis peu. »
(*Catalogue des Partisans* (*ensemble leurs généalogies*) *contre lesquels on peut et on doit agir pour la contribution aux dépenses de la guerre présente*. Paris, 1649, in-4° de 20 pages.)

seil des parties, pour le dernier jour de son quartier; d'aultant que, pour les expéditions, lesquelles se feront dans le mois de janvier, il a convenu d'en tenir compte au sieur de Creil, son collègue, lequel sert dans le dict quartier.

Le samedy 31me décembre et dernier jour de l'année 1639, sur les 9 heures du matin, tous Mrs du Conseil se sont renduz en la salle basse de la maison de mon dict seigneur le chancelier, pour tenir conseil; mais il n'est descendu qu'après dix heures; pendant lequel temps M^r le prince d'Enrichemont, son gendre, est arrivé, quoy que l'on n'eust pas sceu qu'il deust retourner si tost; et luy-mesme n'avoit parlé que pour dans dix ou douze jours. A l'arrivée de mon dict seigneur le chancelier au conseil, et pendant tout le jour, son visage et ses discours ont assez faict cognoistre qu'il avoit contentement des nouvelles qu'il avoit receues de la court; et, de faict, il a tesmoigné, dès le conseil, que *sa Majesté estoit très satisfaicte de ce voyage, en sçavoit gré à tous M^{rs} de la suite, et considéroit ce service come important;* et s'estant rencontré assez peu d'affaires, il a dict que le garde des sacz viendroit au premier jour, apportant beaucoup d'employ pour ne se point ennuyer; et, au surplus, qu'il espéroit que personne n'auroit mescontentement de ce voyage. Il a dict aussy qu'il venoit de sceller une déclara-

31 décembre 1639.
Le chancelier tient une séance du Conseil, au Pont-de-l'Arche.

Le roi regardait ce voyage en Normandie, comme étant très important.

tion pour porter toutes les pièces d'or, lesquelles ne sont de poidz, au billon en la monnoye, pour lesquelles seroit rendue la valeur, sur le pied et le prix qui y a esté mis, mais que la déclaration n'en défendoit point l'exposition pour ceux qui le voudroient faire, du moins n'en parloit point. Au Conseil estoient assiz au dessoubz de monseig[r] le chancelier, Mrs de Moric, Talon et Laubardemont, conseillers ord[res] au Conseil; et de l'aultre costé M[rs] d'Ormesson et Gaudart seulement; y ayant apparence que le dict Sr de Laubardemont vouloit éviter la séance au dessoubz du dict Sr Gaudart, non ordinaire mais plus antien que luy, ny que le dit Sr Talon dans le Conseil, le prenant par son serment du temps qu'il estoit M[e] des requestes. Quatre de M[rs] les M[es] des requestes du quartier courant y ont rapporté tant les affaires des parties que celles des finances; ensuite, monsieur Daubray, qui n'est point en quartier; et, lors de la signature, plusieurs arrestz ont esté signéz par monseig[r] le chancelier, envoyez à Mr Galland, secrétaire du Conseil, signéz par Mrs de Bullion et Tubeuf.

Monseig[r] le chancelier a retenu tous Mrs du Conseil pour disner avec luy, et la pluspart y sont demeuréz; et, pendant le disner, il a raillé presque continuellement M[r] d'Ormesson sur la difficile séparation d'entre luy et madame sa femme, laquelle il prieroit, par ses lettres, de venir à Roüen, et luy envoyeroit au rencontre ; et, au surplus, que s'il falloit aller en Basse-Normandie, ce seroit en carosse et commodément ; et, en tout cas, que nul de la compagnie n'auroit la peine d'aller en aucun lieu où il ne se portast luy-mesme. Parmy ce que monseigneur le chancelier me feit l'honeur de me communiquer le   à Gaillon, *il jugeoit important de ne point abandonner la province de Normandie, sans y establir de bons réglementz, en vertu desquelz le chemin feust couppé à la renaissance de semblables désordres à l'advenir*[1]. Entre iceulx, il pensoit de rendre les officiers et principaux habitantz des villes responsables des séditions ou émotions qui pourroient y arriver, et les seigneurs et gentilzhommes de celles de leurs terres ; item, de faire exécuter à mort, *de sa seule auctorité, sans figure de procez, et par jugement militaire*, ceux qui se trouveroient manifestement coulpables, come celuy détenu dans le vieux palais de Roien[2], pour avoir marqué les maisons qu'il fal-

<small>Le chancelier s'ouvre, avec Verthamont, de plusieurs desseins qu'il se propose dans ce voyage.</small>

---

[1] « Il jugeoit important de ne point abandonner la province sans y establir de bons réglements. »

Il y fit pourvu, le 8 janvier 1640, par une déclaration royale, que l'on trouvera dans nos notes à cette date.

[2] C'était Noël du Castel, dit Gorin, arrêté le 22 ou 23 août, et jeté dans un cachot du Vieux-Palais. Il paraît qu'on l'y avait quelque temps oublié. Le 3 septembre, fut présentée au Par-

loit brusler, et quelques aultres semblables. Il peult estre qu'ayant communiqué ces mesmes pensées à monseig{r} le cardinal, et les ayant proposées au roy, il ayt reçeu les ordres conformes, aveq approbation de sa conduite, et que, sur cela, ce voyage de Basse-Normandie se soit engagé.

Le chancelier tient un sceau au Pont-de-l'Arche.

L'après disnée, mon dict seigneur le chancelier a tenu le sceau, auquel les sieurs Fardoil, Matharel et Audiguier, secrétaires du roy et advocatz au Conseil, fort employéz, sont arrivéz.

La mesme après disnée, la pluspart de Mrs du Conseil ont rendu la visite à Mr de St-Georges, qui, de rechef, les a conviéz à disner pour le lendemain, aveq mon dict seigneur le chancelier.

On apprend, le soir, que, le jour même, Gassion est entré dans Rouen, avec ses troupes.

On a eu advis que, cette mesme après disnée, sur les deux heures, les trouppes estoient entrées dans la ville de Rouen [1], estantz de cinq à six mil

---

lement une requête, par laquelle il demandait à être transféré à la conciergerie du palais, « ou bien que son père eust la liberté de luy parler deux fois le jour, *et luy porter ses nécessitéz pour sa nourriture*; qu'aussy il fust eschangé en lieu où il pust avoir de l'air et de la paille pour se coucher. » Le Parlement arrêta que « le pain du roy et autres nécessitéz seroient administrées à Gorin, par le concierge du palais », au quel cet arrêt fut signifié sur l'heure (a).

[1] Le 31 décembre 1639, à deux heures après midi, entrèrent dans Rouen, venant d'Elbeuf, les troupes de Gassion, composées de sept régiments d'infanterie et de quatre de cavalerie. — Gas-

(a) *Reg. secr. du Parlement de Normandie*, 3 septembre 1639.

homes de pied et 1200 chevaux; le régiment de Champaigne à la teste, et celuy de la marine à la queue, aveq Mr Gassion à la teste d'iceluy[1], et peu aprèz, la cavallerie sortie pour se loger dans les trois faulx bourgs, d'où il est à craindre que les cavalliers particuliers se licentient pour tenir les chemins hors de seûreté[2], ayantz mesme, dèz le jour précé-

---

sion aussitôt se saisit des places d'armes ; logea son infanterie chez les bourgeois, et envoya la cavalerie loger chez les habitants des faubourgs (a) Ni les échevins, ni les conseillers de ville, ni les membres des cours souveraines, ne furent exempts du logement des troupes.

[1] Gassion logea deux jours dans le magnifique *Hôtel du Bourgtheroulde* (place de la Pucelle), appartenant, alors, au sieur Le Roux d'Infreville, fils du feu sieur du Bourgtheroulde. Puis, il alla se loger chez le sieur Du Ruel, demeurant tout près de là, *en une maison bastie de nouveau*, appartenant au trésor de l'église Saint-Michel, toute voisine aussi (b).

[2] Un habitant de Rouen, témoin oculaire, dans un *journal ms.* qui est sous nos yeux, parlant de l'arrivée récente des troupes de Gassion, dit : « Les fauxbourgs de Rouen (et Darnétal aussy), Sainct-Sever, Sainct-Hilaire, Beauvoisine, Bouvreuil, Martainville, Cauchoise, ont recongneu, à leurs despens, quelz sont les effectz de la guerre. Iceulx fauxbourgs ont esté du tout ruynéz et abandonnéz des habitans se retirant dans les bois (c). »

Séguier lui-même, dans un *mémoire* écrit, de Rouen, au roy,

(a) *Reg. de l'hôtel-de-ville*, 31 décembre 1639.

(b) Journal ms. de la ville de Rouen, ayant appartenu à feu l'abbé De la Rue.

(c) Journal ms. ayant appartenu à l'abbé De la Rue.

dent, despouillé quelques domestiques du dict S^r de St-Georges, à l'advenue du pont, come la dicte cavallerie estoit desjà logée ez environs. Dans la ville, on espère que la police y sera très bone, ainsj qu'il est nécessaire, pour y contenir toutes choses dans le debvoir, et empescher la mutinerie, qui pourroit y survenir, des habitantz, ausquelz, vraisemblablement, on aura jetté des craintes de fort mauvais et rudes traictementz, quelques uns ayantz mesme dict avoir veu passer quantité de chaisnes et manottes, dans un batteau descendant vers Rouën, come si l'on eust disposé de maltraicter un grand nombre de personnes en la dicte ville.

<small>Le chancelier, au Pont-de-l'Arche, s'enquiert des réparations dont avait besoin le pont de cette ville.</small>

Le dict jour, après disner, mon dict seigneur le chancelier a voulu estre informé bien exactement de quelques besoins de la place, et principalement du pont, duquel on dict les pierres estre tellement uzées qu'en quelques lieux il ne reste que la liaison des unes aux aultres pour soustenir le tout ; de quoy ayant esté doné divers advis à Mr de Noyers, et qu'une médiocre despense pourroit remédier à une exhorbitante et excessive, que l'on ne pourra éviter à

---

disait, en parlant des soldats : « *En vérité, le désordre est si grand, que, quelque règle qu'on puisse apporter, ils ruinent tout où ils passent. Il y a deux compagnies à Louviers, qui mériteroient d'estre cassées ; ce sont voleurs, et non pas des soldats ; ils font des violences dans ceste ville là, qui méritent grand châtiment.* »

l'advenir, si on n'y pourvoit de bone heure, le dict sieur de Noyers avoit faict response qu'en la condition présente vingt mille escuz estoient plus difficiles à trouver que ne seroient cent mille escuz dans quatre années; et néantmoins, monseigneur le chancelier a dict, diverses fois, que monseig^r le cardinal désiroit que l'on pourveust aux nécessitéz de ce lieu, et que c'estoit une demande que feroit le dict Sr de Saint-Georges, aprèz qu'il auroit traicté mon dict seigneur le chancelier et Mrs du Conseil de la part de son Éminence.

Le dimanche 1er jour de l'année 1640, mon dict seigneur le chancelier, ayant entendu la messe de fort bone heure, fut, sur les 9 à 10 heures, accompagné de la pluspart de Mrs du Conseil, veoir le pont et le chasteau entièrement, ensemble les dehors d'iceluy; et fut remarqué que l'une des piles de l'arche principale, proche le dict chasteau, par laquelle on faict remonter les bateaux, pour chacun desquelz y a cinq livres [1], revenantz à 3000 ^{tt} par an, est presque toute ruinée et consommée,

1er janvier 1640.
Le chancelier visite le château du Pont-de-l'Arche et le pont, et se rend compte des réparations qu'il importe d'y faire.

---

[1] L'Hôtel-de-Ville de Rouen donna mission aux Etats généraux de 1614, de demander la démolition du château du Pont-de-l'Arche (*a*).

Cette demande demeura sans effet. Au mois de mai 1616, ceux qui gardaient le château du Pont-de-l'Arche se permettaient des exactions sur les marchandises dont étaient chargés les

(*a*) *Reg. de l'hôtel-de-ville de Rouen*, 9 octobre 1614.

soit par le hurt des glaçons, soit par le courant de l'eaüe; et fut dict que la pluspart des aultres arches en estoient de la sorte, et qu'elles ne se soustiennent que par la liaison des pierres, et que ce seroit une despense de 200 mil ʳ pour y bien remédier. Mais, oultre que le mal ne se trouva pas si fort pressant, mon dict seigneur le chancelier jugea que, pour 30 mil ʳ, on y pourroit pourveoir parfaictement; et pour 5 ou 6 mil ʳ ou 10 mil ʳ au plus, on auroit peu y pourveoir par un bastardeau. Le

---

navires qui passaient par là (*a*). Plus tard, l'abbé de « Bois-Robert, ayant découvert au cardinal que Saint-Georges, gouverneur du Pont-de-l'Arche, prenoit tant sur chaque bateau qui remontoit, et qu'on appeloit ces bateaux des *cardinaux*, Saint-Georges fut chassé (*b*). »

Les Etats de Normandie, réunis à Rouen, le 26 novembre 1643, disaient au roi :

« La garnison du Pont-de-l'Arche est un impost sur le vin, par ses exactions dans les basteaux qui passent par dessous ledit pont. Que vostre Majesté y pourvoye s'il luy plaist; faisant défenses aux soldats de rien prendre ausdicts basteaux, et en fasse respondre le capitaine du chasteau. »

Le 11 mars 1649 (pendant les troubles de la fronde), le Parlement supprima, comme illégal, le droit de cinq sous par courbe de chevaux hallants bateaux entre Elbeuf et le Pont-de-l'Arche (*c*).

(*a*) *Reg. secr. du Parlement*, 11 et 14 mai 1616.

(*b*) *Mémoires de Tallemant des Réaux*, article sur Metel de Bois-Robert, édit. de 1840, t. III, p. 157.

(*c*) *Reg. Rapp. civ.*, 11 mars 1649.

surplus de la place fut trouvé avoir besoin de grandes réparations et augmentations, icelle enfermant le passage du pont duquel on entre dans la dicte place; l'un des gros canons estoit tombé dans le fossé, de son embrazeure, en tirant lors de l'arrivée de mon dict seigneur le chancelier.

Pendant l'entretien, attendant le disner, arrivèrent Mrs de la Vrillière et la Thuillerie, qui furent disner aveq tous Mrs du Conseil, où se feirent cinq services par les officiers de la vaisselle de monseigneur le chancelier, en fort bon ordre. Y fut beu à la santé du roy et de son Em^{ce}, aveq les respectz ordinaires, debout et nüe teste, et le canon ; monseigneur le chancelier ne voulut aucunement recevoir ce mesme respect, puis beut à tous Mrs du Conseil, et M^r de St-Georges après luy[1].

Le mesme jour, sur le soir, monseig^r le chance-

---

[1] Peu de jours après, le cardinal de Richelieu écrivait au chancelier Séguier : « J'ai été très aise de voir, par vostre lettre, que Saint-George vous ait reçu au Pont-de-l'Arche, avec les honneurs que je luy avois commandé de vous y rendre, pour vous témoigner l'estime que je fais de votre personne, et qu'en tous les lieux où j'aurai du crédit, vous y aurez toujours autant de pouvoir que moi-même ; et, quoique je ne doute pas qu'il ne se soit acquitté de ce devoir au moins mal qu'il a pu, je souhaiterois qu'il en eût fait encore davantage, pour ma propre satisfaction (a). »

(a) *Histoire du règne de Louis XIII,* par le Père H. Griffet, de la compagnie de Jésus, in-4°, 1658, t. III, p. 255.

lier m'envoya les procèz-verbaux et informations contre les gentz de guerre qui estoient en garnizon à Louviers, des compagnies d'Host (d'Orte) et Rouville; la pluspart de Mrs du Conseil furent à vespres en l'abbaye de Bon-Port, M^{rs} les maistres des requestes de nostre quartier, et Mr Marescot, demeurèrent en la parroisse.

Lundi 2 janvier 1640.
Le chancelier part du Pont-de-l'Arche pour Rouen.

Le lundy 2me janvier, l'horeloge (possible par dessein) ayant advancé de deux heures, et trompé un chascun, on s'est trouvé prest de partir chascun, la messe ouye, dès les huict heures, et les bagages partis deux heures auparavant. En effect, sur les 9 heures du matin, mon dict seigneur le chancelier est partj de sa maison au dict Pont-de-l'Arche, ayant dans son carosse M^{rs} d'Henrichemont et la Vrillière à la portière gaulche, M^r d'Ormesson du costé du cocher, et Mr de Moric à la portière droicte, l'une des places ayant esté réservée pour le colonel Gassion. Les aultres carosses, la pluspart à six chevaux, jusques au nombre de 22 ou 23, suyvantz, confusément, et assez bon nombre de cavallerie, tant des domestiques de mon dict seigneur le chancelier et aultres, que de 12 archers du grand Prévost, luy tenant lieu de gardes, et ceulx du Prévost de l'isle de France; et, de plus, ledict sieur de St-Georges, gouverneur ou lieutenant de monseigneur le cardinal au Pont-de-l'Arche, aveq nombre de ses amyz; on a destorné sur la main droicte, pour monter la coste en un lieu assez facile ; ensuite de quoy, on a rencontré le chemin d'Andely, et depuis le fort de Ste-Catherine. Et environ une lieue auparavant, mon dict seigneur le chancelier a esté rencontré par un bon nombre de cavallerie ; au nombre d'environ 200 chevaux, commandéz par Mr de Maulévrier[1], baillj de Roüen, filz du frère aisné de Mr de Saint-Jouyn[2] M^e des requestes, la plus par testantz de la ville ; puis, à un bon quart de lieue d'icelle, le dict Sr Gassion, avec toute sa cavallerie divisée en 8 ou 10 escadrons, lequel Sr Gassion s'est excusé de la place à luy offerte dans le dict carosse de mon dict seigneur le chancelier, afin de pouvoir luy mesme conduire les trouppes ; et, à la descente de Ste-Catherine, l'artillerie du vieux palais et de la ville a tiré, puis entre le faulx bourg et la porte de la ville, les régimentz d'infanterie bordantz toutes les rues jusques en la place de Saint-Oüen[3].

Le bailli de Rouen, accompagné de 200 chevaux, va au devant du chancelier.

Le colonel Gassion y va aussi, avec toute sa cavalerie.

Le chancelier est salué de l'artillerie du Vieux-Palais.

---

[1] Du Fay, chevalier, sieur de Maulévrier.

[2] Gaspard du Fay, chevalier, sieur de Saint-Jouin.

[3] Un grand tableau, peint par l'illustre Charles Le Brun, représente le chancelier Séguier, revêtu d'une robe de drap d'or, monté sur un cheval blanc, environné de pages et de valets richement vêtus, et le montre enfin dans toute la pompe de la première dignité de la justice. Du château de Saint-Liébaut, non loin de Troyes, où il avait été mis naguère par le duc d'Estissac, ce chef d'œuvre, lors de la révolution de 1789, fut transféré à l'hôtel de ville de Troyes (*a*), y figura quelque

(*a*) *Éphémérides de Troyes*, par *Grosley*, édit. de Patris-Dubrueil, 1811, t. II, pag. 262, 263, 324.

Et, à l'entrée de la ville, ou peu au dehors, le lieutenant général, comme chef de la dicte maison

Godart du Becquet, lieutenant général du présidial de Rouen, harangue le chancelier aux portes de la ville.

temps, puis fut rendu à la famille du chancelier. Il orne aujourd'hui un des salons de monsieur le premier président Séguier, pair de France, qui, avec une exquise obligeance, a bien voulu nous permettre de l'y voir, et nous en faire lui-même les honneurs.

M. Des Portes Boscheron dit que Charles Le Brun a voulu, dans ce tableau, peindre Séguier « prêt à entrer dans la ville de Rouen, en 1640 (*a*). » C'est ce qu'il nous est impossible d'admettre. On voit, par le *Diaire* de Verthamont, que Séguier, en entrant dans Rouen, était *dans son carosse*, et qu'il n'en descendit même pas pour entendre la harangue du lieutenant général Godart du Becquet. Le *Diaire* nous dit aussi que les gens du chancelier étaient à cheval. Le chancelier, en habit de fête, tous ses pages et varlets en livrée de gala, l'un d'eux tenant un parasol ouvert sur la tête de son maître, et tout cela pour représenter une entrée qui a lieu *le 2 janvier*, voilà ce qu'il n'est point possible de croire, surtout après ce que j'ai dit plus haut. A joindre que l'on n'aperçoit, ni de près, ni de loin, les tours et les flèches des églises de Rouen, et que Le Brun se serait interdit ainsi, à dessein, des accessoires si importants, si propres à compléter l'effet de son œuvre et la solennité du fait que l'on veut qu'il ait prétendu peindre ! Ajoutons enfin ce que nous apprend encore le *Diaire*, que le chancelier, venu en habit de voyage, et arrivant au manoir abbatial de Saint-Ouen de Rouen, après avoir reçu, en cet état, le chapitre de Notre-Dame et les officiers de l'hôtel de ville, venus l'attendre au débotter, se retira, ensuite, un instant, dans les appartements intérieurs, « voulant prendre ses longs habillements pour recevoir MM. du Parlement. » Il n'était donc pas revêtu, à son entrée, de la somptueuse robe d'or, avec laquelle il figure dans le tableau de Le Brun.

(*a*) *Biographie universelle*, t. XLI, page 464, au mot : SÉGUIER (Pierre III), in notâ.

de ville, a harangué, en fort bons termes, à la portière du carosse de monseigneur le chancelier, pour ce arresté, ayant pris son subject sur ce que les habitants de la dicte ville ayantz esté consternéz et abbattuz depuis deux jours par la présence et les incommoditéz de tant de gens de guerre, se trouvoient consoléz par l'arrivée du premier des officiers de la couronne et du chef de la justice; que feu M^r son père[1] ayant aultres fois exposé et perdu sa vie pour le salut du peuple de la première ville du royaulme, en la charge de lieutenant civil de Paris, ilz espéroient que mon dict seig^r le chan-

---

[1] Il s'agit ici de Jean *Séguier*, lieutenant civil au Châtelet de Paris (père du chancelier), qui, en 1596, s'exposant pour ses concitoyens, dans une maladie pestilentielle qui désolait la capitale, fut lui-même atteint, et en mourut (*a*).

L'illustre avocat Antoine Le Maistre a dignement célébré les vertus de Jean Séguier, sa fidélité à ses rois, lors des troubles de la Ligue, son dévouement à ses administrés, à ses concitoyens, lors de la peste de Paris, en 1596. « Il ne restoit, pour couronner une si belle vie, qu'une mort aussi glorieuse. Il la rencontra. S'efforçant d'arrêter le cours de la maladie contagieuse, qui étoit alors très violente dans Paris, et supportant, pour cela, des travaux excessifs, il prit le mal qui finit ses jours. Quelles louanges ne mérite-t-il point, d'avoir bien voulu se perdre pour sauver les autres ! (*b*) »

(*a*) *Biographie universelle*, au mot : SÉGUIER (Jean).

(*b*) Présentation de Monseigneur le chancelier Séguier, au Parlement, le jeudi 10 janvier 1636, par Antoine Le Maistre, avocat ; c'est le 31me de ses *plaidoyers*.

celier conserveroit, par sa bonté, le peuple de la seconde ville du royaume ; qu'il ne dénye pas qu'il n'y aye eu plusieurs personnes de coulpables, mais qu'il y en a bien plus grand nombre d'innocentz et zélez au service du roy, lesquelz n'en doibvent pas souffrir; et d'ailleurs qu'il sera de la justice du roy et de la sienne de compenser la faulte passée de quelques particuliers par l'absolue obéissance qu'il recevoit à présent d'un chascun. Mon dict seigneur le chancelier a respondu, avec beaucoup d'éloquence et de dignité, qu'ilz ne pouvoient pas, de vérité, ignorer la juste indignation du roy, en ayant les marques par ses armes ; mais qu'elles ne sont employées que pour faire valoir sa justice ; qu'il empeschera bien que les gentz de guerre ne commettent aucun désordre ; et que, comme les gentz de bien n'ont rien du tout à craindre, aussi n'y aura il que ceux qui ont failli qui ressentent les effectz de la juste cholère et de l'indignation du roy.

Le chancelier se loge dans le manoir abbatial de Saint-Ouen. Il y reçoit les officiers de l'hôtel de ville et le chapitre.

Mon dict seigneur le chancelier estant descendu dans la maison de l'abbaye de St-Oüen [1], il y a

---

[1] La maison abbatiale de Saint-Ouen avait été bâtie par Antoine Bohier, abbé de ce monastère (depuis 1490 jusqu'en 1515), *grand bastisseur*, dit un ancien manuscrit ; c'était un monument remarquable, que regretteront tous ceux qui, comme nous, l'ont vu debout. Sous Louis XIII, le comte de Soissons, qui jouissait des revenus de l'abbaye de Saint-Ouen, abandonna au duc de

trouvé encor les officiers de la maison de ville, aveq un très grand concours de peuple; et ensuite a donné audience au chapitre de l'églize Cathédrale [1]; puis a tesmoigné avoir besoin de se retirer, voulant prendre ses longz habillementz pour recevoir Mrs du Parlement.

Il sembloit que mon dict seigneur le chancelier eust entendu que Mrs du Conseil l'eûssent aussi assisté aveq leurs longz habillementz; mais ilz ont jugé qu'avant que l'on les eust esté prendre chascun chez soy, les dictz Srs du Parlement seroient

Le Parlement, en corps, visite et harangue le chancelier.

Longueville, son beau-frère (a), gouverneur de Normandie, la maison abbatiale, que ce duc habitait toujours quand il résidait à Rouen. François Ier, Henri II, Charles IX, Henri III, Henri IV, Louis XIII, Louis XIV, y ont logé. Ce fut là que Henri IV, en 1596-97, tint la fameuse assemblée des *notables*. Le maréchal de Vieilleville y logea en 1565, y coupa, d'un revers d'épée, la main du bailli de Rouen, Villebon d'Estouteville, et y fut assiégé, trois jours durant, par le peuple, indigné de ce malheur arrivé à son bailli (b).

[1] Lorsque les députés du chapitre vinrent présenter au chancelier l'hommage de cette compagnie, et lui offrir *le pain et le vin de Chapitre*, il les reçut fort bien. (*Reg. capit. Eccles. rothom.*, 2 janvier 1640.)

(a) Le duc de Longueville avait épousé, en premières nocces (1620), Louise de Bourbon-Soissons, sœur du comte de Soissons.

(b) *Histoire de l'abbaye royalle de Saint-Ouen de Rouen*, (par Pommeraye, in-folio, 1662, p. 219 et suivantes, et 329.— *Les Mémoires de Vieilleville*. — *Les Voyages en Cour* de Claude Groulart, ch. 7, et notre *Histoire du Parlement de Normandie*, t. II, p. 500.

arrivéz et se seroient retiréz ; en effect, peu après, ilz sont venuz et demeuréz dans l'antichambre, ou plustost chambre de parade, en laquelle ayantz faict demander leur audience, mon dict seigneur le chancelier, peu de temps après, a envoyé sçavoir d'eux, par le sieur Picot[1], exempt servant prèz sa personne, s'ilz estoient en corps de Parlement; à quoy ayant esté respondu, par Mr de Faucon, seig^r de Riz[2], premier président, qu'ilz estoient en corps, mon dict seigneur le chancelier les a receuz incontinent aprèz, dans la *gallerie*, en laquelle sont entréz pesle mesle aveq eux Mrs du Conseil. Et environ le milieu de la gallerie, le dict S^r premier président a faict sa harengue à monseigneur le chancelier, entendue de fort peu de gentz, contenant, en substance, que si, d'un costé, ilz avoient grande joye de veoir en cette ville le principal officier et chef de la justice du royaume, ce ne pouvoit estre aussi sans quelque appréhention de la cholère et indignation du roy, par l'esclat et l'estonement de ses armes; qu'ilz espéroient que mon dict seigneur le chancelier ne

---

[1] Picot, ou Piquot, lieutenant du grand prévôt. — Le 27 août 1648, lendemain de l'arrestation du conseiller Broussel, à Paris, le chancelier Séguier, se rendant au palais pour y faire connaître les volontés du roi, fut poursuivi par le peuple, qui tirait des coups d'arquebuse; le lieutenant Piquot fut tué à la portière du carosse. (*Mémoires de Montglat*, collec. Petitot, 2e série, tom. L, p. 128.)

[2] Ris, village entre Paris et Corbeil.

voudroit point les condamner sans les ouyr, et que si cete justice est rendue aux moindres des subjectz du roy, pour la deffense de leurs vies, de leurs fortunes, et de leur honeur, elle debvoit bien moins estre déniée à la première compagnie de la seconde ville du royaume, laquelle avoit mesme les tesmoignages de ses services, en cete occurrence, par les lettres du roy et par celles de mon dict seigneur le chancelier[1] ; que, ce faisant, ilz ne luy demandoient que

---

[1] Au mois d'août 1639, le chancelier Séguier avait chargé le conseiller Le Noble (député vers lui par le Parlement), de dire à ses collègues « qu'il les remercioit du soin qu'ilz avoient pris en ceste occasion; *qu'il alloit faire sçavoir au roy* (qui était à l'armée) comme ilz s'estoient comportéz en ceste affaire. » Il les prioit « de continuer comme ilz avoient commencé. » Le 23 août, il écrivit à la compagnie dans ce sens (*a*). Le 27 août encore, au conseiller Le Noble, envoyé vers lui, de rechef, et arrivant de Rouen, « *je sçay* (avait dit le chancelier) *que le Parlement s'y est fort bien employé* (*b*). » Par une lettre du 27 août, datée de Langres, le roi mandait au Parlement « qu'il estoit très satisfaict du bon debvoir qu'avoit rendu le Parlement pour apaiser la sédition ; et l'exhortoit à continuer de faire respecter l'autorité du souverain (*c*). » Mais Séguier, il le faut bien dire, avait parlé et écrit ainsi, sous l'impression des rapports que le conseiller Le Noble, député de sa compagnie, était venu lui faire; et on devine assez que ces rapports étaient des apologies. Les lettres du roi, lui-même, écrites, elles aussi, sur le témoignage du chancelier ainsi renseigné, n'étaient pas des titres plus irréfragables de l'entière régularité du procédé des magistrats, dans cette affaire.

(*a*) *Reg. secr. du Parlement de Normandie*, 25 août 1639.
(*b*) *Reg. secr.*, 30 août 1639.
(*c*) *Reg. secr.*, 5 septembre 1639.

Réponse sévère du chancelier à la harangue du premier président du Parlement.

la justice; et pour le surplus termes de civilité. Mon dict seigneur le chancelier a respondu, d'une voix plus ferme et d'un accent plus hault; de sorte que toute l'assistance n'a pas perdu une de ses parolles, oultre que, pendant tout ce temps, il y a eu un grand silence. Il a dict que c'estoit aveq raison que les dicts sieurs du Parlement avoient estonnement et crainte de l'indignation du roy; que sa bonté les ayantz assiz sur son propre throsne, et leur ayant communiqué son auctorité souveraine sur la vie, l'honeur et les biens de ses subjectz, ilz avoient esté d'aultant plus obligéz de ne la pas laisser blesser et tout à faict abbatre par les dernières rebellions arrivées en ceste ville; que sa Majesté, en cela, leur avoit bien monstré exemple en diverses occasions, et mesmes au temps de ces émotions populaires, estant accouru d'une extrémité de son royaume, en persone, pour y establir son auctorité, les conserver dans la douceur et dans la tranquilité de la paix, et dans la possession mesme de cette dignité et auctorité qu'il luy a pleu leur communiquer; qu'il est véritable que, sur leurs premières relations, et sur ce que luy-mesme en avoit tesmoigné à sa Majesté, elle leur a escrit les lettres dont ilz parlent; mais que, depuis, en ayant esté bien et plènement informée, elle a eu juste subject d'en prendre des sentimentz fort différentz; qu'elle sçauroit, néantmoins, bien discerner ceux qui l'ont bien servie d'aveq ceux qui ont manqué; et, pour conclusion, qu'il les en laisseroit eux-mesmes les juges; que s'ilz trouvoient, examinantz bien les choses qui se sont passées, qu'ilz eûssent rendu tous les debvoirs de bons magistratz, qu'ilz en debvoient attendre le gré et la récompense; si au contraire, qu'ilz debvoient prévoir aussj les chastimentz que méritent ceux qui se trouvent avoir manqué à leurs charges. Ensuite, mon dict seigneur le chancelier a passé pour les accompagner, come il a faict, jusques à la troisième chambre hors le lieu duquel il leur a doné audience; et, en se séparant, leur a dict d'estre, le lendemain, assembléz à huict heures du matin, pour y recevoir les ordres de sa Majesté.

Mon dict seigneur le chancelier, estant retourné en la mesme gallerie, et au commencement d'ycelle, a donné audience aux députéz de la chambre des Comptes, la harengue desquels a esté entendue de peu de personnes; et mon dict seigneur le chancelier leur a respondu plus succintement aussi qu'à Mrs du Parlement, et aveq grande dignité, sans les accompagner aucunement. La chambre des Comptes harangue, à son tour, le chancelier.

A l'aultre bout de la gallerie, pendant que mon dict seig^r le chancelier s'entretenoit avec Mr Gassion et aucuns de Mrs du Conseil, se sont approchéz les députéz de la court des Aides, Mr Des- La cour des Aides harangue le chancelier.

Hameaux, premier président, portant la parolle, lequel a parlé aveq grande modestie et respect, le suppliant leur continuer sa protection, et distinguer ceux qui sont en faulte d'avec ceux qui n'y sont point; ce que mon dict seigneur le chancelier a dict vouloir faire; et au surplus, leur a parlé aveq grande bénignité et dignité tout ensemble, sans néantmoins les reconduire de la place en laquelle il les a receuz; et leur a dict aussi d'estre assembléz pour le lendemain pour entendre les ordres et volontéz du roy.

Harangue du présidial de Rouen.

Pendant que mon dict seigneur le chancelier entretenoit le dict Sr Gassion touchant la discipline et la police des soldatz dans la ville, le corps du présidial l'a salué, le président portant la parolle, aveq timidité, et néantmoins en termes assez bons et de grand respect; particulièrement sur les services qu'ilz ont renduz, et sur l'effroy et terreur des armes qui environnent mon dict seigneur; que, néantmoins, si d'un costé il porte le foudre en sa main, il porte de l'autre une olive verdoyante. A quoy mon dict seigneur le chancelier a respondu aussi en termes fort élégantz et aveq accent, sur la justice du roy, qui est obligé de réparer son auctorité blessée, et néantmoins sur le discernement de cete mesme justice, et sur sa piété pour séparer les gentz de bien d'aveq les aultres; ce qu'il avoit aussi exagéré fort éloquemment aveq

M⁺ˢ du Parlement; qu'au surplus le foudre ne frappe pas tous ceux qu'il estone[1].

Les référendaires de la chancellerie ayantz suivj et parlé par leur antien, monseigneur le chancelier s'est couvert, come estantz officiers particulièrement dépendantz de luy; ce qu'il n'a point faict avec les aultres; et leur a faict fort peu de response.

Ensuite, le vicomte et les aultres officiers de la vicomté ont faict leur harengue, aveq plus d'apparat et de hardiesse que presque tous les aultres. Le subject, assez commun, a esté sur ce qu'il a esté imputé à grande gloire d'estre venu, avoir veu, et avoir vaincu; mais qu'il est bien plus glorieux de vaincre avant d'estre arrivé ny d'avoir veu; que c'estoit un succez deu à la grande prudence et sage conduite de mon dict seigneur le chancelier; qu'il trouve les cœurs de cette grande ville soubzmis, abbatus et dans le repentir de la faulte qui s'y est commise; que le Parlement, toutes les aultres com-

<small>Harangue des officiers de la vicomté.</small>

---

[1] Le présidial en corps ne fut pas interdit; il n'y eut d'interdiction que contre son lieutenant général, Godart du Becquet. — *Commission* fut donnée, par le roi, le 18 décembre, à Charles Boulays, lieutenant particulier au bailliage et siége présidial de Rouen, pour exercer la charge de lieutenant général; le 9 janvier suivant, il prêta serment, à ce titre, entre les mains du chancelier Séguier.

pagnies, mesme le clergé, luy ont offert les soubzmissions les plus sincères et absolües; qu'il reste que tout cela obtiene de sa bonté et piété le traictement débonaire qu'ilz en attendent; que la faulte n'a point esté commise par les parties principales, ny, à vray dire, par les habitantz de cete ville; que cete basse populace n'en est que la lye et l'excrément, et qu'il ne seroit pas de la piété du roy de sacrifier à sa justice, come un aultre Jephté, ce qui luy est le plus cher en cete grande ville; qu'il sera bien plus glorieux à mon dict seigneur, estant *venu*, et ayant esté *veu* par un chascun, de se trouver aussj *vaincu* par les debvoirs d'un chascun, et d'affermir, par ce moyen, une entière obéissance et tranquilité en ceste ville et en toutes celles du royaume. Mon dict seig^r le chancelier lui a respondu, aveq grande éloquence, que la mesme justice et piété qui sont et ont tousjours esté éminentes en la persone du roy, l'obligeoit à venger son auctorité blessée, laquelle il a pleu à Dieu luy mettre en main; que ceux qui ont bien faict ne doibvent concevoir aucune crainte, mais que ceux lesquelz ont manqué se doibvent asseurer que le roy est résolu d'en faire un exemple proportioné à leur démérite.

Réponse du chancelier.

Toutes ces compagnies congédiées, M^r le colonel Gassion a présenté à mon dict seigneur le chancelier, par les officiers des régimentz, les drap-

Les officiers des régiments, introduits par Gassion,

peaux[1] blancs, enseignes colonelles, pour les garder en sa maison; ce que mon dict seigneur a accepté, aprèz en avoir faict longuement quelque refuz.

Mon dict seigneur le chancelier estant entré en son appartement, que l'on accommodoit encore, du moins pour ce qui regarde son lict, il a voulu sçavoir, de quelque personne du service, de laquelle il se tient fort asseuré, comme elle luy est très obligée, les sentimentz que l'on pouvoit avoir de ce qui s'estoit passé, come n'ayant rien du tout prémédité des choses qu'il avoit dictes; et a tesmoigné avoir à plaisir le jugement très advantageux que l'on en faisoit aveq grande raison[2].

présentent au chancelier les drapeaux, et enseignes colonelles, qui sont mis en dépôt dans sa demeure.

---

[1] Circonstance remarquée par tous les historiens du temps et par tous ceux qui ont écrit sur la dignité des chanceliers de France. (*Voir*, au commencement, notre note sur les pouvoirs du chancelier Séguier.)

[2] Mascaron, juge compétent en matière d'éloquence, dit, dans son oraison funèbre du chancelier Séguier : « quand ce grand homme ouvroit la bouche pour expliquer les sentiments de son prince et pour dire les siens, il faisoit sentir à tous ceux qui l'écoutoient, cet air d'inspiration, cette force d'en haut, qui a tant de grandeur, et qui tient bien plus de l'oracle que de l'orateur. Son éloquence étoit facile, claire, énergique et grave, et portoit le caractère de son esprit et de sa dignité (a). »

(a) *Oraison-funèbre de messire Pierre Séguier, chancelier de France*, par Jules Mascaron, évêque d'Agen.

L'abbé Tallemant, dans son *Éloge funèbre de M. le chancelier Séguier*, prononcé devant l'Académie française, l'appelle *le plus éloquent homme du monde*. — (*Éloge funèbre de M. le chancelier Séguier*, p. 6.)

Pendant ce temps, M' le colonel Gassion luy a faict demander audience, pour luy présenter en particulier M's les présidentz du Parlement; et mon dict seigneur le chancelier a commandé qu'ilz l'attendîssent en la mesme gallerie, en laquelle il les a esté trouver; et lors, le dict S' Gassion luy a présenté M" de Grimonville (Grémonville), d'Anfreville, Turgot et Bigot[1], auxquelz il a dict les ordres qu'il avoit donnéz à M" du Parlement, en corps, pour le lendemain huict heures du matin; puis mon dict seigneur le chancelier est rentré en son appartement, et eux se sont retiréz, demeurant tousjours grand monde dans la gallerie et aultres lieux de la maison.

Pendant tout ce temps, et depuis l'arrivée de mon dict seigneur le chancelier, il est entré plusieurs compagnies dans la court de la dicte abbaye de Saint-Oüen, qui est le logement de mon dict seigneur le chancelier; puis en sont sortis, ne demeurantz, ce semble, que peu de compagnies en garde[2].

---

[1] Alexandre Bigot, baron de Monville, reçu président à mortier (*de la création de Dangu*), le 11 août 1637.

En 1649, à cause de son inimitié pour le 1er président de Faucon de Ris, « il fut *le chef de la cabale frondeuse* (a). »

[2] Ordonnance du lieutenant général au bailliage de Rouen (Godart du Becquet):

« De par le roy,

« Défenses sont faites à toutes sortes d'habitants, de quelque

(a) *Mémoires de M*me *de Motteville*, collect. Petitot, 2me série, t. XXXVIII, page 167.

Par les ordres, les bourgeois en sont quittes pour six solz pour chascun soldat leur hoste[1] ; et, le jour précédent, y ayant eu un meurtre commis par l'un

Un soldat, ayant commis un meurtre, est passé par les armes.

---

qualité ou condition qu'ils soient, de marcher par les rues de cette ville de Rouen, sans lumière, après huict heures du soir, ny mesmes avec lumières après dix heures aussi de soir, pour quelque cause et sous quelque prétexte que ce soit, à peine, contre les contrevenants, pour la première fois, de cent livres d'amende, pour laquelle ils seront constitués prisonniers, et, pour la seconde, d'estre procédé contre eux, comme perturbateurs de la tranquillité publique. Et, pour cet effect, enjoint aux curés et trésoriers des paroisses de cette dite ville, de faire sonner la grosse cloche de leur paroisse, à neuf heures du soir, pour faire la dite retraite. Fait par nous lieutenant général du bailliage de Rouen, *suivant l'ordre à nous donné par monsieur de Gassion, mareschal de camp aux armées du roy.* Sera la présente ordonnance leue, publiée et affichée aux carrefours et autres lieux publics de cette ville de Rouen, à ce qu'aucun n'en prétende cause d'ignorance. Le premier jour de janvier 1640. Signé GODART. »

Cette ordonnance fut lue et publiée par deux sergents royaux et un trompette.

[1] « Sur ce qui a esté représenté à monsieur de Gassion, mareschal de camp ès armées du Roy, par plusieurs des bourgeois et habitants de cette ville de Rouen, qu'ayant laissé à leur choix de nourrir les gens de cheval et de pied de leurs vivres ordinaires, ou de payer trente sols à chaque cavalier, et six sols à chaque soldat à pied, avec les ustencilles, il se pourroit commettre beaucoup de désordres, contre son intention, s'il ne luy plaisoit déclarer quelle somme payeront lesdits habitants qui ne voudront fournir les dites ustencilles en essence, *mon dit sieur Gassion nous a donné ordre* de faire publier que tous bourgeois et habitants estoient deschargéz des ustencilles, en payant, au

des dictz soldatz, il fut incontinent passé par les armes.

Mardi 3 janvier 1840. Le chancelier tient un conseil particulier.

Le mardy 3me, sur les huict à neuf heures du matin, monseig^r le chancelier a tenu un conseil particulier, auquel ont assisté Mrs de la Vrillière, le colonel Gassion, Tallon et Letellier, le dict Sr Galland y estant présent; et cependant, Tourte, et Leguay, huissiers du Conseil, aveq leurs chaisnes d'or et bonetz de velours, se sont transportéz en la court de Parlement[1], à l'entrée de laquelle s'es-

Deux huissiers du Conseil vont au Palais de Justice, notifier aux membres du Parlement, assemblés, la déclaration royale qui les interdit, et leur enjoint de sortir de Rouen, et de se rendre à la suite du roi.

lieu d'iceux, à chaque cavalier quatre sols, et à chaque homme de pied dix-huit deniers. Faict par nous lieutenant général au bailliage de Rouen, le troisième jour de janvier mil six cents quarante. Signé GODART. »

[1] « L'an mil six cent quarante, le troisième jour de janvier, environ les sept à huict heures du matin, nous Nicolas Tourte et Claude Le Gay, huissiers ordinaires du roy en ses Conseils d'estat et privé, suivant le commandement à nous faict, de la part de sa Majesté, par ordre de monseigneur le chancelier, sommes transportés en la grande chambre du conseil de la cour de Parlement de Rouen, au pallais de la dicte ville, où estoient toutes les chambres assemblées; et, parlant à tous les sieurs présidents et conseillers du roy y séants, leur avons monstré et signifié les lettres patentes de S. M., portant interdiction de l'exercice et fonction de leurs charges, données à Saint-Germain-en-Laye, le dix-septième jour de décembre dernier, signées Louis, et sur le reply, par le roi : Phélipeaux, et scellées; desquelles a esté faict lecture, à haulte voix, par nous Tourte; et leur avons faict commandement, de par S. M., de se séparer présentement en nos présences, et retirer chacun d'eux en leurs maisons, sans faire aucune assemblée ny délibération, et déclaré qu'ilz n'ont

tantz informéz si la compagnie estoit assemblée, et ayantz apris que ouy, ilz sont entrez dans la chambre du conseil, et ont passé derrière l'un des bancz de M^rs de la grande chambre, vis-à-vis de M^rs les présidentz, puis ont demandé, de rechef, si toute la

plus de pouvoir de faire aucune fonction de leurs charges ; à ce qu'ilz n'en prétendent cause d'ignorance, et ayent à y obéir. A quoy ilz ont satisfaict ; et sommes demeuréz en la dicte chambre, jusques après les avoir veu tous sortir d'icelle. Ausquels avons baillé et laissé copie des dictes lettres, avec autant de nostre présent procès-verbal, et icelle mise ès mains de l'un d'eux ; et avons, à l'instant, enjoinct à Me Samson Vaignon, greffier en chef de la dicte cour de Parlement, estant en la dicte chambre, d'aller voir et parler à mon dict seigneur le chancelier, et luy porter son registre qu'il tient en l'exercice de son greffe ; ce qu'il nous a promis faire. La quelle signification, interdiction et contenu cy-dessus, nous avons aussy, et à l'instant, dénoncé et faict sçavoir aux sieurs gens du roy de la dicte cour, parlant au sieur Le Guerchois, conseiller du roy et son advocat général en la dicte cour de Parlement, en leur parquet, à ce que, de leur part, ilz ayent à y satisfaire et obéir. »

« Signé : TOURTE.   LE GUAY. »

Ajoutons ce qui suit, extrait du *Registre secret* du Parlement de Normandie :

« L'huissier Tourte leur dit : « Messieurs, nous avons comman-
« dement du roy, par l'ordre de monseigneur le chancelier, de
« vous interdire de la fonction de vos charges, suivant les lettres
« patentes du roy, dont nous allons faire lecture :

« Louis, etc. »

« Après la lecture des dictes lettres, l'huissier Tourte a mis sur le bureau une copie d'icelles, et a faict commandement à messieurs, de se séparer présentement, et se retirer en leurs maisons, sans faire aucunes assemblées, disant que son confrère et compagnie estoit assemblée, tant Grande Chambre qu'Enquestes, Tournelle, Édict et Requestes du palais; et si c'estoit le lieu auquel telles assemblées avoient accoustumé se faire; et leur ayant, par M^r le premier président, esté respondu que ouy, le dict huissier a répliqué qu'il lui sembloit que ce n'estoit pas le lieu accoustumé; sur quoy, il luy a de rechef esté dict que ce l'estoit, bien que, quelques fois, l'esté, on s'assemblast en la grande chambre du plaidoyé; ensuite de quoy, le dict huissier Tourte leur a dict qu'il estoit envoyé, de la part du roy et de monseigneur le chancelier, pour leur signifier la déclaration de sa Majesté, portant interdiction de leurs charges, comme en effect il les interdisoit; et a laissé coppie de la dicte déclaration sur le bureau, puis s'est couvert, et a commencé la lecture de la dicte déclaration [1]; s'estant descouvert, aveq toute la compagnie, au nom du

---

luy ont ordre *de ne sortir de la chambre* qu'ils n'en voyent tous messieurs retiréz (*a*). »

Suit le procès-verbal de l'*interdiction*, transcrit par nous sur la minute, et que l'on a vu tout à l'heure.

[1] On y faisait dire, par Louis XIII, que les Parlements avaient été institués, non pas seulement pour rendre la justice aux peuples, « mais aussy pour les contenir dans les devoirs d'une parfaite et légitime obéissance. » Le Parlement de Normandie (disait le roi) a manqué à ce devoir, « puisque, durant que nous estions sur les frontières de nostre royaume, exposant

(*a*) *Reg. secr. du Parlement de Normandie,* 3 janvier 1640.

roy ; et s'estant recouvert, en a poursuivj toute la lecture, où, entre aultres choses, la compagnie est

nostre personne aux incommoditéz et aux périls d'un long voyage pour le bien de nos sujets, il a veu et souffert qu'une populace mutinée ayt pris les armes, ayt démoly les maisons qui servoient de bureau à nos receptes, en ayt emporté les tiltres, avec l'argent de nos finances, ayt trempé ses mains dans le sang de ses concitoyens, et commis tous les crimes dont est capable la fureur d'une sédition, que la négligence, la connivence et la lascheté des magistrats laisse croistre jusques aux derniers excès que peuvent produire l'audace et la témérité, lorsqu'elles ne sont point réprimées. Le Parlement de Normandie, par un privilége particulier, ayant le commandement des armes dans Rouen, estoit doublement obligé d'arrester le cours de ces désordres. »

De là le roi concluait à la nécessité d'un *châtiment exemplaire*. En conséquence, « estant deuement informé de la faute et mauvaise conduite du Parlement », il disait : « voulons, et nous plaist que nostre cour de Parlement et ses officiers demeurent interdits de tout exercice et fonction de justice, soit en corps ou autrement. Défendons à tous nos sujets de son ressort de reconnoistre les officiers de ce Parlement, en qualité de juges ; déclarant nuls et de nul effet tous jugements, arrêts et autres actes qu'ils pourroient rendre ci-après. » — Injonction était faite à ces officiers de sortir de Rouen dans les quarante jours qui suivraient la signification que les huissiers du Conseil devaient aller leur faire, au palais, de la déclaration qui les interdisait, et de se rendre à la suite du roi; faute de quoi il serait procédé contre eux.

Le 5 janvier 1640, le Conseil d'état du roi, *tenu à Rouen*, ordonne, par un arrêt, que les conseillers du Parlement interdit remettront aux greffes du Parlement et des Requêtes du palais, tous les sacs, productions, enquêtes, informations, et autres actes qu'ils ont ès mains, des procès à juger, et ce dans trois jours ; déclarant qu'autrement ils y seront contraints.

taxée de négligence, connivence et lascheté au faict des dictes séditions, avcq injonctions à tous les officiers de la dicte compagnie de se rendre incessamment à la suite de sa Majesté; et, pour cet effect, partir dans quatre jours, pour tout délay, à peine d'estre tenuz pour criminelz de lèze majesté; puis, le dict huissier, descouvert, a adjousté qu'il avoit charge et ordre particulier de ne point désemparer que chascun de la compagnie ne feust sorty, leur deffendant sa Majesté de faire aucunes délibérations, et leur enjoignant se retirer en leurs maisons, comme, en effect, chascun s'est retiré, presque en son ordre, et sans aucune confusion; ayantz demeuréz assembléz assez long-temps de la mesme sorte, et sans presque dire aucunes parolles avant l'arrivée des dictz huissiers du Conseil, incertains mesme si mon dict seigneur le chancelier y viendroit en personne ou aultrement, ce qu'il n'avoit point voulu dire au premier président, le soir précédent; mais, seulement, sur ce qu'il demandoit l'ordre qu'il y faudroit tenir, il luy dict : *vous verrez voz registres.*

Interdiction de la cour des Aides et des trésoriers de France.

Ensuite, la cour des Aydes a esté interdicte[1] de

---

[1] Déclaration d'interdiction de la cour des Aides, 15 déc. 1639 (*a*) Cette déclaration commençait par un aveu propre à atténuer

(*a*) Datée à tort, du 17, dans l'imprimé; elle est du 15, et vantée avec cette dernière date dans une autre déclaration, (du 15 aussi) portant commission à la cour des Aides de Paris, pour exercer la justice de la cour des Aides de Rouen.

la mesme sorte, avec réunion de leur jurisdiction

---

singulièrement les torts de la cour des Aides, en supposant qu'on pût lui en imputer de réels. Louis XIII reconnaissait « qu'obligé, pour soutenir les dépenses de la guerre, de faire diverses levées sur ses peuples, et ayant, dans ce but, fait l'établissement de plusieurs droits, par ses déclarations et arrêts du Conseil, SOUVENT, pour éviter les longueurs qu'apportent les compagnies à l'enregistrement, il ne leur en avait fait l'adresse, et s'était contenté de suivre les formes *accoustumées* (disait-il) *en pareille nature d'affaires, qui sont plus promptes à l'exécution......* » (C'était demeurer d'accord d'avoir violé la constitution du royaume...... Or (continuait Louis XIII), « lorsque nous pensions tirer de ces droits le secours et l'assistance en nostre province de Normandie, nostre cour des Aides establie en nostre ville de Rouen, par un attentat extraordinaire sur nostre auctorité, a faict des deffences de faire aucunes levées de deniers, ny de mettre à exécution aucuns édicts, qu'ils n'eussent esté enregistréz en leur compagnie. Ce qui a donné occasion à nos sujetz de nostre dicte province (soubs ce prétexte) de retarder de payer ce que nous avions ordonné, et ensuite de faire les souslèvements qui sont arrivéz en icelle. — Au moyen de quoy, nous avons esté privéz (au grand préjudice de nos affaires) des promptz secours que nous nous estions promis desdites levées. Et d'autant que ce procédé, qui est très préjudiciable à nostre service, et a esté cause des désordres qui se sont passés en la dicte province, nous oblige à faire sentir à la dicte cour des Aides les effets de nostre indignation, et la priver de l'auctorité dont elle abuse et s'est rendue indigne...

... A ces causes, voulons que la cour des Aides de Rouen, et les officiers de cette cour demeurent interdits, comme, de faict, nous les interdisons de tout exercice et fonction de leurs charges, défendons à tous nos subjects de les recognoistre en qualité de juges, déclarant, dès à présent, tous arrêts, jugements et autres actes que la dicte cour pourroit rendre

à celle de Paris[1], come aussi les trésoriers de France[2], avec attribution de leurs fonctions à deux

---

cy-après, soit en corps ou autrement, nuls et de nul effect.... » Injonction était faite à ces officiers de sortir de Rouen dans les quatre jours qui suivraient la notification de la déclaration qui les interdisait, et de se rendre de suite à la cour et suite du roi.

[1] C'est une erreur, comme Verthamont le reconnaîtra dans le Diaire même, à la date du 4 janvier. La déclaration porte seulement interdiction, « jusques à ce que aultrement, par le roy, en ayt esté ordonné. » Le 15 décembre même, le propre jour de l'interdiction, fut rendue une déclaration qui, vu l'interdiction prononcée, *ce jour*, contre la cour des Aides de Rouen, attribue à la cour des Aides de Paris la connaissance de tous les procès et différends mus et à mouvoir entre les justiciables de la cour des Aides de Rouen interdite; et ordonne au greffier de cette dernière cour d'envoyer au greffe de celle de Paris, tous les papiers, pièces et procédures ayant trait à cette contestation.

Cette déclaration fut enregistrée, le 12 janvier 1640, par la cour des Aides de Paris.

[2] Déclaration du roi, portant interdiction des officiers du bureau des finances de Rouen.

Dans le préambule de cette déclaration, le roi disait que « les charges de trésoriers de France, ayant esté principalement establies pour faciliter la levée et imposition de ses deniers, il avoit dû compter que les officiers du bureau de Rouen favoriseroient l'imposition des sommes qu'il étoit contraint de faire lever sur ses sujets de la dicte Généralité, pour subvenir à la dépense de la guerre; et témoigneroient leur fidélité et affection au bien de son service.... Mais, au contraire (continuait-il), par un mespris préjudiciable à nostre authorité, qui fait voir la part qu'ils ont prise aux souslèvements populaires qui sont arrivéz tant en la ville de Rouen qu'autres de la province de Normandie, ils ont

M⁰ˢ des Comptes de Paris. On leur a imputé le refuz qu'ilz feirent, en ce mesme temps des séditions, de doner un bureau pour un commis de quelque traictant ; et, depuis, de procedder au département de la subsistance des gens de guerre. La mesme matinée, par arrest du Conseil, toutes les affaires du Parlement de Normandie ont esté évocquées [1] au Conseil, pour y estre jugées, aveq in-

<small>Évocation au Conseil, des affaires pendantes au Parlement de Normandie</small>

---

refusé de restablir dans la dicte ville les bureaux de recettes de nos droits, qui avoient esté bruslés par les séditieux ; ce qui a retardé la levée des sommes par nous ordonné estre faicte dans l'estendue de la dicte Généralité, et nous prive, en ce faisant, du prompt secours que nous nous en estions promis. — Une si grande faute, commise par ces officiers, mérite (concluait le monarque) d'estre réprimée, et que nous leur fassions sentir les effets de nostre indignation.... » Il les déclarait donc *interdits* de tout exercice et fonction de leurs charges.

Signifié le 3 janvier 1640, aux officiers interdits, en leur bureau.

Le 9 janvier 1640, commission aux sieurs de Paris et de Colanges, officiers de la chambre des Comptes de Paris, pour exercer les charges des officiers du bureau des finances de Rouen.

[1] Évocation au Conseil, de toutes les affaires pendantes au Parlement de Normandie.

Le 4 janvier 1640, le roi, vu l'interdiction par lui prononcée le 17 décembre précédent, contre le Parlement de Normandie, « jugeant necessaire de pourvéoir de juges pour terminer les affaires de la congnoissance de la dite cour (*en attendant qu'il eust fait l'establissement d'une autre compagnie*), et voulant que la justice soit rendue à ses subjects, déclara, par un arrêt du Conseil (lui y étant), *évoquer à soi et à son Conseil*, tous les proces et différends, tant civils que criminels, pendants au Parlement

jonction aux advocatz et procureurs du dict Parlement d'y faire leurs fonctions ordinaires.

Mgʳ le chancelier avoit advertj tous Mʳˢ du Conseil, dès le soir précédent, de se rendre, le matin, prèz de luy, sur les dix heures, aveq sottanes et longz manteaux; ce que chascun a faict; et ont attendu jusques à fort prèz de midj; à laquelle heure, mon dict seigʳ le chancelier est sortj pour entendre la messe en l'églize de Sᵗ-Oüen, en la

---

de Rouen, ordonnant aux parties de procéder au Conseil, et ce par les formes et procédures accoustumées estre observées en la dicte cour. » Le roi ordonnait, par cet arrêt, que « les appellations des jugements rendus par les juges de sa province de Normandie, qui, précédemment, ressortissoient nuement au Parlement de Normandie, seroient relevées au Conseil, pour y estre terminées et jugées, toute jurisdiction lui estant attribuée à cet égard (tant pour le civil que pour le criminel), et estant interdicte à tous les autres juges. » Ordre était donné au Conseil, de procéder incessamment à l'expédition et jugement des dits procès, « selon les formes pratiquées dans le dict Parlement, *et selon l'usage et coustumes de la province de Normandie.* » Le roi l'ordonne ainsi, « jusques à ce qu'autrement, par sa Majesté, ait esté pourveu de juges pour faire la fonction du Parlement interdict. » — Le même jour, le roi, par des lettres patentes en forme, adressées à ses conseillers en son Conseil d'état et privé, ordonna l'exécution de l'arrêt qu'il venait de rendre en son Conseil. Il leur enjoignait de procéder incessamment à l'expédition et jugement desdits procès, « selon les formes pratiquées dans le Parlement, et selon l'usage et coustume de la province de Normandie, leur donnant, à cette fin, tout pouvoir, autorité, commission et mandement spécial. »

chappelle de Nostre-Dame, au costé [de] l'épitre du grand autel, et y a faict aulmosne considérable à un grand nombre de pauvres; come, ensuite, il a donné une pistolle aux tambours de chascun des régimentz, qui luy en ont demandé à l'entrée de sa maison; y ayant tousjours huict ou dix compagnies de garde dans la *grande* ou *avant court* de la dicte abbaye de Sainct-Oüen. Mg{{r}} le chancelier, par arrest du Conseil, a renvoyé les informations de Louviers à M{{rs}} les M{{cs}} des requestes de la suite; mais cete affaire n'a point esté poursuyvie.

Le dict jour, après le disner, Mg{{r}} le chancelier a pourveu, aveq le dict S{{r}} Gassion, au payement de ses trouppes, ayant le trésorier, pour cet effect, esté mandé; et lors, on a publié que, sur le midy, avoient esté arrestez les lieutenant et enseigne du quartier de la maison du S{{r}} de Tourneville, l'un et l'autre par Picot, exempt ou lieutenant du grand prévost, et aucuns archers servantz prèz la personne de mon dict seig{{r}} le chancelier; et ont esté envoyéz au vieux chasteau; le lieutenant se nomme Besnier; et l'enseigne, son parent, Baillet; l'un et l'autre riches de 25 mil {{tt}} de rente; leur cappit{{ne}} nommé le S{{r}} de Boisle, M{{e}} des Comptes, s'estant trouvé en la ville de Paris, lors des dictes émotions. On leur impute que leur compagnie n'assista pas le dict S{{r}} de Tourneville, et ne destorna pas les séditieux qui pillèrent sa maison; et eux se deffendent de

Arrestation des lieutenant et enseigne d'une des compagnies bourgeoises de la ville.

n'avoir pas esté obéiz, ains abandonéz par ceux de leur compagnie.

Mercredi 4 janvier 1640. Les curés de Rouen demandent que les filles et jeunes veuves soient exemptées de loger des soldats.

Le mercredy 4me, Mg^r le chancelier demeura enfermé en son cabinet, jusques à onze heures trois quartz, et ne put pas entendre la messe; de là, il donna ses audiences, disna, puis continua ses dictes audiences, et se renferma l'aprèz disnée aveq Mrs Talon, Letellier, Gassion et Galland. Sur le soir, il dona encor quelques audiances, entre lesquelles le P. Bonald, cordelier observantin, et un sien compagnon, aveq quatre des curéz des paroisses de la ville, de la part de M^r l'archevesque de Roüen, le supplièrent de vouloir exempter de logement les maisons des filles ou jeunes veufves, et de contribution les pauvres veufves aagéez, offrantz indiquer aultres maisons pour transférer les soldatz de celles-cy, ce qu'il leur feit espérer; et, pour cet effect, chargea les dicts sieurs curéz de travailler aux mémoires des maisons sur lesquelles on pourroit se descharger.

Exemptions pour les maisons de la rue de la Poterne.

Mon dict seigneur le chancelier feit espérer pareille exemption et descharge pour la *poterne*[1] de Jumiéges, qui est une petite rue appartenante aux religieux de cete abbaye, dont les habitans se tindrentферméz par les portes qui aboutissent sur

---

[1] Cette exemption fut accordée le 12 janvier. (*Voir* la note sur ledit jour.)

les boutz de la rue, pendant les séditions, pour n'y point tremper.

J'ai sçeu que monseigneur le chancelier avoit passé la matinée en plusieurs dépesches pour le roy, Mg{r} le cardinal, Mrs l'évesque de Meaux, de Bullion et de Noyers, à chascun desquelz il envoyoit les déclarations imprimées pour l'interdiction des Parlement, court des Aydes et bureau des Finances ; l'imprimeur feit retarder jusques au lendemain matin l'envoy des dépesches, par le Sr de Guyencourt, parent de mon dict seigneur le chancelier ; et, pour cete considération, mon dict seigneur le chancelier refuza des billetz pour la poste, mesme à Mr d'Ormesson, jusques après le départ du dict Sr de Guyencourt. Au bas de ces déclarations, sont les procèz-verbaux des huissiers, à peu prèz come il est cy-dessus porté ; fors et excepté qu'il n'est pas faict mention du doubté que l'huissier feit si c'estoit le lieu ordinaire destiné pour l'assemblée des chambres. Mon dict seigneur le chancelier avoit baillé une instruction ponctuelle aux huissiers d'en uzer come ilz ont faict ; fors qu'après avoir heurté, estre entréz et avoir salué civilement, ilz se doibvent couvrir et faire leur exploict en cet estat ; les déclarations de la cour des Aydes et des trésoriers de France ne portent point de réunion à la court des Aydes de Paris, ny à la chambre des Comptes de Rouen, ains seulement interdiction, jusques à ce qu'aultrement par le roy en ayt esté ordoné.

Déclaration du roi, pour rendre responsables des séditions, les magistrats dans les villes, et les seigneurs dans les campagnes.

Mon dict seigneur le chancelier me feit l'honeur de me fayre veoir dès lors la déclaration du roy pour, en conséquence de l'auctorité de sa Majesté heureusement restablie par ses armes, soubz la sage conduite du colonel Gassion, en toute la province de Normandie, y conserver son obéissance à l'advenir, et la préserver de semblables recheutes; et, pour cet effect, rend les magistratz, officiers et cappitaines des villes et gros bourgz, et les seigneurs des paroisses, responsables, chascun en droict soy, de semblables désordres qui pourroient survenir cy-après ès dictes villes, bourgades ou villages de la campagne, faulte d'y avoir apporté tout ce qui dépend de leur soin et de leur auctorité.

Ordre aux capitaines des quartiers, et chefs de métiers d'indiquer les noms des habitans de Rouen qui s'étaient enfuis après les troubles.

Il me feit veoir aussi le project d'un arrest du Conseil, pour obliger les cappitaines des quartiers et chefz de mestiers, de dénommer et faire sçavoir les particuliers qui se sont retirez de cete ville depuis certain temps[1]; et je jugeay bien que c'estoit

---

[1] Par un arrêt, donné en son Conseil d'état, à Saint-Germain-en-Laye, le 5 janvier 1640, le roi déclare être bien informé que, « depuis les émotions arrivées à Rouen, plusieurs des habitants de cette ville, auteurs et complices de la rébellion, se sont absentez, pour éviter la peine et le chastiment que méritoit un crime si détestable. » Or, « d'autant qu'il n'est pas juste qu'un tel crime demeure impuni, au contraire qu'il doibt estre chastié sévèrement, afin qu'à l'advenir l'exemple de la sévérité retienne

afin de descouvrir, par ce moyen, ceux qui se monstreroient les plus coulpables par leur fuite, ayant esté dict que les chefz ou plus mesléz dans la sédition s'estoient retiréz.

J'appris que M⁰ˢ Talon et Letellier avoient vacqué à l'audition de ces lieutenant et enseigne, prisonniers dans le vieux palais, qui avoient desjà accusé un grand nombre d'aultres, eux se tenantz tousjours asseuréz sur leur innocence.

M⁰ le président Turgot a pressentj si on pourroit différer le temps du départ. Mg⁰ le chancelier l'a prescript pour dimanche prochain, à se rendre à Paris en trois jours.

<small>Ordre aux membres du Parlement, de partir de Rouen le dimanche 8 janvier.</small>

Mon dict seigneur le chancelier a remis les affaires particulières de cete ville, come des Jacobins, Cordeliers, religieux de S⁰-Lo, pour la sepmaine prochaine.

---

ceux qui auroient volonté de s'esloigner de leur devoir », le roi ordonne que « les capitaines, lieutenants et centeniers de Rouen feront incessamment exacte perquisition et recherche (chacun en leur quartier) de ceux qui se sont absentéz depuis le dit temps, et en feront des procès-verbaux, qu'ils remettront, dans les quatre jours, entre les mains du chancelier. L'arrêt enjoint donc à tous les bourgeois de Rouen d'apporter, dans quatre jours, aux capitaines, lieutenants, enseignes et centeniers, les noms de ceux qui demeuroient chez eux, et qui se sont retirés depuis le dit temps; déclarant qu'à faute de ce faire, ils seront poursuivis comme complices de ceux qui se sont retirés de leurs maisons et absentés de la dite ville. »

Jeudi 5 janvier 1640.
Désarmement de la populace.

Le jeudy 5me janvier, mon dict seigneur le chancelier est pareillement demeuré enfermé aveq le Sr Galland, ou seul, presque toute la matinée, pendant laquelle on a commencé à désarmer toute la populace; ce qui s'est faict fort doucement, pour continuer les jours suivantz; les persones de qualité, et les bons marchandz et bourgeois demeureront arméz pour la deffense publique. La dicte matinée, le sieur colonel Gassion a, de sa part, doné les ordres nécessaires pour cela; et ont esté assignéz cinq divers lieux, pour porter les dictes armes en divers quartiers de la ville, dont l'un estoit l'abbaye de St-Ouën, à l'entrée du cloistre de laquelle il a esté mis un corps de gardes pour cet effect, qui y a demeuré jusques à ce que les dictes armes ont esté portéez dans le vieux palais.

Il s'est semé quelques bruictz, en la ville, d'une nouvelle révolte à Avranche[1], ou en ce payz là,

---

[1] Le 14 janvier 1640, Hugues Grotius, écrivant à Oxenstiern, et lui parlant des grandes levées qui se faisaient en Angleterre, lui disait : « Nonnulli timent ne indè auxilium veniat *nondùm exstinctis apud Abrincantos seditionibus.* » Le 21 janvier, il écrivait encore : « *Manent seditionum reliquiæ apud Abrincantos.* Multi tamen ex Normanniâ migratum eunt in præjacentes isti oræ, Anglici nunc juris, insulas. » Le lendemain, il écrivait, à peu près dans les mêmes termes, à Camerarius (*a*).

(*a*) *H. Grotii Epistolae quotquot reperiri potuerunt*, in-fol., 1697, pages 590, 593, 594 et passim.

particulièrement sur le subject de la conduite de 250 de ces pauvres séditieux appeléz *piedz-nudz*[1] en la Basse-Normandie ; mais tout cela sans fondement, et, possible, controuvé dans Roüen pour y esmouvoir quelque chose, ce qui ne s'est point faict.

Sur le soir, j'ay esté engagé de parler à Mgr le chancelier (mais come m'en esconduisant moy-mesme), de l'excuse d'un antien conseiller de la grande chambre, chargé de 7 ou 8 enfans, et incommodé de gravelle, pour le dispenser du voyage de Paris ; j'ay trouvé, come je l'avois bien dict à la personne qui m'en avoit parlé, que cela ne se pouvoit faire, et que mon dict seigneur n'en avoit pas mesme voulu dispenser M^r .... plus que octogénaire, ains seulement dict que si son incommodité estoit telle qu'il ne peult aller, que, n'y allant point, le roy jugeroit de son excuse ; cete personne m'avoit dict que Mrs de Noleval et Damiens s'en estoient faict dispenser en considération de

Le chancelier se refuse à dispenser aucun des membres du Parlement, de sortir de Roüen, quels que soient leur âge et leurs infirmités.

---

[1] Ces rebelles s'étaient appelés *nu-pieds*, « pour signifier que les subsides les avoient mis en estat de ne se pouvoir chausser (a) ; » et, mieux encore « *pour montrer leur gueuserie par leur nom* (b). »

(a) *Mémoires de Montglat*, collect. Petitot, 2e série, t. XLIX, page 261.

(b) *Histoire du roy Louis XIII*, composée par Messire Bernard, conseiller du roy en ses Conseils d'estat et privé, liv. XII, p. 437.

l'administration de l'hospital; mais j'ay trouvé, du dict Sr Damiens, qu'il n'en avoit pas de cognoissance, et de mon dict seig^r le chancelier qu'il n'en dispenseroit non plus pour ce subject ny pour aucun aultre [1].

<small>Mesures pour réprimer les excès des soldats logés dans Rouen et dans les faubourgs.</small>

J'ay sçeu de mon dict seigneur le chancelier, qu'il avoit député deux ou trois de M^{rs} les M^{es} des requestes, en chascun quartier de la ville, pour y recevoir les plaintes contre les soldatz, et y pourveoir, et, pour cet effect, se pourmener le long du jour, et entrer dans les maisons des dictz quartiers; que l'on renvoyeroit aussy, au premier jour, la moictyé de la cavallerie, pour soulager les faulxbourgs, et que l'on demanderoit ordre au roy pour la mettre toute dans les garnizons, come n'estant pas nécessaire.

Il semble qu'aprèz avoir faict les choses nécessaires aveq les officiers de la maison de ville, on soit pour les interdire aussy, mais par une déclaration plus fulminante que les aultres; ensuite de quoy, aucuns de M^{rs} les M^{es} des requestes feront inventaire des tiltres; les armes et le canon seront conduitz au vieux palais; et on constituera quelques receveurs des deniers du dict hostel de ville, pour

---

[1] Il n'y eut de dispense que pour le conseiller-clerc Godart de Bracquetuit, chanoine et grand trésorier de l'église cathédrale de Rouen, comme nous l'apprend le *Diaire*, à la date du dimanche 8 janvier.

en pourveoir aux charges et réparations d'icelle, comme du pont et choses semblables.

Il semble aussy avoir esté résolu qu'encor que l'on oste les priviléges de la ville, néantmoins il y aura arrest du Conseil, si besoin est, pour maintenir le corps des marchands, tant en la jurisdiction des Consulz, qu'en tous les aultres priviléges, franchises et exemptions, afin de ne point interrompre le commerce, mais l'accroistre, s'il se peult, en la dicte ville.

Il semble aussy que le desdommagement qui sera adjugé aux fermiers se liquidera, puis sera départy sur le Parlement et aultres compagnies, et sur le reste de la bourgeoisie et habitantz, et que, de ces impositions, subsistances et toutes choses semblables, M^{rs} les M^{es} des requestes, du commencement, puis M^r le président Séguier et aultres de Mrs du Parlement de Paris qui, pour ce, seroient mandéz, prendront le soin, et en auront toute court et auctorité, jurisdiction et cognoissance. Pour cet effect, il a esté dict publiquement que le Sr Bousquet (Bosquet)[1], homme fort sçavant, originaire et

---

[1] François *Bosquet*, né à Narbonne, en 1613 ; il avait, dès-lors, composé plusieurs ouvrages en latin, entre autres : Ecclesiae gallicanae historia, cum veter. monumentis ex ms. erutis. Parisiis, 1636, in-4°. — Pontificum romanorum qui, è Galliâ oriundi, in eâ sederunt, ab anno christi 1305 ad ann. 1394. Parisiis, 1639, in-4°, 2 tomes. — En 1648, il devint évêque de Lodève ; et, en

juge mage de la ville de Narbone, avoit esté commis pour exercer la charge de procureur général en Normandie, pendant l'interdiction de ce Parlement et aultres compagnies.

Taxe de 24 liv. par jour, allouée à chacun des maîtres des requêtes, venus en Normandie, à la suite du chancelier.

Mgr le chancelier nous a dict aussy avoir, des deniers comptantz, conservéz en lieu peu honeste [1], chez le Sr Letellier Tourneville, ordoné à chascun de Mrs les Mes des requestes 120 ^{tt}, à raison de 24 ^{tt} par jour, et à Mrs les conseillers d'Estat et aultres, à proportion.

Vendredi 6 janvier 1640.

Le vendredy sixième janvier, *jour des Roys* [2], il

1657, évêque de Montpellier. « M. De la Chambre lui fut fort utile par les témoignages avantageux qu'il rendit de lui à M. le chancelier Séguier (*a*). » — Il mourut le 24 juin 1676. Son portrait a été gravé, en 1671, par Nanteuil.

[1] Le 26 août 1639, le premier président dit aux chambres assemblées, « avoir esté adverty, de la part du sieur Le Tellier, qu'il y avoit quantité d'argent dans sa maison, qu'il avoit jetté dans les puits et basses-fosses d'icelle, et qu'on eust à y donner ordre pour le conserver (*b*). »

[2] Cette fête des Rois se passa bien tristement à Rouen. Que l'on en juge par ce qui va suivre : Le 5 janvier 1592, veille des Rois, dans la ville de Rouen, assiégée depuis le 11 novembre, par l'armée de Henri IV, qui la tenait serrée de très près, Guillaume Valdory, témoin oculaire, nous est garant que « l'on ne laissa, le soir, selon la bonne coustume, de crier : *Adieu Noël*, et *le roy boit* (*c*). » Il n'en devait pas être de même en janvier 1639, l'arrivée des troupes de Gassion ayant jeté dans

(*a*) *Dictionnaire hist. et critique de Bayle*, article : BOSQUET (François) ; — et *Bibliothèque historique de la France*.

(*b*) *Reg. secr.*, 26 et 30 août 1639.

(*c*) *Discours du siége de Rouen* (par G. Valdory), fol. 50 v°.

s'estoit dict que M^r le chancelier assisteroit à

Rouen trop d'épouvante. Aussi, toutes les joyeuses coutumes du vieux temps parurent-elles, alors, y être tombées en oubli. Tous les ans, ce jour-là, à cinq heures du soir, on avait entendu les innombrables cloches de la métropole et de toutes les paroisses de Rouen, sonner en volée « pour exciter les chrestiens à avoir de la joye en célébrant la feste du jour suivant. » C'est ce qu'on appelait *le carillon du jour des rois*. Aussitôt, à l'hôtel de ville, se faisait, en public, la cérémonie de *tirer le gâteau;* et, lorsque le sort avait désigné l'échevin ou le conseiller de ville qui devait être, cette année, *le roi de la fève*, un joyeux cortége allait, en grande pompe, et au son des tambours, lui porter sa part, et lui présenter, sur un plat doré, un magnifique bouquet de fleurs artificielles (*a*). Le lendemain, avait lieu, à l'hôtel de ville, un dîner, donné par le *roi de la fève*, aux échevins et aux membres du Conseil des vingt-quatre, enfin à tous les officiers de la ville.

En janvier 1640, la fête des Rois se passa sans toutes ces démonstrations joyeuses. C'est que venaient d'entrer

. . . . Aux haguignettes,.
Les Gassions qui venoient de l'Artois (*b*).

Cette fois encore, un témoin oculaire sera notre garant. « En ceste année 1640, il n'y a point eu d'estrennes, ny chanté le roy boit. En la maison de ville, n'y eust point de gasteau party, ny le lendemain à disner ; ce qui jamais, depuis cinquante ans, n'avoit esté. Les petits enfants en pourront dire des nouvelles, lorsqu'ils auront atteint l'âge d'hommes. Ils pourront dire qu'ils n'ont point chanté : *le roy boit*, comme aux années précédentes. Chacun demeuroit en sa maison, avec leurs soldats (*c*). »

(*a*) *Le Calendrier*, ou Journal historique de la ville et diocèse de Rouen, ms. Bibliothèque royale.

(*b*) *Muse normande*, par David Ferrand, p. 270.

(*c*) Journal ms. de la ville de Rouen, ancienne Bibliothèque de l'abbé De la Rue.

l'office de la grande églize¹, et prendroit son disner chez Mʳ l'archevesque de Rouen ; mais cela fut remis au dimanche suyvant.

Maîtres des requêtes, chargés d'informer des excès des troupes, et de punir les soldats trouvés en faute.

Le dict jour, monseigʳ le chancelier feit délivrer, par le Sʳ Céberet, l'un de ses secrétaires, à Mʳˢ les Mᵉˢ des requestes estantz prez sa persone l'arrest du Conseil du 5ᵐᵉ du mesme mois, portant que, par ceux d'entre eux estantz prèz la persone du dict seigʳ chancelier, qui seront à cet effect commis et députéz en chascun des quartiers de la dicte ville, il sera incessamment informé des exactions, violences et excedz commis par les trouppes² dans

---

¹ Le 20 décembre 1639, « MM. les chanoines estant solennellement assembléz, ont esté, *suivant les réquisitions du promoteur* priéz d'estre plus assidus qu'ils pourront au service, et se comporter avec toute la modestie requise ; les chapelains de chanter pausement, tant dans les festes prochaines que à l'advenir, où il est besoin de prier Dieu pour les misères du temps; et M. le chantre prié en advertir les chapelains, *attendu mesmes que M. le chancelier pourra assister au service* (a). »

Dès le 4 janvier, le chapitre métropolitain ayant eu avis que le chancelier Séguier assisterait à la grand'messe des rois, dans l'église cathédrale, tous les chanoines étant à Rouen furent « avertis de s'y trouver en grand nombre, avec modestie, et en estat, conformément aux statuts ; il fut enjoint aux chapelains de chanter deuement et pausement (b). »

² Le Conseil d'Etat, « voulant faire observer par les troupes, tant d'infanterie que cavallerie, logées dans la ville et faubourgs de Rouen, les ordonnances et réglements faits par S. M. sur les

(a) *Reg. capitul. Eccles. rothom.*, 20 décembre 1639.
(b) *Reg. capitul. Eccles. rothom.*, 4 janvier 1640.

la ville et faulxbourgz de Rouen, contre et au préjudice des ordonnances militaires, réglementz, bans et

---

ordres et disciplines militaires, ensemble les bans et défenses publiées depuis leur logement en ladite ville, rendit à Rouen, le 5 janvier 1640, un arrêt par lequel il ordonna que « par les maistres des requestes ordinaires de l'hostel, estant près monsieur le chancelier, qui seront, à cet effet, commis et députéz en chacun des quartiers de ladicte ville, il seroit incessamment informé des exactions, violences et excèds commis par lesdites troupes dans ladite ville et faubourgs de Rouen, contre et au préjudice desdites ordonnances, réglements, baons et deffences', et procédé contre les coulpables extraordinairement, par les voyes portées par lesdites ordonnances. Il fut enjoint à tous les bourgeois et habitants de Rouen et des faubourgs, de donner leurs plaintes ès dits commissaires, et leur administrer preuves desdites exactions, excèds et violences, pour, sur le tout, estre pourveu ainsy qu'il appartiendra. »

Suit la répartition faite par le chancelier Séguier, des maîtres des requêtes, dans les divers quartiers de la ville, savoir :

Au quartier de Martainville,
    MM. De Montescot.
    D'Aubray.
    De Hère.
Au quartier de Cauchoise,
    MM. De la Berchère.
    Marescot.
Au quartier de Beauvoisine,
    MM. De la Ferté.
    Vignier.
    Du Til.
Au quartier de Saint-Hilaire,
    MM. De Vertamont.
    Saint-Jouin.

Le souvenir des excès des soldats de Gassion fut cause du

deffenses, et procédé contre les coulpables extra-ordinairement par les voyes portées par les dictes ordonnances, enjoinct aux bourgeois et habitantz de la dicte ville et faulx bourgs de doner leurs plaintes aux dictz commissaires, et leur administrer preuve des exactions, excedz et violences, pour, sur le tout, estre pourveu ainsj qu'il appartiendra [1];

---

refus que firent, en janvier 1649, les bourgeois de Rouen, de laisser entrer dans la ville le comte de Harcourt, envoyé par le roi, et que l'on croyait dans l'intention d'y mettre garnison. « On craignoit de recevoir d'une garnison les mesmes rigueurs que celle de l'an 1640 avoit exercées (a). »

[1] « Sa Majesté, désirant que les ordonnances et réglements donnés par le lieutenant-général au bailliage, (par le commandement du maréchal-de-camp Gassion), les 31 décembre et 3 janvier, soient exactement observés, et qu'il n'y soit point contrevenu par les gens de guerre; voulant aussi pourvoir aux plaintes qui luy ont esté faictes, par les bourgeois de la ville, que plusieurs desdits gens de guerre, tant de pied que de cheval, logéz chez eux, les contraignent de faire de grandes despenses pour leur nourriture, ne se contentant pas du paiement de la taxe faite par lesdites ordonnances, usant de menaces et de mauvais traitements à l'encontre d'eux, lorsqu'ils ne veulent pas satisfaire à ce qu'ils leur demandent, ordonne que lesdites ordonnances et réglements seront exactement observés; fait très expresses défenses aux gens de guerre, tant de pied que de cheval, d'y contrevenir, à peine de la vie; enjoint aux chefs et officiers des gens de guerre d'y tenir la main, à peine de respondre des contraventions qui y seront faites, en leurs propres et privés noms.

(a) Journal de ce qui s'est passé au Parlement de Rouen, en 1649, ms. Bibl. royale, n° 355.

et ensuite estoit un roole contenant : « M⁹⁸ les M⁹⁸ des requestes ord⁹⁸ de l'hostel du roy, cy aprèz nomméz, sont par nous commis pour la police au quartier S¹-Hilaire de la ville de Rouen, et pour faire vivre les gens de guerre logéz au dict quartier suyvant les réglementz publiéz en la dicte ville : (les S⁹⁸ de Verthamont et de Sainct-Jouyn pour le quartier de Sainct-Hilaire). Faict à Rouen, ce 6 janvier 1640. Signé Séguier; et plus bas : par monseig⁹, Céberet. » Il fut représenté que l'arrest pouvoit porter injonction aux gentz de guerre d'obéir, mesme

---

Et d'autant que S. M. est bien advertie que lesdits gens de guerre, tant de pied que de cheval, commettent plusieurs insolences par les rues et dans les maisons où ils sont logéz et à la campagne, contre son intention, elle enjoint auxdits gens de guerre, tant de pied que de cheval, de se contenir dans l'ordre et la discipline militaire, sans entreprendre de faire aucune injure aux bourgeois et habitans de ladite ville, ni d'arrester les denrées, vivres et marchandises arrivant en icelle, soubs les peines portées par les ordonnances militaires, et plus grandes, s'il y eschet.

« Ordonne S. M. à tous les chefs, officiers desdits gens de guerre, de tenir la main à ce que la présente ordonnance soit exactement observée, à peine d'en respondre en leurs propres et privés noms. Et, en cas de contravention, S. M. permet aux bourgeois d'en donner advis à son Conseil, pour y estre pourveu ainsi qu'il jugera estre à faire par raison. Faict à Saint-Germain-en-Laye, le cinquiesme jour de janvier 1640. — Louis. — Phélypeaux.

« Lu et publié, à son de trompe, dans Rouen, par deux sergents et un trompette. »

au Sr Gassion de prester main forte; mais on a pensé qu'il suffiroit d'en donner l'ordre verbal au Sr Gassion; et, si cela n'avoit effect, d'en ordonner par arrest. Mrs de Montescot, Daubray et de Hère estoient pour un aultre quartier; Mrs de la Ferté, Vignier et du Til pour un aultre; Mrs de la Berchère et Marescot pour un aultre; y ayant cinq quartiers à Rouen, desquelz celuy de Sainct-Oüen ne contient point de gentz de guerre; aveq ces ordres, estoient ceux du lieutenant général du bailliage de Rouen, des dernier décembre 1639, 1er et 3 janvier 1640, portantz que, *suivant l'ordre à luy doné par M. Gassion* (termes de peu de dignité)[1], il faisoit sçavoir à un chascun que l'on ne debvoit aux soldatz que les vivres ordinaires, ou six solz par soldat et 30 s. pour cavalier, aveq les utensiles; ung aultre pour changer l'utensile d'un soldat en 18 deniers, d'un cavallier en 4 s.; un aultre pour

---

[1] « De par le Roy. Nous, lieutenant-général au bailliage de Rouen, faisons savoir à tous bourgeois et habitans de cette ville de Rouen, *suivant les ordres qui nous ont esté donnéz par monsieur de Gassion*, mareschal de camp ès armées du roy, que sa majesté laisse aux choix desdits bourgeois et habitans de nourrir les gens de pied qui sont logéz chez eux, de leurs vivres ordinaires, ou de bailler six sols par jour, avec les ustenciles à chaque soldat à pied, et au cavalier 50 sols. Sera la présente ordonnance leue, publiée et affichée par les carfours et autres lieux publics, à ce qu'aucun n'en prétende cause d'ignorance. Faict à Rouen, le 31 décembre mil six cent-trente-neuf. Signé Godart. »

obliger un chascun des habitantz, depuis 9 jusques à 10 heures, de ne marcher qu'aveq du feu, et passé cela, de ne point sortir; et un aultre du roy, signé Phélippeaux, datté de S‍‍ᵗ-Germain-en-Laye, du 5 janvier, confirmatif de tous les dictz ordres.

Le samedy 7ᵐᵉ janvier, Mʳˢ les Mᵉˢ des requestes se sont assemblez en la maison de Mʳ de Sᵗ-Jouin, leur antien, et ont advisé de mander les enquesteurs de chascun de leurs quartiers, auxquelz a esté ordonné, de, par eux, ou chascun des 26 sergentz de leur dict quartier, faire advertir chascun des habitantz que, s'ilz ont quelques plainctes à faire, ilz se peuvent adresser à tel et tel des dictz Sʳˢ Mᵉˢ des requestes, logéz en tel et tel lieu, commissaires députéz pour chascun quartier, et ordoné aus dictz commissaires de recevoir les plaintes, et en doner compte à chascun des dictz Sʳˢ Mᵉˢ des requestes, lesquelz, à certaine heure du jour, passeroient ès dictz quartiers, pour recevoir leurs dictes plaintes, et pourveoir à celles que l'on pourroit sur le champ[1].

Samedi 7 janvier 1640. Les maitres des requêtes conviennent des mesures à prendre pour l'exécution de la mission à eux donnée, de maintenir les troupes dans le devoir et la discipline.

---

[1] Par un arrêt du conseil d'Etat, donné à Rouen le 7 janvier 1640, le roi déclara « vouloir pourveoir au repos et tranquillité de sa ville de Rouen, et y faire vivre les habitans en une bonne union et intelligence. » En conséquence, « deuement advertie que les mots de *monopolliers*, *gabelleurs* et *maltottiers*, qui se proferent par aucuns mauvais esprits et perturbateurs du repos public, excitent le peuple à sédition et émotion, sa

Rétablissement des bureaux.

Le dict jour, ayant esté ordoné, par arrest du Conseil, que les bureaux des droictz du roy, suppriméz pendant la sédition, seroient restabliz, au pied de diverses requestes pour chascune sorte de bureaux, Mr Dormesson et moy avons esté commis pour le restablissement du bureau général et aultres des Gabelles; Mrs de Moricq et Montescot pour ceux des Aydes; et ainsj des aultres [1].

Majesté fait très expresses défenses, *à peine de la vie*, à tous les habitants de la ville de Rouen, et autres, de quelque qualité et condition qu'ils soient, d'user et proférer, à l'avenir, les mots de *monopolliers*, *gabelleurs*, *maltottiers*, et autres excitant à sédition et émotion. » L'Arrêt ordonne et enjoint très expressément à tous les juges, magistrats et officiers de Rouen « d'informer exactement contre les contrevenants, et iceux faire appréhender et punir sévèrement, à peine d'en respondre en leurs propres et privés noms. »

Cet arrêt fut, le jour même, publié dans Rouen, à son de trompe.

[1] Le roi, voulant que tous les bureaux des droits de S. M., forcés et pillés lors des émotions arrivées à Rouen, et transférés, depuis, au Pont-de-l'Arche, et ailleurs, fussent rétablis, le conseil d'État, par un arrêt donné à Rouen, le 3 janvier 1640, ordonna que ces bureaux seraient rétablis en la ville de Rouen, dans les maisons, lieux et endroits où ils étaient avant les séditions; qu'à cet effet, ces maisons et lieux leur seraient rendus libres par ceux qui les occupaient à présent, lesquels seraient contraints par corps d'en déloger dans les vingt-quatre heures, et y rendre place nette ; ou, que ce délai passé, leurs meubles seraient mis sur le pavé.

Un arrêt du conseil d'État ordonna à ceux des conseillers

Mʳ Dormesson et moy somes partis de sa maison, ayant aveq nous l'huissier Tourte, portant sa chaisne

> Vertamont et d'Ormesson rétablissent le bureau des gabelles (rue de la Prison).

d'État et maîtres des requêtes étant à Rouen, à la suite du chancelier Séguier, qui seraient délégués par ce grand officier, de procéder au rétablissement des bureaux aux lieux où ils avaient été précédemment établis, d'y *remettre* les receveurs des droits, de les placer en la protection et sauve-garde des capitaines, lieutenants et enseignes et autres notables bourgeois des quartiers où seront rétablis les bureaux, de leur enjoindre d'y tenir la main et donner toute sûreté, protection et main-forte en cas de besoin; de leur déclarer qu'au cas où lesdits fermiers et receveurs seroient opprimés, inquiétés ou molestés par rébellion, émotion, ou autrement par les peuples et habitants de la ville, il seroit, contre eux, capitaines et bourgeois, procédé directement et extraordinairement, et qu'ils seroient punis selon les crimes qui auroient été commis dans les dites rébellions et émotions. »

Dans le deuxième volume du chancelier Séguier, sont, en original, dix des procès-verbaux dressés (par les conseillers d'État et maîtres des requêtes qu'avait délégués le chancelier), du rétablissement des divers bureaux de Rouen. Isaac de Juyé, sieur de Moricq; François de Montescot; Denis de Hère; Michel Marescot; Jacques Gaudart; Drouy d'Aubray; *Jean Martin de Laubardemont;* Nicolas Vignier, baron de Ricey, furent, quelquefois seuls, quelquefois deux ensemble, délégués par le chancelier pour ces opérations.

Ces commissaires du chancelier, accompagnés d'un commis greffier, de deux huissiers du Conseil, et escortés par des archers, se transportaient au lieu où allait être rétabli le bureau naguère démoli ou pillé. Là ils trouvaient réunis dix-huit ou vingt bourgeois notables qu'avait *semons* un huissier du Conseil et un archer. En présence de ces témoins, leur était présenté le receveur, qui allait exercer dans le bureau; ils le mettaient en possession de la maison où allaient être perçus les droits du roi; et, s'adressant aux habid'or, le Sr Taignier principal commis de la ferme des Gabelles, et les commis particuliers, tant du bureau général pour la recepte générale et le paiement des rentes, que pour le magazin du sel; et

---

tants notables, mandés pour être témoins de ce rétablissement, ils leur déclaraient mettre *sous leur protection et sauve-garde* le bureau et le receveur, leur enjoignant de tenir la main et donner toute sûreté, protection et main-forte au dit commis ou à ceux qui pourraient le remplacer plus tard, toutes fois et quantes qu'ils en seraient requis, à peine d'en répondre en leurs propres et privés noms; leur déclarant qu'au cas où ce receveur serait inquiété, troublé ou molesté en l'exercice de sa ferme ou recette, par rébellion, émotion ou autrement, en quelque façon que ce fût, par les peuples et habitans de la ville, ils en seraient personnellement responsables, qu'il serait procédé contre eux extraordinairement, et qu'ils répondraient entièrement de toutes les émotions et rébellions qui pourraient être faites. Ce procès-verbal était lu au prône des diverses églises paroissiales du quartier, afin que les absents eussent à obéir aux injonctions qu'il contenait.

Lors du rétablissement des bureaux du roi, dans Rouen, quoique les conseillers d'Etat et maîtres des requêtes, commis pour les rétablir, eussent fait sommer les capitaines et bourgeois de Rouen d'être présents à ce rétablissement, pour y prendre l'engagement de protéger et conserver les bureaux rétablis, « la pluspart des dits bourgeois n'avoient comparu. » Le roi, « désirant faire vivre en paix tous les capitaines et bourgeois de Rouen, et qu'ils fussent tous obligés et responsables à la protection desdits bureaux, soit qu'ils eussent signé, ou non, les procès-verbaux de rétablissement, ou qu'ils eussent été absents alors, ordonna, en son conseil d'État, tenu à Rouen le 19 janvier 1640, que les capitaines, bourgeois et habitans de la ville de

nous estantz transportez au dict bureau général, en la rue des Prisons, suyvant l'arrest du Conseil, nous y avons restablj les dictz commis; et, pour cet effect, en signe de possession, nous luy avons faict délivrer les clefz par M^r. . . . . Arondel, advocat en Parlement, propriétaire de la dicte maison, duquel ilz la tenoient cy-devant à loyer; et y logeoit le Sr de Tourneville le Tellier; ayantz veu les lieux dont il avoit esté attaqué et deffendus, mesme le puitz dans lequel ilz disent avoir jetté cent tant de mil ^{tt} en or, qui leur ont esté volez, oultre les cent soixante neuf mil ^{tt} en argent qu'ilz jettèrent dans le privé de la maison; nous avons mandé les cappitaine, lieutenant et enseigne, suivant le dict arrest; mais le cappitaine, qui est le Sr Goelle[1], M^e des comptes, s'est trouvé absent dès auparavant le temps de la sédition; et les nommez Besnier et Baillet, lieutenant et enseigne, sont ceux qui ont esté arrestez prisonniers, y a peu de jours; au défault desquelz, ont esté appelez le nommé Marchand, tenant lieu de sergent du quar-

---

Rouen, de quelque paroisse qu'ils dépendissent, « lesquels n'avoient comparu au restablissement, ny signé les procès-verbaux des commissaires, seroient tenus de garder et conserver tous les dits bureaux et deniers desdites fermes et affaires, avec les autres y dénommés, les y déclarant S. M. tenus et obligés, tout ainsi que s'ils avoient signé les dits procès-verbaux. »

[1] Lisez *De Boisle*, comme ci-dessus, à la date du 5 janvier.

tier, et chez lequel on a porté les armes que l'on a retirées du menu peuple ces derniers jours; auquel, et à quelques plus considérables habitantz de ce quartier, nous avons faict les injonctions portées par l'arrest du Conseil, de tenir main forte à la conservation du dict bureau, s'opposer aux entreprises qui y pourroient estre faictes contre eux, à peine d'en respondre en leurs noms; et mesme, nous avons mandé le S^r président De Trocy (De Torcy), président en la cour des Aydes, la maison du quel commande celle du dict bureau; mais il estoit desjà partj pour Paris; et avons résolu de luy faire signiffier, come aux dicts aultres voysins, l'arrest et nostre procèz-verbal; dont le soin est demeuré à M^r d'Ormesson, le secrétaire duquel s'est chargé de dresser le dict procèz-verbal et aultres actes.

Ils vont ensuite rétablir dans leurs fonctions les officiers du grenier à sel.

De là, aveq les dictz commis des Gabelles et huissier Tourte, nous avons esté dans le grenier à sel [1], au moins au lieu où se tenoit cete jurisdiction; et y

---

[1] Il était alors dans la rue Saint-Eloi. C'était là que les fermiers des gabelles mettaient le sel qu'ils faisaient venir des salines, à leurs frais, périls et fortunes, pour le distribuer au peuple. La juridiction du grenier à sel, composée d'un président, trois grainetiers, trois contrôleurs, un procureur du roi et un greffier, faisait le procès aux faux-sauniers, et empêchait les abus dans le mesurage du sel (a).

(a) Farin, *Histoire de Rouen*, t. I, p. 358, édit. de 1668.

avons enjoinct aux officiers de continuer l'exercice de leurs charges, et aux voysins d'y donner toute ayde et assistance, aux peines sus dictes.

En suite, nous avons traversé le pont, et veu l'un des salorges, ou déposlz de sel, y en ayant deux aultres, mais celuy-cy plus grand, capable de 2000 muidz de sel, et auquel nous en avons trouvé 1200 muidz acheptéz sur le marais, à 7 ₶ 10 s. le muid, et pour lesquelz le roy tire environ 1700 ₶ pour chasque muid. En ce lieu est le bureau des contre mesureurs du sel; y a un taluz de pierre avançant sur la rivière; et partout nous avons faict les mesmes injonctions, deffenses et déclarations que dessus; en la maison voysine sont les eschelles dont l'on se sert pour descendre le sel des navires et autres vaisseaux; et le marrain [1] duquel on compose les fustailles et bariques pour l'enfermer. Mʳ d'Ormesson et moy en avons esté doner compte à Mgʳ le chancelier, à l'issüe de son disner.

Plusieurs de Mʳˢ du Parlement et aultres compagnies interdictes sont partiz dès ce jour; et Mgʳ le chancelier les a veuz d'un bon œil, en prenant congé de luy; et néantmoins, s'est laissé entendre

<small>Les membres du Parlement de Normandie prennent congé du chancelier, et quittent Rouen.</small>

---

[1] *Marrain*, merrein, merrien, bois de charpente. *Cang. Gloss.*, vᵒ MATERIA, (et ibi MÆREMIUM); et *Carpentier Suppl.*, vᵒ MARENNUM.

qu'ilz n'auroient pas leurs audiences à Paris qu'il n'y fust arrivé [1].

Réponse sévère du chancelier au premier président, qui voulait justifier sa compagnie.

Mʳ de Faucon, premier président, s'estant excusé, et sa compagnie, come estant leur justiffication portée par leurs registres, Mgʳ le chancelier luy a dict « que, par leurs registres, il trouvoit les ordres du roy d'aultant plus justes »; et le dict Sʳ premier président ayant voulu blasmer le greffier d'y avoir obmiz plusieurs choses, et avoir mal dressé le registre, mon dict seigneur le chancelier luy a dict « avoir trouvé le registre fort bien dressé, bien que l'omission de l'escriture regardast plustost le dict Sʳ premier président qu'aucun aultre. »

Il s'est dict les commissions, pour la tenüe du Parlement, et aultres compagnies, avoir esté envoyéez en blanc à Mgʳ le cardinal, et celle pour le bureau

---

[1] Cette audience, ils ne la purent jamais avoir.
Le 27 novembre 1643, le président Bigot de Monville disait au Parlement réintégré (et momentanément déchargé de son semestre): « *Par la défense qui avoit esté faicte aux membres de ce Parlement, de nommer et autoriser des députéz, il fut facile à nos ennemis de rendre inutiles les justes plaintes qu'un chacun de nous, en particulier, pouvoit faire, veu mesme qu'il nous estoit, et a tousjours esté, depuis, très expressément interdict d'en parler à sa Majesté(a).* »

(a) Rapport fait, le 27 novembre 1643, par le président Bigot, au Parlement de Normandie (les chambres assemblées), sur la révocation du semestre. *Reg. secret* dudit jour.

des finances avoir esté remplie de Mrs Paris et Coulenges M^es des comptes de Paris [1].

---

[1] Le Parlement de Normandie ayant été interdit, le roi signa, à Saint-Germain-en-Laye, le 4 janvier 1640, des lettres-patentes, par lesquelles, « veu la nécessité de ne laisser ses subjects de Normandie dépourveus de sa justice souveraine pendant l'interdiction du Parlement de Normandie, et de commettre des personnages de qualité requise, qui la leur pussent rendre, il déléguoit, pour exercer la justice souveraine à Rouen, au lieu et place du Parlement interdit, les sieurs Séguier, président au Parlement de Paris; Crespin, Viole, Ménardeau, Feydeau, Bouchet, Paluau, Névelet, Janvier, Dufour, Biet, Regnault, Sarrau (a),

(a) *Sarrau* (Claude), religionnaire, avait été reçu, le 4 août 1627, conseiller au Parlement de Normandie. Guillaume de la Basoge, son successeur dans ce Parlement, fut reçu le 3 mars 1636 *. Sarrau était un des hommes les plus doctes de ce siècle; il était en correspondance avec les savants les plus illustres de son temps, tels que Saumaise, Bochart, Gronovius, Fabricius, etc. Dès 1627, étant conseiller au Parlement de Normandie, il recevait, à Rouen, des lettres de Grotius **.

Il en reçut encore à Rouen, en 1640, lorsqu'il y vint, avec ses nouveaux collègues de Paris, remplacer, pour un temps, ses anciens collègues interdits, dont le malheur l'affectait douloureusement; on le voit par ses lettres à Paulmier de Grentemesnil ***.

Le 5 mars 1640, Hugues Grotius lui écrivit à Rouen, lui envoyant le *premier exemplaire* de son traité : *De veritate Religionis christianæ*, et le priant de lui transmettre ses remarques, dont il promettait de faire usage dans la deuxième édition. La lettre est adressée : Claudio Sarravio, senatori Parisiensi, et ad jus dicendum in

* Archives du Parlement de Normandie.

** Hugon. Grotii, Epistol. 225, 230, etc., Claudio Sarravio, senatori Rothomagensi, ann. 1627, 1628, etc.

*** Claudii Sarravii Epistol. 18, Jacobo Palmario à Grentmesnilio, 31 janvier 1640.

Le chancelier fait exécuter, en vertu d'un simple ordre verbal, Gorin du Castel, chef des séditieux de Rouen, et quatre de ses complices.

Le dict jour, dès le matin, Mgr le chancelier a envoyé, par le prévost de l'Isle, prononcer son ordonnance verbale aux prisonniers détenuz, par l'ordre du Parlement, dans le vieux palais, de la roüe contre le nommé Gorrin[1], lequel, pendant la sedition, alloit par la ville, aveq une balle de feu ardente au bout d'un baston, marquer les maisons que l'on debvoit brusler, démolir ou piller; et de la mort, par la corde, contre. . . . . trouvez et surpris dans quelques maisons pillées, quoy que non chargéz de butin, à ce que l'on dict. Ensuite, le premier a esté mis à la question ordinaire et extraordinaire, en présence du prévost de l'Isle, et Mrs Talon et Letellier, peu esloignéz; mais il n'a rien du tout confessé de quoy l'on puisse inférer les aucteurs de la dicte sédition[2].

Tambonneau, Bourlon, Le Clerc-Courselles, conseillers au même Parlement.

[1] Noël du Castel, dit Gorin, horloger, fils d'un coutelier.

[2] « Aujourd'hui 7 de janvier (1640), on a commencé justice en ceste ville de Rouen, par l'exécution de cinq séditieux, dont l'un, nommé Gorin, a esté rompu vif, et les autres quatre pendus, après avoir eu la question ordinaire et extraordinaire, pour sçavoir les complices; *ayant esté condamnéz à ce supplice par monseigneur le chancelier seul, sans autres juges ny assesseurs, ny senatu rothomagensi, durante ejus interdicto, à rege delegato* *. Dans une lettre du 20 septembre 1640, Grotius remercie Claude Sarrau de ses remarques, et répond à ses objections.

* Hugon. Grotii Epistol. 1331.

L'après disnée, ce jugement a esté exécuté en la place accoustumée, sans aucun désordre, y *Exécution de ces cinq condamnés.*

autre formalité que celle des informations, récollements et confrontations, sans avoir veu ni ouy les condamnéz, et sans avoir donné autre arrest que verbal, le quel leur a esté aussy prononcé *de bouche*, sans aucun escript, par M. le prévost de l'Isle, ce matin; et, à l'instant, leur a faict donner la question. Le dict Gorin n'avoit encore rien confessé jusques alors; mais, enfin, il est demeuré d'accord d'avoir esté l'un des chefs de la sédition; il en a accusé quelques-uns de basse estoffe; et les autres quatre, de mesme. On n'a pas tardé de les mener au gibet, où il y avoit belle place, pour la défense qu'on avoit faicte aux bourgeois, désarmés depuis deux jours, de sortir de leurs maisons, à peine de la vie. Il y avoit 400 soldats aux advenues de la place du Vieux-Marché, où s'est faicte l'exécution, si paisiblement, qu'il n'y avoit aucun trouble, et qu'il ne s'est entendu aucune voix après qu'on leur a chanté un *Salve* seul pour eux cinq. MM. les conseillers d'Etat et maîtres des requêtes vont tenir le Parlement au palais, où M. d'Ormesson présidera. Ils jugeront tout ce qui se présentera; car, on a faict rendre tous les procès aux conseillers, avant leur départ, qui est demain (*a*). »

Suivent d'autres particularités du même fait : « Hier matin, le prévôt de l'Isle transféra le nommé Gorin, chef de la sédition, et quatre de ses compagnons, du Vieux-Palais dans la conciergerie. MM. Tallon et Le Tellier les reçeurent et les firent appliquer à la question ordinaire et extraordinaire; mais, ne pouvant souffrir ny supporter, par grande humanité, les tourments de ces pauvres misérables, le prévôt de l'Isle suppléa à leur deffaut, et reçeut le reste de leur confession; puis, estant tiréz du tourment et couchéz tous cinq sur la paillasse, le mesme prévost leur dit : « *Monseigneur le chancelier, suivant l'ordre et commandement qu'il*

(*a*) Collection de Dupuy, au Cabinet des Mss. de la Bibliothèque royale, vol. 548, 549, 550.

ayant une ou deux compagnies de gentz de guerre; celuy qui estoit sur la roüe a esté estranglé pendant

---

en a receu du roy, condamne, vous Gorin à estre rompu tout vif, et vous autres quatre à estre pendus. » Cela a esté exécuté dans la place ordinaire, dont toutes les advenues estoient garnies et fortiffiées de corps de garde. Monseigneur le chancelier me fist l'honneur de m'en dire luy-mesme la nouvelle, qu'il n'en avoit rien donné par escript audict prévost; mais que *verballement* et *militairement* il les avoit condamnez; qu'il suffisoit que le procès avoit esté instruit par récollement et confrontation; que, le fait estant constant, la peine l'estoit, et qu'il considéroit la chose comme si elle venoit d'arriver, et que ces malheureux eussent encore les armes à la main; auquel cas il estoit du service du roy, de son authorité et du bien public, de faire des exemples, et passer par-dessus les formes ordinaires, avec la mesme facilité que l'on les doibt estroictement et religieusement garder aux autres rencontres et matières (*a*). »

Des procédures si insolites ne manquèrent pas d'être imputées à crime au chancelier, dénaturées qu'elles furent encore par la calomnie. A douze ans de là, au fort des troubles de la Fronde, l'auteur d'un violent libelle imprimé contre Séguier, dit, à propos de ces exécutions par ordre verbal :

« Je ne puis passer sous silence l'inouye et plus que barbare exécution qu'il (le chancelier Séguier) fit faire, au commencement de l'année 1640, dans la ville de Rouen, où il avoit esté envoyé pour restablir, *par la justice*, l'authorité du roy dans la province de Normandie, que le feu mareschal de Gassion avoit nouvellement *subjuguée* par les armes. Il y avoit quelque nombre de misérables personnes dans la conciergerie du palais, qui avoient esté pris, de l'authorité du Parlement, comme estans participans de la sédition esmeuë en ceste ville-là. Cet illustre

(*a*) Collection Dupuy, vol. 548, 549, 550. Mss. de la Biblioth. royale.

son supplice; et les PP. Minimes ont assisté les patientz. Cet ordre de guerre a esté estimé relever davantage l'auctorité du roy; et, d'ailleurs, les condamnéz ayantz esté surpris *in flagrantj*, dans une sédition, on a creu qu'en telles affaires il fault faire le procèz après la mort; cela condamne aussi da-

---

chef de la justice les envoya, un jour, visiter par deux commissaires, sur le rapport desquels, après s'estre remply de bonne chaire, et de l'harmonie de toutes les bandes de violons qui sont en grand nombre dans Rouen, sortant de la salle, qui sembloit une salle à faire nopces, il passa dans son cabinet, suivy de feu Picot, lieutenant des gardes de la prévosté de l'hostel, estant ordinairement à sa suite, auquel il bailla une liste de *huit ou dix* de ces prisonniers, avec commandement verbal d'en aller, ce mesme jour, faire rouër les uns, et pendre les autres, ce qui fut exécuté, sans autre forme ny ordre de justice. Le lendemain, il fit encore faire pareille exécution *d'un autre semblable ou plus grand nombre* de ces misérables, qui n'avoient esté, non plus que les premiers, par luy veus ny oüis (*a*). »

Le pamphlétaire, qui (on le voit par le *Diaire*) exagère le nombre des prisonniers exécutés en vertu de *l'ordre verbal* du chancelier, ne se sera pas fait plus de scrupule d'imaginer, dans son mauvais vouloir, cette circonstance de la *bonne chair* et des *bandes de violons*, comme fort propres à ajouter encore à l'odieux d'exécutions arbitraires qui ne furent pas aussi sanglantes qu'il lui platt de le dire, puisqu'au lieu de dix-huit ou vingt individus exécutés à Rouen, en cette forme, à l'en croire, il n'y en eut que *six* seulement, comme le montre le *Diaire*.

(*a*) *L'Interpretté du caractère du royaliste,* monstrant à Agathon quelle a esté la conduitte de monseigneur Séguier, chancelier de France, dans tous ses emplois. A Paris, 1652, in-4° de 15 pages.

vantage la cunctation[1] du Parlement à faire chastiment de ces gens là, qui ont servj d'exemple[2] ;

Pendant le temps de cète exécution, Mg^r le

---

[1] Cunctation (lenteur.)

[2] Le criminaliste Jousse, après avoir posé en principe, et comme une maxime constante, « que l'accusé ne peut être puni sans avoir été entendu », cite le criminaliste Ayrault, qui a dit qu'en user autrement, « ce seroit violer l'univers, et renverser ciel et terre (*a*). » Jousse conclut que, sans cela, la procédure, l'instruction et la sentence sont nulles de droit. « Cela a lieu (dit-il), non seulement à l'égard des juges ordinaires, mais même à l'égard de ceux qui sont commis par le prince. » — Mais, après cela, il reconnaît qu'il a trouvé, dans *l'Histoire de France*, « quelques exemples d'accusés qui ont été punis sans aucune forme de procès. » — Après d'illustres exemples, que nous tairons ici, il cite celui du nommé Gorré (c'est Gorrin qu'il a voulu dire) « roué vif en la ville de Rouen, dans la place du grand marché, le 7 janvier 1640, et de quatre autres, qui furent pendus, (accusés de sédition), et eurent la question ordinaire et extraordinaire. » — « Il y eut (dit-il) dans la condamnation et exécution, trois choses extraordinaires. La première, c'est que M. le chancelier les condamna tous cinq à la mort, *lui seul, et sans être assisté de maîtres des requêtes, ni autres ;* la seconde est qu'il les condamna *sans les voir :* la troisième est qu'il rendit l'arrêt, sans le faire prononcer par écrit. Le prévôt de l'Isle le leur prononça verbalement. (Extrait d'un manuscrit du temps.) » — *Cet usage*, remarque Jousse, de comdamner les accusés sans les entendre, *n'a plus lieu aujourdhui* (1771); et ce changement est fondé sur les raisons les plus solides (*b*). »

(*a*) Ayrault, *Instruction judiciaire*, liv. I, part. 1, n° 11.

(*b*) *Traité de la justice criminelle en France*, par M. Jousse, conseiller au présidial d'Orléans. Paris, 1771, 4 vol. in-4°, tom. 1er, préface, page 24.

chancelier estoit dans la maison des Jésuites, où il est allé à pied, par les jardins de St-Oüen ; et s'y est arresté deux fois dans l'églize ; qui est la première sortie qu'il aye faicte depuis son arrivée à Roüen.

Il s'est dict que les contumaces contre quelques défaillantz seront instruictes par trois proclamations, sans y observer aucuns délaiz, et que ceux qui se trouvent s'estre absentéz de la ville, sur lesquelz peut tumber le soubçon, seront bannis d'icelle à perpétuité.

Dès le matin, les curéz de St-Vivien et St-Nicaize ont présenté à Monseig^r le chancelier nombre de pauvres gens de labeur, *purains*¹ et

Nombre de pauvres artisans et hommes du peuple, conduits par leurs curés, viennent trouver le chancelier, demandant pardon au roi.

---

¹ A Rouen, on appelait *purins* les habitants pauvres des quartiers populeux de cette ville, des paroisses de Saint-Maclou, de Saint-Vivien, de Saint-Nicaise, tous ouvriers employés dans les fabriques de draps et de toiles ; on disait surtout *purins de Saint-Nicaise*. Sous le règne si fiscal de Louis XIII, ils se signalèrent dans vingt émeutes ; et il ne faut pas demander s'ils s'étaient oubliés aux journées des 21, 22 et 23 août 1639. Dans la *Muse normande*, de David Ferrand, dont les *chants royaux* ont été écrits sous Louis XIII et pendant les quinze ou vingt premières années du règne de Louis XIV, sont racontées les prouesses des *Purins*, les *descentes des Reîtres*, comme les appelle le poète, parce que les *purins* de Saint-Nicaise étant, comme les reîtres en Allemagne, logés sur les hauteurs, venaient, de temps en temps, en troupe et en forces, visiter la ville, la faire retentir de leurs plaintes, de leurs cris, demander aide au Parlement contre les *monopoliers*. Le langage de ces pauvres gens n'était pas, on le

aultres. Ilz ont demandé pardon, à genoux, au roy ; et mon dict seig^r le chancelier leur a dict que

---

conçoit, conforme, de tous points, à celui de Corneille et de Malherbe ; ils s'étaient fait, à la longue, une sorte de patois, qu'on appelait *l'argot purin*, la *langue purinique*, dans lequel des poètes du pays composèrent des pièces, dont quelques-unes allèrent jusqu'aux *Palinods*. En parlant d'un poète nommé Mouton, Sarasin dit qu'ils

« L'ont couronné, pour avoir fait merveille
« De bien chanter *en langage purin (a)*. »

David Ferrand, poète normand, qui florissait à Rouen sous Louis XIII et dans les quinze premières années du règne de Louis XIV, et qui nous a laissé un recueil intitulé : *La Muse normande*, prenait peine à écrire en cette langue qu'il avait long-temps étudiée dans le pays, c'est à dire dans les rues et carrefours qu'habitaient, que fréquentaient les *purins*. La *Muse normande* est remplie de *cants ryaulx* (chants royaux) où il s'efforce de parler le langage purin, et s'y étudie trop pour ne pas s'écarter fréquemment du naturel, du bon goût et de la décence ; parmi les purins, il a pris, avec leur argot, leur grossièreté cynique et ordurière ; et plusieurs de ces pièces font naître le dégoût. Ce recueil est inestimable, toutefois, pour qui voudra bien connaître les mœurs et l'esprit du peuple de Rouen pendant la première moitié du 17e siècle.

Dans les dernières années du règne de Louis XV, lors de l'interdiction des Parlements, époque si fertile partout en pamphlets et en satires, un habitant de Rouen écrivit le *Coup-d'œil purin*, dialogue en vers entre deux ou trois artisans de Rouen, qui apprécient à leur manière et en langage purin, le coup d'état du chancelier Maupeou, le Parlement supprimé, et le *Conseil supérieur*, qu'ils accablent d'invectives grossières et de plaisan-

(a) *OEuvres de M. Sarasin*, t. II, page 225, édit. de 1685.

les coulpables seroient puniz, que les innocentz n'avoient rien à craindre; puis, avec un peu plus de douceur, leur a faict veoir que les menaces de brusler la ville les debvroient plus estonner que personne; que, si la ville estoit bruslée, leur vie seroit perdue, ne la pouvantz gaigner qu'avec les riches de la dicte ville.

---

teries où il y a fort peu de sel (*a*). Le livret n'en fit pas moins fortune, alors, dans une ville dont tous les habitants presque regrettaient le Parlement, et méprisaient les *intrus* qu'on lui avait substitués; l'esprit de parti, parvenu au plus haut dégré d'effervescence, prêtait à ces vers un mérite qu'ils n'avaient pas. On s'arrachait le livre; on le lisait, on le commentait, on se récriait; beaucoup l'apprenaient par cœur, même des demoiselles; et encore aujourd'hui (soixante-sept ans après la suppression du Conseil supérieur) quelques dames (en bien petit nombre il est vrai) récitent, avec un aplomb imperturbable, de longues tirades de ce poème que, jeunes, elles admirèrent et savaient par cœur. A Paris, Bachaumont, plus désintéressé, parut frappé de la parfaite insignifiance d'une œuvre tant prônée, et ne s'en tut pas dans ses piquants *Mémoires*. (*b*) Mais à Rouen c'était la fureur; et, à la rentrée du Parlement en 1774, on devait voir des poissardes, endimanchées, entrant résolument dans la grand'chambre dorée, offrir d'énormes bouquets aux présidents, leur réciter des compliments *en langage purinique*, *embrasser* le premier président, puis se rendre à l'hôtel de ce magistrat (rue Saint-Lô), pour en dire et faire autant à madame la première présidente.

(*a*) *Le Coup-d'OEil purin*, in-8°, 1773, 84 pages.

(*b*) *Mémoires secrets de Bachaumont*, édition de 1780, tome VIII, page 13.

Le chancelier règle les séances entre les conseillers d'État et les maîtres des requêtes.

Monseig^r le chancelier a donné les ordres à M^{rs} les conseillers d'Estat et M^{es} des requestes[1],

[1] Dans une note précédente, nous avons dit que, par un arrêt du 4 janvier 1640, le Conseil avait évoqué à lui tous les procès pendants naguère devant le Parlement interdit. Deux jours après, (le 7 janvier), « le Conseil de S. M. estant occupé en des affaires très importantes à son service, et ne pouvant, à cause de cela, présentement vaquer à rendre et distribuer la justice à ses sujets de la province de Normandie, et juger les procès y pendants, le roi, voulant pourvoir, pour le soulagement de ses subjets, à leur faire rendre la justice au dit Parlement, » ordonna, par un arrêt donné au Conseil le 7 janvier, que, par les conseillers au conseil d'État et maîtres des requêtes étant à Rouen près du chancelier Séguier, (lesquels le monarque déclarait *commettre à cet effet*) la justice seroit rendue et distribuée aux justiciables du Parlement de Rouen, et seroient jugés les procès évoqués au Conseil, par l'arrêt du même mois; par cet arrêt, donc, et par des lettres-patentes à la même date, y annexées, le monarque enjoignait à ces conseillers au Conseil d'État, à ces maîtres des requêtes venus à Rouen avec le chancelier Séguier, de « s'assembler au palais du Parlement interdit, d'y tenir les audiences, de juger et décider les procès ès chambres et lieux accoustumés, selon les formes et coustumes observées en la province de Normandie, tout ainsi, et à la mesme forme que faisoient les officiers du Parlement de Normandie auparavant leur interdiction; et cela (dit le monarque) jusques à ce qu'il ait esté par nous pourveu à l'establissement d'une compagnie pour tenir ledit Parlement. »

Le 10 janvier 1640, sont rendus un arrêt du Conseil d'État, et des lettres-patentes, qui ordonnent que les conseillers d'État et maîtres des requêtes commis pour rendre la justice à la place du Parlement interdit, connaîtront des procès pendants à ce Parlement, et dont l'évocation était poursuivie au Conseil, à raison de parenté et alliances.

pour tenir le Parlement le lundy ensuyvant, à 8 heures du matin, en robes du palais, sans aucune cérémonie de l'ouverture; à laquelle le bailly de Cauchois (de Caux), et aultres qui ont accoustumé de se trouver aux audiences prochaines après les royz, comparoistront en la manière accoustumée. Mon dict seig^r le chancelier avoit disposé les séanses de M^{rs} d'Ormesson, Moric et Talon, d'un costé; messieurs Gaudart, la Thuillerie et Laubardemont, de l'aultre. Ensuite des premiers, M^{rs} les antiens M^{es} des requestes. Ensuite des aultres, les derniers desdictz S^{rs} M^{es} des requestes; Mrs de Montescot, Vignier, de Hère *et moy* ayantz veu, sur ce subject, mon dict seigneur le chancelier, il a trouvé bon que tous les dicts S^{rs} conseillers d'Estat feussent d'un costé, et les plus jeunes M^{es} des requestes au dessoubz, pour faire nombre esgal à l'aultre costé, lequel seroit remplj de M^{rs} les M^{es} des requestes, selon leur rang; demeurant d'accord que M^{rs} les maistres des requestes garderoient leur rang et ordre de réception en leurs charges, et au Conseil aveq les dictz S^{rs} conseillers d'Estat, en sorte que Mr de Montescot précedde le dict Sr de la Thuillerie; et moy, aveq Mrs Daubray et la Ferté, précedderons Mr de Laubardemont. Il s'estoit proposé, entre les dictz S^{rs} M^{es} des requestes, au cas que les dictz S^{rs} conseillers d'Estat feissent difficulté d'acquiescer à cet ordre, et leur conserver leurs rengz, de supplier très humblement mon dict seigneur le chancelier de les dispenser d'y assister, ou en exclure les dictz S^{rs} conseillers d'Estat, puisque, seulz, ilz ne pouvoient pas faire nombre suffisant, bien les dictz S^{rs} M^{es} des requestes; et, néantmoins, ne se pas porter à ce conseil, si mon dict seigneur ne l'avoit agréable, pour n'estre pas contraires à ce qui regarde, en cela, le service de sa Majesté.

<small>Dimanche 8 janvier 1640. Le chancelier assiste, en cérémonie, à la grand'messe de l'église Cathédrale de Rouen.</small>

Le dimanche 8me, mon dict seigneur le chancelier, sur les 10 heures du matin, est allé en l'église Cathédrale[1], accompagné de M^r le prince d'Henrichemont, plusieurs de Mrs du Conseil, M^{es} des requestes, et aultres; et a pris place la plus proche de la chaire archiépiscopale, et ensuite de luy le dict S^r d'Henrichemont et plusieurs des dicts S^{rs} M^{es} des requestes; les doyen et chanoines, qui ont accoustumé prendre les dictes places, s'estantz retiréz en celles les plus proches de la nef; et, à l'opposite de mon dict seigneur le chancelier et aultres de sa compagnie, estoient les dignitéz et chanoines de la dicte églize, qui ont accoustumé

---

[1] Quatre chanoines, députés par le chapitre, allèrent recevoir le chancelier à la grande porte, et le conduisirent à la stalle qu'occupait ordinairement l'archevêque, *aux jours qui ne sont point triples*. On y avait placé pour lui, à l'avance, deux carreaux et un drap de pied (*a*).

(*a*) *Reg. capit. Eccles. rothom.*, 4 et 8 janvier 1640.

de tenir les places du dict costé ; et, tirant vers la nef, aucuns des dictz sieurs M^{es} des requestes avoient aussi pris leurs places. Mon dict seigneur le chancelier a assisté à tout l'office pendant la bénédiction de l'eaüe, la procession, sans la suyvre, et la grande messe célébrée par Mr Godart, trésorier de la dicte églize, conseiller clerc du Parlement en la dicte ville, le quel mon dict seigneur le chancelier a souffert demeurer seul du Parlement en la dicte ville ; M^r l'archevesque de Roüen tenant sa chaire archiépiscopale, avec la chappe violette ; tout l'office y a esté célébré aveq grande solennité et les plus beaux et riches ornementz, tous les officiantz ayantz rendu les inclinations, encensementz, et aultres honeurs à mon dict seig^r le chancelier, presque esgaux à ceux que l'on rend au dict S^r archevesque, le tout aveq un grand et extraordinaire concours du peuple de la dicte ville. Après l'office célébré, mon dict seigneur le chancelier a passé dans l'archevesché, aveq tous mes dictz Srs du Conseil ; et monsieur l'archevesque, parmy la foulle, devançant sa croix, l'a esté joindre à l'entrée de la salle ou chappelle de l'officialité ; puis ilz ont traversé tous les appartementz de la maison, tant de la première que seconde court, et les galleries, et se sont arrestéz dans le gros pavillon de l'extrémité de la dernière court, où a esté servy le disner, aveq beaucoup de magniffcence et appareil,

Le conseiller clerc Godart de Bracquetuit, trésorier du chapitre, fut, seul, dispensé, par le chancelier, de sortir de Rouen.

Le chancelier dine à l'archevêché, avec Gassion, que l'archevêque François de Harlay, tente, en vain, de convertir.

mon dict seigneur le chancelier tenant la première place, et ayant voulu que le dict S^r archevesque prît une chaire de velours cramoisj passementé d'or, au bout de la table, semblable à la sienne. Au dessoubz de mon dict seig^r le chancelier, estoient le colonel Gassion, M^r le prince d'Henrichemont, Mrs Talon, Montescot, Daubray, Vignier, de Hère, et aultres; vis-à-vis de monseigneur le chancelier estoient Mr de la Vrillière, et ensuite Mrs Gaudart, La Thuillerie, *moy,* Mrs du Til et aultres. Tout l'entretien du disner a presque esté, par M^r l'archevesque, sur remarques de l'escriture saincte, théologie, antiquitéz, *et souvent pour la conversion du dict Sr Gassion, sans beaucoup de fruict*[1]; et après le cinquième service, et les mains lavées, et l'action des grâces faicte par le dict Sr Godart, chanoine, qui estoit au bas bout, chascun s'est levé, les santéz du roy et de Mg^r le cardinal, aveq les mesmes respectz qu'au Pont-de-l'Arche, celle de Mg^r le chancelier, avec la mesme modestie de sa part. Auparavant et après le disner, Mg^r le chancelier a en-

---

[1] « M. de Noyers dit à Gassion que, sans la religion, on pourroit faire quelque chose pour lui. Mais il était ferme ; et on a trouvé, après sa mort, qu'il avoit fait beaucoup de notes sur la Bible (*a*).... »

(*a*) *Mémoires de Tallemant.* Le maréchal de Gassion, t. V, p. 174. (Édition de 1840.)

tretenu le dict Sr Gassion de plusieurs plaintes contre les gentz de guerre, sur lesquelles, mesmes, il a esté pourveu sur le champ.

Peu après, mon dict seig^r le chancelier est descendu en l'églize, et a veu les sépultures des cardinaux d'Amboise et d'Estouteville, et des seig^rs de Brézé. En la sacristie, on luy a faict veoir les principaux reliquaires, la châsse de Sainct-Romain ou ce qui reste d'icelle [1], couverte de velours et de drap d'or, au lieu qu'auparavant c'estoit d'argent doré; celle de St Sever, évesque d'Avranches, partie des ossementz duquel, dans une châsse de bois, dont le verre a esté ouvert, ont esté vénérez par mon dict seig^r le chancelier.

Le chancelier visite les sépultures, le trésor de la cathédrale, et la bibliothèque du chapitre.

---

[1] Le 8 juillet 1562, les chefs des religionnaires de Rouen, révoltés, « ... descouvrirent la châsse ou capse de Sainct-Romain, couverte de lames d'or et pierres précieuses et enrichie de plusieurs agneaulx (anneaux) d'or .. qu'ilz mirent en pièces... ainsy que la châsse de Saincte-Anne... Ils en emplirent trois grands penniers, que l'on porta à la monnoie (*a*)... Avec les fragments qu'on en put retrouver, après le sac de Rouen (en octobre 1562), le chapitre fit refaire la châsse, telle qu'on la voit décrite dans le *Diaire*. C'était cette châsse, ou *fierte*, que le prisonnier délivré le jour de l'Ascension, par le chapitre de Rouen, devait porter sur ses épaules, depuis la place de la Haute-Vieille-Tour jusqu'au maître autel de l'église Cathédrale (*b*).

(*a*) Chronique ms. du 16e siècle, Bibliothèque royale.

(*b*) Voir notre *Histoire du privilége de Saint-Romain*, 2 volumes in-8°, Rouen, E. Le Grand, 1833.

Ensuite la mythe (mître) prétieuse du card^{al} d'Estouteville, par luy envoyée de Rome pour l'usage des archevesques de Roüen, come en effect l'on s'en sert dans les grandes solennitéz, et par après tous les ornementz [1], chasubles, et aultres habillementz très prétieux de la dicte églize, dont les plus considérables ont esté donnéz par M^r le card^{al} d'Amboise; et, de là, il a traversé l'églize, en laquelle on célébroit les vespres, y ayant très grand concours de peuple pour veoir mon dict seigneur le chancelier; et est monté en la bibliotèque [2] au-dessus de la grande porte de la croix de

Bibliothèque du chapitre de Rouen.

---

[1] Le voyageur Abraham Golnitz vit, alors, dans le trésor de l'église cathédrale de Rouen, un ornement d'un travail exquis où, entre autres faits de la vie de J.-C. représentés en broderie, était peinte la tentation du fils de Dieu, au désert, par le démon; le diable figurait dans cette scène, revêtu du costume des Capucins. Le prêtre-sacristain de la métropole expliqua à Golnitz cette singularité, qui est pour nous un mystère (a).

[2] M. de Harlay, voulant donner au clergé de la Cathédrale, et aux autres ecclésiastiques de la ville, les moyens de se livrer à l'étude, et la possibilité d'utiliser leurs heures de loisir, fit transporter, de Gaillon à Rouen, la riche collection de livres que possédait cette résidence des archevêques de Rouen; elle fut établie dans de grandes galeries et salles, près du portail des libraires. MM. Acarie, official, et Halley, promoteur général, qui possédaient beaucoup de livres rares, en enrichirent cette Bibliothèque, qui devint d'un

(a) Abraham. Golnitzi, Dantisc. *Ulysses, Belgico-Gallicus*, Lugduni Batavorum, ex officinâ Elzevirianâ, 1631, p. 209.

la nef, du costé de l'évangile, sur la porte de laquelle le dict S^r archevesque a faict inscrire les vers de sainct Paulin :

> Si quem sancta tenet meditandi in lege voluntas,
> Hic poterit residens sacris intendere libris.

En la dictebibliotèque, on s'est assez longuement arresté, sans, néantmoins, en veoir les particularitéz; elle a esté donée par le dict S^r archevesque au chapitre de son églize Cathédrale, pour les inciter à l'estude, se lier d'aultant plus aveq eux, et s'obliger, et ses successeurs, à la résidence : il y a assez

---

secours inappréciable, non seulement pour les ecclésiastiques, mais pour toutes les personnes studieuses, pour les avocats, entre autres, qui, à cette époque, n'avaient point encore fondé et établi au palais la riche Bibliothèque que l'on y vit plus tard. M. de Harlay, par l'acte de cette fondation, assura au nouvel établissement une rente de 300 liv. pour le traitement du bibliothécaire, et une autre rente de 300 liv. aussi, à employer, chaque année, en achat de livres (a). Pommeraye, dans son histoire de l'église cathédrale de Rouen, et dans celle des archevêques de cette métropole, ne parle point du don fait par M. de Harlay, au chapitre de Rouen, des livres de la Bibliothèque du château de Gaillon.

Le chancelier, amateur éclairé de bons et rares livres, ayant remarqué dans la Bibliothèque du chapitre, deux exemplaires des *Conciles d'Espagne*, désira en avoir un ; on les lui présenta tous les deux, et il en choisit un, qui lui fut donné par le chapitre (b).

(a) *Histoire des Archevesques de Rouen*, par un religieux bénédictin, in-fol. 1667, p. 655. — *Histoire de l'église cathédrale de Rouen*, Rouen, 1686, in-4°, part. 1, chap. 22, p. 163.

(b) *Reg. capit. Eccles. rothom.*, 12 janvier 1640.

grand nombre de volumes, que le dict sieur archevesque estime 40 ou 50 mil *#*, mal couvertz. Il en regrettoit un, qui estoit la response du patriarche de Constantinople sur la consultation que luy avoient faicte les hérétiques de la Confession d'Ausbourg, pour joindre l'églize grecque avec eux; et le dict patriarche avoit condamné la dicte Confession d'Ausbourg, en toutes choses, et les avoit renvoyéz au patriarche d'Occident.

Incarcération de trois soldats qui avaient maltraité leurs hôtes.

Le reste de l'après disnée fut employé par M.r *de Saint-Jouyn et moy* [1], en la visite du quartier de S.t-Hilaire, l'un de ceux de la ville à nous assigné, dans lequel, ez départementz des régimentz de Champagne et la Meilleraye, nous trouvasmes tous les habitantz contentz de leurs soldatz, à la réserve de trois, qui avoient menacé et battu ou exigé, lesquelz nous fismes mettre en prison par leurs capp.nes pour les chastier.

Lundi 9 janvier 1640. Débats entre les maîtres de requêtes et les conseillers d'État, sur l'ordre des séances.

Le lundy IX.me, sur les 8 heures du matin, M.rs les conseillers d'Estat et M.es des requestes se sont as-

---

[1] L'acte de répartition des maîtres des requêtes dans les divers quartiers de Rouen, (dressé par le chancelier Séguier, le 5 janvier 1640, et annexé à un arrêt du Conseil d'état, dudit jour) attribue à MM. *de Vertamont* et *de Saint-Jouin* la surveillance du quartier de Saint-Hilaire. — Voyez cet acte, dans notre note sur le *Diaire*, à la date du 6 janvier. Ainsi, c'est bien M. de Vertamont qui parle ici, et qui parle de lui-même; et on voit bien que ce *Diaire* est son ouvrage.

semblez chez M^r d'Ormesson, à la réserve de Mrs Talon et Letellier, employéz à l'instruction des procez criminelz ; et a esté résolu, contre l'advis et prétention de Mr de Laubardemont seulement, et, en quelque façon, de Mr de la Thuillerie, que l'on suyvroit, pour les séances, et en marchant, l'ordre de réception entre M^rs les M^es des requestes et conseillers d'Estat ; le dict Sr de la Thuillerie ayant remarqué que Mr de Montescot parloit peu affirmativement de son brevet et serment de 1623 ; et moy, tant à son esgard que de celuy de Mr de la Thuillerie, qu'il prétend de 1625, ayant dict qu'estant encor M^e des requestes, je me contentois du rang de ma réception en la dicte charge, ne prétendant pas, néantmoins, s'il arrive que je vienne à la quitter, de cedder le rang à ceux receuz avant moy en la dicte charge, qui auront brevet et serment véritable depuis moy ; de quoy je me remettray, lors, à leur parolle et serment, come gentz d'honeur. Tous sont allez vers mon seigneur le chancelier, pour recevoir ses commandementz ; en quoy M^r d'Ormesson luy a proposé la résolution prise, mais come aveq quelque reste de doubte ; de sorte que Mg^r le chancelier, en estant demeuré d'accord, a dict, néantmoins, que l'on se debvoit accommoder, aultrement que l'on ne pourroit, à l'advenir, doner employ les uns aveq les aultres ; de sorte qu'il tesmoigna approuver que Mrs du Conseil prendroient un costé, M`rs` les M`es` des requestes un aultre, et que l'on défileroit par rang de réception. Il luy a esté expliqué que, de la mesme sorte, en la chambre du conseil, M`r` d'Ormesson prendroit la place au milieu du banc des présidentz, come au grand Conseil, et M`rs` les M`es` des requestes et conseillers d'Estat, les uns à droict, les aultres à gaulche; ce qu'il a approuvé, ayant néantmoins dict, en se séparant, que le lieu ne se trouveroit, possible, pas bien disposé pour cela; et, au surplus, on s'est séparé, aveq très grande civilité de sa part, et tesmoignage d'estime pour toute la compagnie.

Les conseillers d'État et maîtres des requêtes vont au palais, tenir leur audience.

On est donc partj tous ensemble en mesme temps, la pluspart en divers carosses; et, arrivant au palais, on est entré dans la chappelle, qui est au bout de la grande salle, en laquelle M`rs` d'Ormesson et de Moricq se sont mis à genoux èz deux premières places, et les aultres ensuite, à la réserve de M`r` de Montescot, lequel, arrivant plus tard, s'est mis entre M`rs` d'Ormesson et de Moricq, le dernier desquelz y a trouvé quelque chose à dire; on a entendu la messe basse du S`t`-Esprit, dicte par un religieux Carme; laquelle finie, on est sortj deux à deux, et on a passé, par la chambre de l'audience, en celle du conseil, en laquelle M`rs` d'Ormesson, Moriq et Gaudart ayantz pris place au banc des présidentz, à commencer du coing, M`rs` de Montescot et moy, aveq M`rs` les aultres M`es` des

Débats sur l'ordre des séances.

requestes, sommes demeurez debout, come cela estant contre ce qui avoit esté convenu; et parce qu'il y avoit grand nombre d'huissiers et aultres assistantz, les dictz S^rs conseillers d'Estat se sont levéz, et on a esté prendre les places de l'audience; et en y allant, soubz le porche de la dicte chambre du conseil, traversant le lieu qui la sépare de la chambre de l'audience, il y a eu contention entre Mrs de Montescot et la Thuillerie; mais le premier a prévalu, come moy et Mr Daubray, sur Mr de Laubardemont, lequel, après l'ordre doné par Mg^r le chancelier, a quitté le long manteau et pris la robbe.

M^rs d'Ormesson, Moriq, Godard (Gaudart), la Thuillerie, Laubardemont, conseillers d'Estat, et Mrs du Thil et Marescot, derniers M^es des requestes, entréz dans le Conseil long-temps depuis le dict Sr de Laubardemont, sont entréz, et ont pris leurs places du costé des conseillers clercs, sans aucune élévation, au lieu où sont les présidentz, Mrs de Montescot, Verthamon, Daubray, Vignier, de Hère et la Berchère, ont pris les places des conseillers laïques; le greffier et le Sr Bousquet (Bosquet), commis à la charge du parquet, aux bas siéges, soubz les conseillers clercz; quatre commis au greffe de la grande chambre, tournelle et de l'édict, au bas des conseillers laïques; et ensuite les officiers de l'amirauté, bailliage de Caux, et tous les vicomtes dudict bailliage; mesmes, à l'oppositte, au dessoubz des barreaux, dans le parquet.

M^r d'Ormesson ayant commandé d'ouvrir, et l'audience ayant esté appellée à la barre, sont entréz les advocatz et procureurs, en assez bon nombre, et peu d'autres gentz.

Ensuite, par ordre du dict S^r d'Ormesson, ont esté leuz l'arrest du Conseil d'estat, du 4me de ce mois, datté de St-Germain, le roy estant en son Conseil, par lequel sa Majesté a évocqué à soy et à son Conseil les procèz civilz et criminelz pendantz en son Parlement de Normandie, pour y estre jugéz, luy en attribuant, pour cet effect, toute cognoissance, et des appellations des juges du ressort, aveq injonctions aux greffiers, huissiers, advocatz et procureurs d'y continuer l'exercice de leurs charges, à peine d'interdiction; le tout jusques à ce que sa Majesté aye ordoné une compagnie pour tenir lieu du dict Parlement; la commission, sur le dict arrest, adressant aux conseillers d'Estat de sa Majesté; un autre arrest du 7me du dict mois, aussj datté de St-Germain, par lequel sa Majesté, estant en son dict Conseil, attendu qu'iceluy, empesché à aultres grandes affaires, ne peult vacquer au jugement des dictz procèz, a iceux renvoyéz par devant les S^rs conseillers d'Estat et M^es des requestes ordinaires de son hostel, estantz prèz la personne de mon dict seigneur le chancelier en la dicte ville de Rouen, *jusques à ce que sa dicte Majesté aye establj une aultre compagnie* (ainsj sont les termes), *au lieu du dict Parlement;* et la commission, sur le dict arrest, aux dictz conseillers d'Estat et M^es des requestes estantz prèz le dict seig^r chancelier ; le tout signé Phélippeaux. Après la lecture, le Sr Bousquet (Bosquet) a requis qu'il fust mis sur les lettres, qu'elles ont esté leues, publiées et registrées, coppies envoyées aux bailliages et sénéchaussées du ressort, pour y estre semblablement leues publiées et registrées, enjoint aux substitutz d'y tenir la main et d'en certiffier au mois ; ce qui a aussj esté ordonné et prononcé par M^r d'Ormesson, après avoir pris premièrement les voix du costé des conseillers clercz en un seul conseil, lesquelz adjoustoient : *à peine de suspension des charges des dictz substitutz;* puis, du costé des laïques, où M^rs les M^es des requestes ont faict retrancher cete commination, come insolite et non accoustumée.

Ce faict, le premier huissier de la court, le bonet fourré en teste, estant au coing du bureau, à l'endroict où l'huissier de service appelle les causes au Parlement de Paris, a appellé, l'un après l'autre, le juge de l'amirauté, le baillj de Caux, les vicomtes de Dieppe et tous les autres (entre lesquelz celuy d'Yvetot), chascun selon leur rang; mesme les gens du roy, officiers des eaües et forestz, et autres

Les appeaux.

accoustuméz èz assises après les royz, au Parlement de Roüen; la pluspart estoient présentz et se sont levez et descouvertz; le dict procureur général commis a requis acte de la comparition des présents, qui seroient tenuz prester le serment et demeurer aux piedz de la court, pendant la huictaine [1] et deffault contre les absentz, par vertu

---

[1] C'est ce qu'on nommait les *Appeaux*. — Six semaines étaient consacrées, tous les ans, aux affaires de chacun des *sept Bailliages de la Normandie ;* et chacune de ces sortes de sessions s'ouvrant invariablement, tous les ans, à jour fixe, ce jour-là, devaient comparaître à l'audience publique du Parlement tous les magistrats exerçant dans le bailliage, dont on allait juger les appels. Au fur et à mesure que le greffier en chef les nommait, ils se présentaient et prêtaient serment. Obligés anciennement d'assister à toutes les audiences concernant leur bailliage, « afin que la réformation de leurs sentences, lorsqu'elle avoit lieu, leur apprît à mieux juger », ils en furent quittes plus tard pour demeurer une semaine *aux pieds de la cour*. Le Parlement de Rouen maintint, jusqu'aux derniers temps, le vieil usage des *Appeaux*, en permettant toutefois aux juges inférieurs de se retirer après leur comparution; mais il suspendait de leurs fonctions ceux qui s'abstenaient de comparaître, et ne justifiaient pas légalement d'empêchements légitimes. Le Parlement de Normandie qui, rétabli en 1774, par Louis XVI, avait reçu alors des députations de toutes les juridictions de la province, accourues à Rouen pour lui témoigner leur respect et lui exprimer leur joie, manda, en janvier 1775, à tous les officiers de la province « qu'ils seroient dispensés, *pour cette année seulement*, de la comparence aux *Appeaux*, vu les députations par eux faites à la cour (a). »

(a) *Reg. secr.*, 28 janvier 1775.

duquel ils comparoistroient à la huictaine, à peine de suspension de leurs charges; ce qui a esté ainsj ordoné; le dict S*r* d'Ormesson prononçant come dessus soubz le tiltre : *les commissaires députéz par le roy pour tenir le Parlement de Normandie ;* mais il a nommé le S*r* Bousquet *procureur général.*

A l'instant, le greffier a leu le serment des juges et gentz du roy, selon le formulaire escrit, qu'il tenoit en main, portant le dict serment plusieurs sages précautions, suyvant la formule antiène, *mesmes de s'opposer aux émotions populaires, contenir les peuples en leur debvoir,* s'abstenir de dons corrumpables; et aux gentz du roy de ne s'adjoindre par faveur, ny sans l'advis concerté entre eux; à la lecture duquel serment, tous les dictz officiers sont demeuréz debout et nüe teste, puis se sont assiz.

<small>Ancien serment des magistrats normands.</small>

Puis, le dict S*r* d'Ormesson s'estant informé, et apris que l'on ne faisoit aultre chose pour le dict jour, il a faict frapper, et lever l'audience, à la levée de laquelle on a défilé les uns et les aultres du costé des conseillers d'églize, chascun selon son rang de réception; M*r* de la Thuillerie ayant encore formé quelque sorte de contestation à M*r* de Montescot, luy révocquant en doubte son brevet de 1623.

Dans la chambre du conseil, M*rs* les conseillers d'Estat ayantz encor pris tout le banc des prési-

<small>Nouveaux débats sur l'ordre des séances.</small>

dentz, M⁻ˢ les Mᵉˢ des requestes sont demeuréz à la cheminée ; et peu après, on s'est approché les uns des aultres, le dict sieur de la Thuillerie à la cheminée, aucuns de nous vers les dictz Sʳˢ conseillers d'Estat ; et ayantz faict retirer les huissiers, greffiers et aultres n'estantz du nombre des commissaires, il a esté résolu unanimement de régler ce différend, sans plus en importuner Mgʳ le chancelier; et, pour cet effect, nous avons proposé à Mʳˢ les conseillers d'Estat, ou que celuy seul d'entre eux ou nous, lequel se trouveroit le plus antien suyvant le réglement ci-dessus, seroit assiz au banc des présidentz, les aultres d'un costé et d'autre; ou que chascun seroit assiz promiscuement, à la réserve du président ; ou que l'on mettroit le bureau de l'antien au milieu du banc des présidentz, et que Mʳˢ les conseillers d'Estat se mettroient à l'un des costéz, tel qu'ilz voudroient, et Mʳˢ les Mᵉˢ des requestes à l'aultre costé, aussj sur le dict banc des présidentz ; et ce dernier expédient a esté accepté par Mʳˢ les conseillers d'Estat et Mᵉˢ des requestes; et les dictz Sʳˢ conseillers d'Estat ont choisj le costé gaulche de celuy qui préside, ainsy qu'il se faict au grand Conseil.

Ce faict, après avoir arresté de retorner au lendemain sept heures, pour les audiences à huis cloz, et à 8 heures pour la grande audience, tous Mʳˢ les commissaires sont sortiz, deux à deux, précedéz des huissiers, en la manière des présidentz de la dicte court [1]; et estantz montéz en leurs carosses, la plus part séparément, sont alléz trouver monseigneur le chancelier, pour luy rendre compte de ce qui s'estoit passé, à la réserve de cète contestation de rengz; lequel en est demeuré satisfaict, et a tesmoigné à M^r d'Ormesson que tous M^{rs} les conseillers du Parlement ayantz, par son ordre, remis les procèz [2], il seroit à propos de distribuer seulement ceux pour lesquelz l'une des parties solliciteroit, estantz en estat, afin d'éviter la rédistribution, lorsque d'autres commissaires viendront.

Mon dict seig^r le chancelier a tesmoigné aus dictz S^{rs} commissaires qu'il se présenteroit cy-aprèz plusieurs affaires, les preuves de ce qui touche la sédition

---

[1] A Rouen, lorsqu'un des présidents arrivait au palais, un huissier, la verge en main, le recevant à son entrée dans la grand' salle, marchait devant lui jusqu'à la porte de la chambre du conseil, frappant la terre de sa baguette, pour faire place à ce magistrat, (*ad semovendam turbam* (a).) Un poète de Rouen, qui écrivait sous Louis XIII, Hercule Grisel, parle ainsi de cet usage :

« Est quoque bissenus virgâ feriente viator,
Dans curam ostiolis, praesidibusque viam.
Istam purpureus praeses simul intrat in aulam,
Dat, virgae crepitu, praevius ille locum. » (*b*)

[2] Nous avons vu qu'un arrêt du conseil d'État, en date du 5 janvier, avait ordonné aux conseillers du Parlement interdit, de remettre au greffe, dans trois jours, tous les procès étant en leurs mains.

(*a*) *Reg. secr. du Parlement de Normandie*, 15 avril 1597.

(*b*) Herculis Griselii, *Fasti Rothomagenses*, november.

augmentantz, de sorte qu'il faudroit nommer quelques autres commissaires, oultre ceux jà députéz.

Les huissiers du Conseil vont à l'hôtel de ville, signifier aux échevins, aux conseillers de ville, au lieutenant général du présidial (maire perpétuel), les déclarations royales qui les interdisent.

Cette mesme matinée, les huissiers du Conseil ont esté signifier au lieutenant général, eschevins et aultres officiers de la maison de ville [1] la déclaration

---

[1] La déclaration d'interdiction (en date du 17 décembre 1639) était ainsi conçue :

« Nos subjects de nostre province de Normandie, et particulièrement de nostre ville de Rouen, s'esloignant du debvoir auquel ils nous sont naturellement obligéz, se sont soulevéz contre nostre auctorité, ont pillé les bureaux de nos receptes, trempé leurs mains dans le sang des plus affectionnéz à nostre service, porté le fer et le feu en divers endroicts. Et, bien qu'il fust sans doubte au pouvoir des magistrats de nostre dite ville d'estouffer cette sédition naissante et dont les commencements, ainsi qu'il arrive d'ordinaire, en semblables occasions, ne pouvoient estre que fort faibles, — néantmoins, soit par lascheté, par connivence, ou par tous les deux ensemble, ils ont veu, les bras croiséz, exécuter, à leurs yeux, tout ce que la rage et la violence inspirent à une populace qui, se laissant transporter aux premiers mouvements de sa fureur, n'est retenue par aucun frein ny réprimée par une vigoureuse résistance des magistrats qui, en des rencontres semblables, sont obligéz d'exposer leurs vies pour la deffence de nostre auctorité. En quoy, ils ont commis une faute si importante, que, bien que quelquefois nous ayons usé de clémence pour pardonner les mouvements inconsidéréz de quelques peuples, qui, par les artifices et inductions de personnes mal affectionnées à nostre service, s'estoient esloignéz de leur légitime obéissance, toutesfois, en cette occasion et dans les circonstances du temps et des affaires présentes, où rien ne peut estre de plus dangereuse conséquence que l'exemple que cette ville, capitale d'une grande province, a donné d'une des plus grandes

de sa Majesté, contenant l'interdiction des dictz officiers, particulièrement du dict lieutenant général[1],

---

séditions et des plus violents tumultes qui puissent arriver dans un Estat, et où la dissimulation seroit très périlleuse et le pardon encore plus dommageable que le crime mesme, il est absolument nécessaire que ceux qui n'ont pu estre retenus par la révérence qu'ils doibvent naturellement à leur prince, le soient au moins par la rigueur des peines, afin que, si ce siècle donne des exemples déplorables de ceux qui auctorisent par leur négligence et par leur lascheté les séditions qu'ils sont obligéz de réprimer par leur vigilance et par leur courage, il en fournisse aussi de leurs chastiments, et que l'on apprenne désormais que, comme le bonheur des peuples consiste en la fidélité et en l'obéissance qu'ils rendent à leur souverain, leur malheur, au contraire, se rencontre tousjours dans leur infidélité et dans leur révolte. » Suit le dispositif, par lequel le monarque déclare interdire les officiers de la maison de ville de Rouen, de tout exercice et fonctions de leurs charges, « défendant à tous de les recognoistre en la dite qualité ny déférer à leurs ordres. Le roi veut que ladite maison de ville demeure et soit décheue de tous ses priviléges, qu'il révoque à cet effet; la privant même de tout le revenu qui lui peut appartenir, et le réunissant à son domaine. Ordre aux officiers de ladite maison de sortir de Rouen sous quatre jours et de se rendre à la suite du roi.

Le neuf janvier 1640, deux huissiers du Conseil allèrent signifier cette déclaration aux échevins, conseillers et autres officiers de la ville, réunis en bureau, à la maison de ville.

[1] Le roi l'accusait « d'avoir, par sa lascheté et connivence, souffert tous les souslèvements et désordres qui y sont arrivéz, lesquelles avoient produit ensuite les actions violentes auxquelles les séditieux s'étoient portéz au grand mespris de l'autorité royale, sans s'y estre opposé par le debvoir de sa charge, et celle de

la révocation des priviléges, suppression des dictes charges, réunion du revenu et biens de la dicte ville, au domaine de sa Majesté, les charges préalablement acquittées (Mgʳ le chancelier en ayant bien voulu doner quelque chose à congnoistre, y a quelques jours, et qu'il prendroit cete précaution, afin que l'espargne s'en estant accommodée, il fust difficile d'en retirer ce qui est deu au publicq et aux particuliers). Les huissiers ont demandé des siéges pour s'asseoir ; et, après s'estre couvertz, ont faict sçavoir l'interdiction, de laquelle la pluspart des dictz officiers se croyoient eschappéz, particulièrement le dict lieutenant général, bien voulu, d'ailleurs, de monseigʳ le chancelier; mais la considération publique et l'exemple ont prévalu, quoyque,

maire perpétuel de ladite ville, qui lui donnoit une pleine auctorité sur les habitants, au moyen de laquelle il luy eust esté facile d'arrester le mal en sa naissance. »

Le roi déclarait donc l'interdire de tout exercice et fonction de sa charge (a).

Le 9 janvier 1640, deux huissiers du Conseil allèrent à l'hôtel de ville de Rouen signifier cette déclaration au lieutenant général Artus Godart du Becquet, qui, en qualité de *Maire perpétuel*, y était avec les échevins, conseillers, et autres officiers de ville. Par lettres du 18 décembre, commission fut donnée à Charles Boulays, lieutenant particulier au bailliage et présidial de Rouen, pour exercer provisoirement la charge de lieutenant-général. — Le 9 janvier, Boulays prêta serment, à ce titre, entre les mains du chancelier. Le lendemain, sa commission fut lue et publiée, à l'audience du bailliage.

(a) Déclaration du 17 décembre 1639.

d'ailleurs, le dict lieutenant général feust fort estimé en sa charge, vigilant, accrédité parmy le peuple, et fort zélé au service du roy.

Le dict jour, après disner, M⁽ʳˢ⁾ de Moricq et Montescot ont restably les bureaux des Aydes.

M⁽ʳ⁾ de Saint-Jouyn *et moy* avons continué nostre visite au faulx bourg S⁽ᵗ⁾-Hilaire et au bourg Darnestal, à un tiers de lieüe de la ville, où nous avons reçeu de grandes plainctes contre la cavallerie y logée, tant contre le régiment de son Eminence, qui y reste encor, à quoy les S⁽ʳˢ⁾ de Marolles, d'Estar (Major), et aultres nous ont promis de pourveoir, que contre les compagnies du régiment du S⁽ʳ⁾ de Vatimont, deslogées depuis deux jours; nous avons faict faire quelque chastiment en nostre présence, disposé les habitantz à fournir les 34 solz par jour pour cavallier, y compris l'utensile, et les cavalliers de s'en contenter; mais ce pauvre peuple a esté excessivement chargé de l'entretien de 14 compagnies de cavallerie, depuis 10 jours qu'ilz y ont séjourné.

Le soir du dict jour, on m'a présenté un ordre, de la main de mon seig⁽ʳ⁾ le chancelier, par lequel je suis commis, aveq M⁽ʳ⁾ le Goux de la Berchère, pour rendre justice sur la plainte d'un attentat sur l'honeur d'une fille par 4 soldatz, dont deux sont retenuz prisonniers, la fille non toutefois violée, par sa résistance, et pour avoir esté assistée de ses voysins et parentz.

Excès commis par la cavalerie logée dans les faubourgs. Les maîtres des requêtes font châtier quelques cavaliers.

Mardi 10 janvier 1640.
2ᵉ audience, tenue au palais, par les conseillers d'État et maîtres des requêtes.

Le mardy 10ᵐᵉ, *Mʳˢ les commissaires pour tenir le Parlement de Normandie,* après avoir, la pluspart d'entre eux, assisté à la messe qui se dict au palais, sont entréz dans la chambre du conseil, en laquelle Mʳ d'Ormesson a pris la place du milieu au banc des présidentz, le petit bureau estant devant luy ; à sa main gaulche, s'est mis Mʳ Gaudart, laissant une place entre deux, laquelle a esté remplie par Mʳ de Moriq, aprèz que Mʳ de Montescot a pris la main droicte du dict Sʳ d'Ormesson, et moy au dessoubz du dict Sʳ de Montescot, qui est la place tenue, d'ordinaire, par Mʳ le premier Président, ainsy qu'il avoit esté convenu le jour précédent ; Mʳˢ les aultres Mᵉˢ des requestes se sont placez èz aultres bancz à droicte et à gaulche ; mais Mʳˢ de la Thuillerie et Laubardemont n'ont point pris leurs places, et sont demeuréz proche la cheminée pendant le rapport de quelques requestes, jusques à ce que, l'audience entrant, ilz se sont placéz au bureau ; et ensuite le sieur Bousquet (Bosquet), commis à la charge de procureur général, a pris sa place derrière le siége des dictz Sʳˢ Mᵉˢ des requestes, à l'opposite de la cheminée ; il s'est trouvé une aultant ou plus grande affluence de causes et de parties, advocatz et procureurs, qu'en plein Parlement ; et ont esté donées plusieurs audiences à huis clos, pour les instructions, jusques à ce que l'on s'est levé pour tenir l'audience.

Y ayant lieu de mettre les pièces sur une plaidoyrie, M^rs les conseillers d'Estat ont esté d'advis que ce fust par devers Mr de Montescot M^e des requestes; mais les dictz S^rs M^es des requestes ont jugé que cela se debvoit à Mr de Moriq, antien de la compagnie, ce qui a obligé M^r d'Ormesson de prononcer que les pièces seroient mises sur le bureau, le dict Sr de Moriq s'estant expliqué de sa prétention d'estre tenu pour président en la dicte commission, et partant de ne vouloir point rapporter; en quoy, Mg^r le chancelier l'a condamné; et mesme la pluspart des dictz aultres S^rs conseillers d'Estat n'ont pas esté de son sentiment.

L'audience publique a ensuite esté donée en la grande chambre, suivant les séances de la précédente; et en icelle il s'est trouvé un grand nombre de causes, mais la pluspart de petite conséquence, desquelles les advocatz plaidantz estoient demeuréz d'accord de passer à *l'expédient*[1] par l'advis de leurs

---

[1] *Expédient*, transaction judiciaire, faite entre les parties, de l'avis d'un ancien avocat, ou d'un ancien procureur, auquel elles s'en sont rapportées, ou devant lequel elles ont été renvoyées. Cette convention judiciaire ne recevait son entière perfection, et n'était consommée que par la sanction de la justice, et la réception qu'en faisait le juge à l'audience (*a*).

(*a*) *Collection de décisions nouvelles et de notions relatives à la Jurisprudence*, donnée par M. Denisart, mise dans un nouvel ordre etc., par Camus et Bayard, au mot : EXPÉDIENT, t. XIII, p 317.

antiens, n'eust esté que le dict Sʳ Bousquet (Bosquet), comis à la dicte charge de procureur général, leur avoit enjoinct de les porter à l'audience, afin qu'elle ne fust point destituée d'affaires; on les a, néantmoins, aussj renvoyées toutes à l'expédient des antiens advocatz, quelques-unes au parquet.

Publication de la déclaration royale qui rend responsables des séditions, les magistrats dans les villes, les seigneurs dans les campagnes.

En cete audience, a esté publiée la déclaration du roy, par laquelle, après une mention honorable de la tranquilité rendue à la province, et l'auctorité du roy y restablie par les armes de sa Majesté, soubz la conduite du dict Sʳ Gassion mareschal de camp, sa Majesté, pour pourveoir à l'advenir, rend les magistratz politiques et ceux qui commandent les armes dans les villes, responsables des émotions et séditions qui pourroient arriver en icelles; et en la campagne, les seigneurs des paroisses, qui ont, d'ordinaire, assez de pouvoir pour s'y faire obéir eux mesmes; le tout s'ilz ne justifient d'y avoir apporté les diligences à eux possibles [1]; le dict sieur Bousquet (Bosquet), avant y prendre ses

Harangue de Bosquet, faisant les fonctions de procureur général.

---

[1] La déclaration royale, rendue à cet égard, est du 8 janvier 1640. Dans le préambule, le roi dit que les troubles de Normandie ne seraient pas venus au point où on les avait vus, sans la connivence ou faiblesse de ceux qui, ayant l'autorité et le pouvoir de les empêcher, ne s'y sont point opposés avec assez de vigueur et de courage. N'y ayant point de moyen plus assuré de retenir les peuples dans l'obéissance et de les détourner de la rébellion, que de rendre responsables des émeutes qui pourraient survenir dans la suite, les magistrats dans les villes, et dans les

conclusions, a faict quelque préface sur le soin paternel que le roy prend de ses subjectz en cète province, leur donnant des tuteurs pour les préserver

---

campagnes les gentilshommes à qui cela est aisé, veu le pouvoir qu'ils prennent ordinairement sur leurs tenanciers, auxquels ils font bien exécuter leurs volontés lorsqu'il s'agit de leur intérêt particulier ; la déclaration dispose que, dorénavant, les gentilshommes de Normandie devront empêcher qu'aucunes assemblées ne se fassent en l'étendue de leurs terres, à peine, en cas qu'il arrive quelque soulèvement contre le service du roi en l'étendue de leurs dites terres, d'en répondre, en leurs propres et privés noms, comme complices, s'ils ne justifient avoir fait tout leur devoir, et y avoir apporté tout le soin, la vigilance et la force qu'ils sont obligés pour l'exécution des commandements du roi.

Quant aux magistrats, officiers, et autres qui ont charge *dans les villes*, la déclaration leur enjoint de ne permettre qu'à l'avenir le commun peuple ait aucunes armes, de le désarmer et mettre les armes en un lieu sûr, pour s'en servir lorsqu'ils le jugeront nécessaire pour le bien du service du roi. Elle leur enjoint de s'opposer, avec le courage et la force qu'ils doivent et sont obligés (ayant l'autorité du roi en dépôt), pour réprimer les émeutes, s'il en survient, dans les villes où ils sont résidents. Autrement, le roi entend qu'ils soient responsables, en leurs propres et privés noms, des rébellions qui arriveront, et qu'il soit procédé contre eux, comme complices, en cas qu'ils ne justifient avoir fait leur devoir pour retenir ses sujets dans l'obéissance (*a*).

Cette déclaration produisit son effet.

Le 14 janvier 1640, Séguier écrivait en cour : « Les principaux bourgeois (de Rouen) sont affectionnéz à présent ; et la

(*a*) Déclaration du roi, donnée à Saint-Germain-en-Laye, le 8 janvier 1640.

des inconvénientz èsquelz ilz pourroient tomber, et a exagéré ensuite la mauvaise conduite ordinaire des peuples; qu'oultre les raisons de la déclaration, portées par icelle, il se trouvoit que le Droict canon punissoit le clergé pour la rébellion commise par les peuples contre leur évesque; ainsy les magistratz punissables pour les faultes commises par le peuple contre le roy. Il a meslé quelque éloge au roy, à Mgr le cardinal et à Mgr le chancelier, premier officier de la Justice, cète âme forte dont la présence a calmé tous les grandz orages de cète province. Ensuite, il a esté prononcé qu'il seroit mis sur le reply des lettres, qu'elles ont esté leues, publiées et registrées, oüy et ce requérant etc., que coppies seroient envoyées, etc.; enjoint aux substitutz du procureur général, sur les lieux, d'en certiffier, au mois, mon dict seig^r le chancelier (parce qu'il estoit porté par les lettres, et les dictz S^{rs} commissaires, afin que les registres en demeurassent chargéz.

Après l'audience, M^{rs} estantz rentréz dans la chambre du conseil, on ne s'est point assis, pour

---

crainte d'estre responsables des esmotions, *suivant le réglement publié*, leur donne beaucoup de résolution. La ville n'a besoing que d'un chef pour la conduire et la conserver dans l'obéissance (*a*). »

(*a*) Mémoire ms. du chancelier Séguier, avec les réponses de la main du secrétaire d'État De Noyers.

éviter ces difficultéz des séances ; et se sont passées quelques petites parolles entre Mrs de Montescot et la Thuillerie.

Le dict jour, après disner, Mr d'Ormesson et quelques aultres estantz demeuréz chez Mg{r} le chancelier, il a tesmoigné se vouloir transporter en l'hostel de ville [1] ; et, pour cet effect, y a esté, accompagné par le dict Sr d'Ormesson, Mrs de Moriq, Montescot, Daubray, Laubardemont et moy ; ayant veu premièrement le lieu auquel les eschevins s'assemblent, dans lequel, à présent, couchent le prévost de l'Isle et ses compagnons ; puis, au lieu où sont les canons et bouletz, au nombre d'environ 18 ou 20 pièces des dictz canons, en petites pièces de campagne, faulconneaux et orgues, aveq plusieurs bouletz de tous calibres [2].

Le chancelier se transporte à l'hôtel de ville, le visite, examine les pièces d'artillerie, et autres armes qui s'y trouvent.

---

[1] Dans un Mémoire présenté par le chancelier Séguier, indicatif des moyens de réprimer les troubles de Normandie, et de punir les coupables, Séguier proposait de « *raser l'hôtel de ville, et mettre à la place une pyramide, où seroit gravé l'arrêt du Conseil* », qui l'aurait ordonné. — Richelieu, rejetant cette dernière proposition, rendit à Séguier son Mémoire, avec une note de la main de Cheré, son secrétaire, ainsi conçue : « *Ce Mémoire me semble bon*, A L'EXCEPTION DU RASEMENT DE L'HOTEL DE VILLE DE ROUEN (*a*). »

[2] Inventaire des pièces d'artillerie et munitions trouvées à l'hôtel de ville de Rouen, dressé par le sieur Du Perron, commissaire

(*a*) Mémoires mss. sur les affaires de la France, fond de Colbert, n° 46.

Ensuite, a veu les cuirasses, picques et mousquetz en une sale haulte, et tout le reste de la maison de ville; puis a faict reposer le scellé par les huissiers du Conseil, ayant chargé M⁻ˢ d'Ormesson, de Moriq, Montescot et moy, de venir lever le scellé le lendemain, et nous départir, sçavoir M⁻ d'Ormesson et moy pour une sorte d'affaires, et M⁻ˢ de Moriq et Montescot pour une aultre.

<small>Pourquoi les officiers de l'hôtel de ville de Rouen ne furent interdits que six jours après les autres compagnies.</small>

J'ay sçeu qu'une personne peu affectionnée avoit voulu imputer à monseigneur le chancelier de n'avoir voulu chastier les officiers de la ville, en considération du lieutenant général qui y préside, affectioné par mon dict seig⁻ le chancelier; ne considérant pas qu'il a faict toutes choses aveq une grande et incroyable prudence, heureux et advantageux succèz pour le service du roy, luy ayant esté nécessaire de mesnager, pendant ce peu de jours, les officiers de la dicte maison de ville, pour s'en servir; et d'ailleurs, parmy ces grandz coups frappéz sur le Parlement et sur les aultres compagnies souveraines, celuy sur la maison de ville auroit eu moins d'esclat; et au contraire, la punition des

---

ordinaire et provincial de l'artillerie de France, au département de Normandie, le 20 janvier 1640 :

Vingt-neuf pièces de canon, de divers calibres.
Vingt-cinq arquebuses à croq.
Six mille quatre cent deux boulets, de divers calibres.
Vingt-quatre mille huit cents livres de poudre.

aultres eust paru moindre à l'esgard de ceux-cy, qui souffrent une privation entière, aveq la perte des priviléges de la ville et de tous ses biens, et réunion d'iceux au domaine de sa Majesté.

Le dict jour, Mʳ de la Berchère a examiné plusieurs tesmoins sur le faict de cète pauvre fille violée, ou du moins sur laquelle on a voulu entreprendre, dont a esté parlé cy-dessus.

Le mercredy unze^me janvier, Mʳˢ les conseillers sont entréz dans la beuvette du Parlement, en partie pour demeurer d'accord, avant leur entrée, des séances qu'ilz tiendroient en la chambre du conseil. Et Mʳ d'Ormesson ayant proposé de s'asseoir sur le banc des présidentz, et sur les aultres, par ordre de réception, qui est l'un des expédientz que l'on leur avoit proposé cy-devant, chascun s'y est accommodé; en effect, Mʳˢ d'Ormesson, Godart (Gaudart), Montescot et moy y avons pris nos places, et Mʳˢ les aultres Mᵉˢ des requestes èz bancs, de costé et d'aultre; mais Mʳˢ de Moriq, la Thuillerie et Laubardemont ne s'y sont point trouvéz; ce que Mgʳ le chancelier a trouvé mauvais lorsqu'il luy a esté rapporté à son disner; et en effect, il a ordonné à Mʳ d'Ormesson de distribuer les instances du Parlement, comme il a faict, tant à Mʳ de Moriq et autres conseillers d'Estat, qu'à Mʳˢ les Mᵉˢ des requestes, afin qu'il n'y eust point de prétention de présidentz.

<small>Mercredi 11 janvier 1640. 3ᵉ audience tenue, au palais, par les conseillers d'État et maîtres des requêtes.</small>

Les audiences à huis clos, et celles de la chambre de l'Édict ont esté données dans la dicte chambre du conseil; en sorte qu'à xj heures il restoit encore plusieurs causes à y appeller, et un très grand nombre d'advocatz et procureurs; l'heure a empesché que l'on ne soit entré dans la grande audience, en laquelle on avoit à publier une déclaration du roy, portant commission aux six antiens conseillers du bailliage pour la tenüe des Requestes du palais[1], lesquelles on avoit pensé de faire tenir par deux de M^{rs} les M^{es} des requestes de l'hostel; mais ilz se feussent trouvéz juges en leurs propres appellations dans la séance du Parlement, au petit nombre auquel ilz se trouvent.

<small>Interrogatoire d'un cavalier, qui avait tenté de forcer une fille à Darnétal.</small>

Le dict jour, à la levée de la court, Mr de la Berchère et moy avons, dans la chambre de l'audiance criminelle du Bailliage, interrogé le nommé Casse-Miche, dict *La Grange*, cavallier de la compagnie du baron de......... du régiment de M^r le marquis de Coaslin, l'un des accuséz de ce violement; et luy avons confronté l'un des tesmoins; et avons résolu que Mr de la Berchère proposeroit à Mg^r le chancelier de trouver bon que luy seul continuast l'instruction, attendu l'employ qu'il m'avoit

---

[1] Le chancelier renonça à ce dessein; voyez le *diaire*, à la date du 15 janvier, et la note.

doné pour l'après disnée en l'hostel de ville ; ce que mon dict seigr le chancelier a approuvé.

Le dict jour, au matin, mon dict seigneur le chancelier a tenu sceau.

Le chancelier tient le sceau.

L'après disnée, Mʳˢ d'Ormesson, de Moriq, Montescot et moy avons commencé la levée du scellé de l'hostel de ville, par la petite salle d'iceluy, en laquelle le greffier a représenté l'arrest du Conseil, du............ portant la commission pour la dicte levée et inventaire des deniers, papiers, tiltres et enseignementz, pour en charger, (mesmes des dictz deniers, pour le payement des rentes et aultres charges de la dicte maison de ville), celuy qui seroit, pour cet effect, commis par sa Majesté. Il a esté dict, quoy que le Sʳ de la Raillière [1] offre 100 milˡ

Levée des scellés de l'hôtel de ville.

---

[1] La Raillière, partisan célèbre dès lors, et qui le devint plus encore lors des troubles de Paris, en 1648 et 1649. « La Raillière a esté fermier des Aides avec du Mousseau, où ils ont volé les rentiers de l'hostel de ville, par les présents et corruptions qu'ils ont faites à D'Émery, (intendant, puis contrôleur général, puis surintendant des finances); en considération de quoy, l'on a diverty ausdits rentiers trois quartiers et demy, entiers, de leurs rentes, en une seule fois, sans compter les autres friponneries et pillages qui ont esté faits depuis sur lesdites rentes, tant par retranchement qu'autrement ; le tout montant à 12 millions de livres, ou peu s'en faut. Et outre, ledit La Raillière, avec le nommé Vanel dit Trécourt, qui sont à présent fermiers des entrées, ont fait le traité de 1,500,000 livres de rentes sur les dites

de tout le revenu du dict hostel de ville, que, néantmoins, le tout est presque employé au payement des rentes, ou charges semblables; et n'en reste que 35 mil^{tt} pour l'entretien des pontz, des fontaines et aultres charges particulières de la ville.

Ce faict, on a levé le scellé du petit bureau du dict greffier payeur des rentes; ce que mon dict seig^r le chancelier luy a commandé de faire jusques à ce qu'il en eust esté aultrement ordoné; dans lequel se sont trouvées plusieurs espèces de monnoyes et divers papiers confusément; le bordereau des dictes espèces a esté représenté, signé du greffier de la ville, dressé lorsque les huissiers du

---

entrées créées en l'an 1644. Pour raison de quoy, ils ont taxé, sous le tiltre *d'aiséz*, qui bon leur a semblé; et, sous de faux rolles, ont exigé les dites taxes, avec des violences horribles en ceste ville de Paris, et en la campagne, quoique, par l'édict d'aliénation des dites rentes, il soit expressément porté qu'il n'en pourroit estre fait aucun traicté (*a*). »

« Le 26 janvier 1649, le nommé La Raillière, assez conneu, pour les maux qu'il a fais au peuple, tant comme principal arc-boutant de Particelle, dit d'Emery, ci-devant surintendant des Finances, que pour avoir fait imposer plusieurs droits sur l'entrée du vin, et esté l'auteur, partisan et exacteur de ce droit tyrannique, imposé, et levé sous le nom qu'il leur donnoit (à fausses enseignes)

(*a*) *Catalogue des Partisants (ensemble leurs généalogies), contre lesquels on peut et on doit agir pour la contribution aux dépenses de la guerre présente.* Paris, 1649, in-4° de 20 pages.

Conseil signiffièrent la déclaration de sa Majesté au dict hostel de ville; dont ilz furent surpris à l'impourveu; et ensuite, icelles espèces ont esté comptées et les bordereaux vériffiez; n'ayant esté passé à aultre acte pour le dict jour; de quoy Mrs de Moriq, Montescot et moy ayantz doné compte à Mg^r le chancelier, il a tesmoigné qu'il seroit plus à propos que nous y travaillassions séparément, et que M. d'Ormesson prît une partie avec moy, telle qu'il lui plairoit, et eux une aultre.

Mon dict seig^r le chancelier nous a tesmoigné

---

d'aysés, a esté descouvert, servant d'espion dans la ville, pour la cardinal Mazarin; pourquoy il a esté arresté et emprisonné à la Bastille (*a*). (Suitte et seconde arrivée du *Courier François*, Paris, 1649, in-4°.)

Le *troisième Courier François, traduit fidélement en vers burlesques*, raconte cette arrestation de La Raillière, et ajoute:

« Son nom est connu, pour le mal
Qu'il a fait souffrir à la France.
. . . .
Il est monopoleur en diable;
C'est un usurier exécrable,
Ame damnée, esprit malin,
Un voleur, bref un Mazarin. »

(*Troisième Courrier François, traduit fidélement en vers burlesques*, Paris, 1649, in-4°.)

(*a*) *Suitte et seconde arrivée du Courrier françois.* Paris, 1649, in-4°.

luy rester trois affaires en cète ville : cette liquidation du domaine et des charges de la maison de ville, aveq l'ordre à y apporter, pour la recepte, par le receveur du domaine, puisque cela y est réunj; la punition des criminelz, dont les preuves se trouvent difficiles, chascun deschargeant ceux qu'il avoit accusé, ne les recognoissant en la confrontation; et la liquidation des pertes, avec le reject ou resgalement d'icelles sur les ordres ou particuliers de la ville; ayant touché quelque chose des suppositions qu'aucuns des commis des bureaux préparoient, particulièrement le commis des aÿdes, lequel, ayant esté pressé par le propriétaire de sa maison de luy advancer le terme, come prévoyant le pillage de sa maison, et, sur cète mesme considération, en ayant destorné ses meubles, prétend, néantmoins, y avoir perdu beaucoup de deniers, qu'il peult et doibt avoir plus vray semblablement retiré que ses aultres meubles; Nᵃ: Idem, possible, de l'or du bureau des gabelles, dont l'on avoit bien retiré l'argent.

On songe à la punition des coupables, au dédommagement des préjudiciés. Difficultés qu'on y rencontre.

Ce mesme soir, monseigʳ le chancelier a commandé que l'on retirast le corps de garde accoustumé à Sᵗ-Ouen devant le magazin des armes, attendu que tout y est porté[1], et à présent le maga-

Le désarmement était opéré.

---

[1] État des armes remises par les bourgeois de Rouen, et par eux portées, partie à l'abbaye de Saint-Ouen, partie à l'hôtel de

sin fermé, aussi bien que tous les aultres en divers quartiers de la ville, èsquelz il peut y avoir de quoy armer 12 mil homes; il a proposé aussi que l'on pourroit lez remettre aux cappitaines des quartiers, pour, èz occasions, les remettre èz mains de ceux ausquelz elles ont esté ostées, ou, par advance à ceux que l'on en jugera capables; ce qui pourtant pourroit causer jalousie et division entre les concitoyens.

Mon dict seigneur le chancelier a doné quelque pressentiment que l'interdiction du Parlement pourroit estre longue [1], et qu'ilz pouvoient faire à

Le chancelier donne à entendre que l'interdiction du Parlement durera trois ans, au moins.

---

ville, et de là transportées toutes au Vieux-Palais, les 14 et 16 janvier 1640, par l'ordre du chancelier Séguier :
Mousquets et arquebuses . . . . 1598.
Epées 5497
Hallebardes . . . . 1037.
Piques . . . . 527.
Pistolets . . . . 90.
Au bas de l'état, le sieur de La Vigerie, commandant au Vieux-Palais, pour M. de la Guiche, reconnaît avoir reçu les armes y mentionnées.

[1] L'édit de janvier 1641 vint rétablir le Parlement de Normandie, mais en en altérant notablement la constitution. L'édit ordonnait que « le Parlement seroit, dorénavant, tenu et exercé *par deux séances et ouvertures semestres*, de six mois chacune, dont la première commenceroit le 1er février, pour finir le 51 juillet, et la deuxième le 1er août, pour finir le 51 janvier. Il va sans dire que les officiers appelés à siéger dans un semestre devaient demeurer entièrement étrangers à l'autre. Le nombre ancien des

Paris des baux de trois ans, sans y mettre la clause des six mois; ce que je n'ay pas entendu; mais il a esté rapporté par aucuns de M^{rs} qui l'avoient ouy de luy en pleine table.

---

magistrats du Parlement ne pouvant donc plus suffire, l'Edit créait quatre offices de présidents, et *quarante-neuf* charges de conseillers, sans parler d'autres offices moins importants, qu'il créait aussi. L'érection du semestre, outre qu'elle avait altéré la constitution du Parlement, fut un brandon de discorde jeté dans cette compagnie, où, par suite de la vive mésintelligence qui éclata bientôt entre les *anciens* officiers et les *nouveaux*, on vit, dans la ville, et jusque dans le palais, les scènes les plus violentes qu'il soit possible d'imaginer, jusqu'à en venir aux *gourmades*, et regretter *de n'avoir point d'épées* (a). Supprimé, en septembre 1643, à l'instante demande des *anciens*, le *semestre* fut rétabli en octobre 1643, à la poursuite des *traitants*. Alors, les *anciens* du Parlement, indignés, n'aspirèrent plus qu'à obtenir, en quelque façon que ce fût, l'anéantissement de cet état semestriel, qui leur était odieux. Ce fut dans cet espoir que, lors des troubles de 1649, ils embrassèrent et firent prévaloir dans Rouen le parti du Parlement de Paris, et du duc de Longueville, gouverneur de Normandie, en insurrection contre le roi. En présence du duc, et à son instigation, ils osèrent, le 27 janvier 1649, prononcer, de leur autorité privée, l'annulation du semestre. Aux conférences de Ruel et de Saint-Germain, leurs députés obtinrent enfin une déclaration (fin de mars 1649) qui éteignait absolument le *semestre*, réservant seulement treize *nouveaux* conseillers, et prescrivant des moyens pour le remboursement de tous les autres officiers de nouvelle création, qui avaient été déclarés supprimés; jamais le semestre ne fut rétabli dans la suite.

(a) *Reg. secr.*, 3 et 4 mai 1643.

Mon dict seig^r le chancelier a mandé les six plus antiens conseillers de la ville, ausquelz il a délivré la commission du roy, par lettres patentes scellées du grand sceau, pour administrer la maison de ville ainsi que faisoient les eschevins, sans néantmoins en prendre qualité [1]. Il n'a point pris leur serment, n'estans que commissaires [2].

<small>Six anciens conseillers de ville, *commis par le roi*, pour administrer les affaires de la ville de Rouen.</small>

---

[1] Le 10 janvier 1640, fut rendu, à Saint-Germain-en-Laye, un arrêt du Conseil d'état, et furent signées des lettres-patentes, par lesquels le roi déclare « que, d'autant qu'il est nécessaire de pourvoir au gouvernement et administration des affaires de la maison de ville, dont les échevins, conseillers et autres officiers, aujourd'hui interdits, prenoient congnoissance avant leur interdiction, il ordonne que, par les sieurs Pouchet, Liesse, Bouclon, Bulteau, Paviot et Duhamel (qu'il commet et députe à cet effet), les affaires de la maison de ville seront régies, gouvernées et administrées, ainsi qu'elles estoient avant la dite interdiction; mais sans que les six commissaires puissent prendre qualité de maire et eschevins, mais seulement de *commissaires députéz par sa Majesté pour l'administration et gouvernement de la maison de ville.* » — Injonction à tous les habitants de Rouen de reconnaître ces commissaires, et de déférer à leurs ordres, tout ainsi qu'ils déféraient à ceux des officiers de la dite maison de ville avant l'interdiction. Ordre était donné au receveur de la maison de ville de continuer la recette, d'en tenir bon et fidèle registre, et défense à lui de se défaire d'aucuns deniers, qu'en vertu d'ordonnance du Conseil.

[2] La preuve du contraire résulte du procès-verbal qui suit : « Aujourd'huy unziesme jour de janvier mil six cent quarante, les sieurs Pouchet, Liesse, Bouclon, Bulteau, Pavyot et Duhamel (commis et députés pour gouverner et administrer les affaires de

Réformation des monastères.

Mon dict seig^r m'a faict l'honneur d'approuver les propositions que je luy ay faictes pour les religieux du prieuré de St-Laud (S^t-Lô), en la ville de Roüen, s'ilz ne s'accordoient à l'amiable, de transférer lez novices èz noviciaux des réforméz, pour y recevoir les mouvementz de Dieu, s'ilz en sont dignes; si non sortir, et les antiens réfractaires èz maisons réformées, pour y apprendre à servir Dieu, *de cætero* exécuter les arrestz. Pour les Cordeliers, desquelz il luy a esté faict fort bon rapport, ainsi qu'à Mr de Moriq et aultres, de ne point changer les antiens, y rappeler seulement ceux éloignéz depuis six mois ou un an, en haine de la réformation qu'ilz pourchassoient, y faire agréer, s'il se peult, le P. Picard, sinon se contenter d'y mettre le père David, ou aultre de la réforme, puisque les religieux du dict couvent n'en exceptent aucun aultre, et se soubzmettent mesme à la custodie, à la réserve des PP. Picart et Lemercier, pour la dicte maison de Roüen.

Et pour les Jacobins, il m'a ordonné d'y aller en-

---

la maison de ville de Rouen), ont fait et presté, *ès-mains* de monseigneur Séguier, comte de Gyen, chancelier de France, le serment qu'ils doibvent, à cause de la commission qui leur est donnée pour l'administration de la maison de ville de Rouen, jusques à ce que sa Majesté en ayt autrement ordonné. Moy conseiller secrétaire du roy et de ses finances, et de mon dit seigneur le chancelier, présent. — CÉBERET. »

tendre les unz et les aultres, et luy en faire rapport, y voulant, lors, par après, aller luy-mesme, et en bien informer son Eminence, ensuite y apporter les ordres convenables[1].

Mon dict seig[r] le chancelier a mandé les architectes pour quelque travail au Pont-de-l'Arche; il m'a chargé ou permis aussi de parler de sa part à M[r] le colonel Gassion, pour descharger de logement la maison des religieux de Jumiéges à la *poterne*[2] de cète ville; d'aultant plus que cète petite rüe est demeurée fermée pendant tout le temps de la sédition, aveq corps de garde, pour empescher que les séditieux n'y entreprissent.

Exemption de logement de soldats, pour la rue de la Poterne.

Il a approuvé l'ordre que Mr de Sainct-Jouyn et moy avons doné à Darnestal, pour retirer, par les propriétaires du lieu, ou de cète ville, les marchandises que les gentz de guerre ne veulent souffrir sortir de chez leurs hostes, come pour nantissement de leurs payes, en remettant, par ceux qui les retireront, èz mains du curé ou trésorier de la

Police établie entre les soldats et leurs hôtes.

---

[1] C'était, indubitablement, au sujet du panonçeau des armes du cardinal de Richelieu (protecteur des Jacobins de Rouen), qui, affiché sur la porte extérieure du couvent, avait été (lors des séditions des 21, 22 et 23 août 1639) ôté en hâte par les religieux, et soustrait ainsi aux insultes probables du peuple. (Voyez plus bas, notre note sur le *Diaire*, à la date du 20 janvier.

[2] Voir la note relative à cela, à la date du 12 janvier.

paroisse, en deniers, pour huict jours de leurs subsistances, à 34 solz par jour pour cavallier, compris l'utensile, selon le nombre des dictz hostes; de quoy ayant doné advis à M^r De St-Jouyn pour en advertir le Sr de Marolles commandant au dict quartier, ce qu'il m'a promis faire, nous sommes aussy convenus d'obliger les habitantz du faulxbourg St-Hilaire de retorner en leurs maisons, pour nourrir leurs hostes; et, jusques à ce, doner à leurs voysins, demeuréz actuellement, et chargéz des logementz, l'exécutoire de toute la despense; en sorte que, sur ceux qui y sont, il ne demeure que l'advance et la fatigue du logement.

Le dict sieur St-Jouyn s'est chargé aussj de visiter les prisonniers de la conciergerie, et en dresser procèz-verbal; et luy, aveq Mr de la Ferté, se sont soubzmis, par ordre de monseigneur le chancelier, de venir au Parlement quand on auroit besoin d'eux pour faire nombre; ce qu'ilz ont évité jusques à cy, pour les causes qui ont peu estre touchées cy dessus, de ne point désobliger leurs compatriotes, et particulièrement par le dict Sr de la Ferté, M^r le 1er président, son beau-père.

Le Tellier de Tourneville, receveur général des gabelles, rentre à Rouen. — Le sieur Letellier de Tourneville est retorné, le dict jour, en la dicte ville de Roüen, pour estre confronté à quelques accuséz; et a esté reçeu de 300 personnes qui luy ont esté au rencontre, au lieu qu'il craignoit d'y estre assassiné, tant l'auctorité du roy s'y trouve fortement restablie[1] !

Le jeudy 12me, l'audience du Parlement a esté tenue à huis cloz, en la chambre du conseil, aveq grande affluence d'advocatz et procureurs et parties, en laquelle, pour éviter les différentz des séances aveq M^rs les conseillers d'Estat, il a esté advisé, par ordre de Mg^r le chancelier, que les dictz sieurs conseillers d'Estat prendroient, comme à l'audience, le banc qui est au dessoubz du tableau, et aveq eux les deux derniers des dictz S^rs M^es des requestes, lesquelz ceddent sans difficulté aus dictz S^rs conseillers d'Estat, come estantz entréz en

Jeudi 12 janvier 1640.

---

[1] Un fils (président au grand Conseil), qu'avait laissé Le Tellier de Tourneville, étant mort en 1648, la fille unique de l'opulent receveur général (Catherine Le Tellier), brillant parti, fut, aussitôt, comme disputée en mariage, pour M. de Mareuil, l'un des fils de M. de Faucon de Ris, premier président du Parlement de Rouen; pour le sieur De Paluau, gouverneur de Courtray (depuis maréchal de Clérembault); enfin, pour François de Harcourt, marquis d'Ectot (fils du marquis de Beuvron), qu'elle épousa le 31 août 1648. Le premier président la voulait pour son fils Mareuil, qui, d'abord, avait répugné à ce mariage, « faisant conscience de mêler du bien mal acquis avec le sien. » Un conseil de casuistes, assemblé pour examiner l'affaire, ayant été d'avis du mariage, il fit sa cour, mais tard, mais mal, et ne plaisait pas. Le duc de Longueville protégeait le jeune marquis d'Ectot, qui fut préféré (a). »

(a) *Historiettes de Tallemant des Réaux*, t. IX, p. 72, édition de 1840.

charge depuis eux; et dans l'aultre banc, qui est à l'opposite et tourne la face vers les fenestres, M*rs* les M*es* des requestes plus antiens; ce qui mesme a rapport à la séance des requestes de l'hostel; et le mesme jour, M*r* d'Ormesson, antien de tous les dictz S*rs* conseillers d'Estat et M*es* des requestes, a faict la distribution des procèz tant au dict S*r* de Moriq qu'aux aultres M*es* des requestes et conseillers d'Estat.

En la grande audience, a esté publié l'arrest du Conseil, du........¹ par lequel sa Majesté, sans avoir

---

¹ Cet arrêt est du 10 janvier. Avant l'interdiction du Parlement de Normandie, plusieurs instances s'étaient engagées au Conseil d'état, aux fins d'y faire évoquer et juger des procès nés en Normandie, mais dont les parties ne désiraient point que le Parlement de Rouen connût, soit à cause des parentés et alliances, soit par d'autres motifs. Depuis l'interdiction, des lettres patentes, du 4 janvier 1640, ayant commis, pour rendre souverainement la justice à Rouen (à la place du Parlement), ce même Conseil d'état, saisi naguère des demandes aux fins d'évocation, et le Conseil, par là, devenant de droit juge en appel de tous les procès, quels qu'ils fussent, de la compétence du Parlement, ce Conseil considéra *qu'au moyen de l'interdiction, la cause des évocations cessoit;* et, par son arrêt du 10 janvier, déclara que les parties des procès dont l'évocation avait été précédemment demandée, procéderaient et plaideraient à Rouen devant les commissaires, tout ainsi qu'elles auraient pu faire avant les requêtes en évocations.

Cet arrêt, et des lettres patentes rendues en conséquence, furent enregistrés le 12 janvier 1640.

esgard aux lettres d'évocation sur parentéz et alliances des officiers du dict Parlement de Roüen, dont les instances sont pendantes au dict Conseil ; a renvoyé toutes les dictes instances pardevant les dictz Srs commissaires tenantz la dicte cour de Parlement de Normandie, attendu que les causes des dictes parentéz et alliances cessent pour leur regard. Mr de la Ferté, Me des requestes, avoit parlé d'y venir juger un procèz criminel par luy instruict contre un soldat ; mais il n'a peu y venir assez à temps.

A l'issüe du palais, Mr Gassion, suyvant l'ordre de Mg{r} le chancelier, m'a accordé le deslogement des gens de guerre de la *poterne*[1] ou petite rue de Ju-

Enfin on déloge les soldats logé dans la rue de la Poterne

---

[1] Cette exemption fut accordée, sans doute, moins en considération de la bonne conduite des habitants de la rue pendant les journées des 21, 22 et 25 août 1639, qu'en faveur des religieux de Jumiéges, à qui appartenait ce quartier. Le conseiller d'État de Verthamont les protégeait ; on le voit par ces mots : M. Gassion *m'a accordé*. De plus, le onze février, partant de Rouen, il alla à Jumiéges les visiter ; nous le verrons, par le *Diaire*, à la dite date. Un assez vaste terrain leur avait été accordé en ce lieu, très peu de temps après la réduction de Rouen, par Philippe-Auguste (1205). Ils y érigèrent, en 1218, une chapelle en l'honneur de saint Philbert (ou Filibert), abbé de Jumiéges au 7e siècle, que saint Ouen, évêque de Rouen, trompé par une fausse accusation, avait fait incarcérer dans la tour d'Alverède (ou d'Alfrède), construite là postérieurement à la conquête de l'Angleterre, par le duc Guillaume-le-Bâtard. En 1526, les religieux de Jumiéges passèrent un aveu, pour « leur manoir de la chapelle de Saint-Phile-

miéges, attendu que, pendant les séditions, elle estoit tousjours demeurée fermée, aveq corps de garde, pour empescher que les séditieux et factieux n'y peussent rien entreprendre.

Le dict jour, après disner, M^rs d'Ormesson, de Moriq, Montescot et moy, avons continué l'inventaire du scellé de la maison de ville, et faict compter les deniers du payeur des rentes, montantz à 13,500 ^tt seulement, n'ayant peu procedder plus

---

bert, où sont (dirent-ils) plusieurs maisons et jardins clos de hautes murailles, anciennement nommé la *tour d'Alvarède*, et maintenant la *Poterne...* » C'est (disaient-ils) *un lieu d'aumône, franchise et immunité...* Ils exposent qu'à cause de ce manoir, leurs vins passant sur la Seine étaient francs de tout tribut ou péage; que, dans ce manoir même, le vin de leur crû se vend tous les jours, exempt de tous quatrième, huitième, etc.

Farin, qui rapporte cet *aveu*, ajoute qu'il n'y avait là, anciennement, près de la chapelle, qu'une grande place vaste et mal ordonnée; que la rue de la Poterne fut dressée et bâtie en 1608, et *qu'elle appartient aux religieux de Jumiéges* (a).

Le 27 juillet 1493, le seigneur de Bussy d'Amboise, venu à Rouen pour protéger l'élection du fameux Georges d'Amboise, premier du nom, en qualité d'archevêque de Rouen, était logé *en l'Ostel de Jumièges, près la Poterne*, et les officiers de l'hôtel-de-ville y allèrent lui présenter, par honneur, deux galons de vin (le vin de ville) (b).

(a) *Histoire de la ville de Rouen*, par Farin, édition de 1668, t. I, pag 100. — *Description géographique et historique de la Haute-Normandie*, par D. Toussaint Duplessis, t. II, p. 115.

(b) *Reg. de l'hôtel-de-ville de Rouen*, 27 juillet 1493.

avant, à cause de l'absence du greffier de la maison de ville, occuppé, par ordre de Mgr le chancelier, pour luy rapporter les noms des rües des quartiers estantz soubz la charge de chascun des cappitaines.

Mgr le chancelier fut visiter, l'aprèz disnée, le vieux palais[1], et y fut salué de l'artillerie et par l'escopèterie de la garnison ou mortepayes de la dicte place; mon dict seigr le chancelier, à son retour, feit jugement fort advantageux de la dicte place, si elle estoit aucunement fortifiée.

Le chancelier va visiter le Vieux-Palais

Lorsque ceux par luy députéz pour l'inventaire de la maison de ville en ont donné compte, il a ordoné de ne point toucher à l'inventaire des armes, ny des canons et dépendances de l'artillerie, attendu qu'un commissaire de l'artillerie s'en doibt charger au premier jour.

---

[1] Henri V, roi d'Angleterre, et Henri VI, son successeur, bâtirent ce château, en vertu d'une clause expresse du traité de réduction de la ville de Rouen en leur pouvoir (18 janvier 1418) (*a*). On l'appela le *Palais royal* (*b*), jusqu'à ce que, sous Louis XII, le Palais de Justice, bâti pour le Parlement, ayant pris ce nom de *royal*, qui lui appartenait si bien (puisque la Justice s'y rendait au nom du roi), le château de Henri V devint le *Vieil Palais*.

(*a*) *Histoire de la ville de Rouen*, par Farin, t. I, p. 121.

(*b*) Enquêtes de 1425, relatives au privilége de la Fierte. (Archives du département.)

Vendredi 13 Janvier 1640. Jugement de deux soldats, accusés, l'un de viol, l'autre de complicité.

Le vendredy 13me du dict mois, l'audience, à huis cloz, a esté donée de fort bonne heure; et à huict heures, au lieu de monter en la grande audience, on a proceddé au jugement du procèz criminel instruict par Mr de la Berchère, et par moy en partie, contre les nomméz *Casse-Miche* dict La Grange, et Guilloteau dict *S^{ct}-Amour*, cavaliers de la compagnie du sieur de………. du régiment du S^r marquis de Coaslin. L'accusation estoit d'un violement, et d'avoir, à main armée, passé par dessus les murailles d'une maison, et voulu rompre les portes; ilz avoient esté empeschéz de parachever le violement, par l'assistance de 50 ou 60 paysantz, survenuz au cry de la fille; celuy des dictz soldatz nomé *Casse-Miche*, qui y avoit attiré son compagnon, qui avoit esté surpris proche de commettre l'action, et qui, auparavant et depuis, avoit commis plusieurs blasphesmes exécrables, mesme pendant qu'il fut mené dans l'églize du lieu, lié et garrotté, a esté condamné à la mort; Guilloteau aux galères perpétuelles; et a esté décretté contre les nomméz La Vallée et……. deux aultres cavalliers de la dicte compagnie, qui estoient aussj avec eux; enjoinct au cornette de leur compagnie de les représenter, attendu qu'il s'en estoit chargé.

L'un est condamné à mort; l'autre aux galères perpétuelles.

Particularités qui précédèrent l'exécution du premier.

Pendant le jugement de ce procèz, a esté leu l'arrest du Conseil, par lequel sa Majesté renvoye aux commissaires tenans le Parlement de Normandie tous les procèz instruictz ou à instruire par les S⁻ˢ conseillers d'Estat et M⁽ˢ⁾ des requestes; et, pour cest effect, leur en a attribué toute court, jurisdiction et cognoissance, et icelle interdicte à tous aultres juges.

Le greffier criminel m'ayant demandé si, pour l'exécution de ce jugement, on prendroit main-forte de gentz de guerre, je l'ay renvoyé à M⁻ d'Ormesson, qui en a pris l'ordre de Mg⁻ le chancelier; mais mon dict S⁻ le chancelier s'est contenté que l'exécution se feist à l'ordinaire, estimant qu'il n'y auroit point de résistance, de la part des soldatz ny des habitantz de la ville.

<small>Lors du désarmement, on avait ôté aux douze sergents de Rouen, leurs armes.</small>

Cependant, les sergentz qui, en nombre de douze, ont accoustumé d'assister aux exécutions, ne s'y estantz pas trouvéz, s'excusantz de ce que l'on leur avoit osté les armes, lorsque l'exécuteur a apperçeu y avoir grand nombre de soldatz attroupéz à l'entrée et jusques dans la porte de la prison, craignant une violence, il a demandé permission à M⁻ de la Berchère, qui interrogeoit le condamné, de mettre la main à l'espée¹, en cas qu'il fust atta-

<small>L'exécuteur demande qu'il lui soit permis de mettre la main à l'épée, au cas où il serait attaqué. Gassion envoie au palais un détachement de cinquante hommes.</small>

---

¹ Un bourreau n'aurait pu user impunément, même pour sa légitime défense, du glaive qui lui servait pour les exécutions criminelles. En 1589, Jean Gerbault, bourreau de Coutances, venant, à cheval, des champs à Coutances, fut assailli par plusieurs personnes qui le poursuivirent en l'accablant d'outrages, jurant le nom de Dieu qu'ils le feraient repentir. Poursuivi dans Cou-

qué; sur quoy, le dict Sʳ de la Berchère en ayant envoyé demander ordre à mon dict seigneur le chancelier, et s'estant trouvé prèz de luy le dict Sʳ colonel Gassion, il a envoyé 50 soldatz en la court du palais, pour escorter le prisonnier, et pareil nombre en la place où l'exécution se debvoit faire; de sorte que le dict accusé a esté exécuté.

Un soldat qui, l'épée à la main, a causé du désordre dans le palais, est arrêté, et livré à Gassion qui, le même jour, le fait passer par les armes.

Cependant, l'un des gardes du dict sieur Gassion, assisté d'aultres ses compagnons, soit qu'il soit venu pour ayder à recourre le condamné, soit qu'il fust pris de vin, ou que l'on l'eust poussé dans la multitude du peuple qui y estoit grande, ayant mis l'espée à la main, et espouvanté et faict tumber plusieurs personnes, et frappé jusques dans la salle du palais, proche la chambre de l'audience, tous ceux qu'il rencontroit, ayant grandement blessé

---

tances même, et jusque dans sa maison, Gerbault frappa un des assaillants « *de son espée dont il avoit accoustumé faire les exécutions criminelles.* » Condamné, pour cela, par le premier juge, à être fustigé un jour de marché et à de notables dommages et intérêts, il appela au Parlement de Normandie (alors séant à Caen à cause des troubles), et, sur la sellette, raconta comment il avait été attaqué : « *Vous ne debviez* (lui dit le premier président Groulart), *vous ne debviez frapper de vostre espée de laquelle vous fûctes les exécutions criminelles de justice.* »

Le Parlement, partageant cet avis, confirma la sentence, et envoya Gerbault à Coutances, pour y subir la peine du fouet (*a*).

(*a*) *Reg. secr. et de Tournelle*, du 6 juillet 1589.

un home particulièrement, il a esté saisj par trois huissiers, et constitué prisonnier, de l'ordre du dict S^r la Berchère ; mais, ensuite, deux hallebardiers, de la part du dict Sr Gassion, le sont venus demander ; et le dict Sr de la Berchère en ayant envoyé demander ordre à Mg^r le chancelier, il en a renvoyé la cognoissance au dict Sr Gassion, qui a promis le faire passer par les armes, et en faire justice exemplaire, come il a faict une heure après, en la court de St-Ouën, ne luy ayant accordé aultre grâce qu'une heure de temps pour se confesser[1].

Le dict jour, le dict Sr Gassion, aveq M^rs de St-Jouyn et La Ferté M^es des requestes, et les officiers du régiment de cavallerie de Mg^r le cardinal, ont esté à Darnestal, pour réïtérer les ordres aux gentz de guerre, et aux habitantz, de leur payer seulement en deniers, à raison de 34 solz par jour pour cavallier, afin d'éviter les différentz et mauvais traictementz ordinaires pour raison des vivres que l'on leur fournit. *Gassion va à Darnétal, faire la police entre les habitants et les soldats.*

Le dict jour, après disner, M^rs d'Ormesson, Moriq, Montescot et moy avons continué l'inven- *Inventaire des titres et papiers de la maison de ville.*

---

[1] Gassion avait droit de Justice sur ses soldats.

« La justice militaire [sur les soldats de son régiment] lui fut accordée, à l'exclusion de tous autres juges (a). »

(a) *Mémoires de Tallemant des Réaux*, tom. II, p. 170, édition de 1840.

taire de la maison de ville; pour en avoir instruction bien particulière, avons veu le dernier compte de 1632, arresté en 1639 seulement; et commencé à veoir et extraire environ le tiers de la recepte des deniers communs et patrimoniaux, et réservé le surplus au lendemain.

Il y a un aultre registre des deniers d'octroy, et un de la recepte des blédz, d'environ 140 muidz de grain par an, provenantz des moulins de la ville; ceux qu'ilz ont accoustumé de réserver, de 3 années pour le moins, avoient esté venduz, l'année dernière, pour acquitter une taxe de 40 mil escuz au nommé OEuf[1].

Six anciens avocats commis pour tenir les requêtes du palais, au Parlement de Normandie, en remplacement des conseillers commissaires aux requêtes, interdits.

Le dict jour, à l'issüe du jugement du procèz criminel, on est monté en la grande audience, à unze heures du matin, seulement, pour y publier, comme l'on a faict, la déclaration du roy portant commission aux six antiens et plus célèbres advocatz du Parlement, pour tenir les requestes du

---

[1] Euf, ou OEuf. Il était hollandais. Grotius, transmettant au chancelier Oxenstiern des détails sur les scènes violentes arrivées à Rouen, les 21, 22 et 23 août, dit : « Domus altera, quam ibi (Rotomagi), habet *Heufdius noster*, adversùs minaces incursus, multà vi hominum in id advocatorum, ac postremò, cùm desæviret impetus, civium quoque ab istà insaniâ intactorum superventu, malum evasit (a). »

(a) *Hugonis Grotii epistolae quotquot reperiri potuerunt*, 1697, in-folio, page 556.

palais, dont les officiers sont interdictz avec ceux du Parlement[1]. Mgr le chancelier avoit pensé d'y commettre les six antiens conseillers du bailliage ; mais il a préveu qu'ilz pourroient énerver et distraire la jurisdiction des dictes requestes du palais, afin de s'auctorizer d'avantage en leurs charges.

Mr d'Ormesson et les aultres susdictz ont esté rendre compte du dict scellé à Monseigr le chancelier, et luy ont remis un registre trouvé en l'hostel de ville, ou plustost un *discours des sources dès aque-* Livre des fontaines, ms. appartenant à l'hôtel de ville de Rouen.

---

[1] La déclaration est du 9 janvier 1640, datée de Saint-Germain-en-Laye, et motivée sur ce qu'entre les officiers du Parlement de Normandie, interdits par les lettres patentes du 17 décembre précédent, ont été compris les *conseillers-commissaires en la jurisdiction des requestes du palais*. A cette occasion (dit le roi), il est nécessaire, pour l'expédition des affaires qui y sont pendantes, de nommer et commettre des personnes capables. Le roi, en conséquence, s'adressant à maîtres Antoine *Deschamps*, Centurion de Cahaignes, Louis *Radulphi*, Jean de *Lesdos*, Jacques *Cocquerel* et Jacques *Eustache*, avocats en la cour de Parlement de Normandie, à Rouen, déclare « les commettre.... pour tenir et exercer la justice et juridiction des requestes du palais à Rouen, au lieu et place des conseillers commissaires interdits, et jouir desdictes charges, aux honneurs, autorités, prééminences, pouvoirs et fonctions qui y appartiennent, et aux appointements qui leur seront ordonnés. Pendant qu'ils exerceront la dicte justice et juridiction, les jugements, sentences, et tous autres actes qui seront par eux faits et donnés, seront de pareille force et vertu qu'étoient ceux des dites requêtes avant l'interdiction. »

L'arrêt d'enregistrement est du treize janvier 1640.

ducz et fontaines de la dicte ville, avec la description de la dicte ville de Roüen, en vélin, fort bien enluminé; le tout escrit en l'an 1525; où il est faict mention du cardinal d'Amboise légat, qu'il qualifie seul gouverneur de tout le royaume de France; quoy qu'en d'aultres lieux du dict escrit, en ses ordonnances, il ne soit pas ainsj qualifié, ains seulement archevesque de Roüen, légat, et lieutenant général pour le roy en Normandie.

Le chancelier se réserve de faire exécuter encore des séditieux, en vertu d'un simple ordre verbal.

Mon dict seigneur le chancelier a adverty le dict sieur d'Ormesson et les aultres susdictz de se trouver le lendemain, de fort bonne heure, au palais, pour y assister au jugement de plusieurs procèz criminelz que M⁰⁰ Talon et Letellier commenceroient à y rapporter, *se réservant, néantmoins, de faire punir et envoyer au supplice deux particuliers, de son auctorité;* ce qu'il avoit dict au dict sieur d'Ormesson vouloir faire pour quelques soldatz dont le procèz a esté instruict par M. de La Ferté, sur ce que mon dict seig¹ le chancelier n'a pas eu contentement des advis plus doux qui ont couru en l'affaire de ces deux cavalliers; sur le subject desquelz il a commandé au dict S¹ de la Berchère d'interroger, avant la mort, et presser le condamné, lequel, par ses premiers interrogatoires de la dicte après disnée, ayant persisté, enfin après l'avoir encor doné à son confesseur, il a dict que le nommé La Vallée, fugitif, et S¹-Amour, condamné aux galères seulement, estoient les plus coulpables, quoy qu'il aye tousjours persisté à dire que la fille n'avoit pas esté violée.

Le samedy 14me, M^{rs} les commissaires du Parlement s'estantz assembléz, Mr Talon, conseiller d'Estat, y a pris place immédiatement après Mr de Moriq; Mr Gaudart ayant eu un billet particulier de Mg^r le chancelier de luy céder; nonobstant quoy, au banc de la chapelle, pour la messe qui se dict dès le matin, le dict Sr Gaudart avoit pris place au-dessus du dict Sr Talon; mais à l'issüe, M^r d'Ormesson ayant dict la mesme chose au dict sieur Gaudart, de la part de mon dict seig^r le chancelier, qu'il estoit plus antien que le dict Sr Talon, ayant assisté à la prestation de son serment en septembre 1619, estant advocat du roy du temps de Mg^r le chancelier de Sillery, Mg^r le chancelier a remis à veoir les brevetz; et cependant a ordoné la préséance au dict Sr Talon, fondée sur ses continuelz services; au lieu que le dict Sr Gaudart, depuis avoir quitté la charge de M^e des requestes, est demeuré dix ans sans entrer au Conseil, l'entrée duquel à peine lui est-elle encor accordée par le roy, ayant esté rayé sur l'estat, de la main de sa Majesté. Mr Gaudart, avant d'aller à la messe, avoit dict à Mr de la Thuillerie et à moy qu'il céderoit, mais come par ordre exprèz.

Le dict S^r d'Ormesson a dict aussj à Mr Daubray,

Samedi 14 Janvier 1640.

de la part de Mgr le chancelier, qu'il entendoit qu'il cédast à Mr de Laubardemont; sur quoy, le dict Sr Daubray, soustenant que les lettres de conseiller d'Estat, à luy expédiées par mon dict seig^r le chancelier, luy conservent le rang de son serment sur son brevet, a évité d'aller à l'audience. On avoit pensé que Mrs Talon et Letellier y apporteroient les procèz criminelz par eux instruictz; mais il ne s'en parla point de ce jour. Un procèz instruict par Mr de la Ferté, contre certains soldatz, pour un vol sur le grand chemin, fut renvoyé au bailliage, pour y estre jugé souverainement; parce que mon dict seig^r le chancelier n'avoit pas esté satisfaict que l'on n'eust pas condamné à la mort les deux dont a esté parlé cy-dessus; et, néantmoins, l'aprèz disnée, luy ayant esté représenté les causes de la différente condamnation des deux, il en demeura satisfaict.

Le dict jour, après disner, M^{rs} d'Ormesson, de Moriq, Montescot et moy, après que l'on eust continué, chez le dict S^r d'Ormesson, l'extraict du revenu de la maison de ville, nous eusmes ordre de faire délivrer au payeur des rentes de la ville, ses derniers registres, ensemble au greffier les feuilles des proclamations des fermes de la dicte ville, ce que nous fismes.

Exécutions en vertu de l'ordre verbal du chancelier.

Le dict jour, furent exécutéz à mort, en la place publique, *par l'ordre verbal de Mg^r le chancelier,* les nommez............... du lieu de Sotteville et............. coulpables ayantz pillé dans la sédition, et bien convaincuz[1].

Le dimanche 15me, M^rs d'Henrichemont, de la Vrillière, les conseillers d'Estat et M^es des requestes, ayantz esté conviéz à disner par Mr de Gassion, Mg^r le chancelier partit de sa maison, sur les unze heures, pour aller entendre la messe aux Cordeliers, et y fut, accompagné par M^rs d'Henrichemont, Gaudart, la Thuillerye, du Til et moy, où il fut reçeu aveq harangue du père Vigor, qui y faisoit la charge de gardien ; et au surplus aveq toute cérémonie, pendant une petite messe qui y fut dicte

Dimanche 15 Janvier 1640. Le chancelier, après avoir entendu la messe aux Cordeliers va dîner chez Gassion.

---

[1] « Le samedy 14 janvier 1640, furent pendus deux hommes, à sçavoir un plastrier demeurant à Sotteville, qui avoit pillé la maison de M. Œuf, à Saint-Sever, et un drappier drappant, demeurant en ceste ville. »
Journal ms. de la ville de Rouen, ayant appartenu autrefois à M. l'abbé De la Rue.

Le même jour, le chancelier Séguier disait, dans un *mémoire* envoyé en Cour :

« Il y a la punition des criminels. L'on en doibt exécutter deux, aujourd'huy, par ordre militaire, ne me confiant pas trop à la justice des commissaires, qui sont de deçà, qui ne considèrent pas assez la conséquence de cette action, et qui mesurent les paynes sur les règles ordinaires, qui n'ont point de lieu en cas de rébellion, où il fault de l'exemple (*a*). »

(*a*) Mémoire du chancelier Séguier, rédigé à Rouen, le 14 février 1640, ms.

par son aumosnier; sur la fin de laquelle, Mgr le chancelier dict à Mr d'Henrichemont qu'il iroit disner chez le dict Sr Gassion, sans y estre invité; come, de faict, il y fut; de sorte que la compagnie accreut de sa personne, de Mrs de Ligny et Guyencourt, l'abbé Habert[1] et Esprit[2]; ce qui fut cause que, bien à propos, Mrs de Montescot, Daubray, Vignier et de Hère, aussj invitéz, y arrivèrent trop tard, oultre Mrs d'Ormesson, Moriq et Laubardemont, qui avoient, auparavant, promis chez Mr l'archevesque de Rouen. Toutes choses s'y passèrent fort bien, musique de trompettes, haultz bois et violons; aprèz la santé du roy, y fut beüe celle de Mgr le chancelier, descouvertz; ce qu'il souffrit aveq moins de résistance; luy, reprit celle de Son Eminence, qui avoit esté obmise; et ensuite Mgr s'entretint encor, à la musique des violons, qui luy pleust.

A l'issue du disner, Mgr le chancelier, avec la pluspart des susdictz, à la réserve de Mr de la Vril-

Le chancelier va visiter, une deuxième fois, le Vieux-Palais.

---

[1] *Habert* (Germain), abbé de Cérisy, auteur d'une vie de Pierre de Bérulle.

[2] Esprit (Jacques), de l'Académie française, né à Béziers, en 1611, mourut à Béziers en 1678. — Il avait été reçu à l'Académie française le 14 février 1639. Il avait fait un ouvrage intitulé: *De la fausseté des vertus humaines.*

lière, fut visiter de rechef le Vieux-Palais¹, où il veit les lieux pour retirer le canon de la ville, et les armes tant de la dicte ville que des habitantz dé-

---

¹ Le 14 janvier 1640, le chancelier Séguier écrivait, de Rouen, en cour : « Je prie que l'on considère ce que j'ay mandé du sieur De la Vigerie. La place du Vieux-Pallais est importante pour la conservation de la ville ; et, la mettant en l'estat que l'on propose, l'authorité du roy sera asseûrée, pourveu qu'il y ayt un homme de commandement et de créance, qui puisse, en ung besoin, rallier les principaux bourgeois et les faire armer (a). »

Le Vieux-Palais, bâti sur le bord de la Seine, avait une porte ouvrant sur la rivière même, et qui, depuis long-temps, était condamnée et bouchée, lorsqu'un commissaire du roi, Rouxel de Médavy, abbé de Cormeilles, vint à Rouen, en septembre 1639. Il crut devoir, alors, la faire ouvrir, afin qu'on pût toujours introduire par là les troupes que la cour enverrait pour contenir les habitants de Rouen. Aux inquiétudes du Parlement, aux murmures du peuple, que mécontentait ce changement, l'abbé de Cormeilles, niant le dessein prêté au gouvernement, d'introduire par là des troupes, avoit répondu « que c'estoient de vains ombrages, et que le roy n'avoit coustume d'entrer que par les portes ouvertes (b). » Mais cette précaution, prise dans l'intérêt de l'autorité royale, devait plus tard tourner contre elle. En janvier 1649, après que le duc de Longueville se fut déclaré contre la cour, le Parlement ayant reçu de Saint-Germain la défense de reconnaître ce gouverneur, et même de le recevoir dans Rouen, les magistrats fidèles s'inquiétèrent de cette porte de derrière, par laquelle le duc pourrait aisément s'introduire, et firent tout pour qu'on la condamnât, comme avant 1640 (c). Mais le com-

(a) Mémoire ms. du chancelier Séguier, rédigé à Rouen, le 14 janvier 1640, et répondu de la main du secrétaire d'état De Noyers.

(b) Reg. secr., septembre 1639.

(c) Reg. secr., 14 janvier 1649 et jours suivants.

sarméz, ensemble les réparations et augmentations plus nécessaires pour les fortiffications, dont il chargea un ingénieur, aveq le Sʳ de la Vigerie, commandant au dict chasteau pour Mʳ le comte de Guische.

<small>Lundi 16 Janvier 1640. Deux vieux registres de chartes ducales, remis au chancelier.</small>

Le lundy 16ᵐᵉ a esté pris par Mgʳ le chancelier pour se purger[1]. Mʳˢ d'Ormesson et de Moriq, bien que l'on se feust persuadé que ce fust jour de feste, et que, pour cète occasion, Mʳˢ les commissaires n'eûssent point entré au Parlement, n'ont pas laissé d'entrer en la maison de ville, pour continuer les inventaires; ce qu'ilz n'ont point faict; et se sont contentéz d'en retirer deux vieux registres de chartres antiennes des ducz de Normandie, qu'ilz ont remis par devers mon dict seigneur le chancelier.

---

mandant du Vieux-Palais, gagné par le duc de Longueville, se refusa à rien faire sans des ordres écrits du roi, que le duc devança sans peine; ce prince, comme l'avaient craint les magistrats royalistes, traversant la Seine à Bonnes-Nouvelles, vint s'introduire dans Rouen par cette petite porte, et, en un clin-d'œil, fut maître de la ville, qu'il avait d'ailleurs su, d'avance, gagner à ses desseins (a).

[1] « Il (le chancelier Séguier) aime sa santé plus que toutes les choses du monde, et n'espargne rien de ce qui luy peut prolonger la vie ; il use perpétuellement des remèdes et des nourritures précieuses, et se porte fort bien, à l'âge de plus de quatre-vingts ans. » (b)

(a) *Reg. secr.*, 24 janvier 1649, et tous les mémoires du temps.

(b) *Les Portraits de la Cour*, pièce intitulée : *Le Caractère ou Portrait de Monsieur le chancelier (Séguier.) Archives curieuses de l'Histoire de France*, par F. Danjou, 2ᵉ série, t. VIII, p. 408.

Mʳˢ les Mᶜˢ des requestes du quartier du Conseil ont veu, l'aprèz disnée, quelques instances, pour rapporter, le lendemain, après disner, au Conseil, selon l'advis qui en avoit esté donné.

Le soir, on a exécuté l'un des soldatz renvoyéz au présidial; l'aultre n'ayant pas esté condamné à mort.

Le mardy 17ᵐᵉ, Mʳˢ les commissaires ont jugé, au rapport de Mʳˢ Talon et Letellier, ce premier portant la parolle, plusieurs procèz criminelz, par eux conjoinctement instruictz, contre les prisonniers arrestéz[1], de leur ordonnance, pour le faict des séditions; les plus coulpables (d'aucuns desquelz on a veu les charges, par occasion), ayantz esté exécutéz par les *ordonnances verbales* de Mgʳ le chancelier, dont il a esté parlé cy-dessus.

Le nommé François Bérenger, (pris pour Louis, vray coulpable,) a esté eslargj.

Idem, pour le nommé.......... arresté depuis peu de jours par un archer de la cinquantaine, de son auctorité privée, pour l'avoir veu, pendant la sédition, en la rue des Prisons, où est le bureau

Mardi 17 Janvier 1640. Les conseillers d'État et maîtres des requêtes procèdent au jugement des individus détenus, comme ayant trempé dans la sédition.

---

[1] Le registre de *Tournelle* (année 1640) du Parlement de Rouen, contient ces jugements des séditieux, par les conseillers d'Etat et maîtres des requêtes. On y voit que les uns furent interrogés à genoux, les autres assis.

« Le nommé........ » Il s'appelait Jourdain.

« Simon. » L'arrêt ordonnait un plus ample informé.

« Jacques Gallays. » C'était un *homme de journée*.

général des gabelles, chargé de quatre aiz qu'il avoit trouvéz dans le ruisseau.

Le nommé.......... Simon, passementier, qui fut blessé, pendant la sédition, d'un coup d'arquebuze des officiers de la cinquantaine, s'estant deffendu qu'il passoit fortuitement, venant de vespres des Cordeliers, à esté eslargj, à sa caution de se représenter, etc.

Robert Galayz, deschargé, pour l'avoir esté par les tesmoins.

Jacques Galayz, son frère, estoit convaincu, par trois ou quatre tesmoins, d'avoir, avec ses père et mère et frères, à présent fugitifz, excité et commencé, le 21, 22 et 23 aoust, la sédition contre le bureau des doubles, appeléz des *maillotz*, et d'en avoir voulu exciter une nouvelle, il y a six sepmaines, contre le nommé Pittery, chandelier; et les gentz du roy, nonobstant l'inspection de sa personne, concluoient à la mort; mais n'estant aagé que de 17 ans, et après que l'on l'a veu, chascun s'est contenté de la peine des enfans, qui est le fouet au sortir de la prison, et devant le dict bureau des doubles, et la maison du dict chandelier; avec le bannissement à perpétuité de la ville de Rouen et du duché de Normandie, à peine de la hart. Il a esté rapporté d'un enfant de 14 ans, aucteur...... exécuté à mort du temps du roy Henri troisième, et d'un espion qui portoit des nouvelles aux ennemiz pendant le premier voyage du roy à Metz, aussj condamné à mort, auquel le roy dona la grâce; ce qui avoit esté proposé pour celuy-cy; mais l'on a creu que, le roy n'estant pas présent, cela ne se pouvoit faire, et que, d'ailleurs, ce seroit charger d'envie Mg^r le chancelier. Il avoit aussi esté proposé, ou de le pendre par les aisselles [1], ou de le flaistrir; mais presque tous se sont contentéz de ce qui est porté cy-dessus; M^{rs} de St-Jouyn et La Ferté y ont assisté, quoy qu'ilz se feussent dispenséz des aultres séances, pour avoir leurs parentz dans le Parlement de Rouen.

En la grande audience, Mr Talon s'est assiz au-dessus de Mr Gaudart; Mr Daubray ne s'y est pas trouvé; et, en sortant, M^r de La Ferté, quoy que reçeu depuis le dict Sr Daubray, a faict concours aveq le dict Sr de Laubardemont.

L'ordre qui avoit esté doné pour le conseil de cète après disnée a esté changé; M^{rs} d'Ormesson et de Moriq, et Montescot et moy ayantz eu ordre, le jour d'hier, de Mg^r le chancelier, d'inventorier toutes les chartres de la maison de ville, du moins

---

[1] J'ai vu plusieurs arrêts du Parlement de Normandie, qui condamnent de jeunes garçons, convaincus de crimes capitaux, à être *pendus sous les aisselles*. Le 23 février 1541, Philippe, jeune enfant de quatorze ans, convaincu d'avoir méchamment douné le sceau du lieu de la conciergerie, fut condamné par le Parlement à être battu de verges, par deux jours; *ce faict, à estre pendu à une potence, durant et par l'espace d'un demi-quart d'heure.*

par le premier et le dernier mot de chascune d'icelles. Eux, Mr de Montescot et moy, nous somes transportéz dans les chartriers, lesquelz ont esté trouvéz si confuz, composéz d'un si grand nombre de sacz de procèz, registres de compte, papiers espars dans les armoires, sans aucun ordre, qu'il a esté résolu de représenter à monseig{r} le chancelier qu'il sembloit à propos de les faire tous porter à Paris, pour les inventorier, et séparer à loisir, ou d'en commettre le soin à quelqu'un de cète ville de Rouen, pour les dater premièrement, puis les réduire chascun à leur tiltre et liace, suyvant chascun article de ce qui compose le revenu ou la despense ordinaire; ce qui a esté approuvé par mon dict seigneur.

<small>Livre des concessions des foires de Rouen.</small>

Oultre les deux livres cy-dessus, il s'en est trouvé un aultre, de la concession des foires, commençant à Charles 7me; et un grand registre, en forme de répertoire, lequel Mr de Moriq a parcouru, en partie, en nostre présence; et y ont esté remarquéz quelques articles des priviléges de la ville, chartres normandes, et aultres assez considérables, que l'on avoit insisté de mettre à part, pour en donner compte à Mg{r} le chancelier; mais ces Mrs ont creu que cela engageroit à un travail inutile, et ne luy en ont point parlé.

Mg{r} le chancelier s'est faict représenter les estatz de tout le revenu de la ville, demandéz, longtems auparavant, aux officiers d'icelle, montantz 226 mil liv.;

a ordoné la publication des fermes et baux à rente pour le jeudy de relevée ensuyvant au Conseil; a ordoné, de rechef, de ce qui regarde le vieux chasteau, come il est dict cy-dessus, aveq le dict Sr de la Vigerie, et le Sr du Perron, commissaire de l'artillerie, auquel il n'a pas voulu doner ordre en son nom, mais soubz celuy de sa Majesté, n'y en ayant point de M^r le grand M^e de l'artillerie; et aveq le Sr Galland, pour plusieurs affaires concernant les finances.

Le mercredy 18me, Mrs Talon et Letellier, continuèrent leur rapport par devant M^{rs} les commissaires tenantz le Parlement, assembléz au nombre de 17, de tous les aultres procèz criminelz par eux instruictz sur le faict des séditions de Roüen, à la réserve d'Osmont, l'un des cappitaines de la cinquantaine.

Les advis des rapporteurs furent tousjours dans une grande modération et équité, aussi bien que du reste de la compagnie; la pluspart des accuséz furent mis hors des prisons, à la réserve de deux Baillehache, frères, lesquelz furent bannis pour trois ans, pour avoir esté à tous les bureaux pendant que l'on les pilloit, par curiosité (disoient-ilz), car ilz n'estoient pas accuséz d'y avoir rien pris; le nommé....¹,

Mercredi 18 janvier 1640. On continue de juger les individus arrêtés à la suite des séditions de Rouen.

---

¹ « *Le nommé...* » Il s'appelait Noël *Pontif*, brasseur; il avait pris et voulu s'approprier un manteau doublé de panne, et un coupon de toile, qu'on lui reprit comme il passait devant un corps de garde. L'arrêt (du 18 janvier) le condamne à être battu

fustigé et banni pour   ans, pour avoir esté trouvé saisj d'un manteau doublé de panne grize, et d'un couppon de toille, qu'il disoit avoir pris à une femme pendant le temps de la sédition ; le nommé ....., tonnelier, aagé de 66 ans, *blasmé, pour avoir, pendant que l'on pilloit le bureau des Aydes, vers les Cordeliers, crié qu'il ne falloit laisser pierre sur pierre, et se deffaire de tous ces gascons monopoliers;* les nomméz Benjamin et Noël, bannis à perpétuité, pour avoir quitté le corps de garde du quartier du bureau des Gabelles, contre l'ordre de ceux qui y commandoient, et, aveq aultres 40 homes, faisantz moietyé de la dicte compagnie (les aultres du dict nombre s'estantz absentéz), s'estre portéz contre le bureau où maison du sieur

---

de verges aux carrefours de Rouen, à un jour de marché, et au bannissement pour trois ans.

« Le nommé... tonnelier. » Il s'appelait Michel *Dardane*. Le registre lui impute d'avoir dit « *qu'il ne falloit louer de maisons aux Gascons.* » Condamné au *blâme*, il fut amené devant les commissaires, dont le président (M. d'Ormesson) lui dit : « *La court vous blasme des parolles qu'avez tenues, lesquelles tendoient à augmenter la sédition. En cela, vous avez faict grande faulte; laquelle MM. les commissaires vous remettent, en considération de vostre femme et enfants, et soubz espérance que vous vivrez, à l'advenir, en homme de bien.* »

« Les nommés..... » Le registre nomme Tibeuf, Benjamin, et Le Faucheur, comme condamnés, le dit jour, au bannissement perpétuel.

de Tourneville, esmeuz (ce disoient-ilz) de ce que, du dict bureau, on avoit tiré sur les habitantz, et blessé le fils du nommé Chandot, l'un des bourgeois du dict corps de garde, le 22 du mois d'aoust, y conduitz par Morin, leur caporal, qui y fut tué ; la sédition ayant esté, les jours précédentz, contre les aultres bureaux, ce jour là, tout le matin contre celuy-cy, aveq des pierres seulement ; et le lendemain, ledict bureau ayant esté pillé, le père et la mère de l'enfant en estoient venuz faire leur plainte au corps de garde ; un autre, nommé Lefaulcheur, charron, aussj bannj à perpétuité, pour avoir, lorsque lesdictz bourgeois, desbandéz de leur corps de garde, vindrent attacquer le bureau des Gabelles, rompu la baricade, en retirant une charette qui avoit esté prise devant sa boutique, contre lesquelz il y eut quelque advis à la mort ; M^{rs} les rapporteurs, au contraire, de trois ans de bannissement, revindrent à l'advis du bannissement perpétuel. Chascun fut d'advis d'absoudre, en termes aussy honorables qu'il se peult aveq le roy, les Srs Besnier et Baillet, lieutenant et enseigne, qui commandoient la compagnie, et ...... anspessade, pour y avoir faict tout le debvoir qui se pouvoit ; mais plusieurs désiroient, pour marquer ce malheur de la compagnie, ou la supprimer et la réunir aux aultres de la ville (en quoy pourtant on eust changé l'ordre), ou casser tous les officiers, mesme le cappitaine, qui estoit absent, afin de ne laisser aucune note sur les particuliers, come malheureux, ou du moins n'ayantz pas assez eu de crédit sur leur compagnie ; et néantmoins, il passa, au contraire, *in mitiorem*, de 7 contre 8, Mrs de Saint-Jouin et La Ferté, qui composoient les 17 juges, s'estantz retirés de ce procèz, l'advis fondé pour ne doner nulle atteinte à ces officiers, qui avoient dignement servi et versé.

Le chancelier reçoit l'ordre d'aller en Basse-Normandie.

Le mesme jour, Mg^r le chancelier a reçeu ordre de la court (ou du moins l'a il publié), pour le voyage de Basse-Normandie [1] ; et, pour cet effect, a mandé de Paris sa litière et 20 muletz pour son bagage, à cause que l'on a sçeu, pour lors, que les carosses et chariotz ne pourront passer que fort

---

[1] Des lettres de Hugues Grotius montrent qu'il avait été question, à Paris, d'un voyage de Séguier en Bretagne.

« Cancellarius Regni in Armoricam Britanniam mittitur, ibi quoque severis suppliciis metum incussurus populis, ne seditiones aut cæptent aut dissimulando alant (*a*). »

« Cancellarius in Britanniam Armoricam it, ibi quoque, si quid seditionum restat, exstincturus, et in posterùm securitati publicæ consulturus, suppliciorum terrore (*b*). »

« Cancellarius Franciæ in inferiora Normanniæ, deindè in Britanniam Armoricam it, inquisiturus in eos qui seditiones aluisse dicuntur (*c*). »

(*a*) *H. Grotii epistol.* 1317, *Ludovico Camerario*, 4 februar. 1640.

(*b*) *H. Grotii epistol.* 1318, *Axelio Oxentiernæ*, 4 februar. 1640.

(*c*) *H. Grotii epistol.* 1319, *Axelio Oxenstiernæ*, 1, 11 februar. 1640.

difficilement au delà Caën ou Bayeux ; il semble mesme qu'il ayt tesmoigné quelque doubte pour passer en Bretaigne.

Les canons ont été conduitz de l'hostel de ville au Vieux-Palais, non sans une nouvelle consternation des habitantz [1]; les armes des bourgeois

Les canons de l'hôtel de ville et les armes des bourgeois sont transférés au Vieux-Palais.

---

[1] « Les canons ont esté conduictz de l'hostel de ville au vieux Palais, etc. »

Nous avons vu, par l'inventaire, que c'était *vingt-neuf* pièces de canon, de divers calibres; *vingt-cinq* arquebuses à crocq; 6,402 boulets; 24,800 livres de poudre.

Dans un *mémoire* envoyé en cour le 14 janvier, le chancelier témoignait différer la translation de l'artillerie de l'hôtel de ville au Vieux-Palais, *par la considération de ce qu'il debvoit à monsieur le grand maistre.* Le secrétaire d'Etat De Noyers se hâta de répondre : « Monsieur le grand maistre en sera adverty; mais, pour ne perdre de temps, le roy trouve bon que monsieur le chancelier face faire le transport des armes. » La translation eut donc lieu le mercredi 18. Picot, capitaine des gardes du chancelier, avait été chargé de cette expédition, dont il s'acquitta en digne agent subalterne de Richelieu. Au premier bruit de l'enlèvement de l'artillerie de la ville, étaient accourus à l'hôtel de ville des anciens conseillers de cet hôtel; même, les *six* commissaires nommés, récemment, pour en régir les affaires; ils arrivèrent comme on sortait les canons des magasins, et qu'on les roulait dans la cour (où était alors une fontaine); et, comme un de ces anciens conseillers de ville demandait à voir l'arrêt en vertu duquel se faisait cet enlèvement : « *L'arrest est au bout de mon baston* », répondit l'exempt Picot, « d'une façon altière (*a*). »

En janvier 1649, toute l'artillerie de l'hôtel de ville était

(*a*) *Reg. de délibérations de l'hôtel-de-ville de Rouen*, du 3 janvier 1643.

aussi, come il a esté dict cy-dessus, de partie des-

---

encore au Vieux-Palais; et, à cette époque, les premiers troubles de la Fronde étant venus à éclater, les échevins, qui voulaient demeurer fidèles au roi et se mettre en état de défendre la ville contre un coup de main, dirent au Parlement : « Il y a neuf ans que M. le chancelier a faict enlever tout le canon des magasins de ceste ville, et iceluy envoyé, avec les armes des bourgeois, dans le chasteau du Vieil-Palais; » ils demandaient qu'on les leur rendit. Mais le duc de Longueville, gouverneur, qui venait de se declarer contre la cour, était secrètement attendu à Rouen, par ses partisans, par La Fontaine-du-Pin entre autres, qui, (vu la jeunesse du marquis d'Ectot), commandait dans le Vieux-Palais; et comme le Parlement invitait La Fontaine-du-Pin à remettre aux échevins quelques-uns des canons pris à la ville, il y avait neuf ans, celui-ci s'en défendit, à moins d'ordres exprès du roi, qui ne vinrent pas à temps; en sorte que le duc de Longueville, rebelle, put entrer dans la ville de Rouen, où il avait été défendu à tous, par des lettres patentes, de le recevoir et de le reconnaître (a). Le 26 novembre 1643, les Etats de Normandie, assemblés à Rouen, disaient au roi :

« La ville de Rouen vous supplie luy faire rendre ses canons, que le prétexte des désordres passez a fait enlever de leurs magazins, n'en désirant la garde que pour vostre service et abolir les marques de la suspicion de leur fidélité. »

La réponse fut : « Le roy fera restituer les canons à la dite ville de Rouen, lorsqu'elle jugera estre à propos pour le bien de son service. »

En 1650, après l'arrestation des princes de Condé, de Conti et du duc de Longueville, la ville de Rouen ayant résisté aux efforts qu'avait faits la célèbre duchesse de Longueville, pour l'émouvoir et l'exciter à la révolte, Louis XIV, qui vint à Rouen,

(a) *Reg. secr. du Parlement de Normandie*, des 14 et 15 janvier 1649.

quelles il y a eu ordre d'accommoder les trouppes de cète province [1].

Mgr le chancelier a commandé aux commissaires pour l'administration de la maison de ville et aux principaux habitantz, de délibérer s'ilz pouvoient asseûrer la seureté de la ville pendant la campagne prochaine, et s'y obliger au Roy, ou s'ilz désiroient plustost y retenir et souldoyer six mil homes pour leur seureté [2].

Le chancelier donne l'option aux bourgeois de Rouen, de se rendre garants de la tranquillité de la ville, ou de demeurer chargés d'une garnison de 6000 hommes.

---

peu de jours après le départ forcé de la duchesse, voulant reconnaître la bonne conduite des habitants, fit rendre à l'hôtel de ville *quatre* des canons qui, en janvier 1640, en avaient été enlevés, et étaient encore au Vieux-Palais (a).

[1] Voici en quoi consistaient les armes portées par les bourgeois à Saint-Ouen, et transportées de là au Vieux-Palais :

Mousquets et arquebuses . . . . 1603.
Épées . . . . 3497.
Hallebardes . . . . 1037.
Piques . . . . 527.
Pistolets . . . . 90.

[2] En novembre 1639, des échevins de Rouen étaient allés en cour, pour s'efforcer de détourner de cette ville les rigueurs qui la menaçaient ; mais (le croira-t-on ?) à la question que leur firent les ministres : « *s'ilz vouloient respondre personnellement de la tranquillité de la ville* », ils ne surent pas satisfaire comme il convenait, et on sait ce qui en advint. A la mi-janvier 1640, la soldatesque désolant la ville, les faubourgs et le pays à la ronde, les six commissaires de l'Hôtel-de-Ville obsédaient de leurs plaintes, hélas ! trop légitimes, le chancelier Séguier,

(a) *Reg. de l'hôtel-de-ville de Rouen*, 14 février 1650.

Mon dict S^{gr} le chancelier a tesmoigné qu'il avoit

qui, leur rappelant leur mauvaise réponse du mois de novembre, ajoutait : « *Sur vostre refus, le roy, qui a ung grand intérest de conserver sa ville, a esté obligé d'envoyer des troupes à Rouen. Qu'avez-vous donc à vous plaindre ? Le roy veut conserver sa ville.* » — « *Le roy* (s'écria Pouchet, l'un de ces commissaires), *le roy a autant de citadelles dans Rouen qu'il y a de subjectz.* » Sur cela, Séguier, prenant Pouchet par la main, et le menant dans un obscur endroit de la salle, à l'écart : « *Venez çà* (lui dit ce chancelier); *voulez-vous faire à Rouen ce que vous avez refusé de faire à Paris ? voulez-vous entreprendre de maintenir la ville de Rouen soubz l'obéissance du roy, conserver toutes choses en l'estat qu'il fault qu'elles soyent, et en passer acte ? Puis nous verrons à vous descharger des gens de guerre.* » — Pouchet protesta, « *qu'il n'y avoit bourgeois, en la ville, qui ne fust prest à s'engager à ce, et à souscrire l'acte. (a)* »

Par une ordonnance du 18 janvier 1640, le chancelier enjoignit aux *commissaires de l'Hôtel-de-Ville*, de faire assembler les capitaines, lieutenants, enseignes et principaux bourgeois de Rouen, en l'hôtel commun. Cette assemblée eut lieu le jeudi 19 janvier. Séguier, pour que ces délibérations fussent libres, avait fat lever les gardes, qui, depuis son entrée à Rouen, cernaient l'hôtel de ville. Boullays, lieutenant particulier du bailliage de Rouen, présidait l'assemblée, à laquelle assistaient les six commissaires députés par le roi à l'administration et gouvernement de la maison de ville. Pouchet, l'un deux, représenta, en leur nom, « qu'ayant esté, la veille, recevoir les ordres de monseigneur le chancelier, mondict seigneur leur avoit faict espérer que le roy, désirant, par des effects de sa bonté accoustumée, soulager cette ville, faubourgs et banlieue, des dommages, incommoditéz et ruines que le logement et nourriture des gens de guerre appor-

(a) *Reg. de délibérations de l'hôtel-de-ville de Rouen*, 3 janvier 1643.

cète parolle de ceux de Caen [1], par laquelle il avoit

toient aux habitants, feroit la grâce à la ville d'en faire sortir ses troupes dans trois ou quatre jours, pourveu que les habitants donnassent asseûrance à S. M. de conserver la ville soubz son obéyssance. Monseigneur le chancelier leur avoit commandé de convoquer la presente assemblée, pour luy faire entendre ses intentions sur ce. Il a esté *unanimement* déclaré, par tous les capitaines, lieutenants, enseignes et bourgeois présents en la dicte assemblée, qu'ils prenoient en leur garde la ville de Rouen, soubz le bon plaisir de sa Majesté; qu'ils se chargeoient, au péril de leurs vies, de la conserver en l'obéyssance et fidélité deue au roy leur souverain seigneur, comme ils s'y congnoissent obligéz par leur naissance, et qu'ils promettoient courir sus à tous ceux qui en voudroient troubler le repos, soubz la conduite et commandement de celuy qu'il plairoit à sa Majesté leur ordonner, pour l'absence de messeigneurs les gouverneurs, donnants tout pouvoir aux sieurs commissaires d'en porter les asseûrances à monseigneur le chancelier, et, en ce faisant, le supplier très humblement de décharger la ville, faubourgs et banlieue de Rouen, du logement des troupes. Afin que la présente résolution soit notoire à un chacun, et que tous les habitants qui ne se sont trouvés en la présente assemblée contribuent à ce dessein, il a esté arresté qu'elle sera publiquement leue, dimanche prochain, aux prônes des messes paroissiales de la ville et banlieue, et affichée à tous les carrefours et lieux publics (a). »

[1] Acte, par les officiers de la Cour des aides de Caen, pour l'asseûrance de la ville en l'obéissance du roy. (En original.)

« Nous soubzsignéz Jacques Morin, seigneur et chastelain de Villers, conseiller du roy en ses Conseils, premier président de la Cour des aydes et finances à Caen; Pierre Collardin, sieur du Bois-Olivier, aussy conseiller du roy, président en ladite Cour; François Malherbe, sieur du Bouillon; Jacques Morel, sieur de

(a) *Reg. hôtel-de-ville de Rouen*, 19 janvier 1640.

pensé d'espargner un plus long voyage, résolu néantmoins et fort content de tout ce qu'il a pleu à sa Majesté en ordonner.

Translations des religieux.

Le dict jour, Mgr le chancelier a doné arrest pour transférer, du prieuré de Saint-Laud, les frères Videbien [1], en l'abbaye de Saint-Denys de

---

Manneville; Jean Hellouyn, sieur du Mesnilbus; François Leroux, sieur de Gonfreville; Nicolas du Roussel, sieur de Saint-Victor; Jean de Bernières; François du Tillet; Roger Sarasin; Gaspard Le Duc, sieur de Chichebouille; Jacques du Bourget, sieur de Chaulieu; Georges du Bernay; Jean Le Roux, sieur de Languerie, conseillers du roi et généraux en la dicte Cour, et Augustin Lehaguais, advocat général en icelle, tant pour nous que pour nos confrères absents, désirant tesmoigner au roy l'affection que nous avons de vivre et mourir dans l'obéissance que nous lui debvons et luy avons tousjours rendue; promettons et jurons que nous exposerons nos vies et nos biens, et les tiendrons heureusement employés pour empescher que, désormais, il n'arrive en la dicte ville aucunes émotions et séditions populaires; suppliant très humblement S. M. d'user de grâce et de clémence envers les coupables de ce qui s'est passé; au nombre desquelz nous n'estimons pas que S. M. nous veuille comprendre, puisque nous avons contribué, en tout ce qui nous a été possible, à la manutention de son authorité et service, protection de ses receveurs et advancement de ses deniers. Faict en la dicte cour, le 21 janvier 1640. (*a*) »

(Suivent les signatures de tous les magistrats dénommés en tête de l'acte.)

[1] Dom Guillaume Videbien, prêtre, religieux au prieuré de Saint-Lô, à Rouen, élu, par cabale, sous-prieur de ce monastère. Le Conseil privé du roi, par un arrêt du 18 novembre 1639, avait

(*a*) C'est la 67e des pièces dont se compose le 2e t. des *Séditions de Normandie*, mss. Séguier.

Reims, et Gaulmont en celle de Sainct-Loup de Troyes, et les novices à Senlis. Il a résolu aussj un aultre arrest pour transférer les PP. Vigor et Boudault, de la maison des Cordeliers en celle de Saiz, estantz les premières désobéissances qui ayent esté commises en cète ville de Roüen contre les arrestz du Conseil, fomentéez, ou du moins tolérées par les principaux du Parlement; aucuns desquelz, se disantz fort innocentz de ce pourquoy le Roy leur tesmoigna son indignation, ont recogneu l'avoir méritée, pour la contradiction de leur compagnie à plusieurs choses de l'honneur de Dieu[1].

---

déclaré cette élection *nulle et abusive*; décrété Videbien de prise de corps, et ordonné que son procès lui serait fait par un commissaire, pour être jugé souverainement par les maîtres des requêtes ordinaires de l'hôtel du roi. La réforme ayant eu lieu dans le monastère de Saint-Lô, des religieux de la nouvelle observance y ayant été envoyés, et dom Du Tac y ayant été élu prieur, dans les formes canoniques, plusieurs religieux, *anciens*, à la tête desquels était Videbien, avaient résisté à la réforme, cabalé, refusé d'assister aux offices, au chœur, avec les nouveaux religieux, protesté contre l'élection du prieur Du Tac (au lieu duquel Videbien se fit élire), jeté, en un mot, la perturbation dans le prieuré (a).

[1] L'arrêt du Conseil, vanté dans la note qui précède, cassait plusieurs arrêts du Parlement, rendus sur les contestations et conflits entre les *anciens* religieux du prieuré de Saint-Lô et les religieux réformés. Le Parlement soutenait les anciens religieux, et ne cachait point, alors, sa répugnance pour la réforme. Plus tard, le désordre et le scandale étant parvenus à l'excès dans un grand nombre des couvents de la province, le Parlement, après s'être

(a) *Reg. du Parlement de Rouen*, 7 décembre 1639.

Jeudi 19 janvier 1640. Séances du Conseil, auxquelles assiste M. de Harlay, archevêque de Rouen.

Le jeudy 19me, M^{rs} les commissaires sont entréz à l'ordinaire ; et, l'aprèz disnée, y a eu conseil, où l'on n'a point publié les fermes de la ville, come il avoit esté dict. Mg^r l'archevesque de Rouen y a assisté, vis-à-vis de Mg^r le chancelier. Il s'y est doné deux arrestz pour la descharge des chanoines de Baïeux et Avranches, et aultres ecclésiastiques, de contribuer à la subsistance, et pour celle des curéz des villes et de la campagne, de tous logementz de gentz de guerre, mesme soubz prétexte d'utensiles, ou de faire les bulletins en leurs maisons, ou aultrement ; lequel arrest seroit publié èz prosnes.

M^r d'Ormesson et moy avons esté chargéz par Mg^r le chancelier de nous transporter, le lendemain, de rellevée, en la maison des Jacobins, pour y entendre le P. Carré et ses religieux, sur leurs différentz aveq les antiens, qui les ont appelléz ; ledict S^r d'Ormesson a résolu d'y aller dès le matin, à cause que,

---

long-temps et en vain efforcé d'y résister par mille arrêts, en rendit un fort notable, par lequel il « supplioit le roi d'interposer son autorité *à ce qu'il feust procédé à la réforme des monastères* de son ressort, de l'un et de l'autre sexe, et faire en sorte que les généraux des ordres envoyassent incessamment des commissaires *françois*, pour visiter les maisons, avec ordre et pouvoir d'en retrancher les abus, et y rétablir la discipline monastique, aux termes de leur institution, et constitutions canoniques, et punir les délinquants et désobéissants, par les formes et peines portées par les canons... etc. » (*a*)

(*a*) *Reg. secr. du Parlement de Rouen*, 7 juillet 1667.

ce jour-là, on ne va point au Palais. J'avois disposé Mʳ l'archevesque à remettre quelques ordonances qu'il vouloit décerner contre les dictz Jacobins réforméz, pour avoir exposé le S.-Sacrement, contre ses deffenses, jusques à l'arrivée dudict P. Carré.

Le soir, Mʳˢ de La Vrillière et de La Thuillerie ont pris congé de Mgʳ le chancelier, pour aller au Hâvre de Grâce, où ilz prétendent arriver en poste, en un jour, de fort bone heure, et en retourner le lendemain de la mesme sorte.

Le vendredy 20ᵐᵉ janvier, jour de Sᵗ-Sébastien, estant feste au Palais, Mʳ d'Ormesson et moy, par ordre de Mgʳ le chancelier, avons esté dans le couvent des Jacobins ; et, dans la salle haulte d'icelluy, avons entendu tant le P. Carré, et le P. Sᵗᵉ-Marie, prieur, y establj de sa part, que les PP. Baudry, prieur d'Evreux; Langlois, cy-devant prieur de la dicte maison de Roüen ; et Arnois, prieur de Guerande, docteur en théologie à Paris, pour les antiens religieux, touchant les concordatz cy devant passéz entre eux, desquelz les réformez vouloient résilier ; et a esté ordoné qu'ilz remettroient leurs mémoires et pièces par devers moy ; ledict P. Carré ayant, du commencement, protesté de se retirer dès l'heure mesme, si ses demandes ne luy estoient accordées; de quoy nous avons, à l'instant, rendu compte à Mgʳ le chancelier.

Le P. Sᵗᵉ-Marie, prieur des réforméz, pendant la

Vendredi 20 janvier 1640.

sédition, feit oster de la porte du couvent les armes de Mgr le cardinal[1], crainte que cela n'attirast plus

<small>Les armoiries du cardinal de Richelieu, placées sur la porte du couvent des Jacobins, en avaient été ôtées, par ces religieux, lors des troubles.</small>

---

[1] Le cardinal de Richelieu, qui, suivant la remarque piquante de Fénélon, « n'avoit pas laissé, en Sorbonne, une porte ou un panneau de vitre où il n'eût fait mettre ses armes (*a*) », les fit attacher aussi, à Rouen, au-dessus de la grande porte du couvent des Jacobins, dont il était le protecteur. Au fort des scènes tumultueuses du mois d'août 1639, le prieur du monastère les fit ôter ; naïveté notable de ce religieux, et aveu involontaire de la haine du peuple pour le puissant cardinal, dont l'écusson, au milieu de ce déchaînement populaire, ne pouvait (on le craignit du moins) éviter les outrages. Cet enlèvement d'un écusson armorié, fait si petit, ce semble, au milieu d'une sédition si violente et si féconde en grands désastres, fut, néanmoins, singulièrement remarqué de tous, parce qu'il révélait le secret de tous ces troubles, à savoir la haine des peuples pour le cardinal. Le Parlement de Normandie, comprenant à merveille toute la portée de ce petit fait, s'en inquiétait encore plus de trois semaines après la sédition. « *Sur l'advis que peut en avoir eu Son Eminence* (disait la grand' chambre), *ces religieux pourroient donner des impressions contraires à la vérité, et faire croire que le peuple auroit osté ces armoiries ; ce qui seroit de conséquence pour mettre la ville en la disgrâce et haine dudict seigneur cardinal, premier et principal ministre de l'Estat.* » Nouvelle naïveté, qui ne cédait en rien à celle du prieur des Jacobins. Ce prieur fut mandé à la grand'chambre, pour s'y expliquer sur l'enlèvement du panonceau. « *Il fault cela* (disait le Parlement), *pour que la déclaration de ce prieur soit portée sur le registre, et qu'il ne soit plus possible à ces religieux de donner des impressions contraires au préjudice du peuple,* INNOCENT DE TELLE ACTION (*b*). » L'enlèvement du redoutable écus-

(*a*) *Dialogues des morts*, de Fénélon, *Dialogue* 74ᵉ, entre les cardinaux de Richelieu et Mazarin.

(*b*) *Reg. secr. du Parlement*, 12 septembre 1639.

d'envie sur eux, que l'on chargeoit desjà d'avoir part en diverses impositions, pour remplacer (disait-on) 20 mil liv. de debtes, par eux contractées en cète maison.

L'aprèz disnée, Mgr le chancelier a tenu le sceau; et j'ay examiné le Sr de Merville, gendarme de la compagnie de Mgr le cardinal de Richelieu, sur les lettres d'abolition par luy présentées peu de jours auparavant; le style du Parlement de Roüen estant qu'en semblables festes on ne laisse pas d'entrer pour les instructions.

Le samedy 21me, l'audience a esté donée au Parlement, après y avoir continué, pour le 2e jour, un procèz criminel, au rapport de Mr Daubray; j'y ay faict registrer les lettres d'establissement des religieux de la Charité, et celles des Ursulines du Hâvre de Grâce. Mgr le chancelier, avant son disner, a signé l'arrest pour tirer du couvent de Roüen les PP. Vigor et Boudault, occuppans les charges de

Samedi 21 janvier 1640.

---

son avait fait du bruit au dehors. Hugues Grotius, alors résidant à Paris, en écrivit au chancelier Oxenstiern, expliquant ce fait par la crainte qu'avaient eue les Jacobins, que les armes de Richelieu, bien loin de les protéger, n'attirassent sur eux la colère des séditieux (*a*).

Levassor, dans son *Histoire de Louis XIII*, tranche le mot avec moins de façon encore, et dit qu'on enleva les armes de Richelieu, « à cause de la haine du peuple pour ce cardinal. »

(*a*) « Ne, pro tutelâ, noxiam afferrent. » *H. Grotii Epistolæ.* Amstelodami, 1687, in-f°, epist. 1229, p. 555.

gardien et vicaire, au préjudice de la nomination faicte, ès dictes charges, des personnes des PP. Picard et......; au chapitre intermédiat tenu à Pontoise, en mars 1639, et de l'érection de custodie par Mgr l'archevesque de Roüen, confirmée par arrest du Conseil, et mesme par bref de Nostre S. Père le Pape.

Par occasion, j'ay veu la déclaration par luy dressée contre les absentéz[1] de la ville depuis les

Les bourgeois de Rouen et de Caen prennent l'engagement de conserver leurs villes en l'obéissance du roi.

---

[1] A ce sujet, le 14 janvier, Séguier mandait en Cour: « Les deffaux et contumaces seront jugées; les absents seront condamnés. Il y en a de deux sortes : les uns chargés par les informations; l'on les peut condamner en de grandes paynes; les autres se sont absentéz depuis la rébellion arrivée; et l'ont sçait bien leurs noms par les *mémoires* donnés par les capitaines, suivant l'arrest qui en a esté donné; les derniers seront bannis de la province, à perpétuité; deffences à toutes les villes de les recevoir; enjoinct aux officiers d'en faire perquisition, aux bourgeois de les dénoncer, à payne de complicité; et, pour cest effect, envoyer les noms dans toutes les villes, et en faire mettre un estat aux greffes des jurisdictions, aux corps de ville et aux corps des mestiers. C'est ordre sera exécuté dans huict jours. Je manderay à monsieur De la Potherie le faire exécutter par toute la Basse-Normandie(a). »

En exécution de l'arrêt du Conseil d'état du 5 janvier, les capitaines de Rouen avaient remis au chancelier le rôle des habitants de Rouen, « qu'ils estimoient estre sortis de la ville, se sentants coupables de la sédition. » Ces fugitifs étaient au nombre de *cent quatre vingt-seize*, tous désignés nominativement, avec indication du quartier et de la paroisse auxquels ils appartenaient.

Le roi, par une déclaration du 22 janvier, statua sur le sort de ces fugitifs. « Comme il est important (dit-il) que leur crime ne demeure pas impuny par leur fuite, et que la dissimulation aussi

(a) Mémoire du chancelier Séguier, envoyé en Cour, le 14 janv. 1640.

émotions, portant bannissement à perpétuité contre eux, les noms attachéz soubz le contre-sel. Il a aussy esté proposé de faire registrer au Parlement les obligations des bourgeois, *à peine de la vie*, de

---

ne les rende plus hardis à entreprendre pareilles actions, nous avons jugé qu'il estoit nécessaire de les empescher de rentrer en nostre dite ville de Rouen, ny mesmes en nostre province de Normandie, de crainte que, revenant avec le mesme esprit de sédition, ils ne troublent le repos que nous y avons estably pour le bien de nos subjects.

« Tous ceux donc qui se sont absentés de nostre ville de Rouen depuis les émotions, et qui sont compris au rôle ci-attaché sous le contre-scel de nostre chancelier, ne pourront, à perpétuité, rentrer en nostre dicte ville de Rouen, ny en nostre province de Normandie; nous le leur défendons très expressément, à peine de la vie, et voulons qu'en cas qu'ils soient trouvés en la dite province ou en la dite ville après la publication des présentes, qu'ils soient punis par nos officiers, comme rebelles et désobéissants à nos commandements. Défendons à tous nos subjects de Normandie, et particulièrement de nostre ville de Rouen, de les recevoir en leurs maisons, à peine d'estre déclarés complices de leurs crimes et punis des mesmes peines. Et afin que l'on ayt cognoissance de ceux qui se sont absentés, nous ordonnons que copies collationnées dudit rôle soient mises aux greffes de chaque bailliage et autres juridictions de nostre dite province; et que copie en soit donnée aux capitaines, aux officiers de nos villes, et aux jurés de chacun des corps de mestiers. »

Suit, annexé à la déclaration, le « Roolle des personnes qui se sont absentées de la ville de Rouen, dont ont esté faicts procès verbaux par les capitaines des quartiers de la ville, qui ont esté mis ès-mains de monseigneur le chancelier, suivant l'arrest du Conseil, du cinquiesme jour de janvier 1640. » Y figurent *cent quatre-vingt-seize* noms d'individus, appartenant tous, ou presque tous, aux dernières classes du peuple.

conserver la ville en l'obéissance de Sa Majesté, pour se garantir de garnison ; ceux de Caën offrent de signer au nombre de 500 ; ceux de Rouen plus grand nombre ; et, de la court, on a escrit que c'estoit une asseurance morale pour la seûreté de la province, laquelle à peine se pourroit-on promettre ; et, néantmoins, les ordres pour le voyage de Basse-Normandie continuent tousjours, auquel voyage Mgr le chancelier a tesmoigné vouloir estre accompagné par tous ceux qui se trouvent à sa suite, à la réserve qu'il a bien préveu que Mr d'Ormesson s'en excuseroit.

Il a parlé, en public, honorablement, de la harengue faicte par Mr Gaulmyn[1], Mᵉ des requestes,

---

[1] Le maître des requêtes Gaumin se mettait volontiers en avant, et savait parler hardiment aux ministres. Le 9 janvier 1648, à l'occasion de la création de douze nouveaux maîtres des requêtes, le corps tout entier s'étant insurgé, Gaumin alla, à la tête de ses confrères, trouver le cardinal Mazarin, et « lui parla si fortement et avec une telle hardiesse, que le ministre en fut étonné (a). » Le 29 août 1656, à Compiègne, dans une harangue au roi, « il attaqua le Parlement de Paris avec vigueur et une grande liberté ; il cita ce mot d'un ministre d'Espagne, « que jamais la France ne seroit dans une entière puissance, que les princes ne fussent sans pouvoir, les huguenots sans places, et les Parlements sans droit de faire des remontrances. » La reine (mère) écouta ce discours avec plaisir (b).

(a) *Mémoires de madame de Motteville*, collection Petitot, 2ᵉ série, XXXVII, page 315.

(b) Les mêmes Mémoires, collect. Petitot, 2ᵉ série, XXXIX, p. 374.

à Mgr le cardinal, dont il avoit esté advertj par Mrs Amelot, Chaillou et Beaulieu.

Mon dict Seig{r} a tesmoigné vouloir envoyer à Mr de Noyers les lettres de confirmation du bref du P. Legault, viccaire général des Récolletz et Cordeliers, aveq la coppie d'une lettre du dict P. Legault, fort impérieuse, et en laquelle mesme il accuse les entreprises de Mrs les évesques sur les réguliers, et que le Conseil du Roy est contrainct d'excuser et approuver les faultes des dictz Srs évesques; de sorte que les Récolletz m'ayantz veu l'aprèz disnée ou le lendemain matin, je leur ay tesmoigné qu'il seroit à propos qu'ils veissent mon dict Seig{r} le chancelier, sans leur en dire le subject.

Le dict jour, après disner, Mr l'archevesque de Rouen m'a faict l'honeur de me visiter; et ayant voulu prendre mes sentimentz sur l'affaire des Cordeliers, il a esté arresté, si c'est le bon plaisir de Monseig{r} le chancelier, que l'on signiffiroit, par l'huissier du Conseil, l'arrest aux pères Vigor et Boudaut; qu'après les 24 heures, Mr l'archevesque feroit sçavoir aux religieux du dict couvent qu'ilz feussent prestz pour le recevoir en leur chapitre, où il désiroit leur publier une sienne ordonnance, le bref du pape et les lettres patentes du Roy sur icelluy; que si les dictz PP. Vigor et Boudault s'y trouvoient encor au mespris de l'arrest, il les pourroit envoyer èz prisons de l'officialité; s'ilz avoient jà obéj, que leur retraicte rendroit plus facile l'exécution de l'ordonnance pour la custodie et pour l'introduction du P. Picard, ou d'un aultre, s'il s'y rencontroit, de la part des religieux, une aversion invincible; qu'au surplus il ne seroit rien innové, si non par l'esloignement d'un fort petit nombre des religieux y appelez pour résister à la réformation, au lieu desquelz on pourroit y rappeller pareil nombre de ceux qui en ont esté esloignéz pour mesme subject. Je me suis chargé de proposer le tout à Mgr le chancelier, et de sçavoir aussj s'il jugeroit à propos que le dict Sr archevesque y feust assisté par Mr d'Ormesson et moy.

Le dict jour, Monseignr le chancelier signa aussj les arrestz pour l'exemption des ecclésiastiques de cète province, tant des contributions que du logement des gentz de guerre, mesme soubz prétexte de faire les bulletins dans les presbitères, dont il a esté parlé cy-dessus.

Il signa un aultre arrest pour descharger le Sr Carrue, advocat [1] du Parlement, sur sa propre

Le chancelier n'entendait pas qu'un avocat religionnaire pût siéger parmi ceux qu'il avait nommés pour tenir, par provision, la chambre des requêtes.

---

[1] Nous ne trouvons toutesfois, dans la *commission pour la jurisdiction des requestes du palais*, en date du 9 janvier 1640, enregistrée le 13, que les noms des avocats, Deschamps de Cahaignes, Radulphi, De Lesdos, Cocquerel et Eustache.

Caruë (Jean), avocat au Parlement de Normandie, en grand renom alors, et chargé de toutes les grandes causes, fut députè, en mars 1667, ou plutôt mandé en Cour par le ministre, avec requeste, de la nomination de sa personne pour la commission des requestes du Palais, aveq aultres cinq advocatz ; ça esté pour prévenir la révocation que Mgr le chancelier en vouloit faire, à cause qu'il y avoit esté mis par inadvertance, quoyqu'il soit de la religion prétendue reformée.

Un autre arrest, sur la requeste du Me de la poste, pour deffendre à ceux qui louent des chevaux, d'en donner pour courre aveq guide et cuissinetz en mesme diligence que les postes, lesquelles ne se doibvent doner, à Roüen, par ordonnance du Roy, y faicte depuis l'arrivée de Mgr le chancelier, si non de son ordonance ou de Mr de la Vrillière.

Le soir, retornérent de Dieppe Mrs d'Henrichemont, Ligny, Marsilly, l'abbé de Cérizay, et Esprit, de la maison de Mgr le chancelier; et, du Hâvre, Mrs de la Vrillière et de la Thuillerie.

Le dimanche 22me, Mgr le chancelier a assisté à la messe; et, l'après disnée, au sermon des Jésuites. Il m'envoya, par l'un des siens, les lettres sur le

<small>Dimanche 22 Janvier.</small>

Jacques Coquerel, son collègue, pour éclairer le gouvernement sur le droit du *tiers et danger*, affaire qui occupait au plus haut dégré l'attention de la province et celle des ministres. Le Parlement, qui y prenait un très vif intérêt, fit donner à ces deux avocats, 600 liv., somme prise dans son coffre, pour les défrayer dans ce voyage, « *s'agissant* (dit le registre) *d'un bien public*(a). »

(a) *Reg. secr. du Parlement de Normandie*, 28 mars et 4 mai 1667.

bref du P. Legault; mais, sur ce qu'il m'avoit dict le jour précédent, je n'ay pas estimé les debvoir délivrer, quoy que requis par eux de ce faire.

Le matin, les Srs Vuidebien¹ et Gombault, antiens religieux du prieuré de St-Lô, ont esté, par l'huissier Tourte, enlevez dans un carrosse, suivant l'arrest du Conseil, pour estre transféréz à Sainct-Denyz de Reims et Sainct-Loup de Troyes.

Le soir, arriva à Mg^r le chancelier un courrier, duquel le lendemain il fut parlé diversement; c'estoit de la part de M^r d'Hémery².

Lundi 23 janvier 1640. On annonce, comme prochaine, l'arrivée de commissaires pris dans le Parlement de Paris.

Le lundy 23me, on est entré au Palais, pour y juger divers procèz par escrit, criminelz pour la pluspart; il s'y est parlé de l'arrivée de M^rs les commissaires du Parlement, obligéz de partir par les lettres de cachet de Sa Majesté, et que, le lundy ensuyvant, ilz nous releveroient, M^r le président Séguier y faisant ouverture, et le Sr Lafosse³ y

---

¹ De l'arrêt du Conseil.... [du 18 novembre 1659, mentionné dans notre note sur le *Diaire*, à la date du 18 janvier.]

² D'Hémery, [lisez d'Emery.] — C'est le fameux Surintendant des finances. Michel Particelli, sieur d'Emery, surintendant des finances, célèbre par sa fécondité en matière d'inventions fiscales; cause, en partie, par là, des troubles de la Fronde.

³ Par lettres patentes du 29 janvier 1640, François du Fossé, sieur De la Fosse, procureur-général en la cour des Aides de Vienne, fut *commis* pour exercer à Rouen les fonctions de procureur-général près les présidents et conseillers du Parlement de

commis pour la charge du parquet, au lieu de Mr Bosquet.

Les uns ont dict que Sa Majesté, partant pour l'Italie le 9me du prochain [mois], M. de Noyers venoit pour y traicter choses importantes avec Mg^r le chancelier, et sauver un voyage au roy; les autres que le roy estoit résolu d'aller au Parlement de Paris, au cas qu'ilz ne levâssent les modifications, lesquelles rendent les éditz inutiles; et qu'en ce cas Mg^r le chancelier y pourroit retorner; mais, pour celà, nul ordre contraire au voyage de Basse-Normandie.

M^r de St-Jouyn a traicté à disner Mrs de Moric, Talon, Montescot, d'Aubray, Du Til, Letellier et moy.

L'après disnée, Mg^r le chancelier est allé au collége des Jésuites, accompagné de M^r le prince d'Henrichemont et quelque nombre de Mrs du Conseil, et y a esté receu dans la chappelle de la congrégation; un jeune escholier de rhétorique, natif de Mante, ayant récité tout ce qui y estoit de principal pour produire en l'honneur de mondict

Le chancelier va au collége des Jésuites, y assiste aux exercices des écoliers, y reçoit, de l'un d'entre eux, des compliments préparés pour lui.

Paris, délégués, par lettres patentes du quatre dudit mois, pour rendre la justice souveraine en Normandie, à la place du Parlement de la province, interdit.

Voyez ce que j'ai dit relativement au sieur Dé la Fosse, dans une note sur le *Diaire*, à la date du dimanche 18 décembre 1659.

seig^r, le rhétoricien, l'historien, le poète, le grec, le géographe et le chronologien, aprèz le discours et offre de chascun desquelz le dict principal déclamateur ayant relevé ce qui venoit d'estre dict, pour doner plus d'attente de celuy qui succédoit, enfin il a porté jugement de tous, en telle sorte qu'il a laissé la rhétorique, l'histoire, la poésie, la langue grecque, la géographie et la chronologie à prendre leurs lumières de mondict Seig^r; auquel ensuite 5 ou 6 enfantz de chacune classe ont récité les épigrammes qu'ilz luy ont présentéz par après; puis, la musique en la salle, au sortir comme à l'entrée; et à l'instant les escholiers des classes ont sortj, aveq les acclamations ordinaires.

J'ay entretenu Mg^r le chancelier de ce qui s'estoit proposé par M^r l'archevesque de Rouen, dont il est demeuré d'accord, et a approuvé que M^r d'Ormesson et moy allassions au couvent des Cordeliers, aveq mondict S^r l'archevesque de Rouen, dont j'ay doné relation à M^r d'Ormesson, qui l'a trouvé bon; et ensuitte à M^r l'archevesque de Rouen, aveq lequel on a estimé à propos de doner la journée entière ausdictz PP. Vigor et Boudault, pour sortir le lendemain.

Mg^r le chancelier, en présence de Mrs de Moriq, Saint-Jouin et La Ferté, a parlé en bone part du dict P. Vigor, et m'a engagé à leur dire les raisons pour lesquelles on l'esloignoit de la maison; ces religieux ayantz préocupé la pluspart de Mrs du Conseil ; mais ceux qui cognoissent les personnes et cète affaire de longue main, persones de vertu et piété irréprochable, en ont faict le jugement qui a doné lieu à l'arrest qui y est intervenu.

M^r d'Ormesson a estimé que l'affaire des Jacobins se debvoit remettre à Paris aux ordres de son Eminence ; et, néantmoins, ne s'est pas esloigné, pour ce temps-là, de conserver les réforméz, et les obliger à entretenir les concordatz aveq les religieux anticns, à la réserve des prieur d'Evreux, soubz-prieur de Paris, 4 bacheliers, et 6 aultres, que l'on obligeroit de se retirer èsdictes maisons, ou de prendre les employz promis par M^r l'archevesque de Roüen, pour en descharger la maison.

Le mardy 24me, le matin, y eut audience au Parlement, avant laquelle furent rapportées les lettres patentes des Bénédictins réforméz, desjà vériffiées èz aultres Parlementz du royaume.

Mardi 24 Janvier 1640.

L'après disnée, inopinément, fut doné conseil, auquel furent publiées les fermes deppendantes de la ville de Rouen ; et parce que les enchères estoient moindres que les années précédentes, elles furent remises au samedy suyvant.

Pendant le conseil, fut passé par les armes un soldat qui avoit tué son hoste ; M^r l'archevesque de Roüen feit en sorte près Mg^r le chancelier, qu'il dona ordre à Mr Gassion que ce ne fût point dans

Un soldat qui avait tué son hôte est passé par les armes.

le cimetière de Sainct-Oüen, et fût en un autre lieu.

Ce jour-là, s'espandit un bruict commun que le voyage de Basse-Normandie estoit rompu, soit parce que l'on en avoit tiré les asseûrances suffisantes, soit parce que l'on prévoyoit que le roy auroit besoin d'aller au Parlement de Paris, à cause de leurs modifications sur les éditz, celuy des greffiers alternatifz et triennaux réduit à doner aux nouveaux acquéreurs le nouveau droict imposé par le roy seulement; et celuy des 16 M^{es} des requestes refusé par 54 voix contre 34, lesquelz estoient revenuz à en vériffier six seulement; assistantz tous les jours au Parlement, pour cet effect, quatre de M^{rs} les M^{es} des requestes. Un comis de Mr de la Bazinière, trésorier de l'Espargne, me dict que le jour précédent, à trois heures du soir, M^r l'évesque de Meaux avoit dict ce voyage rompu; et depuis, j'ai sceu qu'à l'ouverture des dépesches de Mg^r le chancelier, portantz asseûrance de 600 bourgeois de la ville de Caen, Mr de Noyers avoit dict à M^r le mareschal de la Meilleraye la rupture du dict voyage, dont Mg^r le chancelier avoit eu advis de madame la chancelière, sans l'avoir voulu publier; monseig^r scella les jussions, sur le refus du dict Parlement.

Mercredi 25 janvier 1640. Le mercredy 25me, jour de la conversion St Paul, Mg^r l'archevesque de Rouen et M^r d'Ormesson ne jugèrent pas à propos, non plus que moy, d'aller au couvent des Cordeliers, crainte que le dict jour de feste ne fust occasion de quelque trouble. Madame l'abbesse de S.-Amand nous envoya tesmoigner qu'elle prévoyoit un refus dans l'exécution de cète commission, laquelle réussiroit par les voyes de douceur; à quoy il a esté jugé à propos d'entendre et s'y accommoder. Mgr le chancelier parla du voyage de Basse-Normandie, comé le debvant faire, et ne s'attendant point au retour de Paris, quoiqu'il le désirast fort.

Mgr le chancelier a envoyé en la conciergerie le nomé .... commis pour les admortissementz, pour avoir comis grandes insolences et exactions; et mesme, depuis la révocation de cète chambre, il n'a pas laissé de travailler indeumeut les Jésuites[1] et aultres; cela a doné occasion à Mgr le chancelier

Le chancelier s'exprime avec indignation, sur le compte des partisans.

---

[1] Le chancelier Séguier fit cela, apparemment, pour complaire aux Jésuites qui, le 25 janvier, l'avaient si bien reçu. Il aimait les religieux, et leur déférait beaucoup. « *Je ne connois point pour vrays pères ny mon curé, ny les prestres de ma paroisse. Ce n'est pas à eux que je m'adresse pour m'accuser de mes fautes, mais bien à des moines* », lui fit dire, dans la suite, un libelle publié au temps de la Fronde (*a*).

Séguier, au reste, avait lui-même été religieux; et les doutes exprimés sur ce point, dans la *Biographie universelle* (*b*), dis-

(*a*) *Le Confiteor du Chancelier, au temps de Pâques*, à Anvers, 1649, in-4° de 8 pages.

(*b*) *Biographie universelle*, au mot SÉGUIER (Pierre III); article de M. des Portes-Boscheron.

de parler publicquement aveq indignation, en plusieurs occasions, de l'audace et insolence de telz partizantz.

---

paraissent devant le passage, suivant, d'un ouvrage publié en 1652, ouvrage qui, pour être désobligeant, n'en contient pas moins, relativement au chancelier, de véritables et intéressantes particularités, mêlées à d'injustes imputations. Séguier, donc, avant d'entrer dans la magistrature, et « estant desjà dans un âge avancé, mû de dévotion, s'alla renfermer dans les Chartreux de Paris, pour y estre reçeu à prendre l'habit de religieux. Mais ces bons pères, estant advertis que le président de Villiers, son oncle, l'avoit destiné pour estre le successeur de ses biens et de son office, luy dirent ne pouvoir pas luy accorder l'effet de sa postulation, sans en avoir averty monsieur son oncle et fait les efforts possibles pour obtenir son approbation. Le procédé de ces bons religieux fut si agréable à l'oncle, qu'il leur promit qu'en luy baillant son nepveu pour trois mois, il le ramèneroit, après ce temps-là, en leur couvent, au cas qu'il persévérast dans la résolution de passer sa vie avec eux. Séguier fut rendu à son oncle, qui, pendant trois mois, n'épargna aucun effort pour lui faire prendre l'esprit du monde et le faire renoncer à ce dessein, d'aller se confiner dans un cloître; mais ce fut en vain; et, les trois mois expirés, il fallut reconduire aux Chartreux, Séguier, qui y reçut l'habit, de l'aveu de toute sa famille. Cependant, après y être demeuré *un temps considérable*, il fut ennuyé de cette sorte de vie, et retourna dans le monde (a). » L'abbé De la Chambre, dans son oraison funèbre du chancelier, (prononcée devant l'Académie française), dit : « *On sçait que, bien loin de prétendre aux honneurs, il s'estoit voulu bannir du monde, pour vivre uniquement à Jésus-Christ, dans la solitude.* »

(a) *L'Interprète du Caractère du Royaliste, monstrant à Agathon quelle a esté la conduite de monseigneur Séguier, chancelier de France, dans tous ses emplois.* A Paris, 1652, in-4° de 15 pages.

Le jeudy 26me, Mrs Talon et Letellier ont continué le jugement de plusieurs procèz criminelz des séditions de Roüen, tous lesquelz ont esté à l'absolution; Osmont, cappitaine des arquebuziers, accusé d'avoir refusé secours à la maison du S^r De Moy, auditeur des comptes, pillée pour avoir voulu protéger quelques comis; il demeura d'accord d'avoir refuzé, s'il n'avoit ordre de M^r le premier président en personne, lequel l'avoit mis en la garde de son quartier; oultre que le dict S^r premier président avoit envoyé secourir la dicte maison par le Sr Bezan (lisez Le Pesant), M^e des comptes, cappitaine des bourgeois, et par le cappitaine de la cinquantaine, aveq ses gentz. Ledict Osmont a aussi esté eslargi des prisons, nonobstant la recommandation faicte de sa personne, pour 150 liv. d'amende, adjugée en 1630, tant à cause qu'il prétendoit avoir icelle esté acquittée par le feu S^r président de Sainct-Aubin son maître, que parce que l'on a veu les arrestz et réglementz du Parlement et les responses du roy sur les cahiers de la province, par lesquelz, après cinq ans, l'on ne peut poursuyvre le payement des amendes, la contrainte par corps donnant moyen de les faire payer promptement; plusieurs aultres prisonniers ont esté eslargiz, entre aultres[1]...

Jeudi 26 janvier 1640.
On continue de procéder au jugement des séditieux.

---

[1] Cet huissier s'appelait Le Tanneur.
Le 23 août, Le Tellier de Tourneville, fuyant, déguisé, sa maison que le feu gagnait, et voyant se fermer devant lui toutes

huissier de la chancellerie, auquel le sieur Letellier Tourneville a soustenu qu'il l'avoit recogneu le poursuyvant et le frappant de coups d'espée jusques dans le clocher; et luy, au contraire, ayant justiffié, et bien prouvé son *alibi*, quoy que le certifficat qu'il en avoit retiré, avant l'accusation, semblast une précaution bien grande et un peu suspecte.

Monseig^r le chancelier a entendu la messe en l'abbaye de St-Amand, puis visité madame de Souvré[1],

---

les maisons où il avait cru trouver un asile, était allé enfin se réfugier dans l'église de Saint-Laurent, dont le sacristain le cacha dans un petit cabinet au haut de la tour de cette église. Survinrent dix-huit ou vingt séditieux armés, qui, devinant sa cachette, allèrent l'y relancer, et s'efforcèrent de lui donner la mort. Une relation dit que Le Tanneur, huissier de la chancellerie, était à la tête de cette bande de furieux, et donna à Le Tellier plusieurs coups d'épée sur la tête; Le Tellier, quoi qu'il en soit, allait succomber, lorsque survint le conseiller Baudry de Biville, qui, déjà, dans la *rue de la Prison*, avait protégé sa fuite, et qui, dans la tour de Saint-Laurent, sut le sauver encore une fois, l'emmena avec lui, et l'alla mettre en sûreté dans le château du Vieux-Palais.

[1] Anne de Souvré, abbesse de Saint-Amand, depuis le 5 mars 1630, jusqu'au 14 mars 1651, jour de sa mort; sœur de M. de Souvré, premier gentilhomme de la chambre du roi. Eléonore de Souvré, nièce d'Anne de Souvré, fut abbesse de Saint-Amand, après sa tante (a).

(a) *Histoire de l'abbaye de Saint-Amand de Rouen* (par dom Pommeraye), in-folio, 1662, à la suite de ses *Histoires des abbayes de Saint-Ouen de Rouen, et de Sainte-Catherine lès Rouen.*

abbesse, sœur de M`r` de Souvré, et madamoiselle de.... sœur de madame de Bonnelle, niepce de la dicte dame abbesse.

M`r` d'Ormesson s'estant excusé, par ung rheume qui luy est survenu, d'aller disner chez M`r` l'archevesque, pour travailler en l'affaire des Cordeliers, je n'ay pas laissé d'y aller; et, par l'approbation de Mg`r` le chancelier, sur la requeste qui a esté présentée au dict S`r` archevesque par tous les religieux du dict couvent, soubzcripte par le P. Jehan Lefebure, custode de la province, et par cinq autres discrètz de cète maison, de laquelle les PP. Vigor et Boudault se sont retiréz, suyvant l'arrest du Conseil, le dict S`r` archevesque, en ma présence, après plusieurs négociations faictes par le P. Bonald, religieux du dict ordre de la province d'Aquitaine, estant employé près de luy avec les autres religieux, et par le dict S`r` archevesque et moy aveq les PP. Mercier, custode de la réforme, et Le Picard, nommé gardien du dict couvent de Rouen, a prononcé aus dictz religieux antiens, pour ce mandéz, que, sur l'instance faicte par le dict P. Picard, de ne point exercer la dicte charge de gardien, il nommoit pour président du dict couvent celuy qu'ilz voudroient choisir des PP. Bernardin Oysel, cydevant vicaire du dict couvent...... Masset, vicaire de Pontoize et........ David, prédicateur; qu'il nommoit pour sacristin le P....., portier, le frère

...... estant, de présent, au dict couvent, et le frère .... qui est de présent à Pontoize; que les P. ...... Briand, et frères....... et........ laïques eussent à sortir du dict couvent dès le lendemain, et que le P. Mercier y seroit recogneu en qualité de custode de la réformation, ne pouvant, néantmoins, sa commodité luy permettre d'y demeurer que deux jours pour le présent; sauf à y faire sa visite lors et quand il le jugeroit à propos. Les dictz six religieux antiens se sont retiréz pour aller disposer le couvent de toutes ces choses, et choisir l'un de ces trois présidentz; et le P. Bonald a esté chargé par mon dit seig^r l'archevesque de conduire les dictz P. Mercier, custode, et Picard en la dicte maison, en laquelle le dict P. Lefébure ne laisseroit pas de demeurer, mais sans pouvoir exercer sa charge sur la dicte maison de Rouen, come estant icelle maison de Rouen de la custodie des réforméz, et non pas simplement de la province; oultre que l'on prétend le dict P. Lefebure estre destitué par le chapitre intermédiat tenu à Pontoize, et estant compris dans les informations de Chanteloup. Mg^r le chancelier a approuvé le tout, et l'a eu bien agréable.

Le chancelier reçoit l'ordre exprès d'aller en Basse-Normandie.

Le soir, Mg^r le chancelier a eu les ordres précis de la court, pour repasser par la Basse-Normandie, en retornant à Paris, quoy qu'il eust représenté, aultant qu'il a jugé le pouvoir faire, n'y en avoir point de besoin ; Mᴿ de Noyers le luy a escrit, come du mouvement de Son Eminence, après le tesmoignage des très grandes satisfactions [1] que le roy et

---

[1] Le cardinal de Richelieu lui écrivait : « J'ai été très aise de voir, par votre lettre, que Saint-George vous ait reçu au Pont-de-l'Arche avec les honneurs que je lui avois commandé de vous y rendre, pour vous témoigner l'estime que je fais de votre personne, et qu'en tous les lieux où j'aurai du crédit, vous y aurez toujours autant de pouvoir que moi-même ; et quoique je ne doute pas qu'il ne se soit acquitté de ce devoir au moins mal qu'il a pû, je souhaiterois qu'il en eût fait encore davantage, pour ma propre satisfaction.

« J'en ai une plus grande que je ne puis vous dire, de la réception qui vous a été faite à Rouen, voyant, par l'ordre que vous y avez déjà apporté, l'autorité du roi absolument reconnue ; de sorte que, pour la rétablir au point auquel elle doit être, il ne reste qu'à faire exécuter ce que vous me mandez. La Déclaration que vous avez envoyée à M. Desnoyers est fort bien. En un mot, je vous le redis encore, je ne vois rien à faire à Rouen et en la Normandie, que ce que vous avez projetté. En exécution de quoi, je vous conjure de vous souvenir toujours qu'on ne sauroit faire un trop grand exemple en cette occasion. Je persiste toujours à croire que, le désordre ayant été tel à Coutances qu'on l'a représenté, outre les bâtiments des particuliers qui se trouveroient coupables, il est expédient de raser les murailles de la ville, afin que les villes du royaume craignent un pareil traitement, en cas de désobéissance.

« Vous avez si bien commencé, que je ne doute pas que vous ne continuiez votre voyage par une heureuse fin, qui règlera si bien la Normandie, qu'il n'y aura rien à craindre en cette province ni aux autres, qui se tiendront assurément dans leur devoir, par l'appréhension d'un pareil châtiment. » (a)

(a) *Histoire du règne de Louis XIII*, par le père Griffet.

mon dict seig^r le cardinal ont reçeues du succèz de ce voyage de Mg^r le chancelier.

Il a aussi reçeu dépesches de Mr de Noyers, pour envoyer en court Mr de Moriq, en toute diligence, ayant esté choisj par Son Éminence, aveq Mr de Chazé, M^e des requestes, pour aller en Daulphiné exécuter le dernier réglement faict pour le cadastre; le dict Sr de Moriq a faict tout son possible pour s'en excuser honestement; mais Mg^r le chancelier n'a pas jugé que cela se peust faire, et l'a obligé de partir le lendemain, s'il se peult, ou au plus tard samedy.

On s'occupe du dédommagement des commis. Leurs prétentions exagérées.

Mg^r le chancelier a ordoné, dès le jour précédent, aux commissaires de la maison de ville, de s'assembler [1] pour départir 20 deniers sur tous les ordres de la ville, afin de faire, sur ce pied, le réglement des desdommagementz [2], lesquelz ont esté

---

[1] Le chancelier, par une ordonnance du 26 janvier 1640, enjoignit aux commissaires établis pour l'administration de la maison de ville de Rouen, de faire assembler, le 29, dans la maison de ville, deux des principaux de chaque corps, tant des officiers, bourgeois et marchands, gens de métier, artisans, et autres habitants de la ville et des faubourgs et banlieue (de quelque condition qu'ils fussent), pour adviser aux moyens les plus faciles, pour la répartition, entre eux, des deniers qui devoient être imposés, tant pour le reste de la subsistance de l'année dernière et la présente taxe des aisés, que dédommagement des intéressés.

[2] Le Conseil d'état, dans un arrêt du 14 janvier 1640, disait : « Il ne reste, à présent, que de cognoistre, au vray, les pertes

demandéz si excessifz, par les commis, que l'on a réduit à la moictyé tout ce qui concernoit l'estimation de leurs meubles; et, pour le regard du sieur Tourneville, il y avoit 160 mil ᵗ ou environ jettéz dans un puitz, partie en argent, partie en or, dont la vraysemblance n'estoit pas entière; néantmoins, il avoit déclaré cète mesme some à Mʳˢ du Parlement, avant son pillage; et un aultre avoit faict vériffier le bordereau de 17,000ᵗ par luy laissé èz mains de sa femme, s'estant retiré dans le Vieux-Palais.

Le Sʳ Tourneville, dans son estat de fraiz, employe ce qui a esté doné à un confesseur; et 700 ᵗ pour avoir faict penser (panser), médicamenter et nourrir quelques blesséz, bien que le chirurgien rapporte n'avoir receu que deux pistolles.

---

et dommages soufferts par les fermiers, commis et autres; mais ils different de fournir les estats qui leur ont esté demandés, de ces pertes; ou, les donnant, y emploient des sommes si excessives (sans en rapporter les preuves valables), qu'il est très difficile d'y pourvoir. »

Le Conseil d'état ordonnait donc que, dans trois jours, les fermiers, commis et autres prétendants avoir souffert pertes et dommages à cause des émeutes, fourniraient les Etats de leurs prétendues pertes et dommages, et, le délai passé, n'y seraient plus reçus et demeureraient déchus de leurs prétentions. L'arrêt déclarait aussi qu'au cas où ils emploieraient dans leurs états autre chose que ce qu'ils ont *effectivement* perdu et souffert, et où, par les informations, serait établie la fausseté de leur dire, ils seraient privés et déchus de leurs prétentions.

Vendredi 27 janvier 1640.

Le vendredy 27ᵐᵉ, Mʳˢ les commissaires du Parlement donèrent audience, avant laquelle furent rapportéz les concordatz et arrestz du Conseil pour l'establissement des chanoines réguliers de la congrégation réformée de l'ordre Sᵗ-Augustin au prieuré de Sᵗ-Laud au dict Rouen; ensemble le bref de nostre Sᵗ père le pape à Mgʳ le cardinal de la Rochefoucault, et sa sentence générale, les lettres patentes de sa Majesté et arrestz de son Conseil pour la réformation de tout le dict ordre en ce royaulme; et y fut mis le *soit monstré*. L'après disnée, Mʳˢ les Mᵉˢ des requestes du quartier d'octobre s'assemblèrent pour la visitation des instances.

Samedi 28 janvier 1640.
Fin du jugement des séditieux.

Le samedy 28ᵐᵉ, Mʳˢ les commissaires tenant le Parlement ont parachevé, au rapport de Mʳˢ Talon et Letellier, le jugement des procèz des prisonniers pour le faict des séditions, entre lesquelz le nommé..... Monnoyeur, a esté eslargj purement et simplement, ayant esté vériffié que les armes dont il avoit esté trouvé saisj pendant la sédition avoient esté par luy prises sur les séditieux, contre lesquelz Mʳˢ du Parlement l'avoient employé; le nommé Cardin Mercier, hoste de la *petite image Nostre-Dame*, hors la porte Cauchoise, a esté condamné aux gallères pour neuf ans, y ayant eu quelque advis à la mort, et d'aultres aussi au simple bannissement; il estoit prouvé contre luy qu'il avoit demeuré trois heures dans la maison de...... huissier ou procureur, pendant qu'elle fut pillée, y estant entré aveq un gros baston à la main, duquel il avoit rompu la couverture d'un puitz, arraché quelques arbres; et le léndemain y estoit retorné, avoit pris quelques oignons de tulippes et du foin, qu'il avoit fait emporter par un petit garçon; les tesmoins disoient aussj qu'il avoit tiraillé une contrepointe de l'assis, aveq le nomé Gorin, cy devant exécuté à mort sur la roüe, et aultres; mais, en la confrontation, ilz disoient seulement qu'il y avoit esté présent, et n'avoit point emporté aucune pièce, et qu'il avoit baillé un soufflet au dict Gorin; et de cela il prenoit sa deffense pour dire qu'il vouloit empescher le désordre; mais il y avoit peu d'apparence; car, s'il eust esté ainsj, on l'eust accablé pour la deffense du dict Gorin, chef des dictz séditieux; et, de plus, les tesmoins parloient, *ab auditu*, qu'il avoit menacé de tuer celuy dont la maison avoit esté ruinée, s'il pensoit l'en rechercher. La dernière affaire a esté contre le Sr de Mouy Richebourg[1], gendre de la dam^{elle}...... et nepveu du

---

[1] Charles de Mouy, écuyer, sieur de Richebourg, près la Feuillie, vers Lyons-la-Forêt. Le procureur-général conclut contre lui à la peine de mort. Avec la peine du bannissement perpétuel, la commission prononça contre lui la condamnation à une amende de 6000 liv. pour le roi (*a*).

(*a*) *Reg. de Tournelle*, 28 janvier 1640.

Sʳ Arondel, advocat, propriétaire de la maison en laquelle estoit le bureau général des gabelles et le logement du dict Sʳ Letellier Tourneville; il a esté condamné, par défault et coustumaces, aveq les aultres absentz, à la restitution de 43 mil ⁂; sçavoir 30 mil ⁂ en 3 sacz de pistolles; et 13 mil ⁂ en 13 sacz d'argent, faisantz partie des 97 sacz jettéz dans le puitz, montanz à 134 mil ⁂, lesquelz, avec

---

Un *journal* (ms.) *de ce qui s'est passé au Parlement de Rouen, en* 1649, nous apprend que le sieur de Mouy, seigneur de Richebourg, formant, dans son château de Richebourg, près la Feuillie, un régiment d'infanterie, pour le duc de Longueville, le comte de Harcourt tenta, le 9 février, de se saisir du château de Richebourg; mais, quoique la maison fût sans aucune fortification, les hommes du comte furent repoussés(*a*).

Le 9 mars suivant, le sieur de Mouy-Richebourg, par l'ordre du duc de Longueville, s'embarqua, à Rouen, avec 800 fantassins et quatre canons, et se rendit à Moulineaux (*b*), d'où le projet du duc de Longueville était (quoi qu'il en ait pu dire), de marcher sur Pont-Audemer, et de reprendre cette ville, qu'avait récemment prise le comte de Harcourt; mais, Saint-Evremont, qu'il rencontra sur sa route, lui ayant fait connaître le nombre et le bon état des troupes du comte, Longueville rebroussa chemin assez vite; et c'est ce que Saint-Evremont appelait plaisamment la *grande occasion de la Bouille* (*c*).

(*a*) Journal ms. de ce qui s'est passé au Parlement de Normandie, en 1649, Bibliothèque royale, ms. 355.

(*b*) Même journal ms.

(*c*) *Retraite de M. le duc de Longueville en son gouvernement de Normandie, pendant la guerre de Paris de* 1649, par Saint-Evremont.

les 170 mil ♯ recouvréz des latrines, faisoient les 304 mil ♯ de l'argent du roy, tousjours déclaréz par le dict Sr Tourneville; le Sr de Richebourg, s'estant rendu maistre de la maison de sa belle-mère, bruslée et pillée, aveq celle du bureau, le soir mesme du 23 aoust, avoit faict retirer ce qui s'estoit trouvé rester dans le puitz; et les tesmoins parloient de 16 sacz, dans lesquelz on a présumé, contre le coustumax, qu'estoient ceux en or, et les aultres de mil ♯, come ilz ont esté recogneuz; de cète somme, il en avoit distribué 5 mil ♯, ou environ, à ceux qui l'avoient assisté, la pluspart d'entre eux le reffusantz; il prétend bien en avoir faict doner avis au sieur de Tourneville, pendant sa retraicte dans le Vieux-Palais, par l'entremise du sieur de Bucailles[1], conseiller; mais il n'en a point paru; au contraire, les 30 aoust et 1er septembre, il a stipulé du dict Sr de Tourneville une obligation de 6 mil ♯ pour le desdommagement de la maison, tant de sa belle-mère que du dict Arrondel, oncle de sa femme, duquel il est héritier présomptif, sans faire aucune déduction. Et le 6e jour du dict mois de septembre, par devant Mrs Aubert et Le Brun, conseillers au Parlement, commis pour informer de la soubzstraction faicte au dict bureau,

---

[1] Paulmier de la Bucaille, conseiller au Parlement de Normandie, reçu le 21 janvier 1619.

il a déclaré avoir seulement recouvré 2,748 " 10 s. des mains de quelques séditieux qui estoient demeuréz dans la maison ; et de plus il estoit en fuite ; aucuns ont esté à la mort, come d'un vol qualifié des deniers du roy ; les aultres ont creu que, le commencement de son action ayant esté généreux, le reste estoit une lascheté et un larcin, auquel suffisoit la peine de bannissement ; d'aultant plus que celuy lequel dénie un *dépost misérable*[1] sembleroit aultant coulpable ; et néantmoins la loy ne luy done la peine que du double.

Le nommé Loyzon[2], espicier, avoit été appellé,

---

[1] On appelle dépôt *nécessaire*, dépôt MISÉRABLE, celui fait par une personne qui, pour sauver ses effets de l'incendie, de la ruine d'une maison, du naufrage ou du pillage, les confie au premier venu qu'il rencontre ; on l'appelle dépôt *misérable*, « *depositum miserabile* », parce que c'est le cas d'un malheur imprévu qui lui donne lieu. Dans cette espèce particulière de dépôt, l'infidélité du dépositaire qui ne rendait pas le dépôt, était, chez les Romains, punie de la peine du double de la valeur des choses données en garde, parce qu'en ce cas, le malheur de celui qui a donné les choses en dépôt rend plus atroce la perfidie du dépositaire. (a)

Voir, sur cela, la loi 1re, §§ 1, 2, 3 et 4, au Digeste : *Depositi, vel contrà*.

[2] Le procureur-général avait conclu, contre lui, à la peine des galères perpétuelles (b).

(a) *Traité du contrat de dépôt*, par Pothier, chapitre 3, §§ 74 et 75.

(b) *Reg. de Tournelle*, 28 janvier 1640.

par l'un des valetz du Sr de Richebourg, pour ayder à retirer le dict argent ; et luy avoit esté donné 4 ou 500 ℔, qu'il avoit refuséz ; mais Richebourg luy avoit dict de les garder jusques à ce qu'il les luy redemandast, et a déclaré avoir conservé les mesmes espèces ; on s'est contenté de le condamner à la restitution et à une aulmosne.

Le nommé François Pointel [1], cy devant enfant de chœur de l'église Cathédrale de Rouen, depuis clerc èz églises St-Vincent et St-Maclou de la dicte

---

[1] Un journal ms. du temps (rédigé à Rouen) dit : « Fut amené, de Paris, le fils de Grospied, qui avoit esté enfant de chœur à Nostre-Dame, clerc à Sainct-Maclou ; et en après apprist le mestier de bâtier ; se trouvast en la maison de M. de Tourneville, et emplist ses pochettes, sans oublier ses mains ; et de là ce fut à faire bonne chère, jouer à cartes et à déz, hanter tavernes et cabaretz. Et ayant eu vent que l'on faisoit recherche exacte de ces volleurs, s'en allast à Paris, et demeura avec un garson faisant mesme mestier que luy. Plain de vin, dit à ce garson *qu'il avoit esté chez M. Tourneville à Rouen, et qu'il y avoit faict une bonne fortune ; (mais j'appréhende que ce ne soit d'une potence.)* Il s'arrive qu'estant en discord et querelle avec ledict *Pointel*, allast dire à un *commissaire*, qui devoit venir, avec M. le chancelier, à Rouen, comme la chose estoit arrivée ; de sorte que le dict Pointel fut amené à Rouen, et conduict au Vieil-Palais ; et, le lendemain, à l'examen, dit qu'il avoit baillé à son père et à sa mère 200 liv. (*a*)

(*a*) Journal ms. de la ville de Rouen, provenant de la Bibl. de l'abbaye de Saint-Ouen, ayant depuis appartenu à l'abbé De la Rue (de Caen), et aujourd'hui en ma possession.

ville, avoit esté employé, dès le commencement que le dict bureau fut libre, par le dict Sr de Richebourgt, pour empescher que l'on ne continuast de le démolir, et pour esteindre le feu de la maison de sa belle-mère ; ensuite, ayant apperçeu que l'on tiroit de l'argent du puitz par la cave, il y fut employé aussj ; et, tant luy que le dict Loyzon ont parlé constamment des 16 sacz, et que le dict Sr Richebourg dona 5,000^{tt} ou environ à ceux qu'il y avoit employéz, puis il reçeut argent du dict Richebourg, à 2 diverses fois ; et ayant trouvé un sac d'argent à l'escart, come il alloit quérir du bois, il le partagea aveq un vallet du dict Sr de Bucaille, conseiller ; de sorte qu'il luy revint de tout cela environ xj^{c tt} qu'il avoit délaisséz chez son père ; et ensuite estoit venu à Paris, pour y apprendre le mestier de bourrellier, dans la vieille rue du Temple, vis-à-vis la rue des Roziers, et logeoit vis-à-vis l'hostel de Sens, où s'estant vanté d'avoir proffité de la dicte somme de xj^{c tt} en la dicte sédition, il fut arresté à Paris, le 20 décembre dernier, et interrogé par le commissaire Pastour, puis conduit à Gaillon prèz Mg^r le chancelier, et interrogé par Mrs Talon et Letellier ; celuy cy a pareillement esté condamné à la restitution de la somme par luy malprise et en une amende, à cause que ce sac par luy destorné et partagé le rendoit plus coulpable.

Ensuite, on a arresté le jugement de tous les

deffaillantz et coustumax¹, suyvant ce qui en avoit esté résolu entre M⁻ d'Ormesson, M⁻ˢ Talon, et Le Tellier et le dict S⁻ Bousquet, procureur général, s'estant passé jusques à midy et demy avant que les dictes délibérations ayent esté achevées.

---

¹ Le Conseil d'état, par un arrêt, *donné à Rouen, le 14 janvier* 1640, crié à son de trompe, ordonna que *cinquante-cinq* habitants de Rouen, compromis dans les séditions des 4, 21, 22 et 23 août 1639, tous nominativement désignés dans l'arrêt, et contumaces, seraient ajournés, à son de trompe et cri public, par trois jours consécutifs, aux carrefours et lieux publics accoutumés de la ville de Rouen, à comparoir dans trois jours, pour tout délai, à la *barre* de la salle du Palais, par-devant les commissaires députés par S. M. pour tenir la cour de Parlement de Rouen, pour ester à droit; faute de quoi, leur procès serait jugé ainsi qu'il appartiendrait. Parmi ces cinquante-cinq contumaces, figurent Caillot, ci-devant capitaine d'une compagnie de bourgeois en la ville de Rouen; Jean Noël, courtier et interprète des Flamands; Charles de Mouy, sieur de Richebourg.

Le 28 janvier, les publications à ban étant faites, les défauts à ban obtenus, et les récolements des témoins, faits pour valoir confrontation, le Conseil d'état, par un nouvel arrêt, déclara les défauts et contumaces bien et dûment obtenus, condamna cinq de ces contumaces à être rompus vifs sur un échafaud dressé au Vieux-Marché, et leurs corps mis sur une roue; vingt-un autres à être pendus et étranglés à une potence dressée sur le Vieux-Marché; et quinze autres encore au bannissement hors de la province de Normandie.

Le 1ᵉʳ février, le Conseil d'état prescrivit, par un arrêt, l'exécution de celui du 28 janvier, et ordonna que ceux des contumaces que l'on pourrait arrêter seraient menés aux prisons du For-l'Évêque de Paris; faisant défense à tous habitants de leur

Les commissaires, dans le jugement des séditieux, inclinèrent toujours à la douceur. Pourquoi?

Mʳ Le Tellier, l'un des commissaires, m'a dict que le motif des advis de douceur que Mʳ Talon et luy ont pris, a esté principalement sur ce que, dans la confrontation des tesmoins, ilz ont veu, à leur maintien, que c'estoit gentz appostez par les partizantz, lesquelz, à Paris, avoient mis en avant des faictz estranges, mesmes contre les principaux de la ville; et, cependant, lors des preuves, il s'y en estoit trouvé fort peu; en sorte qu'il disoit en avoir cète sorte de gentz en horreur; et l'ayant pressé: *si donc on ne leur feroit point cognoistre le tort qu'ilz ont d'avoir excité si légèrement la cholère du roy*, il m'a dict que ce n'est pas le temps.

On a aussi ordoné l'enregistrement de tout ce qui regarde l'establissement des chanoines réguliers de Sᵗ-Augustin, tant au dict prieuré de Sᵗ-Lô,

donner retraite, à peine de la vie; enjoignit aux capitaines de la ville d'en faire recherche et perquisition, de deux mois en deux mois, dans leurs quartiers; ordonna que ceux de ces contumaces qui se voudraient représenter dans le temps porté par les ordonnances, se rendraient, *en état*, dans les prisons du For-l'Évêque, pour, par le roi, leur être pourvu de juges, ainsi qu'il verrait être à faire par raison; faisant S. M! défense très expresse à tous juges et officiers d'en prendre juridiction et connoissance, à peine de nullité.

Le 4 février, l'arrêt du 28 janvier fut lu par un commis-greffier du Parlement, dans la cour du palais. Puis, il fut lu encore sur la place du Vieux-Marché, et exécuté par le bourreau, en la présence du commis-greffier, du prévôt de l'Isle et de ses archers.

que pour ce qui regarde le général du royaume, et par conséquent pour toute la province de Normandie; on a reçeu un officier de Carentan; et jugé l'information de vie et mœurs d'un advocat, (qui est l'usage de ce Parlement;) mais sa réception a esté différée à l'audience qui seroit tenüe par M⁴⁵ les commissaires du Parlement de Paris.

L'après disnée, a esté tenu le Conseil du roy, auquel on n'a point parlé des enchères des fermes de la ville; mais on y a signé les arrestz.

M⁵ l'archevesque de Rouen, d'Ormesson et moy, par l'approbation de Mg⁵ le chancelier, avons remis d'aller aux Cordeliers au lundy matin; et cependant, mesme jusques à ce que le P. Samson David, estant de présent à Pontoize, éleu président par ceux du couvent, soit arrivé, il leur a esté ordoné de continuer à y recognoistre le P. Mercier pour custode, quoy que l'on eust proposé qu'il n'y demeureroit que deux jours.

Le soir, est arrivé le S⁵ Delafosse, cy-devant comis procureur général en la court des Aydes de Daulphiné, et à présent, pour pareille charge, prèz M⁴⁵ les commissaires du Parlement de Paris, qui tiendront celuy de Normandie, M⁵ le président Séguier et aultres des dictz S⁵⁵ commissaires ne debvantz arriver que les jours suyvantz.

<small>Arrivée du s⁵ De la Fosse, commis procureur général près les commissaires du Parlement de Paris, attendus à Rouen.</small>

Le dimanche 29ᵐᵉ janvier, Mg⁵ le chancelier a assisté à l'office solemnel de l'abbaye S⁵-Oüen, où

<small>Dimanche 29 janvier 1640.</small>

il avoit esté convié; et, l'après disnée, il a esté au couvent des religieux du tiers ordre St-François, et y a assisté aux vespres. Dès le disner, Mrs Palluau et Sarrault, conseillers du Parlement de Paris, du nombre des commissaires députéz pour tenir le Parlement de Normandie, ont salué mon dict seigneur.

<small>Les commissaires du Parlement de Paris arrivent à Rouen.</small>

L'après disnée, Mrs le président Séguier, Crespin et Viole, conseillers de la grande chambre, Mesnardeau, Janvier, Régnault, Biet, Bourlon, Leclerc de Courcelles et autres sont arrivéz, et ont logé èz hostelleries, ne leur ayant point esté marqué logis, tant pour ce qu'ilz n'avoient point envoyé pour cet effect, que parce que l'on n'a pas voulu mettre cète charge sur les habitantz de Roüen, et que l'on a bien voulu faire cognoistre aussj à Mrs du dict Parlement de Normandie que, les commissaires louantz des maisons, c'estoit pour y faire quelque séjour.

Mr de Moriq, conseiller d'Estat, est partj pour Paris, et pour commencer son voyage de Daulphiné.

<small>Lundi 30 janvier 1640. L'archevêque François de Harlay, le conseiller d'État d'Ormesson, et le maître des requêtes Verthamont, vont aux Cordeliers de Rouen, pour choses concernant la réforme.</small>

Le lundy 30me, Mr l'archevesque de Roüen, accompagné de Mr d'Ormesson et moy, s'est transporté au couvent des Cordeliers, pour y faire publier ses ordonnances pour l'érection de la custodie, l'arrest du Conseil portant renvoy à nostre St père le Pape; le bref confirmatif de sa Saincteté; et les lettres patentes de sa Majesté sur iceluy, y faire recognoistre aussj le P. Mercier, custode, y excuser le P. Picard de la charge de gardien présentement, au lieu duquel seroit establj un président, y establir aussj les officiers de sacristain et portier, et veoir que le P. Picard, et les frères............... feussent sortiz, comme il avoit ordoné. A l'entrée du couvent, ayant esté rapporté à mon dict S^r l'archevesque que le frère Lefebure, cy-devant custode, estoit revestu, aveq la croix en main, pour le recevoir, en qualité de custode, mon dict S^r l'archevesque et nous somes subsistéz au hault du dégré, hors de la porte de l'églize, pendant qu'il luy a esté ordoné de quitter ce reng et les habitz de l'églize, et laisser faire cet office par le P. Mercier, custode; à quoy ayant esté apporté quelque refuz, sur ce que les deux jours que l'on debvoit recognoistre le P. Mercier estoient passéz, bien que depuis ilz eussent promis qu'il demeureroit jusques à l'arrivée du président, et ensuite le P. Mercier ne s'estant pas trouvé assez tost, le P. Bonald, qui, pour cet effect, a faict les entremises, a esté commandé de se revestir et de faire la réception du dict S^r archevesque; à l'entrée duquel, après avoir baisé la croix, receu l'encens et l'eaüe béniste, de la main du P. Mercier, que l'on a, peu aprèz trouvé, on est entré dans le chœur, aveq le chant accoustumé èz visites des archevesques ou évesques : *Ecce sacerdos magnus*, etc. ; puis on est allé dans le chapitre ; et le peuple n'ayant peu estre empesché de suyvre dans le cloistre, mon dict S^r l'archevesque l'a toléré pour cète fois, et pour la célébrité de l'action ; en laquelle, luy assiz dans une chaire à braz, au fondz du chapitre, sur le marche-pied de l'austel, et M^r d'Ormesson et moy à ses costéz, il a faict toute cète action aveq beaucoup de dignité et de charité, ayant mesme parlé advantageusement du P. Picard et de sa modestie d'avoir consentj à l'establissement d'un président ; l'a obligé d'aller embrasser tous les religieux, come véritable gardien ; ce qu'il a faict ; et pendant la plus grande partie de cète action, tous les dictz religieux ont esté à genoux ; les religieux estantz au nombre de 80 ou environ, au-dessus desquelz, de costé et d'aultres ; estoient quelques principaux ecclésiastiques du conseil de M^r l'archevesque ; come du costé droict où j'estois, Me Godart, conseiller au Parlement, trésorier de l'églize Cathédrale...... grand archidiacre et grand vicaire de Ponthoize, et le doyen de Gamache, et ensuite le P. Lefebure et les pères........ le dict Sr Godart s'estant approché sur le marche-pied, lorsqu'il a esté besoin de consulter sur quelque chose ; et du costé de M. d'Ormesson, estoient le P. Bonald, le promoteur de l'officialité, et quelques aultres ; et ensuite le P. Mercier et aultres religieux. Lors de la lecture, s'estant trouvé que le procèz verbal de Mʳ l'archevesque n'y estoit pas, le P. Picard a esté mandé, croyant qu'il l'eust en son pouvoir; mais ne l'ayant pas apporté, Mʳ l'archevesque s'est contenté d'en dire le contenu, oultre qu'il estoit suffisamment rapporté par les lettres patentes du roy; au sortir, à la persuasion des PP. Lemercier et Picard, le dict seigʳ archevesque a commandé le *Te Deum*, qu'il a commencé, et quelques religieux ont suyvj; mais, peu après, on s'est apperçeu qu'aucuns d'entre eux avoient faict cesser ceux de leur partj; de sorte qu'il n'a esté continué que par le dict Sʳ archevesque, ses officiers et les religieux réforméz; et, après la bénédiction donnée, le dict Sʳ archevesque est sortj en psalmodiant le *Benedictus, lætatus sum*, et l'oraison *Actiones nostras quæsumus, domine*, avec laquelle il a finj, en sortant de la porte de l'églize, ayant commandé au P. Picard de venir disner et loger en l'archevesché.

Mʳ d'Ormesson et moy avons disné chez Mʳ l'archevesque, où sont venuz aussj Mʳˢ le prince d'Henrichemont, de Ligny, l'abbé Habert, de Bosquet et Esprit; Mgʳ le chancelier s'estant trouvé dans quelque incommodité ce jour-là, en partie parce que, dès le soir, en ayant quelque ressentiment, il n'avoit pas laissé de passer, depuis 8 heures

Le chancelier Séguier discute, pendant, trois heures, une question de théologie, et, par suite, est pris de migraine.

jusqu'à unze du soir, sur une question de théologie[1] qui y avoit esté agitée.

Mardi 31 janvier 1640. Le président Séguier et les autres commissaires du Parlement de Paris siégent au palais, pour la première fois.

Le mardy 31me, M^{rs} les commissaires du Parlement de Paris cy-dessus nomméz ont commencé d'entrer au palais; et je m'y suis trouvé, seul de M^{rs} les M^{es} des requestes. Monsieur Godard, conseiller d'Éstat, ayant voulu pressentir de Mg^r le chancelier s'il pourroit y avoir entrée, ce que mon dict seig^r n'a point approuvé. Sur le réquisitoire du sieur Delafosse, procureur général, la commission de la chambre et la siène particulière furent leües en la chambre du conseil; lors de la lecture de laquelle, Mr Viole dict que c'estoit un panégyrique du dict Sr Delafosse[2]; et, en se levant, ces

---

[1] « Messire Pierre Séguier ne s'était pas contenté d'étudier son code et son digeste. Il s'étoit appliqué soigneusement aux belles-lettres; il pénétra dans les parties les plus curieuses de la philosophie *et de la théologie; il puisa bien avant dans toutes les sources sacrées et profanes* (a). »

[2] Le roi y disait : « D'autant qu'il est nécessaire de commettre un personnage capable pour faire cette charge, ayant jugé ne pouvoir faire meilleur choix que de vous, pour la cognoissance que nous avons de *vostre vertu et mérite*, de vostre expérience aux affaires de la justice, et de vostre fidélité et affection au bien de nostre service, dont vous nous avez rendu preuve en divers importans employs que nous vous avons commis, dont vous vous estes acquitté au contentement de nous et du public (b). »

(a) *Oraison funèbre de Messire Pierre Séguier, chancelier de France, et protecteur de l'Académie françoise*, par l'abbé De la Chambre.

(b) Commission, datée de Saint-Germain-en-Laye, le 29 janvier 1640; enregistrée au Palais, à Rouen, le 31 dudit mois.

Mʳˢ murmurèrent de n'estre pas logéz, et proposoient de ne point retorner le lendemain s'il n'y estoit pourveu; ce que Mʳ le président Séguier modéra avec beaucoup d'adresse et de prudence. Le dict Sʳ président, avant s'asseoir, feict représenter un réglement de Mʳˢ du Parlement de Normandie, quoyque non exécuté, pour faciliter l'expédition des affaires.

Ensuite, on monta en l'audience, où je pris la place accoustumée; et, au-dessoubz de moy, Mʳˢ Ménardeau, Regnault, Biet, Janvier, Sarrault et Bourlon; de l'autre costé, après quelque intervalle, en la place des conseillers clercz, estoient Mʳˢ Crespin, Violé, Palluau, Névelet et Leclerc de Courcelles. Et aprèz la publication des lettres, le dict Sʳ Delafosse, procureur général, parla environ trois quartz d'heure, en fort bons termes, en recommandation du roy, par l'usage de ses armes et de la justice; prenant occasion d'y parler d'une partie des actions de ce règne, et y meslant Mgʳˢ le cardinal et le chancelier, chascun par intervalles, sans les nommer; parla aussi, en passant, que les causes de l'esloignement de Mʳˢ de ce Parlement estoient assez cognües; puis remarqua l'effect de la bonté du roy, de se priver, pour le bien de cète province, de sa justice, pour un temps et du premier officier d'icelle, et du choix de Mʳˢ les commissaires du corps de la plus auguste compa-

Harangue de Mʳ De la Fosse, procureur général.

gnie du monde, et de Mr le président Séguier, dont le nom très illustre et les grandes actions sont très recommandables. Ensuite, Mr le président Séguier, ayant pris les advis du costé des gens d'églize premièrement, puis du nostre, parla une petite demye heure, en très bons termes et très éloquentz, sur le subject de cète commission, dans laquelle la majesté du roy et l'amour qu'il a pour cète ville et ses aultres subjectz de cète province, avoient eu à combattre ; et taxa pour grandz manquementz aux subjectz et principaux officiers la présomption de vouloir entrer dans les secretz du prince, pour condamner ses actions et ce que la nécessité l'oblige de faire ; et leur peu de courage à mettre la main à l'œuvre dans les grandes actions, comme si la vertu ne consistoit qu'en une vaine spéculation, et non pas en l'action de l'exercice d'icelle. Peu s'en fallut que l'incommodité d'un grand rhume, dont il estoit travaillé dès auparavant son départ de Paris, ne l'interrompît vers la fin de son discours ; mais cela ne parut point ; et sa conclusion fut que leur dessein estoit d'obéir et faire obéir le roy en l'administration des charges qui leur estoient commises ; puis, prononça qu'il seroit mis sur le reply des lettres, qu'elles avoient esté leues, etc., et ensuite, donna plusieurs audiences, dont il s'expédia aveq une grande facilité ; et, au coup de 10 heures, la court s'estant levée, le dict Sr président,

<small>Le président Séguier, dans sa harangue, attaque le Parlement interdit.</small>

dans la chambre du conseil, commença à ordonner pour le réglement des jours d'audience; et commit pour les instructions *à la barre*, Mʳˢ Viole et de Sarrault[1], l'un clerc, l'autre de la religion prétendue réformée; ce dernier ayant esté conseiller au Parlement de Rouen, et, partant, ayant cognoissance du style du Palais; pour faire néantmoins les dictes instructions séparément; Mʳ le président Séguier ne prit point la robbe rouge, ny aucuns de Mʳˢ, n'estantz que commissaires; et arresta que, dans les expéditions, on mettroit: *les gentz tenantz le Parlement de Normandie;* mais il a prononcé: *la court*[2].

---

[1] Aux détails déjà donnés par nous sur Claude Sarrau (page 111, à la note), ajoutons ce qui va suivre :

Hugues Grotius, par sa 223ᵐᵉ lettre, datée du 25 novembre 1627, lui recommandait Daniel Tresel, leur coreligionnaire, réfugié à Rouen. « Is (Daniel Treselius) cùm multis variisque negotiis implicatus sit *cum natione*, ut plerique sentiunt, *ad lites non infœcundâ*, id te, collegasque tuos orat, ut, per vestram æquitatem, καὶ φιλοξενίαν, (et hospitalitatem) jus suum obtinere possit. » Grotius, dans cette lettre à Claude Sarrau, lui dit : Vous êtes sorti de Paris, mais non point de mon souvenir. « Ex eo abiisse diceris ex hâc quidem urbe, non etiam ex nostrâ memoriâ (*a*). »

[2] Au *Te Deum* chanté dans la cathédrale de Rouen, le 15 août 1641, et à la procession qui eut lieu ledit jour, le président Tannegui Séguier n'avait pas son manteau d'hermine, ni son mortier à la main; « d'autant que messieurs n'estoient à Rouen qu'en qualité de *commissaires* (*b*). »

(*a*) *Hugonis Grotii epistoael*, Amstelodami, 1687, in-folio, p. 78.
(*b*) *Reg. secr.*, 15 août 1641.

A la levée, en ayant doné compte à Mgr le chancelier, j'ay sçéu que mon dict seigneur a doné ordre à ce que les commissaires de la ville feussent advertiz de pourveoir à ce que les dictz sieurs commissaires du Parlement trouvâssent des maisons commodes à louer. J'ay sçeu aussy que la capitation sur la ville s'estoit trouvée impossible, mais que les principaux s'obligeroient, en grand nombre, de fournir la some à eux demandée, en trois ans, quoy que le Sr Galland insistast à ce que ce fust en un an et demy ; ce qui a esté jugé impossible ; le moyen est par imposition sur les denrées, y trouvant aussy l'intérest des sommes deües [1].

---

[1] Le 31 janvier 1640, eut lieu, à l'hôtel de ville de Rouen, l'assemblée (ordonnée par le chancelier) des députés des corps bourgeois, marchands et gardes des métiers de la ville de Rouen, sous la présidence du lieutenant particulier du bailliage de Rouen, (exerçant, par commission, la charge de lieutenant-général), et en la présence des six commissaires députés pour l'administration et gouvernement de la maison de ville de Rouen. Là, on avisa aux moyens de trouver la somme *d'un million cinquante-cinq mille livres,* à lever sur la ville, par l'ordre du roi, pour les causes représentées en la dite assemblée. Le sieur Pouchet, l'un des six commissaires, exposa les intentions du roi, que lui avait notifiées le chancelier. Diverses propositions et ouvertures furent faites. Enfin, il fut résolu qu'il serait pris et levé (sous le bon plaisir de S. M.) des impositions sur les denrées qui se vendaient ou se consommaient dans Rouen et dans la banlieue, les moins préjudiciables au commerce et moins à la foule du peuple, suivant le tarif qui en serait fait et arrêté, dont les levées seraient faites

Le dict jour, on a rapporté y avoir eu quelque désordre dans les Cordeliers, en ce que, le jour précédent, le custode estoit demeuré sans luy avoir

---

et continuées du jour et date de la présente, jusques et compris la veille de Pâques 1643, si tant il est nécessaire, pour fournir ladite somme ; que, ladite somme une fois acquittée, les levées cesseraient aussitôt, sans qu'il fût besoin de lettres du roi, et sans qu'elles pussent être continuées, pour quelque cause et occasion que ce fût. Pour donner assurance au roi, de l'exact paiement de la somme demandée (un million cinquante-cinq mille livres) il fut arrêté que la résolution prise à l'hôtel commun par les députés des corps serait souscrite et signée de tous les bourgeois et habitants de la ville et banlieue, à la diligence des curés et trésoriers des paroisses ; et que tous (ayant ou non signé) demeureraient également et solidairement obligés envers le roi de faire valoir les levées, jusqu'à un million cinquante-cinq mille livres, ou de payer cette somme avant Pâques 1643, en dix paiements, dont le premier aurait lieu dans six mois, et les autres à des termes plus rapprochés.

Plusieurs *assemblées générales* des bourgeois de Rouen avaient eu lieu à cet effet, dans l'hôtel de ville, où Séguier avait fait lever les gardes, afin que les bourgeois pussent délibérer en toute liberté. Ils l'entendaient bien ainsi ; et peut-on s'étonner qu'ils laissassent échapper quelques cris de détresse et de désespoir, en voyant quelles lourdes charges allaient, pendant plusieurs années, peser sur eux ! Mais, sans doute, ils ne s'étaient point assez contraints ; ce qui, un jour, donna au chancelier « ung si grand eslan de collère, vraye, ou par maxime d'Estat, qu'il *fist plusieurs menaces contre la ville, protestant de faire venir encore dix mille hommes en garnison, pour faire obéir le roy.* » Enfin, les bourgeois les plus obstinés cédèrent (*a*).

(*a*) *Registres de délibérations de l'hôtel-de-ville de Rouen*, 3 janvier 1643.

esté servy à disner ny à souper au réfectoire, et que, pendant les vespres et matines, on l'avoit laissé seul dans le chœur, et les religieux s'estoient retirez pour faire l'office séparé en la chappelle des Espagnolz; sur quoy, Mgr le chancelier, ayant envoyé Legay, huissier du Conseil, et 2 archers du grand prévost, les dictz Cordeliers ont promis obéissance; et en effect, le P. Samson, nouveau président, y arrivé, a tesmoigné y avoir esté bien receu.

Le dict jour de mardy, Mrs de Montescot, Vignier, de Hère et du Thil[1] sont partiz pour le Hâvre de grâce; et l'après disnée, on a tenu conseil pour les fermes de la ville, où j'ay rapporté une instance, desjà veüe une aultre fois au Conseil, aveq Mrs de nostre quartier, pour Mrs Ardier, Mazonne et les esleuz d'Issoire.

Mercredi 1 février 1640.

Le mercredy premier février[2], Mgr le chancelier

---

[1] Jacques Jubert, chevalier, sieur du Thil.

[2] Un arrêt du Conseil d'état avait ordonné que les fermiers, commis, et autres habitants de Rouen, dont les maisons avaient été démolies et les meubles ou deniers enlevés, lors des séditions du mois d'août, et qui demandaient indemnité, fourniraient au secrétaire du Conseil les états de leurs pertes; et ordre leur avait été intimé de n'y employer que les pertes véritables par eux souffertes, à peine d'être déclarés déchus du remboursement d'icelles, au cas où on les convaincrait plus tard d'un faux exposé. Le 1er février 1640, le Conseil d'état, qui avait entendu les fermiers, commis, et autres intéressés aux pertes et dommages, (après

a esté incommodé et n'a point esté veu. Il avoit esté résolu par M⁻ l'archevesque de faire exécuter tous ses ordres précédentz pour les Cordeliers, et, de plus, d'y faire séjourner le P. Mercier, y doner le P. Oyzel pour vicaire, et en esloigner le P. Lefebure et Hulde, et encor y establir un M⁶ des jeunes novices; mais, pour éviter le scandale, plusieurs de la ville parlantz desià que l'on ne leur feroit plus aucunes aulmosnes, il a esté jugé plus à propos de ne point insister à ces deux premiers articles, sauf à prendre un vicaire moins désagréable que le dict P. Oyzel, ny à l'esloignement du P. Lefebure, pour la personne duquel M⁻ l'archevesque a inclination, si ce n'est que le dict P. Lefebure le désire luy mesme; la commission en avoit esté donnée au S⁻ doyen de Gamache; mais depuis, M⁻⁻ Godart et le grand vicaire de Ponthoize l'ont désirée, et en remettre l'exécution au vendredy suyvant, après qu'ilz en auroient parlé à Mg⁻ le chancelier, et pris main forte de sa part; cependant, on a doné ordre que l'on leur feit sentir cet esloignement du P. Mercier, afin que la feste de

---

qu'ils eurent juré et affirmé que les états par eux donnés contenaient vérité, se soumettant à la perte de leur dû en cas de preuve du contraire), liquida et arrêta les pertes et dommages subis par les fermiers, commis et autres préjudiciés, à la somme de 400,000 liv., et ordonna que cette somme serait payée par les habitants de Rouen aux particuliers dénommés en l'état présenté au Conseil.

la Purification se passast en repos à l'honneur de Dieu.

{Jeudi 2 février 1640, fête de la Purification, le chancelier assiste, dans la cathédrale, à tout l'office.} Le jeudy 2me, jour de la Purification, Mg^r le chancelier, aveq plusieurs de Mrs du Conseil, ont assisté à tout l'office de la grande messe, du sermon de M^r l'archevesque, et des vespres, qui se sont dictes en l'églize cathédrale [1], jusques à cinq heures du soir; le tout aveq grande solemnité, sans que, néantmoins, on aye soné Georges-d'Amboise, bien que le dict S^r archevesque l'eust dict à M^rs du chapitre; le sermon plein de charité, de doctrine, et joignant l'explication de toute la feste et des prières de l'églize.

Mg^r le chancelier a receu confirmation des ordres pour le voyage de Basse-Normandie, nonobstant que l'on eust advis du refuz de Mrs du Parlement de Paris, sur la jussion; et mesme, on a escrit la dé-

---

[1] La charité de M. de Verthamont omet ici une particularité de cet office, auquel il avait assisté à la suite du chancelier; c'est que, trop oublieux des recommandations à eux faites naguère, en pleine assemblée capitulaire, « aulcuns de messieurs les chanoines, sans aulcun esgard ny au lieu ny à la présence de monseigneur le chancelier, ny aux maistres des requestes présents au chœur, causoient et discouroient dans l'église, durant la plus grande partie de la messe, avec posture indécente; dont monseigneur le chancelier et ceulx de sa suite furent scandaliséz. » M. de Harlay témoigna au chapitre un grand ressentiment de ce scandale. — Nous trouvons ces détails dans les registres du chapitre lui-même, à la date des 2 et 3 février 1640.

tention de M{{r}} Gaulmyn, M{{e}} des requestes, en la Bastille, et l'envoy de M{{rs}} Scarron, *l'apostre*, à Amboise, et Lesné à Ruel. Mon dict seigneur le chancelier, en sa table, a faict entendre à celuy qui commande le régiment de Piedmont, dont le bagage est demeuré à Beauvais, qu'ilz seroient du voyage, come plus sages et modéréz que les aultres gentz de guerre; et que, pour devancer, de trois ou 4 jours, ilz auroient à partir environ le jeudy 9{{me}}. Il a laissé le choix des chemins libre à M{{rs}} du Conseil, pourveu que l'on se rendist à Caën aveq luy; et néantmoins, il a changé le dessein qu'il avoit pris de passer par Touques et Honfleur, le long de la mer, sur la difficulté du bac; et, sur l'asseûrance de M{{r}} Talon, que le chemin de Pont-Audemer et Lisieux est fort bon, et que, de là à Caën, il est faisable, en prenant un giste au milieu, come à Maulny, maison de M{{r}} de la Ferté Imbault, ou en une maison de M{{r}} l'évesque de Lisieux.

Le vendredy 3{{me}}, Mg{{r}} le chancelier a gardé la chambre; M{{rs}} de Montescot, Vignier, de Hère et du Til sont retornéz du Hâvre.

Vendredi 3 février 1640.

Le samedy 4{{me}}, les édictz ont esté donéz à M{{rs}} les commissaires du Parlement de Paris, pour en délibérer; le seau, qui avoit esté ordoné pour le matin, a esté remis à l'aprèz disnée; et sont arrivéz les muletz de Mg{{r}} le chancelier, pour le voyage de Basse-Normandie, quatre pour la litière, et seize pour le bagage.

Samedi 4 février 1640.

Mgr le chancelier a signé les arrestz pour la réformation du couvent des Jacobins de Rouen; l'un pour les obliger à eslire un prieur réformé, en l'élection prochaine, l'un des trois à eux proposéz par Sa Majesté, qui sont les P. Dominici, Claude de Ste-Marie Magdelaine, et....... de St-Dominique, lesquelz le P. Carré vouloit proposer, suyvant le pouvoir à lùy donné par le procureur général de l'Ordre; l'aultre pour envoyer les estudiantz de l'université de Paris au grand couvent de St-Jacques, et en descharger celuy-cy; le dict P. Carré, non content de cela, m'a dict qu'il partiroit le lendemain, quelques advis que j'aye peu luy donner de patienter, ou du moins de ne pas manquer au respect qu'il doibt à mon dict seigr le chancelier.

Le chancelier fait des reproches aux bourgeois de Rouen, de leur lenteur à payer les taxes imposées sur la ville.

Le soir, mon dict seigr le chancelier a parlé sévèrement aux principaux bourgeois et commissaires pour l'administration de la ville, sur quelque retardement qu'ilz apportoient au payement des premières 250 mil ᵗ qu'ilz ont promis sur le million 55 mil livres à quoy ilz ont été taxéz.

Dimanche 5 février 1640.

Le dimanche 5ᵐᵉ, Mgr le chancelier a entendu la messe en sa maison, dont il n'est point sortj tout le jour.

J'ay esté au couvent des Jacobins, et ay délivré les arrestz, et six stations, les noms en blanc, à moy remises par Mr l'archevesque de Rouen, pour employer des religieux du dict couvent, et en soulager d'aultant la maison ; l'un des arrestz portant que les dictz religieux seroient tenuz accepter les dictes stations et aultres employz, suyvant leur institution; mais j'ay trouvé le P. Carré partj ; et ayant voulu porter les antiens religieux à arrester les comptes du P. Jehan de Ste Marie, prieur, dépendant du dict P. Carré, ilz y ont faict beaucoup de difficultéz, lesquelles je les ay exhortéz de surmonter.

Le lundy 6me[1], le Conseil a esté tenu, l'après disnée ; et s'estant faicte une enchère de 120 mille liv., sur quelque ferme de la ville, la préférence a

Lundi 6 février 1640.

---

[1] Le Conseil d'état, par un arrêt donné à Rouen, le 6 février 1640, permit et octroya aux habitants de Rouen de lever, sur les marchandises consommées dans Rouen, des droits par eux spécifiés dans un *tarif* soumis au Conseil ; condamna les habitants de Rouen, *solidairement* l'un pour l'autre, un seul pour le tout, sans division ni discussion, à payer *un million cent quatre-vingt-cinq mille livres*, somme due par la ville, tant pour impôt au roi, que pour l'indemnité accordée à ceux qui avaient été préjudiciés dans Rouen, lors des séditions du mois d'août 1639 ; à savoir : 180,855 liv. 6 sous 8 deniers, avant le 1er octobre ; le surplus en dix paiements égaux, de trois mois en trois mois.

Le même jour, fut dressé un tarif des impositions que l'on établissait sur les marchandises et denrées qui devaient se consommer dans Rouen, depuis le 6 février 1640, jusqu'à la veille de Pâques 1645.

Ce tarif, arrêté à Rouen, au Conseil d'état, le 6 février 1640, et signé Galland, fut imprimé en placards, que l'on afficha dans la ville ; j'en ai un exemplaire sous les yeux, au moment où j'écris cette note.

esté adjugée aux principaux bourgeois, pour 110 mille liv., sur espérance qu'ilz payeroient mieux et qu'ilz ne feroient point d'exactions.

On a dict que, ce jour-là, debvoit estre délibérée au Parlement de Paris une nouvelle jussion, envoyée deux jours auparavant; et Mgr le chancelier n'a parlé de son départ que pour le vendredy ensuyvant, sauf à prolonger, quoy que l'on aye tousjours persisté en la croyance du voyage de Basse-Normandie.

Il y a eu plusieurs arrestz de réglementz pour empescher les petites escholes de ceux de la religion prétendue réformée en la ville de Rouen, en laquelle l'exercice de la dicte religion P. R. ne leur est permis[1]; évocquer l'appel come d'abus du chapitre d'Escouy, sauf à se retirer par devant Mr l'archevesque de Rouen, pour lever l'interdict et les absoudre *à cautèle*; et pour faire payer l'hospital

---

[1] L'historien de l'édit de Nantes dit qu'en cette conjoncture, le syndic du clergé de Rouen présenta requête au Conseil, étant à Rouen, exposant que « les catholiques même n'avoient pas la liberté de tenir écoles, sans la permission du chancelier de l'église métropolitaine; d'où il s'ensuivoit que les réformés n'en devoient pas tenir sans permission. » Sur cette raison, le Conseil, le 6 février 1640, donna un arrêt de défenses d'avoir des écoles à Rouen, ni dans les autres lieux où il n'y avait pas de droit d'exercice (a).

(a) *Histoire de l'Edit de Nantes*, (par Elie Benoit), tome II, page 589. Delft, in-4°, 1693.

des pauvres des rentes à eux deuës sur les aydes, tailles, etc.

Le mardy 7me, il ne s'est passé aucune chose considérable, de ma cognoissance [1], Mgr le chance-

Mardi 7 février 1640.

---

[1] Le 7 février 1640, le roi, « voulant apporter un bon ordre en sa ville de Rouen, pour prévenir et empescher, à l'advenir, qu'il y arrivât émotion ou sédition, au préjudice de son service, du repos et seureté de ses bons et fidèles subjects, bourgeois et habitants de la dicte ville, » rendit, à Saint-Germain-en-Laye, l'ordonnance dont suit la teneur, qui fut criée et publiée dans Rouen :

« S'il survient à Rouen quelque émotion ou sédition, le capitaine du quartier fera battre le tambour, pour avertir les bourgeois qui sont demeurés armés, de prendre les armes.

« Au son du tambour, les bourgeois prendront promptement leurs armes, et se rendront en la maison du capitaine, pour recevoir ses ordres; ou il sera procédé contre eux, comme désobéissants et rebelles au commandement de S. M., et complices de l'émotion ou sédition, et ils seront responsables des désordres qui arriveront.

« Le capitaine du quartier donnera advis au colonel du quartier, aux commissaires établis par S. M. à l'hôtel de ville, de l'émotion ou sédition survenue, et des ordres qu'il aura apportés pour en arrêter le cours. »

Les commissaires de l'hôtel de ville informeront (sans délai) de cette émotion ou sédition, le gouverneur, s'il est présent en la ville, en son absence le premier président du Parlement, et aussi le sergent major, afin que le gouverneur, et le premier président en son absence, pourvoie et donne l'ordre convenable pour arrêter l'émotion ou sédition, ainsi qu'il verra être à faire pour le mieux.

Le commandant du Vieux-Palais, sur l'ordre qui lui sera donné, soit par le gouverneur, soit par le premier président, sortira, avec forces, du Vieux-Palais, dans la ville, et pourvoira à la sû-

lier a esté, l'aprèz-disnée, visiter les PP. Chartreux; et, en la tornée de leur rue, son carosse a versé, sans que personne en aye esté blessé.

Mercredi 8 février 1640.

Le mercredy 8me, Mg^r le chancelier a commandé de payer les trouppes, pour ensuite commencer à les faire desloger; et, de faict, aucunes ont commencé à filer dès ce jour-là.

Jeudi 9 février 1640.

Le jeudy 9me, M^rs les M^es des requestes se sont assemblez chez M^r de St-Jouyn; et y a esté vacqué à la visitation de plusieurs procèz du Conseil, attendu que, de ce jour, a esté arresté, entre plusieurs de M^rs, de ne se plus doner la peine de veoir nouveaux procèz; et mesmes, le garde des sacz a esté congédié pour le temps que l'on partiroit de Roüen, aveq ordre de ne point suyvre au voyage de Basse-Normandie.

J'ay jugé, aveq les dictz S^rs M^es des requestes, le procèz criminel de Doucet, religieux de l'ordre des Chanoines réguliers de St Augustin, du parc d'Harcourt, contre aucuns des antiens des religieux de S^t-Lô, renvoyé, par arrest du Conseil, à M^rs les

---

reté de la dite ville, ainsi que le gouverneur ou le premier président jugeront être à faire par raison.

Les capitaines des arquebusiers et de la cinquantaine se rendront, avec leurs compagnies, au lieu où il leur sera ordonné par le gouverneur (par le premier président, en son absence), et s'emploieront pour arrêter le cours du désordre, émotion ou sédition, suivant son commandement.

M^cs des requestes estantz prèz Mg^r le chancelier ;
et Blanzy filz a esté commis par les dictz S^rs pour
expédier l'arrest.

La matinée, Mg^r le chancelier a pris la peine de
compiler, luy-mesme, et disposer, par ordre, les
feuilles imprimées de toutes les déclarations, commissions, arrestz du Conseil, réglementz de justice,
de guerre et de finances, et arrestz de coustumaces
qui ont esté expédiéz pendant le séjour de Roüen,
et à l'occasion des émotions dernières ; l'après-
disnée, a esté tenu le sceau, auquel ont esté expédiéz un grand nombre d'offices, particulièrement
ceux des sergentz des décimes ; sont partiz aussi
tout le reste des régimentz, à la réserve de celuy
destiné pour la garde de Mg^r le chancelier.

Le vendredy 10me, Mrs de la Vrillière et de la Thuil- Vendredi 10 février 1640.
lerie sont partiz pour une maison de Mr de la Court
Grouslard (Groulart) ; et de là à la Mailleraye, au-
dessoubz de Jumiéges, où Mr Gassion les debvoit
joindre, après avoir accompagné Mg^r le chancelier
à la sortie de Roüen ; et le matin, le régiment resté
pour la garde de mondict Sg^r le chancelier est party.

Sur le soir, les commissaires députéz par le roy Les six commissaires de l'hôtel de ville viennent saluer le chancelier. Ce qu'il leur dit.
pour l'administration de la maison de ville sont
venuz recevoir les commandementz de Mg^r le chancelier, auquel ilz ont renouvellé les asseûrances de
leur fidélité ; et, luy, les a exhortéz à servir le roy,
et à ne se plus tenir un si grand tort à eux-mesmes,

que de se laisser commander par la populace, ains plus tost retenir sur elle le pouvoir et l'auctorité que Dieu, la nature et la fortune leur donent[1].

---

[1] L'Hôtel-de-Ville de Rouen devait n'oublier de long-temps les rigueurs et les leçons de 1640. A neuf ans de là, lorsque le duc de Longueville, engagé dans le parti du Parlement de Paris, s'achemina vers Rouen, capitale de son gouvernement, pour gagner cette ville et la province tout entière à ce parti, il n'y eut efforts que ne fissent les échevins et conseillers de ville, pour qu'on fermât les portes au duc insoumis, que le roi, par une déclaration expresse, envoyée à Rouen, avait défendu de recevoir et de reconnaître. Le duc, bientôt, s'étant introduit par surprise, les officiers de l'Hôtel-de-Ville résistèrent aux entreprises de ce prince, qui, soutenu par le Parlement, s'était saisi de toutes les recettes, et disposait à son gré des deniers du roi. Le duc, ne rencontrant qu'obstacles de ce côté, dit aux échevins : « J'ay grand subject des m'estonner, et trouve bien à dire, lorsque toutes les compagnies travaillent avec moy, d'un commun concours, pour le bien et soulagement de la province, il semble que le corps de la ville s'en veuille destacher. Je vous prie de ne le point faire; je vous prie que vous passiez à la dicte nomination (de receveurs et de contrôleurs à l'hôtel de ville); je le veux absolument. »

C'est qu'il avait été ordonné que trois receveurs généraux et cinq contrôleurs seraient nommés à l'hôtel de ville, pour avoir le maniement des deniers du roi; et d'abord les échevins s'en voulaient défendre; mais, à la fin, force leur fut de céder (a). Leur résistance avait surtout sa source dans le souvenir, toujours présent, des rigueurs de 1640. Ils étaient devenus, après cela, dociles jusqu'à tout endurer. Ils avaient, par exemple, malgré les antiques priviléges de Rouen, laissé des régiments passer leurs quartiers d'hiver dans la ville et les faubourgs, où les soldats commirent d'incroyables excès. Le duc de Longueville, se plai-

(a) *Reg. de l'hôtel-de-ville de Rouen*, 4 février 1649.

Il leur a aussi doné ordre de ce qu'il vouloit estre faict pour son départ. M⁰ l'archevesque de Roüen a pris congé de luy, et tous M⁰˙˙ du Conseil, entre lesquelz M⁰ d'Ormesson a esté excusé de plus longue suite, pour s'en retorner à Paris aveq madame sa femme; les aultres ont faict estat de partir le lendemain, chascun par différentz chemins, mon dict Sg⁰ le chancelier ayant pris deux maisons de gentilzhomes pour retraicter prèz la Bouille, et Montfort ou le Pont-Audemer, et de là à Lizieux, pour y arriver le lundy 13ᵉ, et à Caen le mercredy 15ᵉ.

M⁰ le président Séguier l'a veu longuement, le soir, come il avoit faict le matin, les édictz ayant esté refuséz ou modifiéz en termes plus rudes par

---

gnant au Parlement de cette apathie des officiers de l'Hôtel-de-Ville : « *Je veux bien les excuser en quelque façon* (dit-il), *parce qu'ilz sont trop foibles, ayant esté abattus par la venue de M. le chancelier en l'année 1639, dont j'ay bien veu qu'ils n'ont pu, jusqu'icy, se relever* (a). »

Louis XIV, dans une déclaration du 17 février 1649, (portant interdiction du Parlement de Rouen, engagé, par le duc de Longueville, dans le parti de la Fronde), disait : « *Que les bons marchands de Rouen se souviennent du misérable estat auquel ils estoient réduits, lorsque la puissance du roy défunt, nostre très honoré seigneur et père, les tira de la servitude de ceux qui sont bien au-dessous de leur condition, qui s'estoient rendus leurs maistres....* » Évidemment, ceci se rapporte aux rigueurs exercées contre les séditieux de Rouen en 1640, et au voyage du chancelier Séguier en Normandie, à cette époque.

(a) *Reg. secr.*, 8 février 1649.

M⁺ˢ les comissaires tenantz le Parlement de Normandie, qu'il n'avoit esté faict au Parlement de Paris; mais Mgʳ le chancelier a tesmoigné qu'il se contenteroit de leur faire expédier une jussion, pour, de là, les laisser agir, sans s'en rendre le solliciteur, ny séjourner plus longuement à Roüen pour ce subject.

J'ay pris congé, le soir, de mon dict seigʳ le chancelier, auquel j'avois faict trouver bon, quelques jours auparavant, que je prisse la route des abbayes de Jumiéges et du Bec.

Ces deux derniers jours, j'ay parachevé la délivrance des clefz du chartrier et des reliques de S᷊ᵗLô aux religieux réforméz, en ayant, néantmoins, laissé une clef aux antiens. Les Cordeliers sont aussy demeuréz en paix, et je les ay visitéz le vendredy; le mesme jour, les antiens Jacobins, lesquélz ont obéj à l'arrest du Conseil, pour la retraicte de leurs religieux à Paris, et pour l'acceptation des stations à eux accordées par Mʳ l'archevesque, quoy que peu considérables; et Mgʳ le chancelier a pourveu, du sien, au voyage et à l'entretènement de ceux envoyez au grand couvent de Paris.

Samedi 11 février 1640. Le chancelier part de Rouen.

Le samedy onzième, sur les 10 heures du matin, Mgʳ le chancelier est party, dans un carosse de six chevaux¹, précédé par le Prévost de l'Isle et ses

---

¹ Le 11 février, les six commissaires de l'Hôtel-de-Ville allèrent saluer à Saint-Ouën le chancelier Séguier, qui était sur son départ;

archers, 12 archers du grand Prévost, le Sʳ Picot, et leur cappitaine lieutenant, les trompettes sonnantz, accompagné aussi du dict Sʳ Gassion ; et, demy-heure après, je suis monté en carosse, et suis arrivé en l'abbaye de Jumiéges, où j'ay parachevé,

Verthamont va visiter l'abbaye de Jumiéges. Légende des Énervés.

---

la harangue que lui adressa Pouchet, l'un d'eux, est curieuse. « Prenant subject de la rencontre des armes de monseigneur le chancelier (qui présentent une forme d'agneau sous chevron), avec les armes de la ville (qui portent *de gueule* à un agneau d'argent chargé de sa croix), sous la protection des armes de France (les trois fleurs de lys), il luy a dict : « *Un agneau s'est venu héberger chez un autre agneau, marque de douceur et de souffrance ; mais, entre ces deux agneaux, la différence est que celuy de la ville porte sa croix, et celuy de vos armes est en plaine liberté. Néanmoins, ceste croix, bien considérée, est garnie d'une banderolle volligeante, marque de liberté ; ce qui nous faict espérer que la bonté du roy, touchée des misères de ceste ville, la restablira aussitost dans ses anciens priviléges, et luy fera reprendre son lustre premier, si monseigneur daigne la prendre soubz sa protection ; dont nous le supplions humblement, luy souhaitant, au nom de tous nos concitoyens, un heureux voyage, pour arrhes duquel nous vous présentons trois* DUCATS*, en ces mots* : *Deus te* DUCAT, PERDUCAT *et* REDUCAT. »

Séguier répondit : « *Je désire que tous les habitants de ceste ville gravent fortement en leurs âmes qu'ils ont un bon roy, auquel ils doivent obéissance et service, plus par les affections que méritent ses bontés, que par les obligations de leur naissance...* » Il leur représenta « les prospéritéz et bonheurs qui accompagnent les peuples qui se maintiennent dans le respect et fidélité envers leurs princes (*a*). »

(*a*) *Reg. de l'hôtel-de-ville de Rouen*, 11 février 1640.

le jour; et ay veu les choses plus remarquables, mesmes leurs manuscriptz touchant l'histoire des éneveréz (énervés), enfans de Clovis 2[1], cète abbaye ayant esté bastie par Dagobert, pour St Philbert, abbé, et encore touchant l'histoire de St Achard, lequel, avant son décedz, ayant prié Dieu de pourveoir à la nourriture de 900 religieux et 1500 serviteurs laïques qu'il y avoit, la nuict, un ange en feit mourir la moytié pour leur doner le paradis en récompense; je n'ay pas veu ce qui regarde cète dernière histoire; pour la première, il semble qu'elle soit escrite par quelque religieux du temps des voyages d'outre-mer, et qu'il l'aye amplifiée, à perte de veue, sur la tradition véritable, à laquelle il a mis la circonstance que ces énervéz qui se voyent dans la chappelle St-Pierre, entre l'églize et le dortoir, se feussent révoltez pendant le voyage de leur père, oultre-mer, et que Ste Baltilde, leur mère, les eust condamnez à ce supplice, pour les rendre impuissantz de mal faire, puis eust pourveu à leur nourriture, remise et destinée par

---

[1] Voir, relativement à cette ancienne tradition, et à tout ce qui s'y rattache, l'*Essai sur les Enervés de Jumièges, et sur quelques décorations singulières des églises de cette abbaye;* suivi du *Miracle de Saincte-Bautheuch*, publié, pour la première fois, et d'après un ms. du XIVme siècle, par E.-Hyacinthe *Langlois*, du Pont-de-l'Arche. Rouen, Edouard Frère, 1838, in-8º de 239 pages.

leur père au lieu auquel Dieu permettroit qu'ilz vinssent aborder, qui fut le dict lieu de Jumiéges.

Le dimanche 12ᵐᵉ, à une heure après midy, je suis partj de Jumiéges, et suis arrivé en l'abbaye Nostre-Dame-du-Bec-Helluyn, avant cinq heures. Helluyn, qu'ilz appellent le Sᵗ, en fut le fondateur, s'estant retiré de la cour du comte de Brione, filz de Richard premier, duc de Normandie. Lanfranc luy succéda, ou plustost fut tiré de cète maison pour fonder l'abbaye Sᵗ-Estienne de Caën. L'antiène chronique est èz mains du Sʳ Duchesne. Ilz en ont des abrégéz, qu'ilz m'ont faict veoir, où y a plusieurs choses concernantz l'histoire d'Angleterre et de Normandie; leurs cartulaires très beaux; riches et antiens ornementz d'églize; la grande chronique du Bec a esté mise èz mains du Sʳ Duchesne [1], historiographe, par Mʳ l'archevesque d'Aux, abbé du dict lieu, et il la retient depuis quelques années. Il y a un autre livre manuscript, du temps de Charles 9, par l'un des reli-

Dimanche 12 février 1640. Verthamont visite l'abbaye du Bec

---

[1] Il mourut le mai de cette même année 1640. Claude Sarrau écrivait, de Rouen, à Frédéric Gronovius : « Andreas Duchesnius, nobilissimus Regni geographus et historiographus, hâc septimanâ miserabiliter obiit : è curru decidenti baculus ilia ingressus est, undè, magno cum cruciatu, post unam aut alteram horam, expiravit (*a*). »

(*a*) *Cl. Sarravii epistolae*, epistol. xxiv, Frederico Gronovio, Rothomag. non. majis 1640.

gieux de la dicte abbaye, dans lequel est un abrégé de la dicte histoire, contenant la fondation de la dicte abbaye et ses abbéz ; l'aultre porte ce mesme tiltre d'*Abrégé de l'Histoire du Bec ;* mais elle comprend plusieurs aultres choses, et s'estend jusques au dict règne de Charles 9me. Les religieux m'ont promis de faire transcrire ce livre, et me l'envoyer; les premiers religieux de cète abbaye estoient moines blancz, desquelz on voit encore les figures et habillementz soubz la chaire de pierre du réfectoire, qui est fort beau.

<small>Lundi 13 février 1640.</small>

Le lundy 13me, je suis partj du Bec, peu après huict heures; et ay disné au lieu appelé *les Hostelleries*, à six lieues de là; et me suis rendu à Lizieux, qui en est esloigné de 3 lieues, sur les 4 à 5 heures, y ayant trouvé Mg^r le chancelier, arrivé peu auparavant, et tous Mrs du Conseil, et le sieur Gassion, à la réserve de Mr de la Ferté, M^e des requestes, Mrs Galland et Monceaux, qui ont pris la route du Hâvre.

<small>Le chancelier au château des Roqués près la Bouille.</small>

Mon dict seigneur le chancelier avoit couché, le samedy, chez un gentilhomme nommé le Sr de Berthon [1], près la Bouille, à trois lieües de Rouen,

---

[1] C'est la terre des *Roques,* sise au hameau du Chouquet, dans la paroisse de Saint-Ouën de Thouberville, un peu au-dessus de la Bouille, en allant de Rouen à Pont-Audemer. Elle appartenait alors à la famille Bertout, ou Berthout, dont plusieurs membres figurent, à cette époque, dans les charges publiques. Celui chez

ou Montfort ; et le dimanche, au lieu d'aller coucher à Montfort, come il avoit dict, on fut estoné qu'il estoit venu au Ponteaudemer, où il fut receu par les habitantz, aveq l'honeur et les acclamations qu'ilz sçeurent faire. Mon dict Seig^r le chancelier ramentevoit[1] la harengue bien familière à luy faicte par le juge, aagé de 76 ans, accoudé sur la portière de son carosse, par laquelle il luy disoit avoir porté les armes en sa jeunesse, et commandé comme cappitaine ; puis, ayant longuement servj le roy en sa charge, qu'il s'en estoit deschargé sur son filz, lequel, ayant voulu aussi prendre les armes, estant mort au siége de Montauban, il avoit

Le chancelier à Pont-Audemer.

Le chancelier à Lisieux.

---

qui logea le chancelier (aux Roques), était *général des Aides ;* (on appelait ainsi les conseillers de cette cour souveraine.) — Le 17 mars 1625, le Parlement de Rouen autorise David Berthout, sieur de Thouberville, notaire secrétaire du roi, à faire écrouer par un huissier, à la conciergerie du palais, Vincent Berthout, son fils, à cause de ses désobéissances, débauches et mauvaises actions (*a*). — Au registre secret du 11 octobre 1639, il est question d'un Jacques Bertoult, *sieur des Rocques*, accusé de rapt. — Une note, que l'on verra sous la date du 21 mars 1640, établira que c'est bien dans le château des Roques, près du hameau du Chouquet, que logea le chancelier Séguier, quittant Rouen, et qu'il revint loger dans ce château, à la fin de mars, en retournant à Paris.

[1] *Ramentevoit*, rappelait. — Voir notre note sur le mot *ramenteu*, au 26 décembre 1639.

(*a*) *Reg. secr.*, 17 mars 1625.

esté obligé de reprendre ce mesme sien office. Le lundy, Mgr le chancelier, deux heures avant son arrivée à Lizieux, reçeut nouvelle de l'heureux accouchement de madame sa seconde fille, d'un filz, et que Mr le prince d'Henrichemont, son gendre, estoit arrivé à Paris une demye heure après cète bone nouvelle. Le soir, Mr l'évesque de Lizieux avoit convié à souper mon dict seigneur le chancelier ; mais il s'en excusa, et remit à desjeuner le lendemain ; toute sa maison y souppa aveq le Sr évesque, qui commençoit à se lever de ses gouttes, seulement deux jours auparavant ; et m'estant trouvé prèz de luy, je ne pus me deffendre d'y soupper aussi, come feirent, aussi, Mrs de la Berchère et Marescot.

Mardi 14 février 1640.
Le chancelier à Lisieux.

Le mardy 14me, Mgr le chancelier, après avoir entendu la messe dans la chapelle épiscopale, à laquelle Mr l'évesque n'assista point, il disna, sur les 9 heures, en une table de 25 couvertz que luy avoit préparé mondict Sr l'évesque ; et y estoient, au bout de la table, le d. Sr l'évesque, vestu de son rochet et camail, qu'il a tousjours eu en sa maison pendant que l'on y a esté ; au-dessoubz de Mgr le chancelier estoit Mr de la Vrillière, moy au-dessoubz ; puis, Mrs Marescot, de Marsillj et aultres ; vis-à-vis de Mgr le chancelier estoit le Sr Gassion ; puis, Mrs de la Thuillerie, Laubardemont, Charvizé et aultres, sans néantmoins que le quart ou le tiers de la table fust occuppé de persone, tant elle estoit grande et fort bien couverte! Mʳ Gaudard partit, dès le jour précédent; et on dict luy avoir arrivé, la nuict, beaucoup de désordre, son carosse ayant versé dans un fossé où il a passé la pluspart de la nuict; le surplus de Mʳˢ du Conseil estoient partiz, dèz le matin, pour arriver à Caën; Mʳˢ de la Vrillière, la Thuillerie et Gassion avoient envoyé deux carosses sur le chemin, pour relayer et partir le lendemain, et arriver en un jour. Je suis arrivé, de fort bone heure à Cressenville, ayant passé, aveq moins de difficulté que l'on ne faisoit appréhender, les mauvais chemins qui sont sur cète route, pour laquelle Mgʳ le chancelier a résolu de demeurer trois jours en chemin, s'estant arresté à trois lieux de Lizieux, en la maison d'un gentilhomme nommé le Sʳ de Viquetot, et dé là à Escoville, en partie aussj pour la considération du seigneur du lieu, parent de madame de Blainville, qui l'en avoit envoyé convier dèz Rouen.

Le mercredy 15ᵐᵉ, je suis arrivé à Caën, de fort bone heure; et le mesme jour y sont aussj arrivéz Mʳˢ de la Vrillière, la Thuillerie et de Gassion, les logementz ayantz esté changéz, à cause que le fourrier de Mgʳ le chancelier, au lieu de la maison du lieutenant général, laquelle luy avoit esté marquée, a voulu loger mondict seigneur en la maison du Sʳ Daugis, lieutenant particulier,

Mercredi 15 février 1640.

come plus saine, et le logement ordinaire de Mg^{rs} les chanceliers; ce qui a esté interprété par ceux de la ville à un présage d'interdiction contre le dict lieutenant général, duquel mon dict Seig^r le chancelier n'a pas voulu se rencontrer l'hoste en luy causant ce déplaisir, quoy qu'un chascun rendist tesmoignage au dict lieutenant général, de s'estre bien acquitté de son debvoir. Le logis du dict lieutenant général a esté délaissé au dict Sr Gassion.

Jeudi 16 février 1640.
Le chancelier arrive à Caen. Tous les corps vont le saluer, et le haranguent.

Le jeudy 16me, entre deux et trois heures[1] après midy, est arrivé mon dict seig^r le chancelier, dans sa litière, suivy de son carosse, et d'un grand nombre d'aultres de tous Mrs du Conseil qui luy estoient allez au rencontre, à la réserve de M^{rs} de La Vrillière (ce me semble), et Vignier qui le joignit dans la ville; les officiers du présidial et de la vicomté avoient esté, en longues robbes, le saluer jusques dans la dicte maison d'Escoville; puis furent de

---

[1] Séguier arriva à Caen le 16 février 1640. « Jacques Morin, seigneur de Villers-Bocage, premier président de la cour des Aides (de Caen), supplia le roi, au nom de ce corps, de pardonner au peuple. Mais les principaux coupables furent punis de mort. Les officiers municipaux furent destitués; et la ville fut condamnée à rebâtir la maison de l'abbaye de Mondaye, détruite en août 1659, par les séditieux de Caen, en haine de ce qu'on y faisait la recette des impôts (a). »

(a) *Essais historiques sur la ville de Caen,* par l'abbé De la Rue, tome I, p. 211 et 212.

retour pour le recevoir, le vicomte à l'entrée du faulxbourg, les présidiaux, maire et eschevins à l'entrée de la ville hors la porte; et, de là, il fut descendre en la maison qui luy avoit esté marquée, où la Cour des aydes le vint saluer aveq harengues, puis lesdictz présidiaux, le chapitre collégial de ladicte ville, et ensuite le recteur [1] de l'université, accompagné de

---

[1] Né à Bayeux, le 8 septembre 1611. Il avait alors trente ans; avait remporté des prix aux Palinods de Rouen et de Caen, et était devenu ainsi, de bonne heure, régent de rhétorique dans l'université de Caen. *Étant recteur* de l'Académie de Caen, il harangua, à la tête des quatre facultés, M. Séguier, chancelier de France, venu en Normandie pour apaiser les émotions populaires. Sa harangue fut fort goûtée, et lui acquit l'estime et la protection de ce chef de la justice, jusques là qu'il reçut de lui le bonnet de docteur en droit, en présence du grand Conseil, le 18 de mars 1640, après avoir soutenu des thèses dans cette illustre assemblée. « Propugnatis utriusque juris thesibus, laureâ doctorali, in amplissimo comitum consistorianorum consessu, die 18â martii 1640, ab ipsomet Cancellario decorari meruit. » (Vita Petri Hallaei (a).) — Il suivit à Paris M. Séguier, se fit connaître très avantageusement, et devint professeur royal en droit canonique. Il reste de lui plusieurs ouvrages fort estimés (b); entre autres : *Institutionum canonicarum*, lib. IV, opus ad praesentem Ecclesiae Gallicanae usum accomodatum, studio et curâ Petri Hallaci, Antecessoris parisiensis. Parisiis, Le Cointe, 1685, in-12. — *Elo-*

(a) C'est un éloge latin de Pierre Hallé, composé par Jean Hallé, secrétaire du roi, ouvrage dont M. Pinsson des Riolles avait communiqué à Bayle une copie manuscrite.

(b) Bayle, *Dictionnaire historique et critique*, au nom : HALLÉ (Pierre.)

ses suppostz, tous aveq leurs marques et livrées. M^r le chancelier respondit à toutes les harengues, fort éloquemment, mesme à celle du recteur, qui estoit latine, par laquelle il remercioit la justice du roy d'avoir voulu soulager la misère de la province, et consoler l'innocence des gentz de bien, par le discernement qu'il feroit faire de toutes choses par le principal officier de sa couronne et ministre de sa justice; et ensuite, passa au remerciment de la

---

gium Gabrielis Neudaei, canonici Ecclesiae Virdunensis, Prioris Artigiae, à Petro Hallaeo, J. U. D. et Antecessore, in Epistolà de ejus splendore. Genevae, 1661, in-8°. — *Atrebatum Expugnatio*, carmen Petri Hallé. Parisiis, 1641, in-4°. — *Rollandi Maresii Elogium*, auctore Petro Hallaeo, à la tête de la 2ᵉ édit. des épîtres de Pierre Hallé. Parisiis, Martin, 1635, in-8°.

Dans le *Journal des Sçavants* (de 1690), on trouve : l'Éloge de Pierre Hallé, docteur régent de la faculté de Droit, à Paris. — De plus, ont été imprimés, relativement à ce jurisconsulte célèbre, les ouvrages suivants :

1° Petri Hallaei, Baïocensis, Antecessoris et sacrorum canonum Interpretis regii, Elogium, auctore Daniele Laet, batavo. Amstelodami, 1692, in-8°.

2° Clarissimi viri Petri Hallé, Elogium : dixit Michel De Loy, Paris. Antecessor primicerius et comes. In-8°.

3° Histoire de la vie et des ouvrages de Pierre Hallé, par le P. Nicéron, *Mémoires*, tome III, page 243, et tome X, partie 1ʳᵉ, page 116.

4° Notice historique sur Pierre Hallé, par Cl. Pierre Goujet, dans son *Mémoire sur le Collège royal*; in-12, t. III, p. 407.

Pierre Hallé était neveu d'Antoine Hallé, fort célèbre alors, et dont les poésies latines, imprimées en 1675 (in-12), sont fort estimées, à juste titre.

Antoine Hallé, lors de l'arrivée du chancelier Séguier à Caen,

justice qui avoit esté rendue à ladicte université, en quelque différend qui s'estoit présenté au Conseil, depuis peu de mois, pour la concurrence de deux chaires de professeur en Droict. Mondict seig^r le chancelier respondit en fort bons termes latins, qui marquoient l'affection qu'il avoit tousjours de faire office et plaisir à l'université, laquelle avoit, en partie, le dépost de l'institution de la jeunesse, qui est l'une des choses plus importantes à l'Estat,

---

composa ce distique, dont les armes des Séguier (un mouton, etc.) lui avaient fourni le texte :

   Dùm Seguerus init generosi mœnia Cadmi,
   Adventare leo creditur, *agnus* adest (*a*).

Il composa, à cette occasion, une pièce en vers latins, plus importante, intitulée :

Ad illustrissimum Petrum Seguier, Franciae Cancellarium, Cadomum adventantem, 1640.

Dans cette pièce (de 93 vers), Hallé déplore les folles et coupables tentatives de la populace, et demande grâce pour elle.

   Urbs *domus* exortem quam culpae (*Cadmi*) agnoscis, et ipsum
   Non potuisse Orci furias compescere primùm,
   Stridebant passim dùm saxa facesque volabant.

Antoine Hallé, dans cette pièce, sollicite l'appui du chancelier pour l'Université de Caen, dont les régents n'ont point été payés depuis trois ans.

   Tertia currit hyems, ex quo non penditur ulli
   Annua doctorum mercedula, portio gazæ
   Tantula regalis......

En janvier 1642, l'Université, malgré cette supplique, n'avait rien touché encore; et Hallé présenta, à cette époque, une nouvelle supplique au chancelier.

  (*a*) *Antonii Hallaei Opera miscellanea*, p. 41.

pourveu qu'ils satisfeissent, de leur part, à leur debvoir [1].

<small>Difficulté du voyage de Lisieux à Caen, vu le déplorable état des chemins.</small>

Mondict seigneur le chancelier s'entretint ensuite aveq Mʳ de La Vrillière, qui le vint visiter, sur les rencontres de son voyage depuis Lizieux, où il avoit trouvé l'abord, à la sortie de Viquetot, fort difficile et incommode, et plus encor la traverse que l'on luy avoit faict prendre pour Escoville, ayant esté obligé de passer en chemins estroictz et fort difficiles entre une rivière et un fossé, par tout lequel chemin mondict seigʳ le chancelier avoit esté obligé de demeurer à cheval, et avoit veu, prèz de soy, tumber dans l'eaüe deux archers du Prévost de l'Isle, oultre huict de ses muletz qui se cuidèrent perdre; ce qui fut cause que son deshabiller ne luy arriva qu'à une heure après minuict; pendant lequel temps l'incommodité d'un cabinet nouveau peint luy augmenta beaucoup celle de sa micraine, causée par un grand vent qu'il avoit souffert à cheval, arrivant audict Escoville. Mʳ de la Poterie, qui estoit demeuré à Caën, depuis le commencement du voyage qu'il y feit aveq Mʳ Gassion, vint à Escoville y saluer Mgʳ le chancelier, aveq Mʳ Gaudard qui estoit arrivé à Caën dès le jour précédent; le dict

---

[1] Dans cette réponse, perce le faible du chancelier pour les Jésuites, qu'il aimait fort, que nous l'avons vu visiter à Rouen, et que nous le verrons visiter à Caen.

Sʳ de La Poterie, tousjours logé dans le chasteau, au pied duquel il y avoit deux compagnies de garde, au-dehors d'iceluy pour sa plus grande seureté.

Le vendredy 17ᵐᵉ, Mgʳ le chancelier ne fut veu de personne le matin, sinon de Mʳ de La Vrillière, qui y trouva le Sʳ Galland; et Mʳˢ de la Thuillerie, de Bernière, cy-devant conseiller au grand Conseil, et moy estantz demeurez derrière un retranchement de tapisserie qui estoit dans la chambre après les avoir entendu traicter de quelques différendz survenuz entre Mʳˢ le premier président et aultres officiers de la grande chambre du Parlement de Tholoze et ceux des enquestes, puis entrer dans le discours de ce qu'ilz avoient à faire en cète ville de Caën, suyvant ce qui avoit esté faict à Roüen, nous nous retirasmes.

Vendredi
17 février 1640.

L'après disnée, ayant visité Mʳ de La Poterie dans le chasteau, puis ayant esté de compagnie chez mon dict seigʳ le chancelier, il le remit au lendemain; j'ay sçeu que mon dict seigʳ le chancelier receut lettres de madame la chancelière, par laquelle elle luy donnoit advis que Mʳ Tudert luy venoit de dire la vériffication de l'édict des Mᵗʳᵉˢ des requestes, pour le nombre de huict; il receut aussy une lettre de Mʳ Habert, théologal de Paris, par laquelle, en termes latins fort élégantz, il luy félicitoit la naissance du filz aisné de Mʳ le prince d'Henrichemont.

Ce que dit le chancelier aux capitaines de la ville.

Ensuite, sont entréz les cappitaines de la ville, après la harengue desquelz, portée par le plus antien, il leur a représenté la faulte des habitantz, et leur propre intérest de ne se pas laisser commander à l'advenir par une multitude vile et contemptible. A leur départ, est entré le Sr de Blayz, lieutenant général au bailliage de Caën, persone peu aagé, mais modeste, grand et de fort bone façon, lequel on dict estre riche de 40 mil livres de rente, aussi bien que le nommé ...., hoste de M^r de La Thuillerie, qui a faict sa fortune au trafficq des guesdes, pour les teintures, depuis 10 ans; le lieutenant particulier, de 25 mil livres de rente; le S^r des Ifz, mon hoste, cy-devant lieutenant criminel, de 15 mil livres; Mr de Bernières, par sa femme, de 16 mil livres de rente; ledict S^r lieutenant général s'est voulu justiffier prèz mondict seigneur le chancelier de n'avoir obmiz aucune chose; de quoy, de vérité, le public lui rend tesmoignage; et sur ce que mondict seig^r le chancélier l'a pressé de ce que son procèz-verbal ne marquoit point les aucteurs de la sédition ny ceux des bourgeois qui ont refuzé de l'assister pour le service du Roy, il a maintenu qu'ayant rapporté, par son procèz verbal, qu'ayant sommé et interpellé de ce faire, *tous les chefz de famille*, et rapportant qu'il n'a esté suyvj que de telz et telz, c'est assez avoir déclaré que tous les aultres estoient coulpables. Le P. Maucorps, recteur du collége des Jésuites, a veu ensuite mon dict seig^r le chancelier. Mondict seig^r lui a tesmoigné vouloir entendre la messe en leur églize, et, une aultre fois, veoir leur collége, et y recevoir les épigrammes préparéz pour luy présenter par leurs escholiers; et qu'il vouloit aussj aller en l'université, pour ne doner jalousie aux uns pour les aultres. Il a semblé, par le discours particulier de mon dict seig^r le chancelier, que M^r de La Poterie eust peu advancé les affaires du roy en ladicte ville ; et lorsqu'il a reçeu l'advis de la vériffication des huict offices de M^{tres} des requestes, il a tesmoigné, en particulier, estimer que l'on s'en contenteroit; et, néantmoins, le soir, luy estant arrivé une jussion adressée à M^r de La Vrillière, il a esté obligé de la sceller.

Le samedy 18me, Mr Gaudard et moy avons disné chez M^r Le Petit, S^r des Ifz et de Vascogne, cydevant lieutenant criminel, mon hoste ; l'aprèz disnée, ledict S^r des Ifz, le Sr Mython Frédeville et moy avons faict, à pied, presque toute l'enceinte de la ville, à commencer par le pré dans lequel se tient, à présent, la foire, en l'Isle de St-Jehan, retornant par les Jésuites, passé le faulxbourg, et veu l'abbaye en iceluy, dont l'églize a esté restablie à neuf, depuis 30 ou 40 ans, pour 30 mil livres; et de là, au pied du chasteau, à la porte du Berger, nous sommes sortiz dans le faulxbourg des

Samedi 18 février 1640. Promenade de M. de Verthamont dans Caen, avec plusieurs habitans instruits, qui lui en expliquent les antiquités.

Dames, prèz le monastère desquelles est la paroisse St-Gilles, et une église collégiale du Sépulchre [1], ou St-Sauveur, ladicte abbaye portant les marques de grande antiquité et richesse, en laquelle Mme de Portes, tempte (tante) de feu Mr de Montmorency, est abbesse; et, auprès de ladicte abbaye, du costé du soleil levant de la ville, sont plusieurs prairies appellées les *préz de Madame*; come celles du costé du soleil couchant, vers l'abbaye des religieux, sont appellées les *préz de Monsieur;* et, de là, l'on descend le long d'une aultre rue venant de Collombelles, le long de la petite rivière de......, où l'on voit que la ville s'estend plus avant de l'aultre costé, fermée de bones murailles, aveq deux tours et une chaisne, laquelle ferme la rivière, sur le port de laquelle arrivent des barques bretones, et aultres jusques au port de soixante tonneaux plus ou moins; ladicte ville, dont l'éthimologie se done *Caïj domus,* ou bien *Cæsaris domus,* estoit aultres fois renfermée dans ce qui compose à présent le chasteau [2], presque

---

[1] C'est l'église du Saint-Sépulcre, collégiale fondée en 1219, par Guillaume Acarin. L'église avait été bâtie alors dans la forme de celle du saint Sépulcre de Jérusalem, sur les dessins que Guillaume Acarin avait rapportés de la Terre sainte, d'où il revenait. Rasée en 1562, par les religionnaires, cette église fut rebâtie, tellement quellement, depuis, et mise en l'état où la vit le conseiller d'Etat de Verthamont.

[2] L'abbé De la Rue, dans ses *Essais historiques sur la ville*

en mesme sorte que la ville et chasteau de Blaye ; et, pour marque, il y a encor à présent une églize parrochiale, une aultre chapelle, quelques maisons et plusieurs vestiges d'aultres qui y ont esté ; à présent, elle s'est accreüe à l'occasion (ce dict-on) du dict chasteau et desdictes deux abbayes, en forme d'un 8 en chiffre ; en sorte que l'une des parties consiste en l'Isle de St-Jehan, enfermée entre le cours de la rivière et le ruisseau qui en est dérivé, qui passe soubz la porte de St-Jehan le long de l'hospital ; et l'aultre partie de cète figure ou chiffre est comprise en tout ce qui est du costé du chasteau et des abbayes ; les deux grandes rues de la ville s'estendant, l'une depuis la porte de St-Jehan jusques à la porte de Bayeux, l'aultre depuis l'église des Jésuites et paroisse St-Estienne, où y avoit

---

de Caen (*a*), exprime aussi l'opinion que « le terrain du château et les côteaux de la colline sur laquelle cette citadelle a été construite, furent le lieu où se fixèrent les premiers habitants de Caen. C'était (dit-il) l'opinion de tous les savants de Caen, dans le 17me siècle, et, entre autres, celle du fameux Bochart. » Il invoque le *Diaire* du maître des requêtes de Verthamont, écrit, pense-t-il (en ce chef), d'après les renseignements qu'avaient donnés, à ce magistrat, les savants que possédait alors la ville de Caen. Il combat le docte Huet, évêque d'Avranches, qui, dans ses *Origines de Caen*, place la ville primitive dans l'ancienne paroisse de Saint-Etienne (*b*).

(*a*) Tome I, pages 51, 52.
(*b*) *Origines de Caen*, par Huet, p. 184, et alibi passim.

aultres fois une porte, à présent fermée, jusques à ladicte porte du Berger. La conjonction de ces deux parties, ou la liaison de ce 8 de chiffre, est au Pont St-Pierre, sur lequel est bastie l'Hostel de Ville, come le petit Chastelet de Paris; de sorte que l'on ne s'apperçoit point qu'il y aye un pont; proche duquel est l'églize St-Pierre, la principale paroisse de la ville, très bien bastie, couverte de plomb, avec très beaux arcz boutantz, culz de lampes, en la plus part de la principale voulte et èz chappelles de Nostre-Dame et St-Sébastien, derrière le chœur; il y a d'aultres paroisses au nombre de ...., sçavoir celles de St-Jehan, Nostre-Dame de........ En rentrant dans la ville, nous rencontrasmes l'huissier de Fleurs et quelques secrétaires du roy, par lesquelz je trouvay, au retour, que Mg^r le chancelier avoit receu quelques dépesches de la court; ledict jour ou le précédent, mon dict seig^r le chancelier accorda aux Jésuites les lettres de relief d'adresse et surannation, adressantes à M^{rs} les commissaires tenantz le Parlement de Rouen, pour le régistrement des bulles de sa Saincteté, par eux obtenües pour l'union du prieuré simple de........, au collége de Caën, ledict prieuré dépendant de celuy de Ste-Barbe en Auge, de l'ordre des chanoines réguliers de St-Augustin, qui faict la fondation de leur collége, à cause qu'ilz s'estoient réservéz, en leur partition de la collation des bénéfices en dépendantz avecq les religieux dudict prieuré conventuel, ledict prieuré seulement à l'effet de ladicte union.

Le dimanche gras, 19ᵐᵉ du dict mois, j'ay esté veoir M. Gaudard, chez le Sʳ ...., conseiller des Aydes, parent de Mʳ Bochard Champigny, où j'ay trouvé Mʳˢ Marescot et Du Bosquet, visitantz une bibliotèque fort bone, qui a esté assemblée par le père dudict conseiller, advocat ou docteur en droict ou médecine, faisant profession de la religion prétendue réformée. Le soir, j'ay trouvé le catalogue de ladicte bibliotèque porté à mondict seigʳ le chancelier par ledict Sʳ Bosquet, dans la lecture duquel mondict seigʳ le chancelier a marqué environ deux douzaines de livres qu'il désiroit, ne les ayant pas en sa bibliotèque; toute celle-cy estant composée de quinze à 1,600 volumes; il a envoyé ce cathalogue à Blaize, libraire, pour luy marquer plus parfaictement les livres d'iceluy, lesquelz ne sont dans sa dicte bibliotèque, et le prix d'iceux, pour en recevoir response à la huictaine[1].

Dimanche 19 février 1640.

---

[1] Séguier, « le plus éclairé et le plus docte chancelier qui fut jamais (a), » aimait les livres avec passion; il épiait sans cesse

(a) *Histoire généalogique et chronologique de la maison royale de France, des Pairs, grands-officiers de la couronne*, par le P. Anselme, t. VI, p. 564.

Lundi 20 février 1640.

Le lundy 20me, M^r de La Vrillière et tous Mrs du Conseil ont veu Mg^r le chancelier, qui a voulu veoir le jardin de son hoste. Ensuite Mr de la Poterie a doné à disner à M^{rs} de La Vrillière, La Thuillerie, Gassion et quelques aultres. Mr Turgot avoit prié presque un chascun, et n'a eu que ceux qui n'estoient

---

l'occasion de s'en procurer. « *Si l'on veut me séduire* (disait il quelquefois), *on n'a qu'à m'offrir des livres* (a). »

« Il n'y avoit point, de son temps, aucun particulier qui eust une plus belle bibliothèque que la sienne, toujours ouverte à toutes les personnes de mérite qui désiroient la voir et mesme en profiter (b). »

Le *Catologue des manuscrits de la Bibliothèque de M. le chancelier Séguier*, dressé par Thévenot, garde de la Bibliothèque du roi, et publié à Paris, chez Le Cointe, en 1686, in-12, contient plus de 4000 volumes, dont près des deux tiers regardent l'histoire de France. Ils ont passé à M. le duc de Coislin, évêque de Metz, petit-fils du chancelier Séguier, qui, après les avoir mis en dépôt dans la Bibliothèque de Saint-Germain-des-Prés, les a légués à cette abbaye (c). Ces manuscrits appartiennent aujourd'hui à la Bibliothèque royale. C'est au *fonds Séguier*, (faisant aujourd'hui partie de cet inappréciable dépôt) qu'appartiennent les deux volumes in-folio, intitulés : *Séditions de Normandie*, qui contiennent le *Diaire* de Séguier, et la plupart des pièces dont se compose notre présente publication.

(a) *Biographie universelle*, au nom : Séguier (Pierre III.)

(b) *Les hommes illustres qui ont paru en France, pendant ce siècle, avec leurs portraits au naturel*, par M. Perrault, de l'Académie françoise, t. I, p. 30, 1696, grand in-folio.

(c) *Bibliothèque historique de la France*, par Jacques Le Long et Fevret de Fontette, t. II, n° 15,945.

point engagéz ailleurs. M^rs de St-Jouyn, Daubray, La Ferté, du Til, Marescot et moy avons disné aveq Mr de Croizmare, Sr de Lassont, cy-devant conseiller au Parlement de Roüen, lequel prétendant à l'une des charges de M^tres des requestes de nouvelle création, il se rencontra que, pendant tout le disner, on expliqua tous les mauvais sentimentz que l'on auroit contre ceux qui s'engageroient à pareilles charges.

L'après disnée, Mg^r le chancelier fut au chasteau, où l'on tira force artillerie; se rencontrant que celles de la ville [1], les munitions, aveq les armes de tous les particuliers habitantz, y avoient esté portées, par ordre du dict Sr Gassion. Nous y fusmes aussi; et, au sortir de mon dict seigneur le chancelier, Mrs Marescot, les grand audiencier et conseiller de la chancellerie et moy fusmes veoir de rechef l'abbaye, et le presche de ceux de la religion prétendue réformée [2], que les catholiques

---

[1] Les Etats de Normandie, assemblés à Rouen, le 26 novembre 1643, disaient au roi :

« *La ville de Caen vous redemande ses canons.* »

[2] Elie Benoît vante « la grandeur et la forme du temple des réformés de Caen (a). » On voyait écrites, en lettres d'or, sur la principale porte de ce temple, ces paroles: CRAIGNEZ DIEU, HONOREZ LE ROY (b). A quarante-cinq ans de là, un arrêt du Par-

(a) *Histoire de l'Édit de Nantes*, livre XVI, t. IV, p. 397.
(b) *La vie de Pierre du Bosc, ministre du Saint-Évangile.* Amsterdam, 1716, in-8°, page 132.

appellent *le pasté de Godiveau*, à cause qu'il est bastj de cète façon, en ovale ; sur la lanterne il y a une croix et un coq, come sur le sommet d'une églize [1].

Le soir, ayant veu Mgr le chancelier, je luy ay doné à cognoistre ce que Mr Gaudard avoit dict d'un mescontentement que Mr Gassion debvoit faire

Mécontentement de Gassion, à cause de l'empêchement apporté au rétablissement d'un prêche.

lement de Normandie (du 6 juin 1685), ordonnait la démolition du temple de Caen, de ce temple où avait retenti avec tant d'éclat et pendant tant d'années, la voix du docte, de l'éloquent, du vertueux ministre Du Bosc, que tout étranger de distinction, venant à Caen, voulait entendre, et se vantait toute sa vie d'avoir entendu. — L'arrêt du 6 juin 1685 fut exécuté le 25 du même mois, « au son du tambour et aux fanfares des trompettes. Le peuple, animé par ces témoignages de joie, déterra les morts qui avoient été enterréz dans un cimetière qui joignoit le temple, et exerça mille indignités sur leurs os (*a*)...; et « joua à la boule avec les crânes (*b*). »

[1] Elie Benoît signale cette circonstance comme exceptionnelle, ou du moins très rare. « *Il étoit fort rare* (dit-il), que les lieux (des Prêches) où les cloches étoient attachées, eussent la forme de clochers. Je n'ai pas de connoissance qu'il y eût d'autre temple, en France, que celui de Caen, où il y eût un clocher tout semblable à celui des églises catholiques, avec une croix au sommet, et un coq qui servoit de girouette (*c*). » Quelques écrivains catholiques s'en plaignaient.

(*a*) *Histoire de l'Édit de Nantes*, par Elie Benoît, ancien ministre à Alençon, t. V, p. 775, 776. Delft, 1695, in-4°.

(*b*) *La vie de P. Du Bosc, ministre du Saint-Évangile*. Amsterdam, in-8°, 1716, page 138.

(*c*) *Histoire de l'Édit de Nantes*, livre XI, t. IV, p. 54.

esclatter si on ne luy accordoit le restablissement d'un presche de ceux de la religion prétendüe réformée en un lieu de Basse-Normandie, au lieu d'un autre, que l'on leur avoit osté par arrest du Conseil, à cause que le seigneur, à l'occasion duquel il avoit esté toléré, n'estoit plus de la religion prétendüe réformée; et on prétendoit le restablissement en un aultre lieu, à cause qu'èz années 1577, 1596 et 1597, l'exercice de la dicte religion prétendüe réformée estoit public èz dictz lieux; de quoy M^r de La Berchère, rapporteur, avoit, par ordre de Mg^r le chancelier, communiqué, dès Rouen, aveq M^{rs} d'Ormesson et Talon, qui avoient soubzcript arrest de restablissement; et j'avois contesté au dict S^r de La Berchère, qu'encor que, possible, il y eust eu quelque chose à dire au premier arrest, lequel ne se deffend que par des interprétations donées, depuis peu, à l'Édict de Nantes, néantmoins, il n'y avoit aucune justice ny apparence au dict restablissement, puisque, pour ce nouveau lieu, il n'y avoit aucunes des raisons de l'Édict de Nantes, qui sont celles du temps, du Seigneur ou du nouveau lieu de bailliage. Mon dict Seig^r le chancelier a négligé ce mescontentement du dict Sr Gassion; et s'est trouvé mon dict Seig^r le chancelier dans le mesme sentiment dont je m'estois expliqué au dict S^r de La Berchère.

Le dict jour, ou mesme dès le vendredy, il me

semble que l'un des officiers du régiment de Piedmont estant venu prendre l'ordre, mon dict seigneur le chancelier luy avoit remarqué que le dict Sr Gassion n'y venoit plus luy-mesme; et j'estimay debvoir prendre cète occasion de doner cet advis du dict Sr Gaudard à mon dict Seig^r le chancelier; possible que, n'y ayant plus qu'un corps de gentz de guerre à Caën, sçavoir le régiment de Piedmont, le dict Sr Gassion jugeoit plus dans le respect que mon dict Seig^r le chancelier donnoit l'ordre directement, au lieu qu'il le prenoit à Roüen pour le doner à divers corps qui y estoient lors, tant de cavallerie que d'infanterie, afin de veoir tous les jours les dictz officiers, et descharger mon dict Seig^r le chancelier de la peine et subjection qu'il auroit eüe de se veoir abordé de tant de persones différentes.

Mardi 21 février 1640. Madame de La Forest, fille du comte de Montgomméry.

Le mardy 24me, jour du *mardy gras*, Mg^r le chancelier a entendu la messe en l'abbaye des religieuses, où il a esté reçeu aveq musique; et ensuite a veu Madame l'abbesse; en attendant son retour, M^{rs} de La Vrillière, La Thuillerie et moy nous somes trouvéz en sa salle pour disner chez mon dict Seigneur le chancelier. Madame de La Forest[1], fille

---

[1] C'était Louise de Montgomméry, fille du comte de Montgomméry, veuve du sieur de La Forest. Le maréchal de La Force, religionnaire, qui, à quatre-vingt-cinq ou six ans, ne rêvait encore

de Mr le comte de Montgomméry, y a esté conduite par Mr de La Vrillière, qui ne la cognoissoit point; mais son nom et ce qui nous en avoit esté dict par ceux qui ont la clef du presche, le jour précédent, me l'a feit cognoistre; et mes dictz Srs La Vrillière et La Thuillerie la raillèrent sur la conversion de son filz, marquée par la dernière Gazette, et sur le désir de la siène; à quoy elle tesmoignoit peu de disposition. Au retour de Mg{r} le chancelier, elle receust fort bones parolles de luy sur la restitution qu'elle demandoit, d'un ameublement de taffetas ou gros de Naples blanc, couvert d'une fort belle broderie de sa façon, naguères présentée au Conseil, soubz le nom d'un soldat qui l'offroit pour le service de Mg{r} le daulphin, et en demandoit rescompense, prétendant l'avoir pris en guerre sur la princesse de Falzbourg.

Mr Gaudard disna aussi aveq Mg{r} le chancelier;

---

que mariage, et cela par scrupule de conscience, et allait en tous lieux cherchant femme, pensa sérieusement à épouser cette dame; et c'était presque affaire faite, lorsqu'il apprit son commerce intime avec M. de Clinchamp; ce qui le décida à une prompte retraite (*a*). Au reste, elle épousa, en secondes noces, ce Clinchamp, dont il s'agit ici. C'était Bernardin de Bourqueville, baron de Clinchamp, gentilhomme du duc d'Orléans (*b*).

(*a*) *Historiettes de Tallemant des Réaux*, édition de 1840, tome I, page 231.

(*b*) *Historiettes de Tallemant des Réaux*, tome VIII, page 48 et suivantes, édition de 1840.

et ce fut ce jour-là, ce me semble, qu'il feit plusieurs discours et offres inutiles pour cète bibliothèque dont il a esté cy-dessus parlé, disant qu'elle luy avoit esté donnée, et l'offroit à mon dict Sg^r le chancelier, come chose siène; le propriétaire la luy vint encor offrir l'après disnée, et fut présenté par le dict Sr Gaudard.

Mercredi 22 février 1640. Le mercredy des Cendres, 22me dudict mois, Mg^r le chancelier a différé de se purger, come il avoit résolu, et a assisté à la messe aux Carmélites; et, à l'yssue de son disner, j'ay trouvé prèz de luy Mrs Talon, Gaudard, Montescot, Turgot, Vignier et du Til. Mr Gassion a veu mon dict seig^r le chancelier à l'issue du disner; et cependant, j'ay esté appellé par les dictz S^{rs} M^{tres} des requestes; et a esté résolu qu'affin que la compagnie ne puisse nous imputer aucun manquement en l'intérest commun de noz charges, le dict Sr de Saint-Jouyn, come il avoit esté proposé quelques jours auparavant, suyvi de nous tous, supplieroit Mg^r le chancelier d'assister nostre compagnie sur le subject de cète nouvelle jussion, du moins de comprendre, dans ses despesches à Sa Majesté, les grandes raisons que nous avons de faire instance pour nostre descharge. A quoy mon dict Seig^r le chancelier a respondu fort civilement, en remettant néantmoins l'effect au retour de Paris; ayant adjousté qu'encor que le roy eust faict vériffier pour le tout, il se pourroit contenter d'une partie; en se séparant, Mᵣ Turgot a demandé un conseil, ce que mon dict Seigʳ le chancelier a faict espérer.

En suite, j'ay veu, en particulier, mon dict seigʳ le chancelier sur le subject de la dicte creüe de nos charges; en quoy je ne vois pas de pouvoir espérer grand soulagement. Mon dict seigneur m'a chargé de prendre cognoissance des différendz d'entre le prieur et les religieuses de l'hospital de la dicte ville de Caën, sur ce que je luy avois faict agréer des lettres de confirmation des statutz pour l'hospital des pauvres valides, qui sont garçons et filles enferméz, auxquelz on faict apprendre mestier en fil ou en laine; et, pour cet effect, j'ay mandé tant le dict prieur que ceux qui s'employent pour l'intérest des religieuses; et, dès le soir mesme, le dict prieur m'a informé de tous les dictz différendz, qui abboutissent à son appel, come d'abuz, de la sentence de l'official de Mʳ l'évesque de Baieux à Caen, portant fulmination des bulles d'exemption des dictes religieuses, de la jurisdiction du dict prieur, en l'opposition à l'enregistrement au dict Parlement, des lettres sur les dictes bulles, en la séparation de la grande salle du dict hospital pour l'églize des dictz prieur et religieux, et pour les pauvres; et en la restitution du Sᵗ-Ciboire, que les dictes religieuses avoient; duquel le dict prieur se sert pour son églize et pour les dictz pauvres.

Jeudi 23 février 1640.

Le jeudy 23me, j'ay disné chez Mr de la Poterie, aveq Mrs Talon, St-Jouin, Montescot, et aultres de M^rs les M^es des requestes, en fort grand nombre, à la réserve de Mr de Hère, demeuré indisposé depuis le lundy gras, et La Berchère, que le dict Sr de la Poterie croyoit estre indisposé, quoy qu'il ne le feust pas. Le dict Sr de la Poterie disoit s'estre pressé de recevoir toute la compagnie, à cause de l'ordre qu'il avoit reçeu de Mg^r le chancelier, de partir le lendemain pour aller à Baieux, Coustances, Avranches, Vire et autres lieux, pour y expédier les affaires, et le dispenser, s'il se peult, de ces voyages, ou y advancer en telle sorte les affaires, que le passage et le séjour de Mg^r le chancelier en feûssent plus courtz.

L'après disnée, j'ay esté en l'hospital; come j'en avois faict advertir les uns et les aultres; ayant, dès le matin, entendu les S^rs..........[1] curé de la paroisse de St-Jehan, Daigremont prestre, cy-devant habitué de St-Pierre, à présent chanoine du sépulchre et.......... pour les dictes religieuses; j'ay veu les papiers des parties, considéré les lieux, et à peu prèz disposé les uns et les aultres à l'arrest dont sera parlé cy-après. J'ay veu aussi le subject

---

[1] Pierre Chauvin était alors curé de Saint-Jean de Caen (a).

(a) *Essais historiques sur la ville de Caen*, par Gervais De la Rue, t. I, p. 261.

de la plainte des catholiques de la dicte ville, pour l'usurpation de partie du cimetière de l'hospital par ceux de la religion prétendue réformée; je n'ay point veu Mgr le chancelier, parce qu'il s'estoit faict saigner le dict jour.

Le vendredy 24me, Mgr le chancelier s'est purgé; Mr de la Poterie est partj; l'interdiction a esté envoyée en la maison de ville, pour les officiers d'ycelle, dont les charges, aussi bien, se trouvoient expirées depuis le mercredy des cendres; les lieutenant général et procureur du roy ont aussi esté interdictz de leur fonction en la dicte maison de ville; sçavoir le dict lieutenant général, come *maire perpétuel*, et le dict procureur du roy come l'y assistant; mais nul n'a esté obligé de se rendre à la suite de Sa Majesté; et mesme l'un ny l'aultre n'ont point esté interdictz des fonctions ordinaires de leurs charges au bailliage; et, de plus, mon dict seigr le chancelier s'est laissé entendre, en particulier, que cela n'empescheroit pas qu'èz assemblées générales de la dicte maison de ville, les dictz lieutenant général et procureur du roy ne s'y peussent trouver pour y présider, ainsi qu'èz aultres villes, cessant la dicte qualité de *maire perpétuel*; mais mon dict seigr le chancelier disoit vouloir remettre à le dire une aultre fois au dict Sr lieutenant général.

<small>Vendredi 24 février 1640. Interdiction des officiers de ville de Caen, du lieutenant-général, comme *Maire perpétuel*, du procureur du roi; mais sans ordre à eux de quitter la ville, et de se rendre à la suite du roi.</small>

Mon dict seigneur le chancelier a commis six bourgeois principaux, en qualité de commissaires

<small>Six bourgeois notables, préposés à l'administration de la ville.</small>

administrateurs de la ville, desquelz le premier est le Sr du Motet, frère de Mr de la Court ; et l'un d'iceux se trouvant ne sçavoir lire ny escrire, et les aultres, appelléz pour prester le serment aveq luy, en ayant doné advis, comme s'il y eust eu de l'intérest public, ou de leur particulier leur estant quelque mespris, celuy-cy a pris la parolle, et a dict qu'il ne laissoit pas d'estre fort home de bien, et capable de servir le public ; come, en effect, en ses affaires particulières, par ses soins et sa capacité, il a acquis 15 à 16 mil ╫ de rente.

L'ordre avoit esté doné, quelques jours auparavant, pour doner les cahiers des desdommagementz par ceux qui les prétendent ; et il y a aussi esté travaillé par Mrs Talon et Letellier, commissaires à ce députéz, à cause de l'absence de Mr de la Poterie. — Le soir, j'ai sçeu que Mrs de la Vrillière, la Thuillerie et Gassion ont veu Mg^r le chancelier, l'ayant veu aussy fort tard. en mon particulier, où je luy ay rendu compte de l'hospital, pour lequel il a approuvé un arrest portant évocation de l'appel come d'abuz et de l'opposition, sur lesquelz les parties seroient mises hors de court et de procèz, sans préjudice de la jurisdiction spirituèle du prieur sur les religieux, les pauvres malades et aultres du dict hospital, à la réserve des dictes religieuses demeurées exemptes, subjétes à l'évesque seulement ; come aussy pour la séparation de la grande salle de l'hospital, aveq l'églize du prieur, au milieu de la 3me arcade, du costé d'en hault, en sorte que 2 arcades et demye, sur les 3, de largeur, demeureroient pour la dicte églize, le surplus pour les malades; que l'ouverture estant de présent en la dernière demye arcade pour aller au jardin des religieuses, seroit fermée, au lieu de laquelle seroit faicte une pareille ouverture pour elles en la salle des dictz mallades; que le clocher de l'églize seroit transféré en un coing, afin que les religieux y puissent aller et envoyer, sans entrer dans la closture des religieuses, auxquelles demeure, pour leur closture, et pour sécher les linges des mallades, tout le hault des voultes de la dicte salle et églize; come aussi que le S^t ciboire d'argent seroit restitué aux religieuses, à la charge qu'il en sera doné un semblable au prieur pour son églize et pour les malades; le tout aux despens de l'hospital, par les administrateurs d'iceluy; et, à l'esgard de la plainte du cimetière, la requeste renvoyée à M. de la Poterie, aveq attribution de pouvoir, par arrest séparé. J'ay sçeu aussy les ordres donéz par mon Sg^r le chancelier, aveq les dictz sieurs Talon et Letellier, commissaires, pour le réglement de la court des Aydes aveq le présidial, et la maison de ville; la préséance, mesme èz processions, adjugée aux premiers; les présidiaux, ensuitte, qui retiendroient la police, et la cognoissance des affaires de la maison de ville; mesmes les dictz lieutenant général et procureur du roy, les baux des octroyz y ayant esté maintenuz par arrest contradictoire, aveq les éleuz, aussi bien que le bailli de Rouen contre la court des Aydes du dict lieu; d'aultant plus que le provenu des octroyz, à la réserve des 2 ou 3 mil liv. pour les despenses particulières ordinaires et extraordinaires de la dicte maison de ville, s'employe pour l'acquit de la taille, abonée d'ordinaire à 23 mil liv., quoy que la court des Aydes, pour la dicte année, l'aye haussée à 50 mil liv., laquelle some, depuis, on les a obligéz d'acquitter, soit pour ne souffrir tare èz impositions, soit parce qu'elle fust raisonnable, quoy que mon dict Seig^r le chancelier semblast n'estre pour lors de cet advis, come jugeant que c'estoit une animosité et vindicte des dictz de la court des Aydes, qu'il compara à ces mauvaises exhalaisons, lesquelles, eslevées en l'air, y causent beaucoup de bruict, y considérant les officiers de la dicte court des Aydes pour gentz de peu, se croyantz eslevéz par leurs dictes charges.

Le chancelier reconnaît, de plus en plus, la nécessité du voyage dans la Basse-Normandie.

Le mesme soir, Mg^r le chancelier a doné ordre au fourrier du Conseil, pour Baieux, à partir le lundy, y estre 3 jours, 5 ou 6 jours à Coustances, et de retour audict Caën le 3me dimanche de quaresme.

Mon dict Seig^r le chancelier a tesmoigné, come souventes fois auparavant, la nécessité qu'il jugeoit du voyage de Basse-Normandie, qu'il estoit résolu de continuer, quoy qu'il receust ordre contraire, s'il n'estoit très exprèz; come en effect il luy avoit esté remis de s'en retorner, dès-lors, s'il le jugeoit à propos, possible par prudence, pour ne demeurer garend, si, en l'absense du roy, il survenoit quelque désordre en la province. On a dict aussi les grandes approbations que le roy a faictes de sa conduicte, par plus de douze dépesches sur ce subject; il luy fut rendu une lettre du cabinet, de cachet de Sa Majesté, par le Sr Duhamel, lieutenant de la compagnie ou du régiment de cavallerie du Sr de Senneterre, pour le don de quelques terres vaines et vagues en la forest d'Andelle, en faveur duquel Mr de Charnize, cousin issu de germain de mon dict Seig^r le chancelier, à cause de feue madame sa mère, et le Sr Denizot, m'ont prié de rapporter le lendemain une requeste à mon dict Seig^r le chancelier.

Le samedy 25me, jour St Mathias, à cause du bissexte, Mg^r le chancelier a assisté à la messe aux Jésuites, en la chappelle de la congrégation. L'après-disnée, j'ay assemblé, de rechef, les prieur et religieux, et ceux ayantz charge des religieuses de l'hospital; aveq lesquelz, sur le plan de la maison, et sur les pièces, j'ay arresté les parolles de l'arrest, lequel, aveq celuy du cimetière, j'ay, depuis, faict signer à Mg^r le chancelier; Mrs de Montescot, Dau-

Samedi
25 février 1640.

bray, et aultres de Mrs les M{cs} des requestes, ont esté, ce jour-là et le lendemain, à la chappelle de N.-D. de la Délivrance[1], ou plustost de la Delle ou port de Yvrande, qui est le nom du lieu où cète esglize est assize, laquelle ilz disent estre bastie dèz le 2e siècle, sans que je sache sur quelle auctorité cela est fondé.

Plusieurs maîtres des requêtes vont à Notre-Dame de la Délivrande.

Le soir, sur les 4 ou 5 heures, ont esté conduictz à Caën, deux prisonniers, l'un desquelz[2] on disoit

On amène à Caen deux séditieux, arrêtés depuis peu.

---

[1] Ce bourg est appelé par les historiens et dans les anciennes chartes : *Livrandia* et *Yvrandia*; et dans les actes français la Délivrante, la *Délivrance*, et enfin la *Délivrande* (a).

[2] C'était « un nommé Le Plé, du Val-St-Père » (b) ou Saint-Paër. Lors de l'affaire des faubourgs d'Avranches, où les mutins arrêtèrent Gassion pendant quatre heures et demie, cet homme, vaillant autant qu'on le peut être, et tellement dispos qu'il sautait partout où il pouvait mettre la main, avait tué le marquis de Courtaumer (c), croyant que c'était le colonel Gassion ; ce galant

(a) *Essais historiques sur la ville de Caen*, par l'abbé De la Rue; tome II, page 349.

(b) *Recherches sur l'affaire des Nuds-Pieds*, par M. Laisné.

(c) Cyrus Antoine de Saint-Simon, baron de Courtomer, 3e fils de Jean Antoine de Saint-Simon, chevalier de l'ordre du roi, gentilhomme ordinaire de la chambre, seigneur et patron de Beuzeville. — Il fut tué par les *Nu-Pieds*, à Avranches. Il avait épousé, en 1638, Marie Madelène, fille de Jacques Madelène et Marguerite de Launoy, qui épousa, 1° en 1658, René de Cordouan, marquis de Longey, dont elle fut séparée pour cause d'impuissance ; 2° en 1661, Henri Jean Nonpar de Caumont, duc de la Force, pair de France, mort en 1669. — Note extraite du *Cabinet des titres* mss. de la Bibliothèque royale, communiquée par M. La Cabane, premier employé dans ce dépôt.

estre le cappitaine *Va Nudz-Piedz;* mais, en effect, c'estoit celuy qui soustint aveq grande valeur l'une des baricades au faulxbourg d'Avranches ; et s'estant retiré en Bretagne, y avoit esté arresté, par ordre du Parlement ; lequel en ayant doné advis à Mgr le chancelier à Roüen, il leur fut escrit de l'envoyer à Caën, avec son procèz, par lequel se trouvant que la charge n'est pas entière, on a eu crainte que ce feust un retardement pour le départ; comme en effect, dès ce jour-là, on a parlé que l'on ne partiroit qu'après le jugement des dictz criminelz, quoyque Mgr le chancelier aye dict publiquement que, soit que Mrs du Parlement de Paris obéissent aux nouvelles jussions, ou non, il avoit advis qu'à son arrivée à Paris, le roy entreroit au Parlement ; ce que l'on a creu estre pour lever les modifications des aultres édictz, et pour retrancher, à l'advenir, l'assemblée des chambres des enquestes, et auctorizer la grande chambre pour toutes sortes de vérifications.

---

homme sauta quatre fois la barricade, et, après, se sauva. Gassion fit tout ce qu'il put pour le trouver, lui faire donner grâce, et le mettre dans ses troupes ; mais cet homme n'osa s'y fier. Il fut arrêté dans un cabaret de Bretagne, où, étant ivre, il se vanta d'avoir tué Courtaumer. Le chancelier Séguier le fit rouer vif à Caen (*a*).

(*a*) *Mémoires de Tallemant des Réaux,* tome V, page 173, (édition de 1840.)

Dimanche 26 février 1640.

Le premier dimanche de quaresme, 26me du dict mois, Mgr le chancelier a scellé plusieurs arrestz du Conseil, pour envoyer à Mrs des finances, par la voye de l'ordinaire; come aussi, ont esté scellées les lettres de confirmation des statutz des pauvres valides de l'hospital; la continuation de l'évocation générale de Mr le duc d'Espernon, remise à sceller au lendemain.

Lundi 27 février 1640.
Le chancelier va visiter le collège des Jésuites, où on lui présente des vers faits à sa louange.

Le lundy 27me febvrier, Mgr le chancelier a scellé le matin; l'après-disnée, il a esté aux Jésuites, où il a reçeu plusieurs épigrammes et anagrammes en son honeur; en l'un d'iceux, la ville de Caën, dans les appréhentions de périr par sa venue, dict qu'en son nom: *Pierre Séguier*, elle y trouve: *j'espère guérir*. L'ayant veu, en mon particulier, il a remis à Paris l'affaire du sieur Duhamel, pour le don des terres vaines et vagues; et est demeuré d'accord de plusieurs aultres arrestz, pour les députéz du Mans, le Sr Gaudin, commis pour la chaire de médecine, à Caën, etc.

Mardi 28 février 1640.
Le chancelier part de Caen, après avoir réglé les indemnités dues aux préjudiciés.

Le mardy 28me, Mgr le chancelier, après avoir réglé toutes les affaires de Caën, mesme réduit toutes les pertes, ruines de bastimentz et dommages intérestz prétendus par les commis à 70 mil ₶ (en quoy il y a 5 mil ₶ pour les deniers perdus par le Sr Haguayz, receveur, et 20 mil ₶ pour les réparations de sa maison et de toutes les aultres ensemble) quoy que, pour ce seul article, ilz eûssent demandé

120 mil ♯); le dict jour, sur les 9 à 10 heures du matin, mon dict Seig^r le chancelier est partj de la dicte ville de Caën, et est arrivé à Baieux sur les 2 heures aprèz midy. Je suis parti à onze heures seulement; et arrivé au dict Baieux à trois heures, ayant trouvé mon dict Seig^r le chancelier, aveq la plus part de Mrs du Conseil, dans une grande galerie rebastie de neuf par M^r D'Angennes, à présent évesque du dict Baieux, aveq la chappelle estant au bout, pour la voulte de laquelle luy ayant esté demandé 10 mil ♯, il s'est trouvé que l'ayant faict faire à ses dépens, elle ne lui a cousté que 1200 ♯.

Le chancelier arrive à Bayeux.

Or, à l'arrivée de Baieux, mon dict Seig^r le chancelier, ayant trouvé Mr de la Poterie absent, lequel avoit seulement laissé ou envoyé, de Coustances, un procèz-verbal de prestation de serment des experts pour l'estimation des ruines des maisons, et au surplus qu'il avoit mesme faict retirer par son clerc les minuttes des informations faictes pour le faict des séditions, on a parlé d'y séjourner la sepmaine entière; et, à proportion, de prolonger tout le reste du voyage; de quoy Mr de la Vrillière, que j'ay visité le soir, aveq Mr de la Berchère, n'a pu s'empescher de tesmoigner mescontentement, et du long temps que l'on avoit séjourné à Caën; de quoy j'eûsse bien désiré doner quelque advis de [à] Mg^r le chancelier; mais l'occasion ne s'en est pas présentée pour ce jour; mon dit Seig^r de la Vrillière

On reconnaît la nécessité de rester quelque temps à Bayeux et dans ces contrées. Impatience du secrétaire des commandements La Vrillière.

a tesmoigné qu'au retour, il partiroit de Caën en y arrivant, sans s'y arrester du tout, quoy que mon dit Sg^r le chancelier y séjournât, come l'on a parlé qu'il feroit pendant trois ou quatre jours pour le jugement de ces deux prisonniers.

Le dict Sr de la Berchère, qui avoit proposé à mon dict Seig^r le chancelier de se séparer à son retour à Caën pour aller visiter son frère M^r le premier président de Digeon, retiré à Saumur, par ordre du roy, et auquel il avoit esté proposé à Caën, à mon dit Seig^r le chancelier de doner ordre pour accommoder, s'il se peult, un différent survenu en la ville du Mans entre le cocher du Sr Pussot, conseiller en la cour des Aydes, l'un des commissaires généraux pour les gabelles en la dicte province, et les habitantz du faulxbourg St-Jehan de la dicte ville, a eu ordre de mon dict Seig^r de partir pour, en chemin faisant, travailler à cet accommodement, pour lequel mon dict Seig^r le chancelier luy a baillé ses lettres particulières, tant au dict Sr Pussot qu'aux officiers et habitantz de la dicte ville du Mans; et, néantmoins, il n'a pu partir que le jour du départ de mon dict Seig^r le chancelier[1]. Mr Turgot y a distribué à plu-

---

[1] *Gosselin* (Antoine), professeur d'éloquence et d'histoire, à Caën, et principal du collége du Bois. Il avait publié (en 1636) une histoire latine des anciens Gaulois (a).

(a) Bayle, *Dictionnaire historique et critique*, au mot ; GOSSELIN.

sieurs de Mrs du Conseil le livret du Sr Gosselin, professeur de rhétorique à Caen[1], sur l'heureuse naissance de Mg^r le Dauphin, adressant à Mg^r le chancelier, par lequel, entre aultres choses, il faict mention des soins qu'il a pris de faire revoir les antiens tiltres de l'Université, pour en doner la confirmation; et encore, les livres manuscritz, entre lesquelz il a retiré la paraphrase en vers sur la Bible, par Flavia Valéria (lequel ne se trouve ailleurs), dans lequel il y a des interprétations des lieux les plus difficiles des prophètes; et de ce que mon dict Seig^r le chancelier ayant demandé les noms de ceux de la dicte Université qui, depuis la fondation, avoient escrit ou excellé en quelque chose, dont y en a plusieurs,

Gosselin, professeur de rhétorique à Caen.

---

[1] Ainsi, M. Legoux de la Berchère, n'étant pas demeuré, jusqu'à la fin, à la suite du chancelier Séguier, son Journal, s'il en rédigea un, est incomplet, et n'offre point, par exemple, sur le séjour du chancelier à Coutances, sur la pêche, etc., les particularités, fort curieuses, que M. de Verthamont, demeuré avec le chancelier jusqu'au 20 mars, a été à portée de consigner dans son *Diaire*.

Son frère, dont il s'agit ici, premier président du Parlement de Bourgogne, avait été, en 1637, exilé à Saumur, où il devait demeurer jusqu'en 1644; il devint plus tard premier président du Parlement de Dauphiné, mourut en possession de cette charge, et fut remplacé par le conseiller d'État Le Goux de la Berchère, mentionné dans le *Diaire*, et qui avait suivi à Rouen le chancelier Séguier (a).

(a) Bayle, *Dictionnaire historique et critique*, article: AMYRAULT.

cela avoit obligé, n'ayant le temps de produire promptement quelque chose plus importante, de faire choix de cète oraison sur la naissance de Mg^r le Daulphin. Un aultre de la dicte Université avoit présenté à mon dict Seig^r le chancelier une composition en vers, laquelle s'est trouvée fort bone.

<small>Mercredi 29 février 1640. On s'occupe de régler les indemnités dues aux préjudiciés de Bayeux.</small>

Le mercredy 29me, Mg^r le chancelier ayant esté entretenu par Mr Galland, pour affaires, à l'ouverture de sa chambre, il a dict que le dict Sr Galland l'avoit convertj pour un plus prompt départ; et, par raillerie, a dict que madame Galland, laquelle est présente, l'en avoit pressé; et, ce faisant, le départ a esté publié pour le vendredy. Pour abréger les affaires, Mg^r le chancelier a nommé Mrs Talon, Montescot, Laubardemont et moy, pour nous assembler et mander tant le nommé Paris, La Mare son beau-frère, et Pigaiche, desquelz les maisons ont esté démolies, que les Échevins ou syndicz de la ville, pour convenir des tesmoins, lesquelz on entendroit sur le véritable faict des séditions de la dicte ville; la perte qui en est arrivée; et si par la complicité de toute la ville, ou du corps des tanneurs seulement; afin de pouvoir, ensuite, nous charger d'entendre, chacun, un certain nombre de tesmoins, et, sur le tout, décider quelque chose, attendu le manque des informations du dict Sr de la Poterie. J'ay eu occasion de faire compliment, en particulier, à mon dict Seig^r le chancelier sur cet abrègement du voyage, et luy marquer ce dégoust de Mʳ de la Vrillière, sans luy rien tesmoigner qui luy peult doner mauvaise satisfaction de luy; sur quoy, mon dict Seigʳ le chancelier m'a dict avoir bien sçeu que, dès les premiers jours, il s'estoit ennuyé de ce voyage, mais qu'il y avoit esté engagé par ordre du roy, sans qu'il l'eust désiré en son particulier. J'ay pris occasion aussi de présenter à mon dict Seigʳ le chancelier Mʳˢ d'Escrametot, cy-devant chantre, et ses frères, qu'il a fort bien reçeus, come antiens serviteurs de sa maison.

Cependant, nous estantz les quatre susdictz, aveq Mʳ Le Tellier, tousjours député avec Mʳ Talon, assembléz pour commencer cète commission, les nommés Paris, huissier au Chastelet, filz d'un record de sergent, petit-filz d'un homme de moindre condition, lequel a quelqùes fois suppléé au deffault d'exécuteur de haulte justice, a apporté toute sorte de tergiversation, s'estant voulu arrester à dresser ses mémoires, sans vouloir nommer aucuns tesmoins, ny mesmes indiquer ceux compris èz informations faictes par Mʳ de la Poterie ou de son auctorité; moins convenir de ceux qui seroient nomméz par les syndicz de la ville; de sorte que l'on l'a renvoyé pour y penser et retourner à une heure après disner.

La dicte après disnée, le dict Paris, ny son beau-frère, recordz de sergentz, non plus que le dict

Réglement des indemnités dues aux préjudiciés de Bayeux.

Pigache, n'ayantz comparu, on a mandé, d'office, les S^rs d'Escrametot, antien chantre, et N..... chanoine de Landes en la dicte églize de Bayeux. Le premier a estimé toutes les pertes des dessus dictz Paris et La Mare à six mil ♯, pour l'abbatis de ses maisons, et qu'il n'y a point esté perdu de meubles considérables, le tout ayant esté transporté en l'Hostel Dieu; le dernier a estimé que l'on pouvoit, pour les récompenser, leur doner 15 mil ♯, et que M^r l'évesque de Bayeux avoit travaillé à les en faire contenter, du moins à 14 mil ♯. Les Srs Mercier, lieutenant-général, et aultres ont faict le mesme jugement; et depuis, les Eschevins et le dict Paris estantz arrivéz, sur un mémoire de 22 nomméz par les dictz Eschevins, le dict Paris n'a peu demeurer d'accord que de trois tesmoins; et toutesfois, Mr Tallon et les dictz aultres S^rs commissaires ont estimé que l'on pouvoit remettre au retour de Coustances, afin qu'ayant veu les informations demeurées par devers Mr de la Poterie, on feit toutes choses en telle sorte que le dict Paris ne se peust plaindre de la formalité; ce qui a esté rapporté à mon dict Seig^r le chancelier, et bien approuvé par luy, come aussy ce qui avoit esté résolu par les dictz commissaires pour l'eslargissement de........ et de............. du consentement du dict Paris, à caultion.

Le dict jour, sont partiz, pour aller à Baleroy, maison de Mr de Choisy, M^rs de La Ferté, Vignier et Dehère. Mgr le chancelier a visité le chasteau dudict Bayeux, fort négligé et peu utile. Mon dict Seigr le chancelier a trouvé bon que j'aye pris cognoissance, de sa part, de l'administration de 4 ou 6 mil ʳ de rente, quel'on dict estre de revenu en l'hospital dudict Bayeux, et de l'accommodement d'un différend d'entre les chanoines et les vicaires de l'églize cathédrale, si les uns et les aultres y vouloient entendre; en quoy, craignant de doner quelque jalousie à Monsieur l'évesque du dict Bayeux, j'ay voulu en veoir le P. prédicateur des Jésuites, et en suite le Sr ....., grand vicaire du dict Sr évesque, persone fort zélée, qui m'a doné peu d'espérance d'y réussir, et que le Sr chanoine de Misy, prieur commandeur, avoit obtenu arrest pour l'administration entière du dict hospital, par l'entremise de Mr du Tremblay, gouverneur de la Bastille, duquel le frère du dict Sr de Misy est lieutenant.

Le jeudy 1ᵉʳ mars, j'ay doné compte à Mgr le chancelier de ce que j'avois apris du dict hospital; et ensuite, j'en ay parlé à Mr l'évesque de Bayeux, avec lequel ayant disné, le dict Sr chanoine de Misy m'est venu trouver, par son ordre, et m'a baillé l'estat de la recepte et despense du dict hospital, duquel quatre mil tant de livres ne donent actuellement aux pauvres que cinq à six cens livres; tout le reste se dissippe pour les prieur, religieux

Jeudi 1ᵉʳ mars 1640.

et beaucoup d'officiers, et despenses inutiles. J'ay demandé la coppie des arrestz par luy obtenuz au grand Conseil; ce qu'il m'a promis, après qu'il a offert 2,000 livres pour les religieuses qui y voudroient servir, et en subvenir aux pauvres et malades, et se charger de tout le surplus[1].

<small>Discussion, sur le dogme de la présence réelle, entre le chancelier Séguier, le colonel Gassion, le chanoine De la Lande, et le P. Le Court, jésuite.</small>

L'aprèz disnée, Mr Gassion, estant entré en quelques discours de la religion aveq Mg^r le chancelier, la survenüe du père Le Court, jésuite, prédicateur, et du dict Sr de Lalande, chanoine, cy-devant eslevé prèz Mg^r le cardinal du Perron, a doné lieu à un plus grand esclaircissement sur la réalité du St Sacrement, mais sans beaucoup de fruict; Mg^r le chancelier y ayant faict deux belles remarques, l'une que, depuis l'institution du St Sacrement, Nostre-Seigneur n'a plus parlé du pain qu'avec éloge : *pain vivant, pain du ciel,* etc.;

---

[1] En 1540, des commissaires du Parlement de Normandie, tenant les *grands jours* à Bayeux, ayant trouvé tout en désordre et en ruine dans l'hôtel-dieu de Bayeux, y pourvurent, par un sage règlement, à la suite duquel l'ordre dut s'y rétablir bientôt. « *C'est* (avait dit alors le premier président De Marcillac, aux officiers de Bayeux), *c'est ung des grandz biens et de la plus grant commodité, qui vous sçauroit estre advenu pour vostre ville... Ne laissez perdre un tel bienfaict, par faulte d'exécution* (a). » On s'était relâché depuis; et, à l'hôtel-dieu de Bayeux, régnait le même désordre qu'un siècle avant.

(a) *Reg. secr. des grands jours* tenus à Bayeux, en 1540. Notre *Histoire du Parlement de Normandie*, tome II, p. 36, 37.

l'autre, qu'il fault demeurer sur l'affirmative : *hoc est corpus meum,* et que si le dict Sʳ Gassion veult doner quelque explication contraire, pour doner figure seulement, on luy expliquera les passages qu'il alléguera pour cela (ce qu'il a dict estre un moyen proposé par Mgʳ le cardinal de Richelieu). Sur quoy, le dict Sʳ Gassion ayant dict que Sᵗ Paul, depuis l'institution, dict : *quotiescumque manducabitis panem hunc* [1], il a esté répliqué, par le dict Sʳ Lalande, qu'en la fin il est adjousté : *Non dijudicans corpus domini;* et, sur ce qu'il a dict : *Verba quae ego loquor Spiritus et vita sunt,* on l'a convaincu, par les explications claires du dict texte et d'aultres semblables; en quoy il semble que celuy de *Caro et sanguis non revelavit tibi,* est bien exprèz; quoyque l'on ne puisse doubter que N. S. ne fust véritablement le Christ du Dieu vivant. Mʳ le président

---

[1] Après la mort de Gassion, « on a trouvé qu'il avoit fait beaucoup de notes sur la Bible (*a*). »

Il avait dit, un jour : « *Si je croyois la présence réelle, je voudrois passer toute ma vie dans une église, le visage prosterné contre terre; et je ne puis me persuader que plusieurs catholiques croient ce qu'ils disent croire de ce mystère, veu le peu de respect qu'ils font paroître dans l'église* (*b*). »

Sa religion fut cause qu'une oraison funèbre, en latin, com-

(*a*) *Mémoires de Tallemant des Réaux :* Le maréchal de Gassion. t. V, p. 174. (Édit. de 1840.)

(*b*) Bayle, *Dictionnaire historique et critique,* article : THÉON.

Gassion [1] m'est, cependant, demeuré d'accord que son frère ne se pouvoit pas convaincre en si grande assistance ; que Mr de Noyers luy avoit dict qu'en sa religion il ne pouvoit attendre charge, gouvernement ny autre charge du roy, qu'il n'avoit esté payé que 2 ou 3 mois; que, par l'expérience, néantmoins, les personnes considérables, mesmes

---

posée à sa louange, par Guillaume Marcel, professeur de rhétorique au collége de Lisieux (à Paris), ne fut point prononcée. Le 22 décembre 1647, jour fixé pour cette cérémonie, qui devait avoir lieu au collége de Lisieux, et qu'avaient annoncée des affiches, le recteur Godefroy HERMANT rendit une ordonnance pour la défendre, « parce que Gassion estoit mort huguenot. » Jacques Des Périers, principal du collége, s'était hâté d'en aller porter plainte au chancelier Séguier, espérant protection de ce premier magistrat, qui, cinq ans auparavant, avait eu des rapports si intimes avec Gassion. Mais Séguier renvoya le principal à l'ordonnance du recteur ; et l'oraison funèbre ne fut point prononcée (a).

[1] Elie Benoît, dans son *Histoire de l'Edit de Nantes*, nous donne une idée peu favorable de ce frère du maréchal. «*Homme de peu de mérite* (dit-il), *qui avoit l'esprit bas, foible et malin;* sans courage, quand il avoit à faire à forte partie ; sans pitié quand il étoit le plus fort ; et appelé, par cette raison, communément, *l'imbécille furieux ; surtout, il se faisoit une raison, de détruire la réformation, de ce que ses ancêtres l'avoient avancée.*» En 1685, il se signala, dans le Béarn, parmi les persécuteurs des religionnaires (b).

(a) Bayle, *Dictionnaire historique et critique*, au nom : HERMANT (Godefroi.)

(b) *Histoire de l'Edit de Nantes*, par Elie Benoît, t. V, p 834.

par naissance, come M^rs de La Trimouille et de
Bouillon, estoient diminuéz par leur changement
de religion, et que le crédit de (que) son dict
frère pouvoit entretenir en Allemagne par la siène
luy estoit aussy un grand motif pour empescher
sa conversion présente.

Le dict Sr Gassion a eu peine à se modérer à
l'esgard du dict Sr Lalande, sur ses citations en
grec et en hébreu, quoy que ce soit un personnage
de grande doctrine.

Le chanoine De la Lande citant force textes grecs et hébraïques, Gassion perd patience.

Le premier jour de mars, s'est faict un aniver-
saire du patriarche d'Harcourt, dernier évesque de
Baïeux, de ce nom; et y ayant esté doné l'encens,
contre l'ordre accoustumé de l'Églize, le dict S^r de
Lalande a remarqué que, dans St Cyprian ou Ter-
tullian, il se veoit que, dès le 2me siècle, l'on disoit :
allelouiah, en l'anniversaire ou commémoration
des deffunctz; et Mr Talon a remarqué que cela se
faisoit en l'inhumation, come une aultre naissance
des chrestiens; ce qui se faict encor à présent en
l'usage romain, *ubi thurificatio,* lors de la déposition du corps, soit parce que *Christi bonus odor
sumus, in omni loco,* soit que cela retienne quelque
chose de l'antien usage du paganisme.

Sur le soir, Mg^r le chancelier a scellé; et j'ay
sçeu qu'il avoit faict visiter les prisons par son aumosnier; dans lesquelles s'estant trouvé un très
grand nombre de prisonniers, soit pour les tailles,

Aumônes du chancelier à de pauvres prisonniers.

soit pour les debtes, soit pour crimes, ou pour les occasions présentes, il en a faict retirer aucuns; et mesmes, à huict heures du soir, il a mandé le dict S^r chantre d'Escrametot, pour luy confier une somme considérable d'argent, pour retirer ceux des dictz prisonniers retenuz pour debtes; lequel sieur d'Escrametot n'ayant peu s'y rendre, il y fut le lendemain, et reçeut de luy ce que dessus [1].

<small>Vendredi 2 mars 1640.</small>

Le vendredi 2e mars, par l'ordre de mon dict Seig^r le chancelier, j'ay veu l'hospital de Bayeux, dans lequel on pourra commodément appeler des religieuses, et leur doner le dortoir des religieux, lesquelz seront mis en aultres logementz entièrement séparéz; j'ay prié aussi le S^r antien chantre d'Escrametot, le père Le Court, jésuite, et le vicaire de mon dict sieur de Bayeux, d'adviser aux moiens plus efficaces que l'on pourra trouver pour y faire servir Dieu et assister les pauvres. Le dict jour,

<small>Le chancelier va à l'abbaye de Cérisy.</small>

entre 9 et 10 heures, Mg^r le chancelier est partj pour l'abbaye de Cérizy [2], où il a esté accompagné

---

[1] « Les pauvres et les religieux ont ressenti abondamment des effets de sa charité et de sa magnificence... Les marques en sont assez publiques, sans que je m'y arreste davantage, non plus qu'à ses aumosnes secrètes, faites sous main, » etc. (*a*)

[2] Germain *Habert*, attaché à la maison du chancelier Séguier, en était abbé; il a été membre de l'Académie française.

(*a*) *Oraison funèbre de M. le chancelier Séguier*, par l'abbé De la Chambre.

par M`r` Daubray seulement et par M`r` Galland. M`rs` Talon, Montescot, Letellier et du Thil, partirent dès six heures; et ilz disnèrent à Baleroy, maison de M`r` de Choisy de Caën, où, en l'abord et au partir, pour joindre le grand chemin, ilz ont eu beaucoup de peine; et M`rs` de la Ferté, Vignier et de Hère y disnèrent encor avec eux, ayantz laissé la place à M`rs` de la Vrillière, Godard, la Thuillerie et Gassion, qui y arrivèrent pour y coucher. Pour moy, estant partj, à dix heures, de Bayeux, je suis arrivé, peu après 4 heures après midy, à S`t`-Lô, où je vis, dès le soir mesme, madame la comtesse de Torigny, et l'appartement qu'elle préparoit à Mg`r` le chancelier, comme aussy M`rs` Vignier et de Hère, y arrivez avant moy.

Le samedy 3`me`, Mg`r` le chancelier est arrivé à S`t`-Lô, sur les deux heures aprèz midy, l'artillerie du chasteau l'ayant salué, et les harengues de plusieurs corps, come èz aultres villes. Il a esté logé en la maison de M`r` de Mâtignon, qui estoit antiènement la 2`me` des résidences de l'évesque de Coustances, la première estant au dict Coustances, et la 3`me` à Valongne, où les ruynes de l'évesché se voyent encor. Madame de Torigny y avoit aussy réservé appartement à M`rs` de la Vrillière et Gassion; mais ilz ont pris logementz ailleurs; tout le reste de la suite du Conseil est arrivée peu aprèz; et tous, à la réserve de M`rs` de Montescot, la Thuillerie, Marescot

Samedi 3 mars 1640.
Le chancelier arrive à Saint-Lô

et Galland, ont souppé au chasteau, où le service de viande, pour Mg{r} le chancelier et le dict Sr Gassion, et le poisson pour le reste de la table, a esté fort honeste, tous s'estantz séparéz sur ce que mon dict Seig{r} le chancelier a dict vouloir partir le lendemain, à 7 heures du matin.

<small>Dimanche 4 mars 1640. Le chancelier part de Saint-Lo.</small>

Le deuxième dimanche de quaresme, 4me jour de mars, Mg{r} le chancelier s'estant levé dès 5 heures, ayant passé dans l'églize parochial N.-D., par la salle du chasteau, et y ayant assisté à la messe, après avoir esté, une aultre fois, magnifiquement traicté par madame de Torigny, est partj à cheval du dict St-Laud, sur les 8 heures du matin, sallué de l'artillerye de la citadelle, laquelle faict face entre le chemin de Bayeux et de Carentan, et joint au dict chasteau par une grande allée d'arbres; et a continué tout son voyage à cheval, accompagné par Mrs Gaudard, Montescot, de Hère et quelques autres; le chemin (assez fascheux jusques au-delà St-Gilles) ayant esté accommodé, tant par le moyen d'un pont sur le ruisseau, que l'on apréhendoit, que par les ouvertures faictes dans les terres. Pour mon regard, j'ay faict la traicte en carrosse, la pluspart du chemin; et suis partj à 10 heures seulement, à cause que j'ay voulu veoir la maison du tiers ordre St-François, au faulx bourg tirant à Carentan, fondée par le feu Sr Dubois, Sr de Pouchay, procureur du roy au dict St-Lo, comme aussy l'abbaye des chanoines réguliers St-Augustin du dict St-Lo, à présent posseddée par le Sr Meslet, docteur en théologie, originaire de la dicte ville, estant presque à l'entrée du dict faulxbourg, du costé de Bayeux; et l'auditoire du dict lieu entièrement ruiné; Mr de Montescot s'estant chargé d'une requeste à ce qu'il plaise au roy y pourveoir, soit sur son domaine, soit par imposition sur les paroisses de la dicte vicomté.

Mg{r} le chancelier, à son arrivée à Coustances, s'est trouvé importuné par les clameurs des femmes, lesquelles, à genoux, ont crié: *miséricorde,* et la détention de leurs maris et tant d'aultres prisonniers ausquelz on ne faict point justice. Le procureur du roy, chez lequel j'ay esté logé, m'a dict qu'elles y avoient esté conviées par le Sr Coustantin, Sr de Cotinville, président, lequel, ensemble le Sr de Tourville, lors de l'arrivée de Mr Gassion, avoient esté d'advis que l'on se prosternast devant luy en cète sorte, ce qu'ilz feirent; et le Sr de St-Simon, lieutenant général, cousin-germain du Sr de Courtomer, ensemble le procureur du roy, n'ayant pas estimé que cela se deust qu'à Dieu et au roy, et ne l'ayant point faict, ont voulu dire que ç'avoit esté la cause de leur disgrâce, et que, le dict lieutenant général n'ayant ozé se présenter, le dict procureur du roy avoit esté retenu prisonnier dans le chasteau de Caen, pendant trois mois; bien que

Le chancelier, arrivant à Coutances, trouve, dans les faubourgs, nombre de femmes à genoux, criant miséricorde.

le dict procureur du roy, long-temps avant et depuis la sédition, eust esté absent de la dicte ville de Coustances, et ce, soubz prétexte de ce qu'ilz avoient soubzcript l'acte pour traverser les nouveaux officiers et poursuyvre de les rembourser; bien que tous les autres officiers l'eussent aussy signé; et de plus que ceux qui ont esté restablis en leurs charges et ouyz contre le lieutenant général eûssent retiré en leurs maisons partie des meubles desrobéz par leurs domestiques en la maison de Nicole, receveur des tailles, pillée et démolie pendant la sédition. Le dict procureur du roy adjoustoit aussj, come a, du depuis, expliqué, en ses sollicitations, la femme du dict S^r lieutenant général (cousine-germaine de madame la générale des galères[1], à cause de la maison de Guemadeuc), que le dict lieutenant général se deffend de ce que l'on luy impute d'avoir empesché que l'on n'armast les habitantz, sur ce que l'advis que l'on donoit du dessein de ceux d'Avranches, n'estoit confirmé par aucune lettre; au contraire, que celuy que le dict Sr de Cotinville alléguoit l'avoir reçeüe, déclara n'en avoir reçeüe aucune; que s'il arriva sédition le lendemain, ce fut à cause que les gentz arméz, laisséz par Nicole en sa maison, feirent une

---

[1] La générale des galères. — C'était. . . . . de Guémadeuc, femme de M. de Pont de Courlay, général des galères.

sortie, et tuèrent quelques habitantz, par une faulse alarme qu'ilz prirent du son d'un baptesme en l'église parochiale St-Pierre, qu'ilz creurent estre le tocsain; et que s'estantz tous les dictz gentz arméz retiréz de la dicte maison, les séditieux de Coustances n'y entrèrent le lendemain qu'à cause que les valet et servante, y laisséz seulz, s'en estoient retiréz, et en avoit esté transporté ce qu'il y avoit de meilleur et plus important; que le dict lieutenant général se deffend pareillement de ce que l'on luy impute de n'avoir point publié l'arrest du Conseil, portant révocation de la gabelle; qu'au contraire, les greffiers, huissiers et aultres l'ayant refuzé, pour estre toutes publications odieuses en tel temps, luy mesme avoit faict sçavoir le dict arrest, sur la coppie à luy envoyée de Caen, tant au président des éleuz qu'en la place publiquement.

Et quant au refus par luy faict à Mr de Matignon de s'entremettre pour faire poser les armes le soir de son arrivée, que ce fut à cause que l'heure luy sembla mal propre pour cela, ceux du dict Coustances, principalement le simple peuple, estantz coustumiers de faire desbauche à l'heure du disner, et, partant, peu capables de raison l'aprèz disnée.

Ayant, par occasion, donné compte, le lendemain, à Mgr le chancelier, de ce discours du dict procureur du roy, touchant la clameur des femmes, il a tesmoigné que le président ne demeuroit point d'accord d'avoir doné cet advis aux dictes femmes de se jetter à genoux, quoy que son ennemy luy donnast son excuse en mesme temps; mais que cela avoit esté faict à mauvais dessein par ceux du party contraire.

<small>Le chancelier cherche à détourner les maîtres des requêtes d'aller au Mont-Saint-Michel.</small>

Le soir de l'arrivée, il fut parlé par Mgr le chancelier du dessein qu'aucuns avoient du voyage du Mont St-Michel; de quoy il dict qu'il ne desconseilleroit à persone de satisfaire sa curiosité, et en toute aultre occasion semblable; mais il tesmoigna ne le point approuver, et que Dieu pouvoit estre honoré en tous lieux; et y avoit peu de choses moins difficiles à imaginer que la scituation de ce rocher; pour lequel voyage il sembloit que l'on luy eust tesmoigné n'y avoir grande difficulté; come, en plusieurs aultres rencontres du présent voyage, on l'avoit faict plus grande à mon dict Seigr le chancelier qu'il ne l'a creüe, et qu'il ne s'y est trouvé par effect. Cela m'a empesché de luy proposer le dessein que j'en avois pris aveq Mrs de St-Jouyn, Montescot, Daubray, Vignier et aultres; oultre qu'il fut dict que l'ayeul de Mr du Grippon [1],

---

[1] Du Grippon : Le Marchant du Grippon, de la famille d'Antoine Le Marchant, sieur du Grippon, conseiller au Parlement de Normandie, destitué de son office en 1540, comme coupable de

procureur général en la cour des Aydes de Caën, lequel nous y vouloit conduire par sa maison, y avoit aultrefois esté noyé, aveq 14 persones de sa compagnie, par le mesme chemin que le dict Sr du Grippon vouloit faire prendre.

Le lundy 5me mars, sur les sept heures du matin, les dictz Srs Daubray et Vignier, avec le dict Sr du Grippon, et, sur le midy, le dict Sr de la Ferté, n'ont pas laissé de partir pour le dict voyage du Mont-St-Michel ; et come Mrs de Montescot, Laubardemont et moy avions encor quelque pensée de partir le lendemain pour cet effect, nous en avons esté retenus, par ce que Mg^r le chancelier a, de rechef, dict publiquement du dict voyage, et qu'il faisoit estat que les procèz à juger par Mrs du Conseil seroient en estat pour cela le jeudy suyvant.

Les dictz procèz estoient ceux de plusieurs particuliers arrestéz prisonniers tant pour l'émotion de cète ville, et le bruslement de la maison du dict

Lundi 5 mars 1640.

Procès à ceux qui avaient brûlé la maison de Nicole, et traîné, pendant trois jours, Goaslin, son beau-frère, à la queue d'un cheval, puis l'avaient achevé, de deux coups de pistolet.

---

concussion, et banni du royaume, après avoir fait amende honorable au palais, à Rouen, devant les chambres du Parlement assemblées, et y avoir été dépouillé de sa robe écarlate et de son chaperon (*a*). Le procureur-général, Le Marchant du Grippon, dont il s'agit ici, devint, dans la suite, l'un des présidents de la cour des Aides de Rouen, après la suppression de celle de Caen (*b*).

(*a*) Notre *histoire du Parlement de Normandie*, t. II, pages 77 et 80.

(*b*) *Reg. de la cour des Aides de Rouen.*

Nicole, que pour l'acte très inhumain commis en la persone de Goaslin, son beau-frère, traisné pendant 2 ou 3 jours, à la queüe d'un cheval, pour veoir mettre le feu à toutes ses maisons, puis tiré de deux coups de pistollet, sur un pommier, dont il eschappa encor 24 heures, qu'il eut loisir de faire son testament et doner ordre à ses affaires ; celuy du lieutenant général, dont a esté parlé cy-dessus, et encor celuy du vicomte, lequel ayant esté mandé par Mg^r le chancelier, et s'estant présenté à luy, avec sa robbe et bonnet, come il alloit tenir sa jurisdiction, le dict Sr Picot fut commandé de le mener prisonnier ; et come le dict vicomte, sans s'estonner, eust dict qu'il estoit prest de rendre compte de ses actions, mon dict Seig^r le chancelier luy dict *qu'il le feroit, estant en estat*[1]. Il y avoit aussy à faire l'estimation des desdommagementz, tant du dict Nicol, que de ceux d'Avranches. Les Eschevins avoient esté emprisonnéz dèz le jour précédent.

Les officiers du bailliage, à la réserve du président, lieutenant criminel, et 3 ou 4 aultres leurs adhérentz, estoient interdictz dès Gaillon. Dès-lors, en l'absence de Mr de la Poterie, Mrs Talon et Letellier eurent ordre de veoir les informations faictes par l'assesseur du prévost des mareschaux de Bayeux, et les mettre en quelque ordre ; ce qu'ilz

---

[1] Il fut élargi le 10 de ce mois. Voir le *Diaire*, à cette date.

feirent. Ilz entendirent aussi tous les principaux habitantz, tant de l'ordre ecclésiastique que aultres, sur le faict du lieutenant général ; et tous alloient à la descharge ; néantmoins, parce qu'il demeuroit coustumax et deffaillant, à peine pouvoit-on considérer aucune chose ; et sa mère, aveq son oncle, s'estantz présentéz à Mg^r le chancelier, il les remist aux juges qu'il leur donneroit ; lesquelz, néantmoins, mon dict Seig^r le chancelier dict, en particulier, ne pouvoir choisir des officiers de la dicte ville, pour luy estre ou trop affidéz, ou ennemiz manifestes ; mais qu'il commettroit Mrs du Conseil estantz près sa personne.

Le mardy 6me, Mg^r le chancelier a parlé, en particulier, au greffier du bailliage, possible pour retirer l'acte passé entre les officiers contre les nouveaux crééz, dont l'original s'est trouvé avoir esté remis au pouvoir du dict lieutenant général, et par luy supprimé. On a mis aussy, par ordre de mon dict Seig^r le chancelier, une potence à 4, au marché au bled ; ce qui a doné grande terreur à tout ce peuple. J'ay visité l'hospital, assez spacieux, mais mal bastj et sans ordre ; il y a des religieux et quelques pauvres vieillardz estropiéz ou enfantz trouvéz, oultre plusieurs aulmosnes, lesquelles se font à ceux de dehors. Le père capucin, prédicateur de l'églize Cathédrale, frère aisné du vicomte, s'est trouvé fort surpris. L'un et l'autre sont de fort bone

Mardi 6 mars 1640.

Potence, à quatre branches, plantée au marché au blé de Coutances.

naissance, nepveux, du moins à la mode de Bretaigne, de madame la mareschalle de St-Géran; le plus jeune, qui est le vicomte, s'est faict officier, depuis 18 mois seulement, n'estant aagé que de 30 ans ou environ, un peu subject à la bonechère et à son plaisir, du reste non mal noté.

J'ay veu le père Ange, vicaire des Capucins, en l'absence du gardien, sur le subject de l'hospital, dont il m'a dict que M^r le vicaire général, persone de vertu, avoit la direction; et, par luy-mesme, j'ay sçeu cète mauvaise rencontre du P. prédicateur.

Le mercredy 7me, j'ay assisté à la grande messe èz Jacobins, où se faisoit la feste St-Thomas-d'Aquin, puis en la fin de celle de Mg^r le chancelier, en la chappelle derrière le chœur de l'églize Cathédrale, où la musique luy a esté envoyée par l'églize. J'ay, ensuite, disné chez mon dict Seig^r le chancelier; où luy ayant esté faict plaincte, par son maistre d'hostel, de l'insolence d'un nommé Bocquet, receveur général des amendes de Rouen, et de ce qu'il vouloit faire vendre des bestiaux appartenantz à un boucher de la dicte ville, lequel ne debvoit rien, pour une amende deüe par un aultre, aveq quelques parolles peu respectueuses à l'esgard de mon dict Seig^r le chancelier, mon dict Seig^r le chancelier l'a envoyé arrester par le Prévost de l'Isle, puis m'a ordonné de l'interroger, come j'ay faict, et scellé les papiers en son hostellerie, *au petit St-Nicolas,* dans le faulxbourg. En travaillant au dict interrogatoire, dans la chambre du conseil, j'ay remarqué un prisonnier ayant les fers aux piedz (l'un de ceux, vraysemblablement, qui ont esté exécutez trois jours après), cajollant une fille, servante du geollier; tant cète sorte de genz ont peu de considération de leur condition présente, et de crainte pour l'advenir!

Les frère et oncle du lieutenant général m'ont sollicitté, come faisant estat de se représenter, au premier jour, lorsque Mr de la Poterie seroit arrivé.

J'ay mandé M^r le vicaire général de M^r l'évesque de Coustances, sur le subject de l'hospital, dont il m'a informé, en la mesme sorte qu'avoit faict le P. vicaire des Capucins, et promis m'envoyer le chanoine chargé de la particulière direction d'iceluy, et qu'il tiendroit ses comptes en estat pour le vendredy suyvant.

Le jeudy 8me, n'y ayant point eu sceau le matin, j'ay pris le temps d'aller joindre Mrs de Saint-Jouyn, Montescot, Laubardemont et Letellier, qui estoient alléz veoir la pesche extraordinaire de la pleine lune du mois de mars; y en ayant une semblable en celle du mois de septembre. La mer se retire plus d'une lieüe; et, ce faisant, il s'arreste beaucoup de poisson, non seulement dans les pescheries, qui sont de grandes tirées et nasses de clayes, à un quart de lieüe dans la mer, jusques au lieu de son reflux

Jeudi 8 mars 1640.
Pêche de la pleine lune de mars.

ordinaire, mais aussj plusieurs coquillages, et au lieu le plus esloigné du rivage. En ces trois jours de chascune pleine lune de mars et septembre, les paysanz labourent le sable, encor mouillé, avec des herses, dans lequel sable les solles s'estantz cachées et enfoncées, cela les faict sortir; puis on les prend promptement; car, si elles ont tant soit peu de loisir, elles se remettent dans le sable, d'une telle sorte qu'on ne peut plus les en faire sortir, par la herse ny aultrement; ainsi c'est labourer dans la mer et pescher dans la terre; mais cela réussit à peu; et cela mesme ne continue que depuis Grandville jusques à Agon, les austres costes ne perdantz un si long espace dans la mer, et les rochers qui s'y trouvent empeschantz que l'on ne puisse ainsy y labourer ou herser le sable. Il y a une aultre pesche de cocquillage, en forme de partie de sarbacane, enfoncées demy pied dans le sable, en la superficie duquel il parroist une ouverture, come d'un ferret d'esguillette, dans laquelle fichant un petit fer ou bois, on enlève ce poisson sans y manquer; et le peuple voysin vit de céte pesche et des huistres qui s'y trouvent, bien que, pour faire grand amas des dictes huistres, les pescheurs s'advancent jusques dans la mer, où tel en assemble dix mil en un mesme endroict, qu'ilz appellent des parcz dans la mer; come, èz isles de Rhé et Oléron, on les engraisse dans le maraiz.

On voit, de là, le rocher de Cancale, où sont les meilleures huistres de cète contrée, peu au-dessus de Grandville; et, plus avant dans la mer, du costé du midy, la petite isle du Chauzay, appartenant au roy, dont le revenu, consistant en lappins, afferméz 800 ou mil ♯, et en quelque pierre que l'on en tire, est délaissé au sieur Daneaux, cappitaine de la dicte isle, où il n'y a que dix ou douze pauvres maisons; et, du costé du couchant, se voient les isles d'Angleterre, Jerzay (Jersey) et Gernezay (Guernesey), celles de Jerzayz et Chozay, esloignées de 6 ou 8 lieues seulement de nostre continent; et les dictes isles angloises esloignées de 40 lieues d'Angleterre, mais très bien gardées; quoique sans aucunes villes. Les crimes de la frontière de l'un et de l'autre royaume demeurent, ce faisant, fort souvent impuniz; et mesme, en cète dernière occasion des séditions de Basse-Normandie, les plus coulpables se sont retiréz èz dictes isles de Jerzay et Gernezay, quoy qu'obligéz de faire de grandes gratiffications aux gouverneurs; entre aultres, le nommé Ponthébert[1], persone qualifiée vers Avranches, duquel Mgr le chancelier a envoyé démolir la maison le dict jour[2]. On croyoit qu'il y auroit sçeau l'après disnée, ce qui n'a point esté.

Nombre de Nu pieds s'étaient retirés aux îles de Jersey et Guernesey.

Le chancelier envoie démolir la maison du baron de Ponthébert.

---

[1] Jean Quetil, sieur de Ponthébert.

[2] Voir, sur ces démolitions de maisons, exécutées par l'ordre du chancelier, notre note sur le *Diaire*, à la date du vendredi 9 mars.

Sur le soir, Mgʳ le chancelier ayant eu advis, par Mʳ Gassion et par le Sʳ de Tourville (c'est celuy qui a espousé la dame de Cubzaguez, fille du feu Sʳ de Surgères, de la maison de la Rochefoucault), de la lettre escrite au dict Sʳ Gassion par le Sʳ de Croismare, l'un des commissaires pour la subsistance à Caen, touchant l'advis à luy doné par Mʳ Paris, de l'ordre du Conseil, pour descompter aux gentz de guerre, sur le payement de la subsistance, ce qu'ilz ont despensé en leurs routes et logementz, (ce qui feroit que plusieurs d'entre eux seroient redevables, tant s'en fault qu'ilz eussent à recevoir de quoy remettre leurs compagnies en estat de servir au 15ᵐᵉ avril prochain,) mon dict Seigʳ le chancelier ayant mandé, sur cela, le dict sieur Galland, qui a dict avoir semblable advis de la court, il a esté trouvé bon d'envoyer, sur ce subject, un courrier exprèz en court, les gentz de guerre demeurantz bien d'accord de desduire ce qui est de leurs garnisons, mais non pas les routes; et pour en abreger la discussion, on a ordonné cependant aux Eschevins des lieux de logementz d'envoyer le nombre exact des soldatz et cavalliers qui ont esté en garnizon, le temps qu'ilz y ont demeuré, et la despense qu'ilz y ont faicte, afin d'en faire la desduction ausdictz gentz de guerre, lors de leur payement.

Le dict jour de jeudy, les officiers non interdictz

du présidial de Coustances jugèrent les principaux prisonniers; desquelz l'un fut condamné à la roüe, pour avoir assisté à l'action de Goaslin; les aultres à la corde pour les séditions de la ville et pillement de la maison de Nicol, receveur des tailles, entre lesquelz estoit le tambour de la ville. Ilz eurent la question ordinaire et extraordinaire, en laquelle ilz accusèrent plusieurs gentilz homes et aultres persones de qualité, aucteurs ou participantz à la sédition. Ilz chargèrent mesme le lieutenant général, ainsi que l'on croyt, et certainement le Sr de Bordes, vicomte de la dicte ville de Coustances, auquel ilz furent confrontéz le lendemain, et luy soustindrent leur déposition; de sorte que, come les procèz verbaux de question furent achevéz fort tard, on différa la dicte confrontation et l'exécution au dict jour de lendemain, sans néantmoins que les dictz accuséz feussent en aucun péril de désespoir, ayant grande résolution à la mort, soit par brutalité, soit par courage et résignation à la volonté de Dieu.

Jugement de plusieurs séditieux. L'un est condamné à la roue; les autres à la potence.

A la question, ces condamnés chargent plusieurs gentils-hommes

Le vendredy 9me, furent les dictes confrontations du vicomte, pour lequel, dès le dict jour précédent, madame la mareschale de St-Géran, sa parente, sollicitoit aveq chaleur; et l'après disnée, pendant le sceau, on féit instance, soubz son nom, de parler à Mg^r le chancelier, ce qui fut refusé, du commencement; mais enfin, la fille de la dicte dame entra, aveq le père capucin prédicateur, frère du dict

Vendredi 9 mars 1640.
Le chancelier est obsédé par les parents des personnes compromises dans les séditions.

vicomte, lequel se mit à genoux ; l'un et l'autre pour demander que l'on envoyast l'un des commissaires recevoir les dépositions des condamnéz, à la descharge du dict vicomte et aultres, contre lesquelz les dictz accuséz avoient recongneu, depuis qu'ilz avoient esté relaschéz de la question, et au gibet, que le président présidial les avoit forcéz à déposer, par espérance de les sauver ou de prendre soin particulier de leurs femmes et familles, come les dictz condamnéz avoient leur principal soin à cela. Mgr le chancelier les rebuta, disant que l'on avoit suborné les condamnéz depuis qu'ilz estoient hors la présence de leurs commissaires, et que le juge ordinaire estoit assistant à leur exécution, et pouvoit dresser procès-verbal des prétendues déclarations. Il se trouva, néantmoins, que la coustume n'est pas, au dict Coustances, qu'il y en assiste aucun ; de sorte que l'on se servit d'un greffier, y mandé pour cela par le Sr Picot ; et néantmoins la vérité est que plusieurs gentilz homes assistoient à l'exécution, lesquelz pressoient les condamnéz de faire les dictes déclarations ; de sorte que l'on les auroit attribuées à violence, n'eust esté que, dès le matin, les dictz condamnéz en dirent quelque chose, et que l'on demeure d'accord qu'ilz se plaignoient principalement pour la mauvaise condition de leurs femmes et enfantz ; sur quoy, le président leur feit espérer qu'il en prendroit soin.

Les condamnés, avant leur supplice, et sur l'échafaud, rétractent leur dire.

On différa de juger deux aultres prisonniers, lesquelz ayant dict que le procureur du roy les avoit veuz, ilz luy furent confrontéz ; mais ilz recogneurent que ce n'avoit point esté au temps de la sédition, de sorte qu'il fut renvoyé en mesme temps.

L'après disnée du dict jour, pendant le sceau, Mg^r le chancelier commanda un archer vers Mr de la Poterie, à Avranches, pour le presser de venir, en toute diligence, toutes choses post posées. Le mesme jour, fut arbitré le desdommagement du dict Nicol à 30 mil ″ ¹ en quoy les ruines de sa maison n'entroient que pour 2 mil ou environ, bien qu'il demandast somes beaucoup plus grandes ; pour le surplus, on n'a pas estimé qu'il peust avoir les deniers comptantz dont il faisoit demande, veu que, peu auparavant, il avoit fait attester de n'avoir aucuns deniers en sa recepte, et en avoir emprunté pour parfournir quelque somme médiocre ;

Indemnité allouée à Nicole, receveur des tailles, à Coutances.

---

¹ Nicolle dut recevoir 40,000 liv. Dans les *remontrances* des Etats de Normandie, assemblés à Rouen, le 26 novembre 1645, on remarque le 53e article, ainsi conçu :

« La vefve de certain fermier des quatriesmes, en l'élection de Coustances, nommé Nicolle, pour son dédommagement prétendu, pour la non jouissance des dits quatriesmes, dans les dernières émotions, a un exécutoire de quarante mille livres, qui se départ *sur tout le Costentin*. Il n'est pas juste que les lieux où cette ferme n'a point reçeu de trouble, contribuent à cette imposition, et que ceux qui ont les quittances du payement desdits quatriesmes, soient encore vexéz pour le mesme sujet. »

bien est vray qu'il avoit des meubles fort prétieux, et, possible, subjectz à envie; mais ce ne pouvoit pas estre en fort grande quantité, son logement estant petit.

<small>Le chancelier fait démolir, à Avranches, les maisons de plusieurs séditieux.</small>

Par ordre de Mgr le chancelier, il y eut plusieurs aultres maisons démolies à Avranches; aultres bruslées, mesme le village de Cérance y avoit esté condamné entièrement, à cause des rébellions souvent réitérées par les habitantz de ce lieu; mais le Prévost de l'Isle se contenta d'y en ruiner[1] 7 ou 8, ayant rapporté avoir esté meu de compassion pour

<small>Par l'ordre du chancelier, le Prévôt de l'Isle va, avec ses soldats, abattre, à Cérances, sept ou huit maisons.</small>

---

[1] Déjà nous avons vu (le 8 mars) cette rigueur exercée sur la maison du baron de Ponthébert. C'est ce qu'on appelait *hanoter* une maison, la mettre à *hanot* ou *hanoÿt*. Dans la charte de commune, accordée, le 28 janvier 1568, par Charles V, à la ville de Péronne, on lit : « Si quis aliquem de communiâ Peronae, infrà castrum vel infrà banleucam, occiderit et captus fuerit, capite plectetur... *et domus ejus, si aliquam habuerit, diruetur et mittetur ad* HANOI *ou* HANOT (a). » Le *grand Coustumier du pays et Duché de Normandie,* disait : « Les maisons aux forbanniz et aux forjuréz doibvent estre arses, en tesmoing de leur damnement, si que la remembrance de leur félonnie donne à ceulx qui après viendront exemple de bien et paour de mal. Se les maisons sont en tel lieu que ilz ne puissent estre arses sans dommager aultruy, *la couverture et le mesrien en doibvent estre arrachéz*, et ardz en tel lieu que le dommage ne vienne à aultruy; et, s'ilz n'ont maisons, leur damnement doit estre publié par les voisines par-

(a) *Ordonnances des rois de France,* t. V, p. 159, citées par dom Carpentier, au mot : HANOT. — Voir aussi le *Glossaire de Ducange,* v° CONDEMNARE.

le reste, et ne s'en estre pris qu'aux plus coulpables; y ayant apparence que cet ordre secret luy avoit peu estre doné, après la terreur que portoit le premier ordre plus sévère.

L'après disnée, avant le sceau, j'ay visité de rechef l'hospital, par ordre de Mgr le chancelier, assisté des S^{rs} le Pileur, vicaire général, et....... chanoine de l'églize Cathédrale, chargé de l'administration du temporel d'iceluy, qui est de 5,200 ^{tt} par chascun an ; et y fut résolu que M^r l'évesque de Coustance retrencheroit le nombre des religieux

---

roisses et ès foires, et ès marchéz, si que la vérité en soit sçeue par l'enqueste, se mestier est (*a*). »

La *glose* du Coutumier dit : « *On n'en use plus pour le présent*; soit pour ce que on peut publier leur bannissement ou forjurement par autre manière ; ou pour ce que les maisons coustent plus à faire, de présent, qu'elles ne faisoient anciennement ; et pourroit, au temps de présent, ce torner en préjudice du bien commun. » Dans les plaidoiries qui précédèrent l'arrêt du *sang damné*, (du 20 août 1553), l'avocat Bretignières dit que le Coutumier, en ce chef, était abrogé. Toutefois, le 7 mars 1553, encore, Jacques Patry, sieur de Culley, ayant été convaincu d'avoir fait assassiner son frère aîné par deux domestiques, afin d'avoir ses biens, le Parlement, après l'avoir condamné à avoir la tête tranchée, ordonna que « *le grand corps de la maison du dict lieu de Culley seroit razé et abattu*, et qu'une chapelle expiatoire seroit bastie à la place (*b*). »

(*a*) *Le grand Coustumier du pays et duché de Normandie :* DE ASSISE, titre XXIV.

(*b*) *Reg. secr.* et *Reg. de Tournelle*, 7 mars 1553.

chanoines réguliers de St-Augustin, qui y sont à présent 7, et prétendent debvoir estre jusques à 13; et les réduiroit au nombre de 4, en sorte qu'oultre le prieur et le curé de St-Pierré, il y eust seulement deux religieux pour administrer les sacrementz aux malades, et que, ce faisant, on n'y recevroit, à l'advenir, que des religieux prebtres et capables d'administrer les sacrementz et d'estre pourveuz de 6 aultres églises parochiales affectées au dictz religieux en la campagne, à mesure qu'elles viendroient à vacquer; et, de plus, que, restant, par ce moyen, plus grand fondz pour subvenir aux malades, on en bailleroit le soin à 3 ou 4 religieuses, lesquelles y seroient appelées come en l'hostel Dieu de Caën. Mg^r le chancelier a approuvé cète proposition, et faict espérer d'accorder les lettres patentes confirmatives de cet establissement, ou changement qui y seroit apporté par le dict S^r évesque de Coustances.

Mrs de la Vrillière, la Thuillerie et Daubray ont esté veoir la pesche de la mer.

Samedi 10 mars 1640. Le samedy 10me, Mg^r le chancelier a scellé plusieurs expédi.ions à luy envoyées de la part de Mr de Noyers, entre lesquelles estoit la commission de sergent major de la ville de Roüen, pour le S^r....... Mr de la Poterie est arrivé dès le matin, ayant esté rencontré en chemin, le jour précédent, par celuy que Mg^r le chancelier avoit envoyé vers luy.

Mon dict Seigʳ le chancelier, sur l'heure de son disner, a parlé en public à un grand nombre de gentilz homes du pays, par luy mandéz, et leur a faict cognoistre l'intérest qu'ilz ont de faire valoir l'auctorité du roy, et de ne se pas laisser empiéter par une populace mutinée ; leur ayant expliqué aussi la déclaration de S. M. par laquelle ilz demeurent responsables des séditions qui pourroient arriver en la province, chascun pour leurs tenanciers. Sur quoy, aucuns luy ayantz représenté que cète garantie leur seroit rude, se pouvant rencontrer qu'ilz n'auroient pas le moyen de l'empescher, il a tesmoigné, come il est porté dans la déclaration, que, s'estantz miz en debvoir et ayantz faict leur possible, ce leur seroit une suffisante descharge.

Mgʳ le chancelier a commandé l'eslargissement du nommé Bocquet[1], receveur des amendes du Parlement de Rouen, emprisonné 4 jours auparavant, par son ordre, n'estant survenu aucune charge ny partie contre luy; de quoy a esté expédié arrest du Conseil, come aussi pour la sortie de la damoiselle de Pierrepont, de la maison des Bénédictines, pour demeurer prèz telle de ses parentes, ou aultre dame ou damoiselle de qualité, de la religion catholique, apostolique et romaine, qui luy seroit in-

Leçon que fait le chancelier aux gentilshommes du Cotentin, mandés par lui à Coutances.

---

[1] Il avait été mis en prison le 7 de ce mois. Voir le *Diaire*, à cette date.

diquée par la dame sa mère, ou par le sieur de St-Marcouf, son frère aisné et tuteur, faisantz profession de la religion prétendue reformée; ou, faulte de cela, le choix laissé à la supérieure de la dicte maison des Bénédictines.

Dimanche 11 mars 1640.

Le dimanche xj^e, Mg^r le chancelier a assisté à la grande messe de l'églize Cathédrale, de laquelle la musique luy avoit desjà pleu, l'ayant entendue deux ou trois diverses fois en sa messe particulière, dicte en la chapelle Nostre-Dame estant derrière le chœur.

Jacques de Saint-Simon, lieutenant général du présidial de Contances, était en fuite et caché.

Madame de St-Simon, femme du lieutenant général, accusé, a veu M^r le chancelier pour la justification de son mari; les proches duquel ayantz advancé qu'il se représenteroit, cinq ou six jours auparavant, il s'est trouvé que ce qui s'est passé pour le vicomte leur en a faict changer d'advis. La dicte lieutenante générale, néantmoins, laquelle est de la maison de Quémadeuc, cousine germaine de Madame la générale des gallères, a offert à mon dict Seig^r le chancelier de faire représenter son mari, pourveu qu'il luy pleust estre son juge, ou luy donner M^{rs} les commissaires du Conseil, et non pas le président et aultres officiers de la dicte ville, ses adhérentz, qui sont les parties du dict lieutenant général. Mon dict Seig^r le chancelier a faict responce qu'il ne pouvoit pas estre juge d'une persone de la qualité du dict lieutenant général; et que, lorsqu'il seroit en estat, on luy doneroit des juges.

Dès ce jour là, et quelques jours auparavant, Mgʳ le chancelier a parlé de vouloir partir le mercredy ensuyvant, luy ayant esté dépesché divers courriers de la court, que l'on a creu estre au subject de l'entrée du roy au Parlement de Paris, pour la vériffication des édictz; et mesme au disner de Mgʳ le chancelier, Mʳ Le Tellier, Mᵗʳᵉ des requestes, sur ce subject, a doné lieu à mon dict seigʳ à se faire entendre qu'il y pourroit avoir quelque aultre subject du dict voyage au Parlement; et mesme, sur ce que, par la supputation, il se trouveroit que l'on n'arriveroit à Paris que la veille de Pasques-Fleuries, et que si l'on n'entroit le lundy de la Sepmaine saincte, cela retarderoit au mardy après Pasques, il a esté dict que l'entrée du roy au Parlement y pourroit tenir lieu de la mercuriale accoustumée estre faicte le lendemain; en quoy on a creu que le roy seroit pour ordoner quelque chose fascheuse contre le Parlement, come pour priver les Enquestes de l'entrée des chambres assemblées, ou choses semblables; ce qui s'est dict come non sérieusement.

Le soir, Mʳ Gassion a doné à souper à Mʳˢ de La Vrillière, Talon, Gaudart, Sᵗ-Jouyn, La Thuillerie, Laubardemont, La Ferté, et moy; et, après souper, le Sʳ Rampunt, Mᵉ de la musique de l'églize cathédrale, y a mené les enfantz de chœur; et s'y est faicte une assez bonne musique.

Lundi 12 mars 1640.

Le lundy 12ᵐᵉ, Mʳ de La Poterie, qui avoit beaucoup travaillé à l'instruction de ce qui restoit de procèz criminelz, en a faict juger quelques-uns par deffaultz et coustumaces. Mgʳ le chancelier a receu la foy et hommage de la dame de Plainville, sœur de Mʳˢ de La Hunaudaye et .... ; et les bruslementz cy-dessus ont esté faictz au village de Cérance, par les gardes du dict Sʳ Gassion.

Brûlement de maisons, à Cérances, par les gardes de Gassion.

Mardi 13 mars 1640. Jugement de contumaces.

Le mardy 13ᵐᵉ, Mʳ de La Poterie a parachevé le jugement des procèz criminelz, aveq les officiers du siége présidial, come il en avoit jugé plusieurs autres à Avranches, dont les jugementz ont esté impriméz; et, entre les condamnéz à mort, par coustumace, il s'en est trouvé l'un, nommé Turgot, l'autre Marescot le jeune; de quoy Mʳ Marescot, Mᵉ des requestes, n'a peu s'empescher de tesmoigner quelque mescontentement, quoy qu'il n'advoüe point cète parenté.

Mʳ de Tourville, commandant quelques compagnies de chevaux légers au dict Coustances, y a doné à disner à plusieurs de Messieurs du Conseil.

Mgʳ le chancelier, en quelque discours, a tesmoigné se disposer à entrer au Parlement, peu après son arrivée à Paris, et sur aultre subject qu'il n'avoit premièrement pensé; et cependant, chascun a pris les ordres pour partir le lendemain.

Le mercredy 14ᵐᵉ mars, après que le vicomte de Coustances a esté eslargj des prisons à la suite du Conseil, et qu'il en a remercié la pluspart de Mʳˢ de la suite, et que l'on a dict aussi que le lieutenant général ne seroit point jugé au dict Coustances, Mgʳ le chancelier, sur les 9 à 10 heures du matin, est partj pour Sᵗ-Lô, où il est arrivé de fort bone heure ; et a esté logé et traicté, avec toute sa compagnie, par Madame la comtesse de Torigny.

Mercredi 14 mars. Le chancelier retourne à Saint-Lô.

Sur le soir, Mgʳ le chancelier a dict, en présence de quelques particuliers, qu'il avoit un bon office à rendre à Mʳ de La Vrillière, et une bone nouvelle à luy doner : qui est que, désormais, ilz se pouvoient séparer quand il luy plairoit ; ce qui pourroit faire croyre que mon dict Seigʳ le chancelier avoit eu cognoissance que mon dict Sʳ de La Vrillière avoit tesmoigné quelque ennuy de la longueur du voyage ; et, de faict, peu après, le dict Sʳ de La Vrillière estant arrivé de la chasse, qu'il avoit faicte par le chemin aveq Mʳ Gassion, mon dict Sgʳ le chancelier luy feit ce compliment à peu prèz ; duquel Mʳ de La Vrillière se deffendit, disant vouloir accompagner mon dict Sgʳ le chancelier jusques à Caën ; et néantmoins, après avoir souppé tous ensemble aveq le dict sieur Gassion et aultres de Mʳˢ du Conseil, chez ma dicte dame de Thorigny, le dict Sʳ de La Vrillière prit congé de mon dict Sgʳ le chancelier ; ce qui se passa aveq grande

La Vrillière retourne à Paris.

civilité, embrassades et tesmoignage de grand amour et affection de la part de mon dict S^r le chancelier, lequel asseura qu'il ne luy restoit aucunes *expéditions* à faire *en commandement* pendant le retour.

Le soir, arriva à Mg^r le chancelier un courrier, de la part de Mrs du Conseil des finances, chargé de plusieurs despesches, dont Mg^r le chancelier remit le sceau à Baleroy [1], maison de Mr de Choisi, de Caën; auquel lieu, pour cet effect, Mr Galland se rendit prèz de luy; au lieu qu'il avoit faict estat d'aller droict à Bayeux.

Jeudi 15 mars 1640.
Le chancelier va au château de Baleroy.

Le jeudy 15me, M^{rs} de La Vrillière, La Thuillerie, et Gassion partirent, de fort bone heure, pour se rendre à Bayeux, le vendredy 16me à Caën, où Mr Gassion attendoit mon dict Seig^r le chancelier; et les dictz S^{rs} de La Vrillière et La Thuillerie le mardy ensuyvant, 20e du mois, à Paris. Mon dict

---

[1] « Le château de Basleroy (situé entre Bayeux et Thorigny), qui appartient à monsieur de Choisy, est beau, magnifique et bien bâti. *C'est le premier essai du vieux Mansard.* Il est de 20,000 liv. de rente, et dans un pays merveilleux. M. de Choisy a près de 40,000 liv. (de rente) dans la province, avec quoi il a toujours vécu avec splendeur. M. de Choisy fut intendant de Metz (*a*). »

La Bibliothèque royale possède (cabinet des estampes) une vue gravée de ce château, qui en donne une haute idée.

(*a*) Segrais, *Mémoires et anecdotes*, édition de 1723, t. I, p. 36.

Sgʳ le chancelier fut à Baleroy, accompagné seulement du dict Sʳ Galland et de Mʳ Daubray, qui a tousjours doné place dans son carrosse aux Sʳˢ Denizot et Esprit, secrétaires de mon dict Sgʳ le chancelier. Tout le surplus se rendit, dès le soir mesme, à Bayeux, et le lendemain à Caen, où ilz attendirent mon dict Sgʳ le chancelier, à la réserve de Mʳ Marescot et moy, qui l'attendismes au dict Bayeux. A Baleroy, mon dict Sgʳ le chancelier feit sceller toutes les expéditions à luy envoyées de la part de Mʳˢ des finances ; et, pour cet effect, les officiers de la chancellerie y arrestèrent prèz de luy, le Sʳ Croiset, contrôleur, ayant faict la charge de l'audience depuis le départ de Mʳ de Monceaux, qui se sépara à Caën, quoy que Mʳˢ les secrétaires du roy ayent prétendu que cela leur appartenoit en l'absence du dict grand audiencier.

Le vendredy 16ᵐᵉ, Mgʳ le chancelier arriva à Bayeux, et prit logement à l'évesché ; et n'ay point cognoissance qu'il y aye esté faict d'expéditions particulières, celles qui regardent la dicte ville ayant esté résolues dès auparavant, et le desdommagement du nommé Paris et ....¹, son beau-frère, arbitré à 16 mil livres, et la préférence de

<small>Vendredi 16 mars 1640. Le chancelier revient à Bayeux.</small>

---

¹ Le beau-frère du sieur Paris était La Mare, ou De la Mare. Voir le *Diaire* du chancelier Séguier, à la date du 29 février.

leur bail de la marque des cuirs adjugée aux habitantz de la dicte ville de Bayeux.

Mʳ l'évesque de Bayeux est demeuré d'accord du règlement de l'hospital, en la manière qu'il a cy-devant esté dict pour Coustances, en réduisant le nombre des religieux, et laissant plus grand fondz pour les pauvres.

<small>Le Chancelier fait mettre en liberté nombre de malheureux prisonniers.</small>

Mgʳ le chancelier m'a commandé aussj de visiter les prisonniers, et faire sortir un grand nombre de misérables qui y estoient retenuz pour causes légères. En effect, le Sʳ Benoist de Monaville, assesseur en la grande prévosté de Normandie, au dict Bayeux, suyvant l'ordre à luy desjà doné par Mʳ de La Poterie, a esté obligé de faire sortir quatre pauvres accuséz des séditions, peu chargéz; et, sur les requestes de divers particuliers retenuz depuis long temps pour légères amendes de faulx-saunage, on les a eslargis, doné terme à caultion à quelques collecteurs de la taille, du consentement du procureur du roy en l'élection, et du receveur des tailles, et pourveu à d'aultres prisonniers; le tout par ordonnances du Conseil, de la main du commissaire, au dos de leurs requestes; icelles, depuis, *estendues*[1] par le dict sieur Galland; et celles qui n'ont peu estre expédiées avant son dé-

---

[1] *Etendre*, rédiger amplement.
Tallemant, parlant du cardinal de Richelieu, dit : « Il voyoit

part, ont esté réservées pour Caën; come aussi un arrest général pour plusieurs qui n'ont eu moyen de présenter leurs requestes, intervenu sur le rapport du commissaire; les uns détenuz pour la taille, aagéz de 87, 80, 73 ans, lesquelz semblent ne pouvoir estre contrainctz par corps, suyvant les ordonances; les aultres pour estre eslargiz à caultion. L'un des dictz prisonniers, nommé Blayz, pauvre gentilhomme, parent du lieutenant général de Caën, est retenu pour avoir tué le curé de la parroisse, estant à l'autel; et dict-on qu'il est furieux, hors mis à certaines intervalles; mais n'en apparoissant pas, et le geollier, dont le commissaire prit le serment, ayant dict ne luy avoir point veu doner aucunes marques de fureur ou de démence, on n'a pas estimé y debvoir toucher.

Le samedy 17ᵐᵉ, Mgʳ le chancelier est arrivé à Caën, et a encor pris son logement chez le lieutenant particulier, où Mʳˢ Gassion, Talon, et aultres du Conseil l'y ont visité; n'ayant point sçeu que pour ce jour-là on parlast de partir plustost que le mercredy ou jeudy ensuyvant. {Samedi 17 mars 1640. Le chancelier revient à Caen.}

Le dimanche 18ᵐᵉ, dès le matin, on a publié {Dimanche 18 mars 1640.}

---

bien les choses, mais il ne les *étendoit* pas bien. A parler succinctement, il étoit admirable et délicat (*a*). »

(*a*) *Mémoires de Tallemant des Réaux*, édition publiée par M. Monmerqué, 1840, tome II, p. 261.

Le chancelier assiste à la thèse du docteur Halley, pour le doctorat en droit. que Mgʳ le chancelier partoit le lendemain pour se rendre à Lizieux, en un jour; au lieu qu'auparavant il prenoit un giste entre deux, prèz Cressenville; et, pour cet effect, sa litière et ses muletz, aveq la pluspart des équipages de la suite, sont partis pour aller attendre au dict Cressenville. Les jésuites s'estoient promis l'assistance de mon dict Seigʳ, le lundy ensuyvant, à une tragédie par eux disposée pour cet effect; mais il n'y a eu que le recteur de l'université, nommé le Sʳ Halley [1], le quel ayant préparé ses thèses pour le doctorat du droict, à soustenir le dimanche après disner, a esté honoré de l'assistance de mon dict Sgʳ le chancelier, auquel elles estoient dédiées; et s'en est le dict recteur fort dignement acquitté.

Peu après le disner de mon dict Sgʳ le chancelier, je luy ay rapporté les requestes des prisonniers de Bayeux; et a approuvé toutes les ordonnances proposées, au nombre de 50 ou 60, y compris l'arrest; ayant mis, de sa main, à costé de

---

[1] Le 1ᵉʳ janvier 1642, Antoine Hallé, poète latin, de Caen, admis, à Paris, à l'audience du chancelier Séguier, lui disait :

Protege musas,
Namque potes, meque auxilium, tu rebus in arctis,
Jussisti sperare, vagi cùm mœnia Cadmi,
Palladiasque domos intrasti nobilis hospes (a).

(a) Majores Academiae scholas, *ubi publicis disputationibus Juris interfuit*, — *Antonii Hallaei Opuscula miscellanea*, 1675, p. 46.

celles non encore estendües, ce mot *bon ;* et pour celles desjà estendües, il n'a point voulu y toucher, les ayant toutes approuvées. Pour l'arrest général, il a voulu en différer la signature à Paris ; et il m'a commandé, en mesme temps, de faire le semblable èz prisons de Caën ; dont il avoit esté sollicité par le P. Eudes, prestre de l'Oratoire, grand serviteur de Dieu, et prédicateur, cète année, en la dicte ville ; de sorte que cela m'a empesché d'assister aux responses du recteur, dont j'avois esté prié, aussi bien que le reste de Mrs du Conseil.

Mention du P. Eudes, fondateur de la congrégation des Eudistes.

Ez prisons de Caen, j'ay esté assisté de l'antien advocat du roy au bailliage et siége présidial, nommé le Sr de Maisonselle (ce me semble), du S^r ...., aussi procureur du roy en l'élection et au grenier à sel ; et des Srs Deshaguayz [1], receveur des tailles, et Dorveau, commis du fermier général des gabelles. Il s'est trouvé environ 36 prisonniers pour amendes légères du faulx saunage ; aucuns si misérables qu'il n'y a point de gueux mendiantz qui facent plus de pitié, et telles pauvres femmes octogénaires ausquelles on n'imputoit pas contravention de 10 solz. Le commis du fermier en a consenti et demandé l'eslargissement, à cause de

Délivrance de nombre de malheureux détenus dans les prisons de Caen.

---

[1] C'est Le Hagnais, ou Le Hagais, qu'il faut lire.
Sa maison avait été pillée, à la fin d'août, ainsi que celle du sieur Dorveau, dont il est aussi question dans cet endroit du *Diaire*.

la despense de leur norriture, qui retumbe sur luy; et pour les prisonniers des tailles, on a convenu des cautions et termes aveq le procureur du roy et le receveur. Pour les aultres prisonniers, on a pris expédient, lorsqu'il s'est peu faire, aveq le dict antien advocat du roy, s'estant trouvé que le chappellain ordinaire est persone fort charitable, duquel, et du père Eudes, les prisonniers reçoivent grande assistance.

Le soir, j'en ay faict le rapport à mon dict seig^r le chancelier, lequel a trouvé bon aussi de régler le différend survenu entre le clergé du dict Caën et la cour des Aydes, en une procession générale du 4 mars; sur ce que ceux-cy ne vouloient pas laisser les places accoustumées des haultes chaires ausdictz ecclésiastiques; et mon dict seig^r le chancelier, par arrest du Conseil, leur a laissé 4 places de chascun costé des dictes chaires haultes, èz lieux qu'ilz avoient accoustumé d'y occupper.

Mon dict Sg^r le chancelier a accepté du S^r......, conseiller en la dicte cour des Aydes, environ une vingtaine de livres trouvéz en sa bibliothèque, lesquelz manquoient en celle de mon dict Seig^r, lequel a faict instance de luy en faire recevoir le prix; mais il ne l'a point du tout voulu accepter; il en a desja esté parlé cy-dessus[1].

---

[1] Voyez, plus haut, le *Diaire*, à la date du dimanche 19 février.

Le lundy, 19ᵐᵉ, mon dict Sgʳ le chancelier est partj, sur les 8 heures; et, ayant trouvé sa litière à la moictyé du chemin, est arrivé à Lizieux sur les trois heures aprèz midj; come ont faict encor la plus part de Mʳˢ du Conseil, et Mʳ Gassion, lequel a pris congé de luy pour partir le lendemain, de fort bone heure, et se rendre à Paris, en deux jours et demy, come il a faict.

Je suis partj plus tard de Caën, ayant esté obligé d'envoyer à Bayeux les expéditions des prisonniers, que j'ay adressées au P. Le Court, jésuite, prédicateur de l'églize cathédrale, qui en avoit sollicité; et ay trouvé, le soir, à Lizieux, que mon dict Sgʳ le chancelier estoit retiré, et que Mʳ l'evesque de Lizieux, qui ne l'attendoit que le jeudy ensuyvant, n'avoit pas laissé de le presser pour le souper, où il reçeut le dict Sʳ Gassion et plusieurs du dict Conseil.

Le mardy 20ᵐᵉ, la pluspart ayant pris congé de Mgʳ le chancelier dès le soir, partirent de fort bone heure, Mʳˢ Tallon, Letellier et Galland, pour le Neufbourg; Mʳˢ de Sᵗ-Jouyn, Montescot, Vignier, de Hère et du Thil pour le Boucachard (Bourgachard) chez le dict Sʳ de Sᵗ-Jouyn. Mon dict Sgʳ le chancelier ne partit que sur les 10 heures, n'ayant voulu disner, et ceux qui restoient estantz seulement demeurez à la table de Mʳ de Lizieux; et, auparavant, mon dict Sgʳ le chancelier signa les

Le lundi 19 mar. 1640. Le chancelier part de Caen, pour Lisieux.

Mardi 20 mars 1640. Le chancelier quitte Lisieux.

arrestz pour les prisonniers de Caën, l'un pour ceux du faulx saunage; l'aultre pour les tailles; et le dernier pour tous les aultres prisonniers, au nombre de 60 ou 80 en tout; come aussi l'arrest pour les séances des ecclésiastiques et de la dicte court des Aydes de Caen, lors de la procession générale. Mon dict S^r le chancelier trouva bon qu'en l'absence du dict Sr Galland, le sieur Chesnelong, commis au greffe du Conseil, et secrétaire du roy, expédiast et signast les dictz arrestz; lesquelz il a envoyéz, par homme exprèz, à Caën.

Le chancelirr revient au château des Roques.

Mg^r le chancelier avoit tesmoigné vouloir passer par la Coste, maison d'un gentilhomme voysin de Lysieux, qui a espouzé Madame de Liverdj, parente de mon dict Seig^r; mais il a changé ce dessein pour aller au Ponteaudemer; de là à la Roque[1], chez

---

[1] Il s'agit encore de la terre *des Roques* (près de la Bouille), dont nous avons parlé à la date du 11 février 1640. Le 21 mars, la nouvelle étant parvenue, à Rouen, de l'arrivée du chancelier Séguier au château des Roques, deux ou trois des *commissaires* de l'hôtel-de-ville s'empressèrent de l'y aller saluer, et lui offrirent, au nom de la ville, un tonneau de vin d'Espagne. Ils le supplièrent d'intercéder auprès du roi, pour le rétablissement de l'hôtel-de-ville de Rouen, de ses officiers, et pour que l'on rendît à la ville ses priviléges (a). Le 9 juillet 1648, la célèbre duchesse de Longueville (Anne-Geneviève de Bourbon), mariée, depuis peu, au duc de Longueville, se rendant à Rouen, pour y faire son entrée, comme femme de gouverneur de la pro-

(a) *Reg. de l'hôtel-de-ville*, 21 mars 1640.

le sieur de Berton, où M̄ le président Séguier le debvoit venir trouver; puis au Pont-de-l'Arche, à Vernon, Rosny, Pontoize, et à Paris, au 26 du mois.

Peu avant le départ de mon dict Sg', de la dicte ville de Lizieux, j'ay voulu pressentir s'il auroit agréable que je feusse de sa suite; mais, après qu'il m'a faict l'honneur de me ramentevoir le présent *Diaire*, et de me commander de le luy faire transcrire, et le luy remettre, quoy que je luy aye faict cognoistre la longueur, inutilité et petite considération d'iceluy, j'ay recogneu, comme j'avois faict dès Caen, qu'il estoit plus selon le sentiment de mon dict Seig' que je prisse congé de luy; ce que j'ay faict, mesme pour arriver plus tost à Paris, aveq très grands sentimentz des accroissementz d'obligations que j'ay à sa bonté de tout le cours de ce voyage, et de cète séparation aussj.

---

vince, logea au château des Roques, appartenant au sieur Bertout, géneral de aides (*a*).

Dans la suite, le fameux Le Nôtre planta le parc du château des Roques, et en dessina les jardins; c'est, du moins, la tradition du pays. En 1838, la terre des Roques appartenait à Charles Boullenger de Boisfremont, peintre distingué, mort le 5 mars 1838. — M. Hellis (médecin en chef de l'hôtel-dieu de Rouen); ami éclairé des beaux-arts, a consacré à cet artiste éminent une *Notice biographique* pleine d'intérêt, insérée dans le *Précis analytique* des travaux de l'Académie royale des sciences, belles-lettres et arts de Rouen, pour l'année 1838.

(*a*) *Reg. de l'hôtel-de-ville* du 9 juillet 1648.

Je suis donc arrivé, ce jour-là, en l'abbaye du Bec, veille de S¹-Benoist; et ay sçeu que, le soir, Mrs Marescot et Du Bosquet estoient au Pont-Othou (Pont-Autou), recherchantz quelques livres curieux pour mon dict seigneur le chancelier. Le mercredy 21me, disné à Evreux, où j'ay trouvé Mrs Tallon, Letellier et Galland arrestéz, et M^r de S¹-Jouyn, qui les y estoit venu joindre; et ay esté coucher à Passy (Pacy-sur-Eure); le lundy 22me, j'ay disné à Mantes, couché à Poissy; et, le vendredy 23me, je suis arrivé, sur les 2 heures, à Paris, où, le soir, sont aussi arrivéz les dictz sieurs de S¹-Jouyn, Talon, Letellier et Galland; mais ayant esté pour doner des nouvelles de mon dict Seig^r le chancelier à Madame la chancelière et Mesdames ses filles (come il l'avoit trouvé bon), j'ay trouvé que ma dicte dame et Madame la marquise de Coaslin estoient parties dès une heure après midy, pour luy aller au rencontre; et Madame d'Enrichemont n'estoit en estat d'estre veüe. M^r le marquis de Coaslin estoit à Ruel, et M^r le prince d'Enrichemont à Rosny; et M^r l'évesque de Meaux, arrivé la mesme après disnée, n'attendoit Mg^r le chancelier que le mardy au soir 27me du dict mois.

J'ay sçeu que, le dict jour de mardy 20me, Mg^r le chancelier avoit couché au Ponteaudemer, suyvi de Mr Gaudart et de Mr Daubray, come dict est.

Le mercredy 24me, à la Roque, chez le dict Sr de Berton, où il a veu M^r le président Séguier.

Le jeudy 22me, au lieu du Pont-de-l'Arche, il fut à Gaillon, où Mrs de Montescot, Vignier, de Hère et Du Thil se rencontrèrent aussi.

Le vendredy 23me, Mg^r le chancelier fut à Rosny, et les dictz Srs Gaudard, Montescot et aultres à Mantes.

Le samedy 24me, à Pontoize, où Madame la chancelière et Madame de Coaslin l'attendoient.

Et le dimanche 25me, ayant disné à la Barre, ou plustost à la Chevrète, chez le Sr de Montauron, il arriva de bone heure à Paris, où tous les dictz sieurs cy-dessus nomméz prirent congé de luy.

Le lundy 26me, Mg^r le chancelier partit, de bone heure, après disner, pour Ruel, où Mg^r le cardinal le receut aveq grand honeur, amour et confiance.

Le mardy 27me, mon dict Sg^r le chancelier veit le roy, duquel il fut pareillement très bien reçeu ; et, le soir, retorna, aveq son Eminence, à Paris, aveq laquelle il disna, le lendemain, en l'hostel de Richelieu.

JOURNAL
DU CHANCELIER SÉGUIER.

PIÈCES INÉDITES

RELATIVES

AUX SÉDITIONS DE 1639,

EN NORMANDIE.

PIÈCES INÉDITES,

RELATIVES AUX

SÉDITIONS DE 1639, EN NORMANDIE,

EXTRAITES

DE DEUX VOLUMES MANUSCRITS

Compilés par le chancelier SÉGUIER.

SÉDITIONS ARRIVÉES A ROÜEN.

PREMIÈRE PIÈCE.

MÉMOIRE de ce qui s'est passé devant et dans la sédition dernière, arrivée dans la ville de Roüen, à l'encontre de Léonard Hugot, commis à la recepte générallé des droictz domaniaux de francs fiefz et nouveaux acquestz, relliefz et demy-relliefz, de la province de Normandie, qui peult donner cognoissance de quelques aulteurs et complices de la dicte sédition.

Premièrement : Depuis le mois de juing dernier, que l'on auroit faict quelques poursuittes à l'encontre des procureurs du Parlement de la dicte ville de Roüen, Hugot a esté adverty par plusieurs d'jceulx de ne point traicter des taxes sur eux faictes, ny mesmes de ne point fréquenter ceux qui seroient chargéz de ce recouvrement ; parce

Juin, juillet.
Hugot poursuivi, maltraité, emprisonné par les procureurs dans le Palais.

qu'il y en avoit de leur corps qui leur vouloient faire croire que le dict Hugot y estoit intéressé, pour luy susciter quelque mauvais office. Le quel soubçon et mauvaise vollonté de quelques uns des dictz procureurs, entre autres des nommés Hélène et Germont, les auroit porté à solliciter un nommé Cossart, huissier, d'emprisonner le dict Hugot, avecq ignominie, en vertu d'une sentence desjà exécutée, et au préjudice d'un eslargissement prononcé sur un haro, et d'un arrest du Conseil qui deschargeoit le dict Hugot de la dicte sentence. Et, de faict, auroit le dict Cossart contrainct le dict Hugot de faire un second garnissement, sans en avoir voulu deslivrer exploict, ny procès verbal des viollences reçeues par le dict Hugot, ainsy que sa charge luy commandoit, auroit contrainct le dict Hugot d'interjetter, le lendemain, haro sur luy; sur lequel estant allé pour estre ouy au Pallais, arrivéz dans la grande salle, les dictz Cossart et Héleyne auroient supposé malicieusement que le dict Hugot avoit traicté des taxes des procureurs; dont ilz excitèrent telle sédition contre le dict Hugot et ses commis, *que la plus grande partie des procureurs et leurs clercqz se sont jettéz sur eux; et, par un viollement des lois polliticques de la province, au lieu d'estre oys sur le dict haro, se rendent partyes, juges et exécuteurs de leurs passions, sans respect du lieu, ny ordre de justice;* ilz frappent et excèdent le dict Hugot, et ses dictz commis; *deschirent leurs habitz, jusques à leurs chemises, et vollent leurs manteaux et chappeaux,* les jettànt à bas des dégréz du dict Pallais dans la prison. Le quel Cossart, non content, poussé par le dict Hélène, eut encore assez d'effronterie pour escrouer le dict Hugot, au préjudice des deux dictz garnissements, eslargissement de juges, et de luy dict Cossart, du dict haro, et de l'arrest du dict Conseil. Yceluy dict Hugot, détenu ès dictes prisons, avecq telle recommandation au geollier, par les menées des dictz procureurs, et du dict Cossart, que *pour argent, amis, cautions, ny premier commandement de M. le premier président, et de M. le procureur général du Parlement, il ne luy fust pas possible de se faire eslargir que quatre jours apprès, par l'auctorité absolue du dict sieur premier président, et payement de la somme demandée;* sans qu'il ayt esté possible au dict Hugot de tirer le dict exploict d'exécution, eslargissement, procès verbal, ny la restitution de son dict garnissement, des mains du dict Cossart. — Pourquoy il auroit esté, de rechef, contrainct d'interjetter, contre luy, autre haro par un des dictz commis, qui fut reçu par un autre huissier ; auquel haro le dict Cossart, néantmoings, ne voullust obéir, s'espoliant de leurs mains, et s'escriant : *ce sont monopoliers*, feit assembler le peuple, et se jettèrent nombre de personnes sur le dict commis, qui y fut grandement outragé.

Tout ce que dessus se justiffie par pièces que le dict Hugot a, depuis, recouvrées, et dont il prétendoit en faire faire plus ample information, suivant l'arrêst du Conseil donné sur sa plainte le 2me aoust dernier, si, pour cette affaire et autres, il avoit pu trouver quelques huissiers qui s'en fussent voullus charger, ny mesme voullu signiffier le dict arrest pour faire assigner le dict Cossart, et autres complices au dict Conseil, lequel se peult suffisamment instruire par les pièces que le dict Hugot produira sur ce subject.

On pourra encore recognoistre plusieurs factieux et personnes qui ont commis des actions excitant à sédition ; entre autres, un nommé La Noë, que le dict Hugot avoit pris, environ un mois, pour esprouver s'il se pourroit servir de luy; ce que n'ayant peu faire, et s'estant abouché des dictz Hélène et Cossart, et leur ayant donné advis des poursuittes que le dict Hugot faisoit all'encontre d'eux au dit Conseil, luy suggérèrent un moyen d'esmouvoir le peuple contre luy prétendant des services qu'il n'avoit rendu, et des sommes qu'il n'avoit et ne pouvoit avoir gaigné, qu'il a fallu, néantmoins, payer pour esviter aux inconvénients et tumulte, en l'absence du dict Hugot.

Ainsy, de la personne d'un nommé Naudin, autre vallet à gages du dict Hugot, par les mesmes sollicitations, contraignist la femme du dict Hugot à luy payer une somme qu'il avoit desjà reçeue en l'année 1636; et le justifient deux quittances de 1636 et 1639, pour une mesme chose. Après plusieurs injures de : *Monopolliers*, et crys excitant à sédition, non content des dictes volleryes domesticques, les dictz La Noë et Naudin, poussèz des mesmes espritz révoltéz, se seroient transportéz dans toutes les maisons où le dict Hugot pouvoit avoir pris des marchandises pour les nécessitéz de son mesnage, et leur donner advis que, s'il leur estoit deub quelque chose par le dict Hugot, ilz debvoient faire arrester ses meubles, parce que s'ilz attendoient encore trois jours, ilz perdroient leur deub, et qu'il se debvoit passer d'estranges mesnages. Ce qui a esté rapporté par le sieur Maignart, médecin, qu'il fallust payer comme il le désira, la veille de la dernière sédition; du nommé Chandelier, apothicaire, sa femme et leur garçon, présentz aux dictes injures et insollences du dict Naudin; de Claude Forreux, rôtisseur, que le dict Naudin a semblablement suscité; de Baptiste Bohier, marchand; de Cardin Camus, imprimeur; de Jehan Le Gouetz, escuyer, sieur de Heudreville, demeurant à Auvilliers, eslection du Pont-Lévesque; de Josias Bertheaume, advocat à Caen; de la servante de Germont, procureur au Parlement, nommée Joannine, de plusieurs discours et menasses par elle ouyes ; de l'interrogatoire de la quelle l'on pourroit tirer des esclaircissementz grandz ; de Lesguillon, huissier, qui avoit reçeu le *haro* interjetté par le dict Hugot sur le dict Cossart, le quel laissa emprisonner le dict Hugot, sans avoir faict entendre les partyes, des quelz il estoit chargé par la réception du dict haro, et sans deslivrer procès verbal des causes qui l'en ont empeschéz ; de Louis Brunette, commis du dict Hugot, enffant et bourgeois de Roüen, y demeurant, qui a ouy les menasses et bruictz qui se faisoient journellement auparavant, dedans, et depuis la dicte sédition, dont son père est décédé d'appréhension, suivant plusieurs lettres escriptes par le dict Brunette, au dict Hugot ; des nomméz Amoutons, et du clercq de Mᵉ Pierre Le Clérot, procureur à la cour des Aydes ; pour avoir adverty le commis du dict Hugot, que sa maison estoit siégée de cinq cents personnes, au temps qu'il y retournoit pour tascher de sauver les pappiers, argent et nippes du dict Hugot et de sa femme, et autres choses qui estoient restées du plus précieux de son bien en la dicte maison devant Sainct-Ouën, où il tenoit son bureau des francz fiefz, la quelle, le lendemain, fust pillée, desmolie et ruinée, et dans la quelle le dict Hugot à faict perte de plus de trente mille livres, sans les domaiges et intérestz de la ruyne de ses affaires et establissements, et les grandz risques que sa femme, ses enffans, commis, et valletz ont couru, n'en estant sorty que le dict jour mesme, pour trouver le dict Hugot, qui estoit arrivé à une lieue du dict Roüen, et là demeuré par l'advis du sieur Desbrosses, chargé des recouvrements du droict annuel sur les officiers, et du sieur Pierdon, commis au bureau des quatriesmes, qu'il rencontra sur le chemin, et qui l'advertirent de ne point entrer dans la ville, à cause des mauvais bruictz.

Deuxième Pièce.

MÉMOIRE *de deux séditions de la ville de Rouen, l'an* 1639 (*aoust*).

<small>Samedi 4 août 1639.</small>

Au mois d'aoust 1639, il s'est faict deux séditions en la ville de Rouen ; la première au commencement du dict mois, ung samedy, sur les cinq heures après midy, sur ung appelé *Rougemont*, qui fut envoyé de Paris, pour l'establissement du contrôle des teintures. Lequel Rougemont, en sortant de chez ung drappier, fut crié, hué, et calloué par de la jeunesse, et ensuite suivy d'ung nombre de personnes qui le menèrent battant à coups de poing et de battons jusques devant l'églize de Nostre-Dame, où ilz l'assommèrent. Le lieutenant général y fut, qui fit porter le corps dans l'Hostel-Dieu, où il a esté enterré.

De ceste sédition et assassinat, il n'en a esté faict aucune punition ny chastiment, bien que l'action ait esté commise en plein jour, et au conspect d'un chacun.

A cause de quoy, la seconde sédition fut entreprise et faicte contre tous ceux qui faisoient les affaires du roy en la ville de Rouen et recepvoient ses deniers ; qui commença le samedy 20ᵉ du dict mois d'aoust, par 15 ou 20 personnes, les quelz, le dict jour, à 6 heures du soir, jettèrent plusieurs coups de pierre dans la porte d'un nommé Hugues (Hugot), commis au greffe de la commission des francs-fiefs ; ce qui fut appaisé, pour ce soir, par le sieur d'Audigon

Le lendemain, dimanche, la dicte sédition recommença sur les 10 heures du matin, continua jusques à 5 ou 6 heures du soir, où 200 personnes, séparées en diverses bandes, sans armes, ravagèrent, pillèrent et bruslèrent unze maisons où estoient les bureaux de la recepte générale et particulière des droictz des cuirs, du papier, des doubles, du salpestre, des cartes, des francs fiefz et nouveaux acquests, des aydes et quatriesmes, des taxes d'offices héréditaires; apportèrent dans les places publicques tous les meubles, hardes et papiers estans en la dicte maison, où ils les firent brusler, en la présence et au conspect de tous les bourgeois, et quantité de personnes de qualité, sans qu'on y donnast aucun empeschement.

Le sieur Bigot, doyen des conseillers de la cour des Aydes, fut remarqué dans la chambre d'un espicier, proche de la Crosse, qui regardoit brusler les meubles de Molant, commis à la recepte du droict des cuirs, le dict jour de dimanche.

Le Parlement alla par la ville, qui fit cesser la dicte sédition, sur les 6 heures, après que toutes les dictes maisons eurent esté volées ; et firent mettre des gardes en ycelles, lorsqu'il n'y avoit plus rien.

Sur la minuict du dimanche au lundy, la maison du commis général des gabelles fut menacée; le lundy matin, il fut assiégé, et envoya chez M. le premier président, à l'hostel de ville, au lieutenant Baillet, et à Baignière, son enseigne, en l'absence du capitaine du quartier, pour les advertir que sa maison estoit assiégée, et qu'en icelle estoient les deniers et papiers du roy et du public, et qu'il les supplioit de le faire secourir. A quoy il luy fut mandé que l'on y donneroit ordre.

Le dict jour de lundy matin, il fit entrer jusques à 50

hommes chez luy, pour deffendre sa maison, se barriquada en icelle, et leur fournit d'armes et de tout ce qui estoit nécessaire pour la conservation des deniers du roy et de sa maison. Il se fit, le dict jour, plusieurs attacques par les séditieux qui estoient sans armes, pour se saisir de la porte de la dicte maison; mais ils en furent empeschéz.

Toute la bourgeoisie estoit en armes par la ville, dans les carrefours et corps-de-garde; qui ne voulurent jamais quitter; ny les capitaines de la ville, commandéz de venir secourir la dicte maison.

Sur les trois heures après midy du dict jour de lundy, les séditieux, au nombre de plus de cent, qui poussoient de la jeunesse devant eux, les quelz jettoient tous des pierres contre les fenestres et portes de la dicte maison, voulurent faire ung plus grand effort, pour se saisir de la dicte porte; ce qu'ilz ne peurent faire, en ayant esté repousséz, aucuns d'eux blessés, et ung garçon, filz d'un nommé Charlot, cordier, qui estoit au corps de garde du Vieux-Marché.

Incontinent après, ung appelé Guillot, qui estoit sergent, commença à crier qu'on avoit blessé le filz d'un bourgeois; *mais que l'on alloit veoir de beaux mesnages.* Aussitost, parust ung homme, qui cria dans la rue que M. le président Turgot vouloit parler au sieur Letellier. L'on luy faict savoir, et monte en dilligence aux chambres sur la rue; il demanda à veoir et parler au dict sieur président; il ne se trouva et ne se vit point, parce que l'on dict qu'il fut empesché d'approcher par les bourgeois. A mesme temps, les bourgeois, qui estoient en armes, au vieil Marché, soubz le lieutenant Baillet, et Baignier enseigne, vinrent, tambour battant, devant la maison du dict Letellier, où ilz tirent cinquante mousquetades dans sa porte et fenestres, pour forcer sa maison et la mettre au pillage ; et voyant qu'ils n'y advançoient rien, ilz firent approcher ung homme, avecq un marteau fort lourd ; le quel, après avoir donné plusieurs coups d'iceluy contre la dicte porte, en rompit ung pagneau. Alors, le dict Letellier fit tirer sur eux, et ilz se retirèrent ; mais, tout aussitost, ilz vinrent avecq du feu qu'ilz mirent à la dicte porte, où le dict Letellier les fit encores retirer, et fit esteindre le feu. Le reste du jour et de la nuict se passa assez doucement.

Les eschevins de la ville, sur les deux heures après midy, du dict jour de lundy, passant au hault de la rue, envoyèrent ung valet de la ville au dict Letellier, luy dire qu'ilz alloient par la ville, pour faire cesser la sédition. Le dict Letellier demanda à parler à eux ; mais ilz estoient passéz.

Sur les sept heures du soir, Hébert, ung des capitaines de la Cinquantaine, vint en la maison du dict Sʳ Letellier, et luy dict qu'il y avoit bien eu du bruit l'après disnée, mais qu'à l'heure qu'il estoit, il y avoit fort peu de séditieux au hault de la rue, et que sy on vouloit bailler une pistolle, qu'il leur porteroit et les envoieroit boire. Sur quoy, au lieu d'une, en fut baillé deux ; et dict le dict Hébert qu'il alloit donner ordre à cela, et qu'il espéroit, le lendemain, qu'il ne s'en parleroit plus ; et que, de bon matin, il reviendroit dire des nouvelles ; ce qu'il ne fit pas.

La nuict du lundy au mardy, sur la minuict, le lieutenant général, maire perpétuel de la dicte ville, passa, luy troisième, qui demanda à parler au sieur Letellier, le quel vint aussitost à la fenestre ; et luy demanda le dict lieutenant général en quel estat il estoit en sa maison ? Auquel le dict Letellier fit response *qu'il estoit assiégé dans la maison du roy, il y avoit préz de vingt-quatre heures, sans avoir eu aucun secours ;* que c'estoit une honte que de laisser perdre misérablement les serviteurs du roy ; que l'on mettoit des hommes à garder les maisons qui avoient esté volées dèz le dimanche, et où il n'y avoit plus rien, et que l'on laissoit périr et piller celle qui estoit assiégée et menacée, sans donner assistance ny secours ; qu'il ne sçavoit pas d'où venoit tant de retardement à le secourir et à conserver la maison du roy, où estoient ses deniers et papiers. A quoy le lieutenant général respondit : *demain matin, on vous donnera du secours.*

Le mardy au matin, 23 aoust, les séditieux vinrent, en grand nombre, au hault et au bas de la rue de la Prison, encores que tous les bourgeois fussent en armes, avecq les capitaines de la ville, et qu'ilz eussent corps de garde et barricades en tous les carrefours et places publicques.

Les séditieux qui estoient au hault de la rue entrèrent dans l'églize Saincte-Marie, et montèrent dans la tour, d'où ils jetèrent mille pierres contre et dedans la maison du dict Letellier. Après, par le moyen de la maison du curé de Saincte-Marie, les dictz séditieux entrèrent dans des maisons qui voisinent le derrière de la maison du dict Letellier, et mirent le feu aus dictes maisons voisines, pour, ensuite, faire brusler celle dudict Letellier, rompirent les murailles qui donnoient dans sa cour ; et comme il ne leur falloit pas encores, par le moyen du feu et des ruptures, plus de demy heure pour entrer en la dicte maison, arrivèrent en la dicte rue et devant la porte du dict Letellier, les sieurs de Biville et Blondel, conseillers de la Cour ; les sieurs de Sahurs et de Bouville Hébert, eschevins, Gueudeville, syndicq de la ville, partie de la cinquantaine et des harquebuziers ; le quel sieur de Biville demanda à parler au dict sieur Letellier, qui vint aussytost. Il luy demanda *s'il ne se vouloit pas rendre à la Cour ?* A quoy luy fut respondu : *Très volontiers*, et qu'il y avoit longtemps qu'il attendoit du secours. Le dict sieur de Biville luy dict encores : *Deffendez que l'on ne tire plus; nous allons vous sauver la vie*. Sur quoy, le dict Letellier luy déclara, en présence des eschevins, que, dans sa maison, il y avoit 300 et tant de mille livres, appartenant au roy et aux rentiers, les papiers de Sa Majesté et de toutes les affaires qu'il a maniées, ses meubles, vaisselles d'argent et de pierreries, et que partie de l'argent avoit esté jetté, veu l'extrémité où il estoit, dans des cloaques, et l'autre dans un puits, et la vaisselle d'argent dans ung autre, affin que tous donnassent ordre à la conservation de la dicte maison, pour ce que le dict Letellier ne pouvoit plus y demeurer, à cause que le feu alloit prendre en icelle, et que sa muraille de derrière alloit estre rompue comme il le faisoit veoir à tous les dictz sieurs conseillers et eschevins. Ce faict, le sieur de Biville alla vers le peuple qui estoit au bas de la rue, pour modérer, par remonstrances, sa chaleur, et l'empescher de continuer la sédition ; mais comme le dict sieur faisoit ce qu'il pouvoit, et que les séditieux ne laissoient pas tousjours d'avancer, le sieur Hébert, conseiller de ville, manda au dict Letellier, *s'il vouloit sauver sa vie et celle des siens,* qu'il estoit temps de sortir. Sur cela, et que le feu le pressoit, et le peuple qui alloit entrer par derrière, le dict Letellier se desguisa, fit mettre ses gens en armes, ouvrit la porte et sortit avec ses gens, en criant tous : *Vive le Roy ! tue, tue !* et avec un tel bruict et une telle résolution qu'ils se firent faire jour par tous les séditieux qui estoient au hault de la rue ; et estant retournéz, luy et les siens cherchant à se retirer et se saulver, le nommé Anthoine Blocquet, son domestique, en arrivant au corps de garde de Sainct-Vigor, où estoit le sieur de Montenay, conseiller au Parlement, fut tué par ung nommé Noël, bourgeois. Touret et Cavé, archers des gabelles, Péron, porteur de sel, ont esté tuéz en divers corps de garde, par les bourgeois; et cinq autres gens du dict Letellier, aussy blesséz et estroppiéz par les dictz bourgeois, en cherchant leurs seûretéz dans les dicts corps de garde qui sembloient estre establis pour la conservation de ceux qui estoient oppresséz, et pour faire cesser la sédition. Et à tous les dictz corps de garde, il y avoit plusieurs conseillers du Parlement, et autres officiers et notables habitans et bourgeois; et le dict Letellier, blessé à la teste, d'ung coup de pierre, le quel tâchant à se sauver, fut rejetté de deux maisons bourgeoises où il estoit entré; dont l'une est vis à vis du sieur Boudet, secrétaire, et l'autre où loge la dame de Rombocq, conseiller au Parlement; et ayant trouvé la prison du bailliage ouverte, y seroit entré; de laquelle il fût chassé par le geollier; et se trouvant le dict Letellier poursuivy, il se retira en l'églize de Sainct-Laurent, où le clerc d'icelle le mit dans une armoire où estoient des chappes, où le curé le vint trouver, qui s'offrit de luy donner toute seureté. Et après, le dict clerc vint dire au dict Letellier qu'il ne le trouvoit pas bien où il estoit, et le mena à ung cabinet, au hault de la tour de la dicte église. Ce qui ayant esté sçeu par les séditieux, vinrent en la dicte églize, montèrent en la dicte tour, où ung nommé Letanneur, huissier en la chancellerie, assisté de quinze ou vingt séditieux, s'efforcèrent de le tuer; et comme il estoit sur le point d'estre tué, arriva le sieur de Biville, conseiller, la présence et la générosité duquel firent quitter prise aux dictz séditieux ; et ainsy sauva la vie au dict Letellier ; et le tira de la dicte tour, le fit passer devant la porte du premier président, qui ordonna que le dict Letellier seroit amené au vieil Palais.

La maison du dict Letellier, au lieu d'estre conservée par les eschevins, cinquanteniers et arquebusiers, qui estoient devant sa porte, et par les capitaines et bourgeois qui estoient en armes proche la dicte maison, qui debvoient et pouvoient entrer en icelle, a esté abandonnée au pillage, et volée, depuis le mardy, unze heures du matin, jusqu'au mercredy neuf heures du matin, que MM. du Parlement y ont mis des gardes.

Pour monstrer qu'il estoit très facile de secourir et conserver la dicte maison, si on eust voulu, c'est que, deux heures après que les séditieux la voloient, et qu'elle fut abandonnée, le sieur de Richebourg, propriétaire de la maison voisine et de celle du dict sieur de Tournéville, voyant que l'on en emportoit le plomb, et que l'on les alloit démolir, alla prier 12 ou 15 gentilzhommes de l'assister avec leurs gens, pour luy ayder à empescher ce désordre ; tous vinrent tirer vingt-cinq ou trente coups de pistoletz et de carabines, tuent quelques-uns des séditieux. Tous les autres sortent et fuient, en sy grande foulle, qu'il y en eut plusieurs estoufféz. Ainsy la maison demeura en la possession du dict sieur de Richebourg et de ses gens, depuis le mardy, trois heures après midy, jusqu'au lendemain mercredy, neuf heures, que Messieurs du Parlement y mirent des gardes.

Les deniers qui estoient dans le puitz, la vaisselle d'argent, aussy, tous les papiers et meubles, ont esté voléz et emportéz ; l'argent partagé dans la rue, en présence des bourgeois; et tout a eu libre passage par tous les corps de garde et barricades où estoient les capitaines, lieutenans et enseignes, et plusieurs conseillers, officiers et principaux habitans.

Au corps de garde de Sainct-Sauveur, on dict qu'il y avoit les sieurs Galantin, Puchot, Paumier, Blondel, conseillers au Parlement; Boutrant, conseiller en la cour des Aides, et Blondel, secrétaire du roy y estoient.

Au corps de garde de la rue Saincte-Croix, estoit M. le président Turgot; et ainsy en tous les autres corps de garde estoient plusieurs autres officiers et principaux habitans; et néantmoins, tous les voleurs y ont passé, sans qu'on les ait arrestéz ny les deniers du roy, les meubles et papiers voléz en la dicte maison; et, au contraire, les gens du dict Letellier, qui sortirent avecq luy et voulurent passer par les dictz corps de garde, y ont esté tuéz, blesséz, ou estropiéz.

Le mercredy 24 aoust, MM. Lebrun, et Delahaye Aubert, conseillers au Parlement, vinrent au vieil Palais, prendre la déclaration de l'estat du dict Letellier, des deniers qui y estoient; et leur ayant déclaré que les deniers et vaisselle d'argent avoient esté jettéz dans des clouacques et deux puitz; le sieur Delahaye Aubert, en présence du sieur Le Brun et d'un commis greffier, dict au sieur Letellier que, *véritablement, la perte estoit grande, mais qu'il la pouvoit bien porter, et ne vouldroit pas la faire porter au peuple;* et, au sortir du vieil Palais, ilz allèrent faire rapport au Parlement de la déclaration du dict sieur Letellier; le quel ordonna qu'il seroit faict ouverture des dictz clouacques; ce qui fut faict, et se trouva 170,600 liv. ou environ, qui ont esté portéz en la maison de ville.

Le dict jour, 24 aoust, fut amené devant les dictz sieurs commissaires ung homme qui avoit dérobé en la maison du dict sieur Letellier ; et, sur ce qu'ilz luy demandoient pourquoy il avoit esté voler en la dicte maison, il respondit *qu'il ne croyoit pas avoir mal faict, et qu'elle avoit esté donnée au pillage ;* après quoy, ilz le laissèrent aller.

Le prieur des Feuillans de Rouen a rapporté plusieurs pièces de vaisselle d'argent à MM. les commissaires ; et plusieurs autres personnes en ont faict de mesme. Le sieur de Richebourg a rapporté aux commissaires 3000 liv. de l'argent qui estoit dans le puits. *Le Beuvetier de la Cour des Aydes a dict que, le dimanche que commença la dicte sédition, il sçavoit, trois jours auparavant, qu'elle debvoit arriver.* Le dict jour de dimanche, il fut baillé au sieur Thomas, commis des traictes, une liste de toutes les maisons qui debvoient estre volées.

Le concierge de l'hostel de ville a dict que l'on sçavoit la sédition *huict jours devant.*

Les bourgeois ont dict hautement *qu'ils n'estoient armez que pour leur conservation et non pas pour la conservation des monopolliers, et qu'ilz ne se feroient point tuer pour eux.*

L'on a dict que les procureurs et sergents de la ville ont contribué à la sédition, à cause des taxes que l'on a faictes sur eux, dont on les a poursuivis.

Troisième Pièce.

Mémoire *de la 1re, 2e et 3e séditions de Rouen.*

Ire sédition, au commencement du mois d'aoust 1639. — Celuy qui avoit esté envoyé à Rouen, pour l'establissement du contrôle des teintures, nommé Rougemont, sortant de la maison d'un tondeur, fut poursuivi par un grand nombre de personnes jusques dans l'église Nostre-Dame, d'où il fut tiré, et tué devant l'église, à coups de pierre et de bastons, disant que c'estoit un monopollier; on fit passer plusieurs harnois et charettes sur son corps. Sur quoy, vint le lieutenant général, qui fit enlever le corps et le fit porter à l'Hostel-Dieu, où il fut enterré.

Pour raison de ce, il n'a été faict aulcune justice ny punition.

IIe sédition, le dimanche 21 aoust. — Ensuité de ceste première sédition, le bruit courut dans la ville de Rouen que l'on debvoit maltraitter les monopolliers qui estoient dans les bureaux establis pour la levée des deniers du roy. De faict, le dimanche 21 aoust, plusieurs séditieux s'assemblèrent, dont un nommé GORIN, filz d'un artisan de Rouen, estoit le chef, lequel, ayant une liste des maisons qui debvoient estre pillées, conduisoit les séditieux en chacune des dictes maisons, *faisant porter un guidon aux armoiries du roi;* et comme il estoit arrivé devant la maison qu'il falloit piller, il frappoit à la porte avec des pincettes qu'il portoit à la main, faisoit mettre le guidon devant la porte, indiquoit aux séditieux que c'estoit là où il falloit travailler, et leur disoit: *compagnons, travaillez, ne craignez rien; nous sommes bien advouéz;* et disoient les séditieux que *c'estoit ce jour là au quel l'on debvoit exterminer tous les monopolliers.* Ilz commencèrent par le bureau des francz fiefz, qui fut entièrement pillé et démolly; et ensuite les bureaux des receptes des droictz des cuirs, du papier, des cartes, des aydes et quatriesmes, des doubles et des salpestres; il y eut, *ce jour-là,* jusqu'à *unze bureaux* qui *furent tous démolis et pilléz;* les meubles voléz, partie d'içeux emportée, partie brusléz dans des grands feux que l'on faisoit au devant des'dictes maisons publiquement, en plein jour, en présence de tous les bourgeois, sans qu'aulcun apportast aulcun empeschement; et ceulx qui pilloient le bureau des aydes disoient que c'estoient des monopolliers qui ne se contentoient pas de tourmenter les taverniers, mais tourmentoient encore les privilégiéz et MM. du Parlement.

M. le premier président du Parlement de Rouen se transporta au bureau des Aydes, avec le sieur de Charleval, son filz, et les sieurs Delamothe-Labbé et Le Noble conseillers, assistéz de la Cinquantaine et des Arquebusiers, qui firent sortir les séditieux ; mais, au mesme instant, ces M^{rs} s'estant retiréz, les séditieux entrèrent dans la maison, et continuèrent de la piller.

Et pendant que l'on pilloit le bureau des cuirs et celuy des poissons de mer, la Cinquantaine passa deux fois devant la maison, sans s'arrester ny donner aulcun ordre pour empescher le pillage, quoiqu'ilz veïssent tout ce qui se passoit.

Il y a des tesmoins qui déposent que, *huict jours auparavant,* tous les artisans qui fournissoient des vivres et autres choses aux commis des bureaux, vinrent dans la maison leur demander le payement de ce qui leur estoit deub, et ne voulurent avoir aulcune patience, parce qu'*ilz sçavoient, disoient-ilz, de bonne part, que la dicte maison debvoit estre pillée, et que tous les monopolliers debvoient estre tuéz, et qu'on en debvoit autant faire à Rouen qu'on avoit faict à Caen.* Mesme, celle à qui appartenoit la maison demanda caution des loyers, par la mesme raison, quoique le terme ne fûst pas eschetù ; et fit appeller le commis du bureau par devant le lieutenant général, lequel ordonna *qu'il bailleroit caution.*

IIIᵉ sédition, des 22 et 23 aoust. — En suite de ce qui s'estoit passé le dimanche 21 aoust, Mᵉ Nicolas Letellier, sieur de Tourneville, commis à la recepte générale des gabelles, et payeur des rentes, qui avoit dans sa maison beaucoup d'argent appartenant au roy et aux rentiers, ayant eu advis que sa maison debvoit estre attaquée le lendemain, se feit assister de plusieurs particuliers, jusques au nombre de 50 ou 60, auxquelz il fournit toutes sortes d'armes nécessaires pour sa deffense.

De faict, le lendemain lundy 22 aoust, qui estoit le lundy, sur les 5 ou 6 heures du matin, sa maison fut attaquée à coups de pierres qui furent jettées, contre les fenestres, par un grand nombre de jeunes garçons, conduictz par des hommes qui n'avoient tous autres armes que des pierres.

Lors, le sieur Letellier deffendit à ses gens de tirer, et leur dict qu'ilz laissâssent casser ses vitres; il envoya diverses personnes vers M. le premier président du Parlement, vers les eschevins et officiers de la ville, et vers ceux de la Cinquantaine et les Arquebusiers qui estoient en l'hostel de ville, pour les advertir que sa maison estoit assiégée, et les prier de luy donner du secours. M. le premier président fit response à celuy qui luy fut envoyé, qu'il allast, de sa part, demander du secours aux officiers de l'hostel de ville; ce qu'il feit, et, ayant parlé aux officiers de la Cinquantaine, ilz luy dirent qu'ilz ne pouvoient pas quitter l'hostel de ville.

Le sieur Letellier envoya, au mesme temps, vers les nomméz Baillet et Beigniers qui commandoient, en l'absence du capitaine, au corps de garde du Vieil-Marché, qui estoit le corps de garde de son quartier, où estoit le sieur président Turgot et autres conseillers du Parlement, pour leur demander pareillement du secours ; et fut dict, par le S^r président Turgot, qu'il falloit luy en donner ; mais les bourgeois n'y voulurent pas aller ; et, pendant tout ce jour là, le sieur Letellier ne reçeut aulcun secours ny assistance.

Et ayant le dict sieur Letellier envoyé en ville son jardinier et un laquays pour luy apporter des armes, de la poudre et du plomb, ilz furent battus par les rues ; et quatre mousquetz que portoit le jardinier, rompus et briséz ; un autre de ses domestiques estant allé chercher du pain, fut aussi battu par les rues, et son pain lui fut osté.

L'après disnée du mesme jour, les séditieux continuèrent d'attaquer la maison avec une si grande quantité de coups de pierre, *que le pavé de la rue en estoit couvert d'un demy pied de hault*, nonobstant que ceux de la maison criâssent continuellement aux bourgeois qu'ilz feissent retirer leurs enfantz et ne se meslassent point avec les séditieux ; et, pour les faire retirer, furent tiréz plusieurs coups de mousquetz sans balles ; mais, voyant que le nombre des séditieux augmentoit, et qu'ilz avoient enfoncé toutes les fenestres, faisant des huées et vomissant des injures contre le dict Letellier, il fut tiré, de la maison, un coup de fusil, du quel fut blessé un des *séditieux*, et un jeune *garçon* filz d'un cordier, nommé Charlot.

Au mesme temps, le père de ce jeune garçon passa devant la maison, avec menaces, et alla esmouvoir les bourgeois qui estoient au corps de garde du Vieil-Marché, qui avoient, dès le matin, refusé de donner secours au sieur Letellier, où commandoient Baillet et Beignier, pour l'absence du capitaine, et, incontinent après, les bourgeois qui estoient en armes, quittèrent le corps de garde, vindrent, le tambour battant, jusques à 30 ou 40 pas de la maison du sieur Letellier, et se présentèrent 20 ou 25 mousquetaires de front, qui, pendant une heure, firent, avec le surplus des bourgeois, leurs descharges continuelles contre les fenestres de la maison, et firent approcher contre la porte un mareschal, lequel, avec un gros marteau à battre les fers sur l'enclume, à force de coups, enfonça la serrure avec deux panneaux de la porte ; et, par le moyen de ces ouvertures, ceulx qui estoient dans la rue tiroient contre ceux qui estoient dans la maison, qui furent obligéz de tirer sur eulx pour les faire retirer, comme de faict ilz se retirèrent. Mais, incontinent après, retournèrent, avec des bourrées et de la paille, et mirent le feu à la porte de la maison, criant et blasphêmant, *qu'il falloit brusler tous les monopolliers;* et ceux de la maison, voyantz que le feu montoit jusques aux fenestres, furent contrainctz de tirer pour repoulser ceux qui avoient mis le feu, lequel fut esteinct ; et ensuite, ceux qui estoient dans la maison demeurèrent paisibles toute la nuict ensuivant.

Sur le soir, le sieur Hébert, capitaine de la Cinquantaine, vint parler au sieur Letellier, qui est son voisin, et luy promit de luy envoyer des vivres ; luy dict que s'il vouloit bailler de l'argent pour faire boire les séditieux, il croyoit qu'il n'en seroit plus parlé ; et, pour cet effect, luy fut baillé deux pistolles par le sieur Letellier, qui le pria de voir, de rechef, M. le premier président, le lieutenant général et les officiers de ville, pour luy donner du secours, ce qu'il lui promit faire, et que le lendemain il luy en rendroit response ; ce qu'il ne feit pas pourtant, mais seulement luy envoya des vivres, ce soir là.

Sur le minuit, le lieutenant général de Rouen, faisant la ronde, luy troisième, passa devant la maison du sieur

Letellier, et demanda à parler à luy, pour sçavoir en quel estat il estoit dans sa maison. A quoy le dict sieur Letellier feit response qu'il s'estonnoit bien fort de ce qu'ayant esté assiégé, toute la journée, dans sa maison, et ayant faict prier M. le premier président, luy et les eschevins et officiers de ville, de lui envoyer du secours, il n'avoit reçeu aulcune assistance; que c'estoit une grande honte de laisser ainsi périr les serviteurs et le bien du roy. Il luy déclara qu'il y avoit dans sa maison, trois centz, tant de mille livres d'argent appartenant au roy et aux rentiers, et pour six cent mille livres de quictances servantz à la descharge du roy; que, s'il en arrivoit faulte, il s'en deschargeoit sur MM. du Parlement, sur luy et sur MM. de la ville, et le pria de lui envoyer du secours. A quoy le lieutenant général respondit que l'on estoit bien empesché à garder les maisons qui avoient esté pillées. Et le sieur Letellier luy répliqua qu'il valoit bien mieulx secourir la maison en laquelle estoient les deniers et les papiers du roy, que de garder les maisons qui avoient esté pillées, et dans lesquelles il n'y avoit plus rien; quant à luy, qu'il périroit plustost que d'abandonner sa maison et les deniers du roy, et feroit tout ce qu'il pourroit pour se deffendre. A quoy le dict lieutenant général dict qu'il avoit bien faict de se deffendre; qu'il ne s'estonnast point, qu'il en parleroit à messieurs du Parlement et de la ville; que, le lendemain matin, le Parlement s'assembleroit, et que l'on luy envoyeroit du secours.

—Et le lendemain mardy 23 aoust, dès les 6 heures du matin, les séditieux, qui avoient veu que les bourgeois qui estoient en armes, au lieu de deffendre ceste maison, l'avoient, eulx-mesmes, attaquée, enfoncé la porte et mis le feu, s'assemblèrent en beaucoup plus grand nombre que le jour précédent, jusques à 3 ou 4000, la pluspart sans armes ; entre lesquelz y avoit grand nombre de bourgeois, sans lesquelz les séditieux n'eussent osé attaquer la maison ; et, tous ensemble, firent deux barricades aux deux boutz de la rue, pour se mettre à couvert, attaquèrent la maison de tous costéz, à coups de pierres et à coups de mousquetz, dont quelques-uns de ceux de la maison furent blesséz, sans qu'aulcun coup fust tiré de la maison.

Et lors, quelques-uns des séditieux montèrent au clocher de l'église Saincte-Marie, d'où ilz tiroient dans la cour de la dicte maison ; les autres gaignèrent la maison d'un voisin, à laquelle ilz mirent le feu, qui prit aussitost au derrière de celle du sieur Letellier, pendant que d'autres démolissoient un mur qui respond sur la cour, et y firent des ouvertures, d'où ilz tirèrent des coups de mousquet sur ceux de la maison qui estoient, par ce moyen, à descouvert, dans la cour ; et voyant le sieur Letellier qu'il ne pouvoit plus subsister dans sa maison, tant à cause du feu qui le gaignoit de tous costéz, que de ceulx qui abattoient les murailles de sa maison et qui tiroient sur ses gens, il se résolut de sortir ; et auparavant, déclara tout hault à ceux qui estoient avec luy qu'il y avoit 300 et tant de mille livres d'argent dans sa maison, appartenant au roy et aux rentiers, et pour 600,000 livres de quittances ; et feit, au mesme temps, jetter l'argent dans les cloaques et dans l'un des puitz, sa vaisselle d'argent, bagues et joyaux dans un autre puitz ; et déposent trois tesmoins qu'il fut jetté dans l'un des puitz 95 ou 96 sacqz.

Lors, arrivèrent, sur les dix à unze heures du matin, les sieurs de Biville et Blondel, conseillers au Parlement, avec des huissiers, assistéz des sieurs de Saheu, Heudebouville et Hébert, eschevins, Gueudeville syndic, et Thian greffier de la ville (avec la Cinquantaine et les Arquebusiers, qui demandèrent au sieur Letellier, s'il vouloit pas se rendre à la cour, et qu'ilz le saulveroient.) A quoy fut respondu par le sieur Letellier, que très-volontiers il estoit prest de se mettre luy et les siens entre leurs mains, et qu'il y avoit longtemps qu'il espéroit du secours, leur déclarant qu'il y avoit dans sa maison trois centz tant de mille livres appartenant au roy et aux rentiers, qu'il avoit faict jetter, avec sa vaisselle, dans les cloaques et dans les puitz, et pour six cents mille livres de quittances, qu'il feit mettre, à l'instant, dans des linceuls sur un charriot qu'il leur monstra entre les deux portes, afin qu'ils prissent soing de conserver tout ce qui estoit dans sa maison.

Et voyant le sieur Letellier que, pendant qu'il parloit à ces messieurs, le feu gaignoit sa maison, et que les séditieux entroient par le derrière, et y en avoit desjà dans les chambres, sans qu'il reçeust aulcun secours des Eschevins, ni de ceux de la Cinquantaine et Arquebusiers, les sieurs de Biville et Blondel, n'ayant pu, par aulcunes persuasions, faire retirer les séditieux, il sortit desguisé en habit de trompette, ayant la trompette à la main, ensemble tous ceux qu'il avoit mis dans sa maison, criants : *Vive le roy! tue, tue!* et s'estant faict faire jour au travers de la presse des séditieux, se saulvèrent comme ils purent, les uns d'un costé, les autres de l'autre.

Quant au sieur Letellier, il se saulva dans l'église Sainct-Laurent, où il fut descouvert et poursuivy jusques au hault du clocher par quelques-uns des séditieux, entre autres un nommé Le Tenneur, huissier de la chancellerie, qui luy porta plusieurs coups d'espée pour le tuer; mais il fut tiré de leurs mains par le sieur de Biville, conseiller au

Parlement, qui, en ayant eu advis, y accourut et le conduisit au Vieil-Palais.

Et pour le regard de ceux qui estoient sortis avec luy de sa maison, il y en eust quatre qui furent tuéz par les bourgeois, comme ilz se saulvoient dans les corps de gardes, sçavoir un nommé Antoine Bloquet, domestique du sieur Letellier, qui fut tué par les bourgeois, dans le corps de garde de Sainct-Vigor, où estoit, lors, le Sr de Montenay, conseiller au Parlement. Les nomméz Tours et Cavé, archers des gabelles, et Péron, porteur de sel, furent aussy tuéz par des bourgeois, passantz dans d'autres corps de garde où ils croyoient se saulver; et plusieurs autres furent blesséz et estropiéz par des bourgeois. Que si les bourgeois n'eûssent tiré sur eulx, ils fussent tous eschappéz des mains des séditieux, sans aulcun accident.

Cependant, sitost que le sieur Letellier fut sorty de sa maison avec les siens, sa maison fut entièrement pillée, sans que les eschevins et officiers de ville qui estoient à la porte, assistéz de la Cinquantaine et des Arquebusiers, y ayent donné aulcun ordre ny empeschement; et pendant que l'on pilloit, l'on battoit le tambour devant la porte; et disoient les séditieux tout hault que la maison leur avoit esté donnée au pillage. Il y a deux tesmoins qui déposent que les séditieux disoient que c'estoient le sieur Blondel, conseiller au Parlement, qui leur avoit donné la maison au pillage, pour deux heures; un autre dépose qu'il entendit une voix qui dict : *Enfans, saulvez la vie, on vous abandonne la maison;* et depuis, a ouï dire que c'estoit le sieur Blondel qui disoit cela. D'autres déposent que les séditieux disoient que c'estoit MM. du Parlement qui avoient donné la maison au pillage; et disoient ceux qui pilloient qu'ilz n'estoient pas tenus à restitution, et que cela leur appartenoit, parce que la maison leur avoit esté donnée au pillage ; et passoient les séditieux, en toute liberté, par les corps de garde, emportant tout ce qu'ilz avoient volé dans la maison, sans que les bourgeois les arrestassent et y apportâssent aulcun empeschement ; et quand ceux qui estoient sortis de la maison du sieur Letellier passoient dans les mesmes corps de garde pour se saulver, les bourgeois les tuoient ou les estropioient ; et ceux qui ne rencontrèrent point de corps de garde ne furent point blessez.

Et, parce que l'on démollissoit et dégradoit la maison du sieur Letellier, le sieur de Richebourg, qui en est le propriétaire, ainsi que des maisons voisines, arriva sur les trois heures après midy, avec quelques-uns de ses amis, qui, après avoir tiré quelques coups d'arme à feu sur ceux qui pilloient, les firent sortir ; et les séditieux s'enfuirent en si grande foule, qu'*il y en eut jusques à 25 d'estouffez* dans la presse ; et y en eut d'autres qui furent aussi estouffez dans le puitz de la maison.

Tous les tesmoins déposent que la sédition n'est point encore apaisée, qu'ilz ne sont point en seûreté dans la ville, n'y osent faire l'exercice de leur charge, ny aller que la nuict ; qu'on les menace tous les jours ; que quand on les rencontre dans les rues ou dans les marchez, on leur veult encore courir sus ; et dict-on que la sédition doibt recommencer.

De faict, que depuis *quinze jours, on a encore pillé la maison d'un chandellier.*

Et une potence ayant esté dressée, pour exécuter, par effigie, un homme condamné *pour crime commis il y a long-temps*, a esté arrachée et traisnée par les *rues*, par les séditieux assemblez en grand nombre, criantz : *voilà la monopolière, il en fault faire autant à tous les monopoliers.* Et le lendemain, une autre potence ayant esté dressée au lieu de la première, elle fut encore arrachée et bruslée par les séditieux, croyantz que c'estoit pour pendre *Gorin leur capitaine.*

Quatrième Pièce.

Procédures *faictes, tant par le lieutenant général, que par le Parlement de Rouen, concernant les séditions arrivées en la dicte ville, l'an* 1639, *au mois d'aoust.*

Le quatriesme jour d'aoust 1639, le lieutenant général de Rouen s'est transporté devant l'église Nostre-Dame, sur les 4 heures après midy, où il a trouvé un homme estendu dans la rue, nommé Jacob Hay, dict Rougemont, que l'on dict estre aagé de 60 ans ou environ, le visage renversé dans le ruisseau, tout couvert de sang et de boue ; lequel n'estoit pas encore mort. Il le feict porter en la maison de M. Adrian de Gurgy, chirurgien, chez lequel il expira, en la présence du lieutenant général. De là, il le fit porter à l'Hostel-Dieu de la Magdelaine, où il fut enterré ; ce que le lieutenant général eust peine de faire, à cause du grand nombre de personnes qu'il trouva assemblées autour de cest homme.

Le mesme jour, 4 aoust, à huict heures du soir, le lieutenant particulier criminel se transporta devant l'église Nostre-Dame, et se feit représenter, par Gurgy, chirurgien, le rapport de la visite qu'il avoit faicte du cadavre de Rougemont, et entendit trois tesmoins qui ne disent rien, si non qu'on l'avoit veu tomber dans le ruisseau.

Le lendemain, 5 aoust, le Parlement donna arrest, par

lequel il ordonna qu'il seroit informé, par le lieutenant général et par le lieutenant criminel, conjoinctement, de l'assassinat commis en la personne de Rougemont, ce qu'ilz ont faict depuis le vendredy 5 aoust, jusqu'au 17me, s'estant, à ceste fin, transportéz en divers endroictz de la ville.

Premier fait. — Ce qui résulte de l'information par eux faicte, est que, le 4 aoust, ledict Rougemont, avec 3 autres, dont l'un estoit un huissier au Chastelet (Girard) estant alléz dans les maisons de plusieurs teinturiers et drapiers pour y faire le contrôle des teintures, en conséquence de l'édict qui avoit esté affiché par les rues, sortant de l'une de ces maisons, la quelle n'est point désignée par aulcun des tesmoins, furent poursuivis par plusieurs artisans, gens de basse condition, sans pourpointz, ayantz *des bonnetz blancs et bonnetz rouges, à coups de pierre et de bastons, sans aultres armes, criant : aux voleurs monopoliers.* Rougemont ayant esté blessé à sang, par la teste, se saulva dans l'église Nostre-Dame; et, se voulant saulver dans le chœur de la dicte église, il en fut empesché par ceux qui le poursuivoient ; et la porte du chœur ayant esté fermée, il fut tiré par force du lieu où il estoit, et conduict le long de l'église jusqu'au grand portail par où on le fit sortir ; là, ayant encore esté oultragé à coups de pierre et de baston, il tomba dans la rue ; et l'eau du ruisseau luy entrant dans la bouche ; et demeura en cet estat environ une heure et demye ; pendant le quel tems, plusieurs chevaux passèrent sur son corps, luy estant encore vivant, jusqu'à l'arrivée du lieutenant général, qui le fit enlever, comme il a esté dict cy dessus par son procèz verbal. Oultre ce, les tesmoins déposent que deux de ceux qui estoient de sa compagnie, s'estantz saulvéz dans la mesme église, ilz furent retiréz dans la sacristie, où ils demeurèrent jusques à la nuict, que l'on les obligea d'en sortir ; et n'est point parlé dans les informations ce que devint le quatriesme. Le lieutenant général a ordonné que ceste information seroit communiquée au procureur du roy.

Entre les procédures qui ont esté envoyées, il n'y a rien qui ait esté faict, depuis, pour raison de ce.

Cinquième Pièce.

Deuxième fait. — La seconde sédition arriva le dimanche 21me du mois d'aoust, et commença sur les six à sept heures du matin, que le bureau des francz fiefz fut attaqué, pillé et démoli par la populace, et ensuite les autres bureaux establis dans la ville, pour la recepte des deniers du roy.

Le mesme jour, MM. du Parlement ayantz eu advis de la sédition, et de la violence que l'on commettoit au bureau des francz fiefz qui estoit dans la place Sainct-Ouën, que les séditieux estoient entréz dans la maison et la vouloient abbattre, la cour, les chambres assemblées, faict deffenses à toutes personnes de s'attrouper, leur enjoinct de se retirer en leurs maisons, à peine de la vie, et aux capitaines de la ville de se rendre présentement en armes dans la cour du palais, avec les bourgeois, estantz soubz leur charge ; ensemble aux capitaines de la Cinquantaine et Arquebusiers et à ceux de leurs compaignies, à peine d'estre déclaréz criminelz de lèze Majesté.

Et, par autre arrest, du mesme jour, les mesmes deffenses furent réitérées, et commandement faict à tous bourgeois et habitans, de quelque qualité qu'ilz soient, de se rendre, au son du tambour, soubz leurs capitaines, aux places d'armes ordonnées, à peine d'estre déclaréz criminels de lèze Majesté ; enjoinct aux dictz capitaines prendre les noms des bourgeois refusans, et d'en certifier. la cour, et à tous bourgeois d'avoir lanternes et fallotz à leurs fenestres pendant la nuict ; et ordonné que corps de garde seront postéz à l'hostel de ville, et autres places nécessaires.

De ce qui s'est passé en ceste sédition le 21 aoust, il en a esté informé le 25 du dict mois, par les sieurs Ledoulx et Hallé conseillers au Parlement, en exécution d'un arrest dudict Parlement, donné le dict jour 25 aoust, les chambres assemblées.

DEUXIÈME SÉDITION.—*Premier fait.*—Les sept premiers tesmoins parlent du faict arrivé en la maison de Hugot, commis à la recepte des francz fiefz, et déposent que, *le 19 aoust, Hugot avoit faict enlever ses meubles;* que le propriétaire de la maison en ayant esté adverty le lendemain, feit sceller les portes de la maison, et y feit appliquer des plaques de fer ; et, le dimanche matin, le peuple ayant veu ces plaques de fer, s'assembla au devant de la maison, sur les six à sept heures, ce qui obligea le sieur Dufay, conseiller au Parlement, frère du propriétaire de la maison, de faire oster ces plaques, voyant que cela donnoit subject au peuple de s'assembler ; et, sur les neuf à dix heures du matin, quantité de petitz garçons, âgéz de quatorze à quinze ans, s'assemblèrent au devant de la maison, jettèrent des pierres contre les fenestres, enfoncèrent les portes, entrèrent dans la maison, dépendirent les portes et fenestres, rompirent les cloisons, et les jetèrent dans la place Sainct-Ouën, où ilz firent brusler le tout. Cela dura jusques à midy ; et disoit-on que c'estoit un monopolier qui s'en estoit enfuy sans payer ses debtes. Tous les tesmoins disent qu'ils ne cognoissent aulcun de ceux qui ont attaqué la dicte maison, ne sçavent leur demeure, et ne les pourroient recognoistre.

Par la mesme information, dix tesmoins déposent que, le mesme jour de dimanche, sur le midi, ceux qui avoient esté en la maison de Hugot, après l'avoir ruinée, allèrent attaquer la maison de Molan, commis à la recepte des droictz des cuirs, en la quelle estoit aussy le bureau d'un nommé Méquignon, commis pour la recepte des amortissementz et du poisson de mer, frais et salé, où ilz feirent les mesmes violences, enfoncèrent les portes, démolirent la maison, jetèrent tous les meubles par les fenestres, dont partie fut emportée, partie jetée dans le feu qui estoit sur la place Sainct-Ouën; et. disoit un grand homme, rousseau : *Allons, compaignons; suivons Va Nud-pieds*; et y avoit quatre hommes, avec des halebardes, pour empescher que le peuple n'emportast rien, afin que le tout fust apporté dans le feu, entre les quelz estoit un petit homme rousseau, désigné par l'information; et disent les tesmoins qu'il n'y avoit lors personne dans la maison; et qu'ilz s'estoient retiréz, sur l'advis qu'ilz avoient eu que le peuple leur vouloit du mal; que Molan estoit party à cinq heures du matin; et déposent les tesmoins que ceux qui pilloient disoient que l'on pilloit ceste maison, parce que c'estoit des monopolliers qui s'en alloient sans payer leurs deptes.

Sur ceste information, les commissaires du Parlement ont donné décret de prise de corps contre cet homme rousseau, désigné par l'information, le 26 aoust.

Cet homme, nommé Estienne Poncet, serviteur d'un nommé Maubert, sellier, fut, le mesme jour, aresté et mené devant les commissaires; et, par eulx interrogé, recogneut qu'il avoit esté en la maison de Molan, avoit pris une halebarde, estoit entré dans les chambres, et avoit crié, comme les autres, qu'il falloit tout porter dans le feu devant Sainct-Ouën, pour estre bruslé ; et, voyant qu'il ne pouvoit empescher qu'on ne pillast, quitta la hallebarde, et s'en alla disner dans la maison de son maistre ; et, l'après disnée, sur les trois heures, alla, sans dessein, en la rue Cauchoise, proche d'une maison qu'on pilloit, où on lui donna du vin de la cave qui avoit esté enfondrée. Après son interrogatoire, il fut envoyé prisonnier ; mais on ne voit point qu'il ait esté, depuis, faict aucune procédure contre luy.

Le mesme jour, la maison *des Maillotz*, en la quelle estoit le bureau et la fabrique des doubles, fut pillée et bruslée ; et y avoit 2 ou 3000 personnes qui, pour y entrer, mirent le feu à la porte de la maison, pillèrent et jettèrent quantité de doubles dans les rues ; et disent les tesmoins qu'ilz croient que ceste maison ait esté pillée, à cause de la grande quantité de doubles qui couroit parmy le peuple et ruinoit le commerce.

Neuf autres tesmoins déposent que la maison d'un nommé Noël, commis d'un surnommé Vic, et d'un greffier de Paris, pour la vente et revente de plusieurs menus offices dans la ville de Rouen, comme des emballeurs, greffiers des juges consuls, fut pareillement ravagée et pillée, les meubles jettéz par les fenestres et brusléz devant la porte, par des jeunes enfantz aagéz de quinze ou seize ans, criantz que *c'estoit un monopolier*. La femme de Noël, passant par les rues, quelque temps auparavant, comme l'on pilloit la maison de Hugot, disoit que c'estoit grand, pitié de piller ainsi les maisons ; à quoy lui fut dict que la sienne passeroit comme les autres.

Six autres tesmoins déposent que, le mesme jour, la

maison où arsenac où se faisoit le salpestre fut aussi pillée; les meubles jettéz dans le feu devant la maison, et la chaudière rompue et partagée le lendemain.

Tous les tesmoins disent qu'ilz ne peuvent recongnoistre aulcuns de ceux qui estoient au pillage de toutes ces maisons.

INFORMATION *faicte par les sieurs Aubert et Lebrun, conseillers au Parlement, le 25 aoust, en exécution de l'arrest du dict jour.*

Ce qui résulte de ceste information est que, le lundy 22 aoust, sur les dix heures du matin, un nommé François Colombel, marchand savonnier, logé rue Maresquerie, ayant envoyé, sur les dix heures du matin, vers le lieutenant-général de Rouen, pour luy demander du secours, afin de faire retirer la populace qui vouloit piller sa maison, M. Pierre De Moy, conseiller au présidial de Rouen, qui estoit avec le lieutenant général, se chargea d'y aller; ce qu'il feit, et dissipa la populace, leur ayant promis un poinson de vin pour les faire boire; et remarqua que le plus séditieux estoit un peigneur de laine, *le quel se disoit avoir commission du capitaine Nud-pied, d'exterminer tous les monopolliers;* et parce que le dict sieur De Moy ne leur put faire donner de vin si promptement, ayant trouvé le plus proche cabaret fermé, les séditieux luy ostèrent son manteau et sa bourse, et une bague d'or qu'il avoit au doigt; ce qui l'obligea de se jetter dans la maison du sieur De Moy, son frère, auditeur des comptes, sise sur l'Eau-de-Robec, la quelle fut incontinent assiégée et pillée, partie des meubles emportée, et partie bruslée devant la maison; dont le sieur De Moy, auditeur des comptes, propriétaire de la dicte maison, ayant eu advis, il fut demander du secours à M. le premier président, qui fit commander, par le sieur de Charleval son filz, à Aumont, capitaine de la Cinquantaine, qui avoit sa compaignie sur pied, d'aller secourir la maison du dict sieur De Moy ; *ce que Aumont refusa de faire, par deux diverses fois.*

Et les Eschevins ayant eu advis de ce désordre, se transportèrent, avec ledict sieur de Charleval, devant la dicte maison, assistéz d'une compaignie de bourgeois, commandée par le sieur de Mésanglemare, capitaine, trouvèrent la maison, en chassèrent la populace, en ayant faict tuer et blesser quelques-uns, et en arrestèrent deux prisonniers, nomméz Thomas Thiberge, compaignon cordonnier, et Isaac Pavye, batteur de laine. De là, ilz allèrent vers la maison du sieur Hœuf, marchand, à la porte de laquelle les séditieux avoient mis le feu, les quelz ilz firent retirer. Thiberge et Pavye ont esté arrestéz dans la conciergerie du Palais, de l'ordonnance des commissaires.

Le procès leur a esté faict et parfaict, par récollement et confrontation des tesmoins qui les ont recogneus pour estre ceux qui avoient esté arrestéz par les Eschevins.

Il y a une autre information, faicte le 17, composée de grand nombre de tesmoins, par la quelle il y a preuve des mesmes faictz, que la maison du sieur De Moy fut pillée, et des noms de plusieurs de ceux qui l'ont pillée ; contre lesquelz les commissaires ont décreté de prise de corps, le 26 septembre et 6 octobre. *L'on ne voit guère que ces décretz ayent esté exécutéz.*

Et y a preuve que Aumont, capitaine des Arquebusiers, qui avoit compaignie en armes, ayant esté commandé par M. le premier président, d'aller en la maison du sieur de Moy pour le secourir, il refusa d'y aller, disant qu'il avoit esté mis là en garde, dès le matin, par l'ordre de M. le premier président, et qu'il n'en sortiroit pas s'il ne luy estoit commandé par M. le premier président, luy-mesme; et que l'on feist armer les bourgeois, si l'on vouloit.

Procès faict à GORIN et a MARIE.

INFORMATION *faicte, le 25 du dict mois d'aoust, par les sieurs Damyens et Duval, conseillers au Parlement, en exécution d'un arrest du dict jour, concernant ce qui s'est passé dans les fauxbourgs de Bouvreuil et Cauchoise, ès maisons des nomméz Pierre Dumesnil, La Mare, Lestoile, et autres bourgeois demeurantz aux dictz fauxbourgz.*

Il y a preuve contre Noël Ducastel, dict Gorin, horloger, filz d'un coustellier, par les dépositions de neuf tesmoins à luy confrontéz, que, *le lundy 22me du dict mois, il fut le capitaine et conducteur des séditieux, à la teste desquelz il marchoit, tenant une verge de fer au bout de laquelle y avoit une pomme de cuivre;* avec laquelle il frappoit contre les portes des maisons destinées pour estre pillées, prononçant ces paroles: *Raoul, Raoul, Raoul;* et se retirant, disoit: *Compaignons, faictes vostre debvoir;* se disoit capitaine, qu'il avoit commission, estoit bien advoué, *et avoit bon maistre*. Et, après qu'il avoit dict cela, l'on enfonçoit les portes, l'on pilloit et démolissoit les maisons; l'on faisoit brusler partie dez meubles, et emportoit-on l'autre partie; ce qui arriva aux maisons des nomméz Périer, Du Mesnil et La Mare. Gorin fut arresté le mesme jour lundy 22, par les bourgeois du fauxbourg, qui estoient menacéz du pillage de leurs maisons; et fut emprisonné le mardy.

Et à l'esgard du nommé Marie, il est chargé par deux tesmoins (Catherine Boutehan et Clément Le François) d'avoir assisté Gorin et les séditieux, *nud pied* et sans pourpoint. Mais les tesmoins, à la confrontation, disent qu'ilz ne recognoissent pas si c'est luy. Gorin, à la confrontation, luy soustient qu'il y estoit, et qu'ilz avoient desjeuné ensemble.

Marie, par son interrogatoire, recognoist avoir esté dans la cour de la maison du nommé Dumesnil, pendant que l'on la pilloit, et qu'estant sur le seuil de la porte, il osta à un de ceux qui en sortoient un manteau doublé de pannes, qu'il porta en sa maison; et recognoist qu'il avoit desjeuné auparavant avec Gorin, et qu'après avoir desjeuné, il fut à la dicte maison. Le procès a esté instruict par interrogatoire, récollement et confrontation, à Gorin et Marie, le 27 aoust; communiqué, de l'ordonnance des commissaires, au procureur général du roy, le quel a requis que ce procèz fust joinct à tous les autres procèz et procédures, qui avoient esté faictes en conséquence de la sédition arrivée à Rouen; comme estant tout ce qui s'estoit passé un acte commun et connexe de sédition; a requis un décret de prise de corps contre un grand nombre de personnes dénommées aux dictes informations, qui sont tous gens de basse condition. Les conclusions sont signées Sallet et Le Guerchois; sur les quelles il n'y a point eu d'ordonnance des commissaires, ny d'arrest du Parlement.

PROCÉDURES *faictes par le Parlement de Rouen, concernant ce qui est arrivé en la maison du sieur Le Tellier.*

Arrest du Parlement de Rouen, donné, les chambres assemblées, le mardy 23 aoust 1639, par le quel il est ordonné qu'il sera présentement informé des violences commises sur les bourgeois, par les personnes qui se sont baricadées dans la maison de M. Nicolas Le Tellier ; et à luy enjoinct de faire sortir de sa dicte maison, présentement, toutes les personnes qui sont dans icelle, et la mettre en la garde de ceulx qui seront préposéz par les Eschevins de la ville, pour, avec luy, la conserver ; et enjoinct à tous bourgeois du dict quartier de poser les armes, et se retirer en leurs maisons, pour prendre et suivre l'ordre de leurs capitaines, et se ranger soubz leurs commandemens, à peine d'estre puniz comme criminelz de lèze majesté, et respondre de tous despens, dommages et intérestz.

Autre arrest, du vendredy 26 aoust, donné les chambres assemblées, par le quel, sur la remonstrance et réquisition faicte par les gens du Roy (et oys sur icelle les Escheyins de la ville de Rouen, pour ce mandèz), est ordonné que les sieurs Aubert et Le Brun, conseillers en la dicte cour, se transporteront présentement au Vieil-Palais, pour oyr Me Nicolas Le Tellier, et sur les deux heures après midy, en la maison du dict Le Tellier, avec les dictz Eschevins, pour, en la présence du dict Le Tellier, ou de celuy qui sera par luy préposé, voir l'estat de la dicte maison, et des circonvoisines, endommagées, visiter les lieux, particulièrement la dicte maison, y faire récherche des registres, papiers, pièces et mémoires concernantz l'intérest du Roy, et des deniers qui y peuvent estre cachéz, si aulcuns y sont demeuréz, recevoir les dépositions des voisins et autres qui ont pu retirer les papiers et deniers, pour les conserver et représenter, ou qui ont cognoissance de l'enlèvement qui peut avoir esté faict d'iceux, tant aux maisons des voisins que ailleurs ; pour, ce faict, estre, par les Eschevins, préposé à la garde de la dicte maison, personnes suffisantes et capables pour la conservation d'icelle; et seront tenus les capitaines et compaignies de la cinquantaine et des arquebusiers, d'y faire bon guet et seûre garde, jusqu'à ce que la dicte commission ait esté exécutée.

En exécution de cest arrest, les sieurs Auber et Le Brun ont interrogé le sieur Le Tellier, dans le Vieil-Palais; le quel a respondu, conformément au procèz verbal par luy dressé, leur a déclaré l'argent qui estoit en sa maison, lors qu'il en estoit sorty, les espèces, les lieux où il l'avoit mis, avec sa vaisselle d'argent.

Ensuite, les dictz sieurs commissaires se sont transportéz dans la maison, le mesme jour, 26 aoust, avec les Eschevins de la ville, et Jean Grimbert, nommé par le dict sieur Le Tellier; et, après avoir faict curer les puitz, il ne s'y est point trouvé d'argent, mais seulement, dans l'un des puitz, deux sacqz ou poches crevéz par en bas. Et, dans les cloaques, s'est trouvé quantité d'argent, contenu dans le procèz verbal des commissaires, qui a esté porté en l'hostel de ville, et mis dans trois cofres, qui ont esté scelléz du sceau des commissaires qui en ont pris les cléfz, et les ont laissées à la garde des Eschevins.

Depuis, quelques particuliers de la ville de Rouen se sont présentéz devant les commissaires, ont déclaré avoir entre leurs mains quelques deniers, et des registres et papiers qui avoient esté pris dans la dicte maison; les uns ont dict les avoir tiréz des mains de ceux qui les emportoient; les autres les avoir trouvéz dans les rues; et disent que l'argent et les sacqz estoient mouilléz. D'autres sont religieux et ecclésiastiques, les quelz ont rapporté quantité de vaisselle d'argent, qui leur avoit esté baillée pour en faire la restitution. Le sieur de Richebourg, propriétaire de la maison, a déclaré que, le mardy, sur les 9 heures du soir, il y avoit encore 9 ou 10 personnes dans le puitz, et autour d'iceluy, qui luy dirent qu'il n'y avoit plus rien à faire dans le puitz, recogneut qu'ilz s'estoient saisis de quelques sacz d'argent, et leur en fit quitter quatre ou cinq sacqz dans les quelz ilz avoient mis les mains, et n'y avoient laissé que peu de chose ; il s'y trouva 2,700 liv.

Le samedy 27 aoust, les mesmes commissaires ont ouy plusieurs domestiques du sieur Le Tellier, sur l'advis qui leur avoit esté donné qu'ilz estoient malades à l'hostel Dieu et en danger de mourir bientost ; et les ont enquis, si le sieur Letellier avoit faict jetter son argent dans les cloaques, et s'il ne l'avoit point faict transporter auparavant que sa maison fust assiégée, et s'il n'avoit point faict quelque autre cache dans sa maison ; et ont entendu tous ceux qui avoient esté dans la maison pendant qu'elle fut attaquée, qui se trouvèrent lors dans la ville de Rouen ; les quelz tous ont dict que le sieur Le Tellier n'avoit faict transporter ny meubles ny argent hors sa maison, et qu'il avoit faict jetter son argent et sa vaisselle d'argent dans les cloaques et puitz, et faict mettre ses papiers dans un charriot, sur l'espérance qu'il avoit de sortir et de les faire transporter au vieil Palais.

Le mesme jour 27 aoust, les commissaires ont faict une information composée de grand nombre de tesmoins, entre les quelz plusieurs disent qu'ilz ont ouy dire qu'il n'y avoit point d'or dans la maison du sieur Le Tellier, lorsqu'elle fut pillée, et qu'il l'avoit faict transporter quelques jours auparavant la sédition.

Les mesmes commissaires se sont transportéz aux Capucins de Sotteville, où le sieur Le Tellier a une petite maison ; ont ouy les religieux pour sçavoir si le sieur Le-Tellier avoit porté des meubles ou de l'argent dans leur convent, lesquelz ont dict que non.

Les autres tesmoins de ceste information déposent qu'après la blessure de Charlot, et autres, les bourgeois s'aigrirent et attaquèrent la maison, contre la quelle ilz tirèrent des coups de mousquetz, et ceux de la maison contre les bourgeois.

Deux tesmoins déposent que, lecture ayant esté faicte, de l'arrest du 23eme, par le quel il estoit enjoinct au sieur Le Tellier de faire sortir tous ceux qui estoient dans sa maison, il sortit en leur présence, et qu'en mesme temps les dictz sieurs commissaires et Eschevins se retirèrent; en suite, la maison fut à l'instant pillée, avec toute sorte de liberté; et voioit-on par les rues tous ceux qui emportoient ce qu'ilz avoient pillé.

Thomas Thirouin, esguiller, qui estoit du corps de garde du Vieil-Marché, soubz Baillet et Beignier, dépose que le sieur Le Tellier ayant envoyé demander du secours au corps de garde, il luy fut refusé parce que les bourgeois n'estoient pas en assez grand nombre, et que d'ailleurs l'on tuoit les enfans des bourgeois; dict que le sieur président Turgot fut près la maison du sieur de Tourneville, pour luy dire qu'il ne feist plus tirer sur les bourgeois, et qu'il ne sçait s'il parla à luy, et que sitost qu'il se fust retiré, l'on tira encore de la maison contre les bourgeois.

Le mesme tesmoin dépose que Bloquet, valet de chambre du sieur Le Tellier, qui fut tué se saulvant, et passant au corps de garde auquel estoit le sieur de Montenay, conseiller, avoit tiré un coup de pistollet sur le dict sieur de Montenay, et qu'il s'estoit retiré dans une maison, pour charger son pistollet, d'où il estoit ressorty, et avoit encore tiré un coup de pistollet sur le dict sieur de Montenay; ce qui avoit esté cause qu'il fut tué dans le corps de garde.

Plusieurs tesmoins déposent que Baillet et Beignier,

qui commandoient au corps de garde du Vieil-Marché, firent tout ce qui leur fut possible pour empescher que les bourgeois n'allassent attaquer la maison du sieur Le Tellier, et qu'ilz y coururent hazard de leur vie.

Arrest du Parlement du jeudy 25 aoust, donné, les chambres assemblées, par le quel il est ordonné, attendu que la sédition estoit appaisée, que les barricades qui avoient esté faictes dans les rues seront levées, et les portes de la ville ouvertes; et néantmoins, que les portes seront gardées par les capitaines et bourgeois.

Autre arrest, du mesme jour, par le quel il est ordonné que, par les commissaires, qui seront députéz par la cour, il sera informé de l'émotion arrivée en plusieurs lieux et maisons de la dicte ville, depuis le dimanche 21me, par une multitude de peuple, du ravage qui a esté faict ès dictes maisons, *et des causes de l'esmotion*. C'est l'arrest en vertu du quel toutes les informations ont esté faictes.

Sixième Pièce.[1]

MÉMOIRE *touchant la révolte de Rouen.*

Mémoire par lequel les magistrats, corps et habitants de Rouen, sont déclaréz coupables de la sédition de Rouen. Autre Mémoire des peines qui semblent deues à ces séditieux. Avis de monseigneur le cardinal sur icelles.

Le Lieutenant général de Rouen. — Dans l'information qu'il a faicte concernant l'assassinat commis le 4e jour d'aoust 1639, en la personne de Rougemont, contrôleur des teintures, il n'y a aucune preuve du lieu par où la sédition a commencé, ny des personnes qui l'ont excitée, quoy qu'elle ayt esté faicte en plein jour, en présence de

---

[1] Bibliothèque royale, Mss. 500 de Colbert, vol. XLVI. (Communiqué par M. Lacabane.)

plus de cinq cens personnes ; il sçavoit que les teinturiers s'estoient assemblez pour délibérer sur la demande que Rougemont leur faisoit de ce droict. Il pouvoit faire arrester les principaux du mestier, par lesquelz il eust appris ce qui avoit esté résolu en leur assemblée, le lieu auquel la sédition avoit commencé, et les coupables, qui peut-estre avoient seulement exécuté la violence résolue dans cette assemblée ; par ce moyen, luy qui est le premier magistrat, eust retenu le peuple en l'obéissance, et conservé dans la ville l'auctorité du roy par le chastiment de ce crime, lequel est demeuré impuny.

Une lettre de M. de Canisy, sur ce sujet. Ces Mémoires viennent du chancelier.

Il a pu sçavoir qu'une seconde sédition devoit arriver à Rouen, en laquelle on pilleroit tous les bureaux des receptes du roy, parce que le bruit en couroit par toute la ville huict jours auparavant. Ainsy, ayant eu connoissance que la sédition devoit arriver, il l'a deub empescher, pendant tout le dimanche 21 aoust, que les bureaux ont esté pilléz, et qu'il y avoit des feux allumez dans plusieurs places de la ville, esquelles on brusloit les meubles des commis, il ne s'est point faict voir au peuple, ny mis en aucun devoir d'y donner ordre.

Le lundy, pendant tout le jour, la maison de Le Tellier, commis général des gabelles et payeur des rentes sur l'hostel de ville de Rouen, fut assiégée par un grand nombre de personnes, sans qu'il y ayt envoyé ny mené aucun secours ; et la nuit suivante ayant appris, par la bouche de Le Tellier, l'estat auquel estoit sa maison et l'argent qui y estoit, appartenant au roy, il y a deu entrer en la maison avec les forces de la ville pour la deffendre, et n'y estant point venu ny donné aucun ordre, l'on luy en peut imputer le pillage.

Les Eschevins. — Ilz sont en mesme faute que le lieutenant général, pour avoir eu connoissance du bruit qui couroit dans la ville, que les bureaux devoient estre pillez, n'avoir pas prévenu par leurs soins la sédition, ny icelle faict cesser lorsqu'elle a esté excitée.

Le lundy matin, Le Tellier leur envoya demander au (du) secours ; ilz ne luy en envoyèrent point, ny ne se présentèrent devant la maison pendant toute la journée, pour faire retirer les séditieux qui l'assiégeoient ; ce qu'ils n'ont pas négligé de faire lorsqu'ilz ont sçeu que deux maisons de bourgeois de la ville estoient attaquées, quoy qu'ilz fussent plus obligez de faire conserver la maison de Le Tellier, en laquelle ilz sçavoient qu'estoit l'argent du roy ; et lorsque Le Tellier sortit en leur présence de la maison, ilz devoient y entrer avec ceux de la cinquantaine et les arquebusiers qui les assistoient, pour conserver les deniers du roy et empéscher le pillage, et non pas abandonner la maison, ainsy qu'ilz ont faict pendant trois jours entiers.

Les corps de garde des bourgeois. — Les corps de garde ordonnez par l'arrest du Parlement, devoient empescher la sédition ; et toutes fois les bourgeois qui estoient au corps de garde du Vieil-Marché, proche la maison du dict Le Tellier, commandéz par Baillet et Beignier, en l'absence du capitaine qui n'estoit pas dans la ville, refusant, le lundy matin, de secourir Le Tellier, et l'après disnée, sous prétexte de venger la blessure faicte à un jeune enfant de la ville, ils quittèrent le corps de garde et attaquèrent la maison de Le Tellier à coups de mousquetz, voulurent enfoncer la porte, et y mirent le feu ; et ; le lendemain, plusieurs qui estoient sortis de la maison de Le Tellier, se sauvant dans le corps de garde, y ont esté tuéz, et autres blesséz par les bourgeois ; et ceux qui emportoient l'argent et les meubles qu'ilz avoient pilléz en ladicte maison, passoient librement par le corps de garde, sans estre arrestez par les bourgeois; et y a grande apparence que le tambour qui battoit devant la maison lorsqu'on la pilloit, estoit le tambour du corps de garde du Vieil-Marché.

Ceux de la cinquantaine et les arquebusiers passant dans les rues le dimanche lorsqu'on pilloit les bureaux, ryoient, regardant les séditieux, et passoient sans y apporter aucun empeschement.

Le Parlement. — Ils sont en mesme faute que le lieutenant général, en ce qui regarde le faict de Rougemont; et le bruit qui a couru huict jours auparavant la seconde sédition, comme aussy pour ne l'avoir pas faict cesser pendant tout le dimanche, ce qui leur a esté facile, s'ils eussent voulu exécuter les deux arrestz qu'ilz avoient donnez, veu que Monseigneur le premier président s'estant présenté avec quelques conseillers au devant du bureau des Aydes, les séditieux se *retirèrent*, qui rentrèrent incontinent, et achevèrent de piller, parce qu'on n'y avoit point laissé de gardes.

Et sont pareillement en faute, pour n'avoir point faict secourir, pendant tout le lundy et le mardy matin, la maison de Le Tellier, suivant les avis qu'il leur en auroit faict donner, ainsy qu'ilz firent secourir, le mesme jour, les maisons des bourgeois, et pour n'avoir pas faict garder sa maison conformément à leur arrest, lorsque Le Tellier et ceux qui y estoient en sortirent avec luy en leur présence, pour avoir souffert que la maison ayt esté pillée pendant trois jours sans y donner ordre.

Aucuns des officiers du Parlement estoient dans les corps de garde lorsque ceux de la maison de Le Tellier y ont esté blessez ou tuez, et que chascun y passoit librement avec l'argent et les meubles que l'on avoit voléz.

Au lieu que le Parlement devoit faire justice exemplaire de toutes ces séditions, lorsqu'ilz ont informé du pillage qui avoit esté faict dans les bureaux du roy, ilz n'ont trouvé preuves contre aucun, et n'ont pas mesme faict le procès à Estienne Poncet, désigné par les tesmoins, quoy qu'il soit prisonnier dans leurs prisons; et quand ils ont informé de ce qu'il s'est passé ès maisons des bourgeois, ils ont trouvé preuves entières, et néantmoins n'ont point voulu juger quatre personnes, auxquelz le procès est faict, entre lesquelz est Gorin, chef des séditieux, de l'exécution duquel ilz eussent appris l'origine de la sédition et ceux qui estoient complices. Toutes les informations qui ont esté faictes, de l'ordonnance du Parlement, semblent avoir esté faictes pour excuser la sédition et l'imputer aux commis dont les bureaux ont esté pillez, d'autant que les tesmoins qui ont esté ouys ne déposent autre chose sinon que les bureaux ont esté pillez parce que les commis s'en estoient allez, et avoient emporté leurs meubles sans payer leurs debtes.

Et à l'esgart de Le Tellier, les tesmoins déposent qu'il avoit transporté tout son or, auparavant la sédition, que sa maison avoit esté pillée, parce que l'enfant d'un bourgeois avoit esté blessé; que l'on avoit tué dans le corps de garde ceux de sa maison, parce qu'ilz avoient voulu tirer sur les bourgeois lorsqu'ilz se sauvoient dans le corps de garde.

Et au lieu d'informer de ce que les bourgeois qui estoient dans le corps de garde du Vieil-Marché, commandez par Baillet et Beignier, estoient venus attaquer la maison de Le Tellier, ils les ont voulu justifier et charger

Le Tellier en entendant pour tesmoins ceux qui estoient dans le corps de garde.

Incontinent après la sédition, et lorsqu'il estoit important, pour le service du roy, de donner moyen aux fermiers de continuer la perception des droits de leurs fermes ; et dont ils avoient esté dépossédez, le Parlement refuza au fermier des Aydes le restablissement de son bureau, et renvoya sa requeste pardevant les trésoriers de France ; et quinze jours après que l'on a commencé de travailler en ceste affaire à Paris, le Parlement a donné arrest, le premier jour de ce mois, par lequel il a ordonné que tous les bureaux seroient restablis.

Les Trésoriers de France. — Le fermier des Aydes ayant demandé aux Trésoriers de France le restablissement de son bureau, en exécution de l'arrest du Parlement, au lieu d'y pourveoir, ont déclaré, par leur ordonnance, qu'attendu que le roy n'a aucune maison à luy appartenant en la ville de Rouen qui puisse servir à l'establissement du bureau des Aydes, ilz ne pouvoient pourveoir sur la requeste du fermier.

Septième Pièce.

La Cour des Aydes.

Par arrest du 4 juin 1639, sur la requeste du procureur général, ilz ont faict deffences à toutes personnes de faire aucunes levées de deniers par tarifs, emprunts et autres prétextes que ce soit, sans lettres du roy deuement vériffiées de la cour, et ordonné que l'arrest seroit imprimé, envoyé aux élections de leur ressort, pour y estre leu et registré, affiché aux portes des villes, et principaux poteaux des marchéz d'icelles, et envoyé aux paroisses pour y estre leues et publiés.

Autre Mémoire, séparément escript. — Après qu'il aura pleu au roy s'asseurer de la ville,

Il semble qu'il y ayt lieu d'interdire le Parlement; et, pour rendre la justice, commettre certain nombre de présidens et conseillers tirez d'un autre Parlement, ainsy qu'il fut pratiqué en l'an 1563, lorsque le Parlement de Provence fut interdict.

Interdire la cour des Aydes, et en attribuer la juridiction à la cour des Aydes de Paris.

Interdire les trésoriers de France, et en attribuer la fonction à deux des maistres de la chambre des Comptes de Paris.

Interdire le lieutenant général, et commettre en sa place ou laisser la fonction de sa charge à celuy du siége qui la doit exercer en son absence.

Arbitrer une somme à laquelle montent les pertes et les dédommagemens du sieur Le Tellier et de ceux dont les bureaux ont esté pillez, et à la faire porter au Parlement, à la cour des Aydes, aux Trésoriers de France, au lieutenant général et aux eschevins et officiers de la ville estans à présent en charge, suivant le département qu'il plaira au roy en faire; et, eu esgard au grand nombre d'officiers du Parlement et à l'auctorité qu'ilz avoient d'empescher les séditions, il semble qu'il y ayt lieu de leur en faire porter les trois-quarts, et que chascun de ceux qui seront taxéz seront tenus payer leurs taxes dans un mois, après lequel ceux qui en seront en demeure pourront estre contrainctz solidairement faire porter à la ville la somme à laquelle sera arbitrée la perte que souffre le roy, à cause de la cessation de la levée des droictz de ses fermes, à l'imposition de laquelle les bourgeois qui estoient en charge de capitaines, lieutenans, et enseignes des quartiers, doivent, ce semble, estre taxéz plus que les autres, et les esleuz deschargéz de ladicte taxe, pour avoir bien servy le roy en cette occasion.

Casser le corps et communauté de ville; les priver de tous priviléges, dons, octroys, deniers communs et patrimoniaux, et réunir le tout au domaine du roy; comme, aussy, casser tous les colonelz, capitaines et officiers des quartiers, ensemble la cinquantaine et les arquebusiers.

Razer l'hostel-de-ville; et au lieu auquel il est, eslever une pyramide, en laquelle sera gravé l'arrest du Conseil.

Faire arrester Baillet et Beignier, pour rendre compte du désordre qui a esté commis en la maison de Le Tellier, par les bourgeois qui estoient au corps de garde du Vieux-Marché, auquel ilz commandoient.

Juger Gorin, qui est dans le Vieux-Palais, puis faire instruire et juger le procès des autres prisonniers.

Au bas de ce Mémoire, est écrit ce qui ensuit, et ce d'une autre main, sçavoir de celle de Chéré, secrétaire de M. le cardinal de Richelieu :

« *Ce mémoire me semble bon, à l'exception du razement de l'hostel de ville de Rouen.* »

Monseigneur,

C'est pour supplier très humblement V. E. de croire que j'ay rapporté tous les effets de mes devoirs et fidélitez au service de S. M. dans les occasions malheureuses et séditieuses de ce pays. Monseigneur de Gassion n'a pas esté si tost arrivé à Caen, que je luy ay demandé secours, les séditieux estans en pouvoir de se saisir de la place, et m'ayant investy, il m'a faict l'honneur d'avoir créance à ce que je luy ay mandé ; et au mesme temps s'est rendu à Avranches, où il a taillé en pièces la plus grande partie de ces séditieux, mais avec perte de personnes de qualité. Je vous supplie très humblement, Monseigneur, comme vous avez faict l'honneur à feu mon frère de le tenir pour vostre très humble serviteur, de me continuer les honneurs de vos bonnes grâces, et de croire que j'emploieray ma vye et celle de mes enfants à vostre très humble service, et à mériter la qualité,

Monseigneur, de

Vostre très humble et très obéissant et très fidelle serviteur,

CANIZY.

D'Avranches, le 2 décembre 1639.

Huitième Pièce.

Mémoire *du chancelier Séguier, contenant, sur les mesures à prendre, par suite des séditions de la Normandie, plusieurs questions, sur les quelles il demande les réponses et les ordres du Roi.*

Dans le manuscrit original, les annotations marginales sont de la main du secrétaire d'État De Noyers [1].

---

[1] La comparaison que j'ai faite de ces annotations avec des lettres autographes de De Noyers, intercalées au registre secret du Parlement de Normandie (pour l'année 1637), m'a donné la certitude que les annotations, ou réponses marginales du *Mémoire* publié ici, sont bien de la main de ce secrétaire d'Etat.

Le revenu de la ville est réuny au domaine du roy, par la déclaration qui a esté publiée. L'on en a saisy tout le domaine et octroys, et faict deffences de rien payer sans ordre du Conseil. Cependant, il y a des despences ordinaires, sans lesquelles les ouvrages de la ville ny sa police ne se peut conserver; entre autres, celle de la contagion, qui commence à se renouveller.

— *Réponse.* — Le roy remet cela à la prudence du chancelier.

Il y a les rentes deües à des particuliers. Enfin, tout ce domaine, par les comptes que j'ay faict extraire, est entièrement employé en despences utiles, et qui ne peuvent estre retranchées; tellement qu'il fault permettre à la ville de s'en servir, par provision seullement, ou bien les obliger de faire un autre fonds, qui ne pourroit estre que par imposition sur les maisons.

— *Même réponse.*

Les priviléges sont révoqués. Il y a des foires accordées à la ville, où l'on faict un grand traficq; que si elles ne se continuent, les droictz du roy diminueront beaucoup. Il y en a une à la Chandeleur prochaine, l'on demande si l'on la permettra? Si ce commerce est interdit, la province y perdra beaucoup, les marchandises ne se vendront point; et partant, point d'argent pour le pais. Et le traficq estant interrompu, l'on aura payne à le restablir. Les marchands pourront prendre une autre voye pour leur débit. Cependant, c'est la richesse de la France que de conserver le traficq, si l'on peut, sans blesser l'authorité du roy, ny affoiblir ses résolutions, permettre la foire;

je croy que l'utilité seroit grande, et qu'il semble que la payne d'une ville ne doibt pas se respandre sur le général du royaume, qui n'a point failly[1].

— *Réponse.* — Il faut que les foires se tiènent à l'ordinaire.

L'on travaille à extraire tous les droicts de la ville et ses priviléges. L'on m'en a donné un estat ; *mais je ne m'asseûre pas sur ce qu'il* (sic) *vient de leur part.*

L'on peust voir, par l'imprimé que j'envoye, l'ordre qui a esté donné pour l'exécution des volontés du roy, et que toutes les propositions que le chancellier a faictes sont effectuées. Il y a la punition des criminels ; l'on en doibt exécutter deux aujourd'huy, par ordre militaire, ne me confiant pas trop à la justice des commissaires qui sont de de çà, qui ne considèrent pas assés la conséquence de ceste action, et qui mesurent les paynes sur les règles

---

[1] Un arrêt du Conseil d'état, en date du 14 janvier 1640, ordonna que « la publication de la Foire de la Chandeleur seroit faite en tous les lieux où elle avoit accoustumé, pour estre ouverte et tenue en la mesme forme, pendant le mesme temps, et avec les mesmes franchises que les années précédentes, sans que les marchands pussent être contraints de payer plus grands droits que ceux qui avoient esté cy-devant levés dans les dites foires ; défense expresse étoit faite à tous d'en exiger d'autres, à peine de punition. »

La juridiction, relativement aux procès qui pouvaient naître entre les marchands, à raison des foires, avait, de tout temps, appartenu au lieutenant général du Bailliage, qui les jugeait, de compagnie, avec les échevins. Mais le lieutenant général du bailliage et les échevins étant, maintenant, interdits, le roi donnait *commission* au lieutenant particulier, et aux Consuls de Rouen, pour juger ces contestations.

ordinaires, qui n'ont point de lieu en cas de rébellion, où il fault de l'exemple.

Les deffaux et contumaces seront jugées, les absens seront condamnés. Il y en a de deux sortes, les uns chargés par les informations; l'on les peut condamner en de grandes paynes; les autres se sont absentéz depuis la rébellion arrivée; et l'on sçait bien leurs noms, par les Mémoires donnés par les capitaines, suivant l'arrest qui en a esté donné. Les derniers seront bannis de la province, à perpétuité; deffences à toutes les villes de les recevoir. Enjoinct aux officiers d'en faire perquisition; aux bourgeois de les dénoncer, à payne de complicité; et, pour cest effect, envoyer les noms dans toutes les villes, et en faire mettre un estat aux greffes des jurisdictions, aux corps de ville et aux corps des mestiers. Cest ordre sera exécuté dans huict jours. Je manderay à Monsieur de La Potherie le faire exécutter par toute la Basse-Normandie.

L'on commence à porter les armes des bourgeois au Vieux-Pallais; elles y seront toutes dans la sepmaine prochaine. Il y a peu de place pour les y conserver. J'attends un commissaire pour l'artillerie. Si non, je prie que l'on me fasse sçavoir si je la feray moy-mesme conduire au Vieux Pallais. J'ay différé, par la considération de ce que je doibs à Monsieur le grand maistre.

— *Réponse.* — Monseigneur le grand maistre en sera adverty; mais, pour ne perdre le temps, le roy trouve bon que monseigneur le chancelier face faire le transport des armes.

Je prie que l'on considère ce que j'ay mandé du sieur De la Vigerie. La place du Vieux-Pallais est importante pour la conservation de la ville ; et, la mettant en l'estat que l'on propose, l'authorité du roy sera assûrée, pourveu qu'il y ayt un homme de commandement et de créance, qui puisse, en un besoing, rallier les principaux bourgeois et les faire armer. Ilz sont affectionnés, à présent ; et la crainte d'estre responsables des esmotions, suivant le réglement publié, leur donne beaucoup de résolution. La ville n'a besoing que d'un chef pour la conduire et la conserver dans l'obéissance. L'on a commis des officiers en tous les lieux où ils sont interdits par la déclaration ; et la justice s'exerce avec plus d'esclat qu'elle ne faisoit auparavant. Les officiers-commissaires ne sçauroient expédier les affaires, tant il y en a grand nombre ! Tout le peuple approuve ce changement, et l'establissement que l'on a faict de personnes de mérite et de suffisance.

Monsieur Moran propose, pour la ville de Caen, que cinq cents des principaux s'obligeront au roy de garantir la ville de sédition, et la maintenir dans l'obéissance, pourveu que l'on leur rende leurs armes. Je croy que, s'ils présentent la requeste bien signée ainsy que j'ay dict, que l'on pourroit armer cinq cens des principaux, en tirant d'eux l'asseûrance qu'ils proposent.

— *Réponse.* — Le roy approuve la proposition.

Monsieur de la Potherie mande que tout obéyt dans la Basse-Normandie ; qu'il continue le procès des criminelz ; qu'il espère le terminer dans peu de temps.

L'on a visité les logemens d'infanterie et cavalerie, reçeu les plainctes, et réglé la despence des gens de guerre. Monsieur Gassion y estoit luy-mesme, avec Messieurs les maistres des requestes que j'ay commis pour la police. Il y apporte un grand soing. Il fist passer *hyer*[1] par les armes un de ses gardes, que j'avois faict arrester dans la grand' sale du Palais, qui avoit mis l'espée à la main, et blessé cinq ou six personnes.

L'on jugea *hyer*[2] deux cavalliers. L'un fut condamné à estre pendu, l'autre aux gallères perpétuelles, pour avoir voulu violer une fille. Enfin la justice s'exerce au milieu des armes. En vérité, le désordre est si grand, que, quelque règle que l'on puisse apporter, ils ruynent tout où ils passent. Il y a deux compagnies à Louviers, qui mériteroyent d'estre cassées. Ce sont voleurs, et non pas des soldatz. Ilz font des violences dans ceste ville-là, qui méritent grand chastiment. J'attends la résolution sur le traicté des teintures, afin de faire l'establissement suivant ce qu'on ordonnera[3].

— *Réponse.* — Cest exemple a esté fort approuvé.

---

[1] Le *Diaire* du chancelier nous apprend que ce fait est du vendredi 13 janvier. — Le présent mémoire est donc du lendemain samedi 14.

[2] Le *Diaire* nous apprend que ces deux cavaliers (Cassemiche, dit *La Grange*, et Guilloteau, dit *Saint-Amour*), furent jugés le *vendredi* 13 *janvier*; que Cassemiche, condamné à la peine de mort, fut exécuté ledit jour; que Guilloteau en fut quitte pour les galères perpétuelles; nouvel indice certain, qui fixe la date du présent mémoire au samedi 14 janvier 1640.

[3] Hays, dit Rougemont, procédait en vertu de l'Édit (tout récent) de création des offices de contrôleurs des teintures, édit enregistré le 7 juin 1639, par la Cour des Aides de Rouen. Par sa mort, et surtout par l'effet des violentes séditions des 21, 22 et 23 août suivants, la perception des droits créés par l'édit cessa; mais ce n'était que pour un temps. En janvier 1640, le chancelier Séguier étant à Rouen, La Guillaumie, successeur de Rougemont dans

Neuvième Pièce.

Mémoire de ceux qui ont esté piller la maison de monsieur de Tourneville et qui ont emporté les biens.

(Folios 247 et suivants du premier tome des séditions.)

C'est une liste d'habitants de Rouen, appartenant la

---

l'office de contrôleur, visiteur et essayeur héréditaire des teintures et étoffes de laines teintes en la ville de Rouen et province de Normandie, ayant présenté requête au Conseil d'état, aux fins du rétablissement de la perception interrompue de ce droit, le Conseil d'Etat, par un arrêt du 19 janvier, ordonna l'entière exécution de l'édit. « Et d'autant (disait l'arrêt) que, depuis la publication de l'édit, les marchands, par leur désobéissance, n'ont payé les dits droits pour les étoffes qu'ils ont acheptées et vendues, S. M. ordonne que, dans quatre jours, ils bailleront par déclaration, qu'ils affirmeront véritable, (à peine de confiscation de toutes leurs marchandises), la quantité des étoffes sujettes au dit contrôle, par eux achetées et vendues depuis l'arrêt d'enregistrement du 7 juin 1639 ; *et seront* tenus d'en payer les droits trois jours après au contrôleur ; sans, néanmoins, qu'ils soient tenus de payer le droit et controlle qu'à raison des marchandises qu'ils ont reçues en leurs boutiques et magasin depuis la dite publication, dont ils seront tenus bailler déclaration, qu'ils affirmeront véritable.

En 1643, le 26 novembre, les États de Normandie réunis à Rouen, disaient au roi : « La source de tous nos malheurs a esté ce funeste advis du prétendu controlle des teintures, qui n'a jamais esté reçeu en tout vostre royaume qu'en cette seule province, où, après avoir fait périr une infinité de personnes, par la cessation des draperies surchargées de ce droit, et que, depuis quatre ans qu'il s'est exécuté, les partisans se sont plus que doublement remboursez de la finance qu'ils vous avoient ou promise ou payée. Il n'est pas juste qu'ils abusent davantage de la substance de vostre pauvre peuple; ils ne sont teints que de son sang ; et c'est cette seule teinture qui requiert le controlle de vostre justice. »

Le roi répondit : « S. M. ne peut, quant à présent, pourvoir sur la demande contenue au présent article. » — (Note de l'éditeur.)

plupart aux classes inférieures, qui ont en leurs mains des meubles provenant du pillage de la maison de Letellier de Tourneville ; et dont les uns se les sont appropriés, les autres s'en sont constitués dépositaires. Peu d'habitants notables y figurent. On voit, par ce Mémoire, que le mobilier de Letellier de Tourneville était somptueux ; il n'y est question, presque, que de plats et assiettes d'argent, etc.

Dixième Pièce.

Copie d'un « *Monitoire, pour avoir connoissance de l'assassinat commis en la personne d'un nommé Jacques Hay, dict Rougemont.* »

« Adrianus De la Faye, presbyter, in juribus licentiatus, Officialis Rothomag. rectoribus parochialium ecclesiarum civitatis Rothomagensis et banlcuçæ ejusdem loci, salutem in d͞no. — A la réquisition et requeste de M° François Bosquet, conseiller du roy, lieutenant général en la sénéchaussée de Narbonne, et commis par le roy à la fonction et charge de son procureur général ; exposé nous a esté et faict entendre que, suivant l'arrest du privé Conseil, de ce jourd'huy 7 janvier 1640, il luy auroit esté permis d'obtenir les présentes censures ecclésiastiques, pour avoir révélation et cognoissance de l'assassinat commis en ceste ville de Rouën, en la personne de Jacob Hay, dict Rougemont, le 4° jour d'aoust derrain, au-devant de l'église de Nostre-Dame de la dicte ville ? qui furent ceux qui excitèrent la dicte sédition ? qui, les premiers, l'attaquèrent et le poursuivirent jusques dans la dicte église, et qui furent ceux qui l'en tirèrent, et le traisnèrent au-devant de la porte d'icelle, où il fut tué? ceux qui ont cognoissance de ceux qui causèrent et excitèrent les séditions arrivées en la dicte ville et faulxbourgs d'icelle, les dimanche 21, lundy 22, et mardy 23 du dict mois d'aoust? ceux qui ont favorisé les dictes séditions et s'y sont trouvéz? ceux qui ont jetté ou faict jetter dans le feu aucuns meubles, tapisseries, licts, vaisselles, papiers, registres, or et argent et autres sortes de meubles qui estoient dans les bureaux de recepte de S. M. ou dans les maisons des bourgeois de la dicte ville? ceux qui, pendant les dictes séditions, pillèrent et emportèrent aucuns des dicts meubles, les recèlent présentement, et les ont en leur possession, ou, après les avoir eus par dol et fraude, ont délaissé de les avoir? ceux qui sçavent qui avoit faict la liste que l'un des dicts séditieux tenoit, contenant les noms des maisons qui devoient estre pillées? qui sçavent les noms de ceux qui avoient promis aux séditieux de les advouer, et ceux qui ont cognoissance des faicts et articles ci-dessus, circonstances et dépendances, mesme de ceux qui ont aydé, favorisé et presté main forte aux dicts séditieux, en quelque sorte et manière que ce soit? *Ce que accordé luy avons.* » Quò circâ, vobis mandamus quatenùs, per tres dies Dominicos continuos, in pleno pronao missæ parochialis, neminem designando seu nominando, *moneatis* omnes et singulos de prœmissis notitiam habentes, de dicendo quidquid viderint, sciverint, noverint et audiverint; quòd si facere recusaverint, lapsis dictis tribus diebus dominicis continuis, dominicis et festivis, et monitione canonicâ hujusmodi præviâ, ipsos in his scriptis excommunicamus; et deindè, lapsâ quindenâ, singulis diebus dominicis et festivis, palàm et publicè excommunicatos, aggravatos et reaggravatos denuncietis. Datum Rothomagi, die septimâ mensis januarii, anno Domini 1640.

Ad. DE LA FAYE. CARPENTIER.

ONZIÈME PIÈCE.

PROMESSE *des capitaines et principaux bourgeois de la ville de Rouen, de conserver la dite ville en l'obéissance du roy.*

L'an de grâce 1640, le jeudy 19me jour de janvier, en l'assemblée des cappitaines, lieutenants, enseignes et principaux bourgeois de la ville de Rouen, tenue en l'hostel commun de la dicte ville, devant nous Charles Boullays, conseiller du roy, lieutenant particulier au bailliage du dict Rouen, commis à la charge de lieutenant général de la dicte ville, présence de MM. Pouchet, Liesse, De Bouclon, Bulteau, Pavyot et Duhamel, commissaires députés par le roy à l'administration du gouvernement de la maison de ville du dict Rouen;

Sur ce qui a esté représenté par M. Pouchet, l'un des dicts commissaires, qu'ayant esté, le jour d'hier, recevoir les ordres de Monseigneur le chancelier, mon dict seigneur leur avoit faict espérer que le roy, désirant, par les effectz de sa bonté accoustumée, soulager ceste ville, fauxbourgs et banlieue, des dommages, incommoditéz et ruines que le logement et nourriture des gens de guerre apportoient aux habitants d'icelle, S. M. faisoit grâce à la dicte ville d'en faire sortir ses trouppes, dans trois ou quatre jours, pourveu que les habitants donnassent asseûrance à S. M.

de conserver la dicte ville soubz son obéissance ; et, sur ce, mon dict seigneur leur avoit commandé de convoquer la présente assemblée pour luy faire entendre ses intentions, dont il leur avoit faict expédier son ordonnance ; de laquelle lecture ayant esté faicte, ensemble de la commission donnée par S. M. aux dictz sieurs commissaires,

Il a esté *unanimement déclaré* par tous les cappitaines, lieutenants, enseignes et bourgeois présents en la dicte assemblée, qu'ils *prenoient en leur garde la dicte ville de Rouen, soubz le bon plaisir de S. M., qu'ils se chargeoient, au péril de leurs vies, de la conserver en l'obéissance et fidélité deue au roy leur souverain seigneur, comme ilz s'y recognoissoient obligéz par leur naissance, et qu'ilz promettoient de courir sus à tous ceux qui en voudroient troubler le repos, soubs la conduitte et commandement de celuy qu'il plairoit à S. M. leur ordonner, pour l'absence de messeigneurs les gouverneurs ; donnant tout pouvoir aux dicts sieurs commissaires d'en porter les asseûrances à monseigneur le chancelier ;* et, en ce faisant, le supplier très humblement de descharger la dicte ville, fauxbourgs et banlieue de Rouen, du logement des trouppes. Et affin que la présente résolution soit notoire à un chacun, et que tous leurs concitoyens, qui ne se sont trouvéz en la présente assemblée, contribuent à ce dessein, il a été arresté qu'elle seroit publiquement leue, dimanche prochain, aux prosnes des messes paroissiales de la dicte ville et banlieue, et affichée par tous les carrefours et lieux publics d'icelle ville.

Faict et délibéré, les jour et an que dessus.

THIAULT [1].

---

[1] Signature du greffier de l'hôtel de ville.

SÉDITIONS ARRIVÉES EN BASSE-NORMANDIE.

Première Piéce.

Relation *de la Révolte de la Basse-Normandie.*

La gabelle, qu'on projettoit d'establir en la Basse-Normandie, a commencé la révolte; les inimitiés particulières, les faulx bruictz l'ont fomentée, et la misère publique l'eust continuée, si les armes du roy, en restablissant son auctorité, n'eûssent réprimé l'insolence des rebelles, qui commençoient desjà de se rendre maistres de la liberté publique.

Ce fut au mois de juillet dernier que la ville d'Avranches (autrefois l'allumette de la Ligue) feist paroistre, par l'assassinat du sieur de la Besnardière Poupinel, lieutenant particulier au bailliage de Coustances, qu'elle vouloit commencer une rébellion; car le sieur Poupinel estant allé présenter au juge d'Avranches une commission de la cour de Parlement de Roüen, pour informer d'une querelle qui s'estoit passée entre ung de ses parens et quelque autre personne, et dont les juges de Coustances estoient récuséz, le sieur de Ponthébert, soit qu'il voulust faire pièce au sieur Poupinel, à cause qu'il sollicitoit cette information, ou que son humeur mélancholique, de tout temps encline à réformer sur les affaires publicques, et à discourir, et, d'ordinaire, assez impertinemment, des affaires d'Estat, le portast à faire le zélé au bien publicq, quoy qu'il en soit, il est très vray que ce fut le premier qui feist soubçonner (bien que sans raison) que le dict Poupinel estoit saisy d'une commission pour démolir les salines d'Avranches, et pour y establir la gabelle, *dont les publications, en effect, se debvoient faire peu de temps après, si la bonté du roy n'eust révocqué les commissions du Conseil, et prévenu, par cette action de justice, de prudence et de compassion tout ensemble, la ruine totale du pays où l'on proposoit de faire cet establissement nouveau*, et empesché l'anéantissement de la ferme généralle, qui eust esté beaucoup endommagée par les abus inévitables que l'usage du gros sel (qui est estroictement deffendu en ce pays là) eust apporté sur tous les greniers, par la communication des salines de Brouage et de Bretagne, qui se feussent deschargées par la mer et par les forestz dans toute la France où la gabelle est establie ; et par ung grand nombre d'autres inconvéniens capables et de ruyner tout ce pays là, et de faire un très notable préjudice à Sa Majesté.

Ce fut doncq le dict Ponthébert qui, le premier, donna cette malheureuse impression au *peuple, qui desjà se voyant surchargé de tailles au delà de ses forces, et prévoyant ce second fardeau prest à l'accabler, et duquel il a tousjours esté exempt, enfin pressé d'un désespoir furieux*, assaillit le dict Poupinel en pleine rue, et l'assomma cruellement à coups de pierre, de baston, et autres armes.

Il n'y avoit pas plus de 40 à 50 coquins, au commencement, la pluspart saulniers et porteurs de bois ; mais, en moins d'un quart d'heure, tout le peuple grossit la cohorte, en sorte qu'à la fin, il s'y en trouva plus de 400.

Ce spectacle, aussy malheureux que déplorable, n'assouvit point le cœur de cette populace ; car incontinent après, elle poursuivit une personne qu'elle entendit dire estre intéressée en quelques affaires du roy, et la poussa jusques dans le couvent des Capucins, qui luy fut favorablement ouvert, et donna lieu à son évasion ; mais les pères Capucins se veirent sur le poinct d'estre saccagéz, pour récompense de leur charité.

Le mesme jour, ung nommé Sainct-Martin, qui faisoit ung recouvrement pour le sieur Dufossé son maistre, fut attaqué par quatre ou cinq personnes d'Avranches, entre les quelz estoit ung nommé La Tour, sergent, qui avoit desjà vollé sa malle et pris 9000 tant de livres en or qui estoient dedans, mais s'estant laissé tomber comme mort, et estant couché dans le ruisseau de la rue, la teste toute couverte de sang, à cause de 5 ou 6 coups d'espée, à la fin, il fut emporté chez le receveur des tailles, amy de son maistre, là où le prétendu mort se ressuscita de luy-mesme.

Or, comme on parla d'inhumer le corps de Poupinel, le peuple voulut l'empescher, disant qu'il n'estoit pas juste que l'ennemy du pays y reçeust aucun honneur ; de sorte que les juges, à peine, purent obtenir qu'on l'enterreroit la nuict, sans cérémonie et sans prières ; et, en effect, il ne fut pas loisible de luy rendre le moindre debvoir funèbre ; mais, lorsqu'on chercha dans ses papiers s'il y avoit pas des mémoires pour la gabelle, ceulx qui faisoient cet office n'y en ayant point trouvé du tout, et recognoissans l'erreur criminelle dont ilz avoient esté surpris, affin de couvrir leur faulte, et préoccuper les espritz d'un chacun de l'opinion qu'ilz avoient suggérée contre ce deffunct, ilz lui firent cet épitaphe :

> Passant, puisque tu veux apprendre
> Qui repose près cet autel,

> On t'asseure que c'est la cendre
> Du corps de Charles Poupinel.
> N'appelle Lachésis cruelle
> Pour avoir trempé dans sa mort.
> Sa parque a esté la gabelle,
> Soubz la destinée de Boidrot [1],
> Si quelque partisan s'arreste
> Pour s'en informer plus avant,
> Di luy que *Jean Nuds-piedz* s'appreste
> Pour luy en faire tout autant.

Ce nom de Jean Nud-piedz fut, le mesme jour, choisy pour le tiltre du chef de la rébellion; la quelle commença de prendre une forme moins confuse qu'elle n'en avoit eu à sa naissance. Car, au mesme temps, ceux qui s'estoient montréz les plus animéz dans ce désordre reçeurent ung applaudissement d'un nombre de coquins qui les esleurent pour leurs chefz, et leur jurèrent une fidélité inviolable. Ainsy, le nom de Jean Nudz-piedz fut osté à ung pauvre misérable saulnier qui, d'ordinaire, portoit cette belle qualité, à cause qu'il alloit les piedz nudz sur les sablons de la mer; et on en honora le chef de la révolte, lequel, toutes fois, n'osoit pas ouvertement se déclarer pour tel, se contentant de donner secrètement les ordres aux plus téméraires. Ce fut pourquoy l'on ne cognoissoit point le général de *cette armée de souffrance*; c'est ainsy qu'ilz appelloient les révoltéz.

Les autres chefz prirent aussy des noms différentz. Car ung prestre, appellé Morel, vicaire de Sainct-Saturnin, aux faubourgz d'Avranches, se nomma le capitaine des Mondrins; et, soubz ce nom, il a faict long-temps la

---

[1] L'un des chefs des Nud-pieds.

charge de secrétaire des commandemens du général Jean Nudz-piedz, et avecq une telle insolence et témérité, qu'il envoyoit les mandemens de son général dans les parroisses, pour les faire publier aux prosnes des messes parroissiales, à quoy les curéz n'osoient avoir manqué. Il s'est veu beaucoup de ces mandemens impriméz, et tous contresignéz du dict Morel, soubz le dict nom *des Mondrins, et scelléz d'un scel auquel on voyoit deux piedz nudz sur les cornes du croissant, avecq cette devise:* HOMO MISSUS A DEO. M. de La Poterie est saisy d'une lettre escripte de sa main, par laquelle il vouloit obliger ung prestre de bonne condition à sousleyer le peuple en son quartier.

Il avoit pris ce nom *des Mondrins*, à cause que, dans la grève, les saulniers amassent par petits monçeaux, qu'ilz appellent *Mondrins*, le sablon dont on faict le sel blanc, et lequel demeure sur la grève après le reflux de la mer.

Ung autre chef s'appelloit *les Sablons*; ung autre se nommoit *Boidrot*; ung autre le colonel *des Plombz*, à raison des cuves de plomb où l'on cuist le sel; et ainsy chacun avoit son soubriquet.

Ces chefs ainsy choisis, et la fureur publicque n'ayant plus d'object présent contre le quel elle peust agir, le vicomte d'Avranches, et Costardière, advocat du roy, s'advisèrent de luy en donner ung ; et, pour cet effect, ilz feirent courre un faulx bruict que le sieur de Beaupré [1] (contre

---

[1] Le 24 août, le sieur de Savigny, beau-frère du sieur de Beaupré, lui écrivait (de Savigny près Coutances): « Mon cadet, estant à Avranches, a eu de grandes contestations contre tout ce monde-là, pour vostre subject. M. de Canisy, à qui vous avez de grandes obliga-

le quel ilz avoient quelque animosité particulière) estoit l'autheur de la gabelle; ilz le publient partout, et que c'estoit ung esprit dangereux, et dont on debvoit se def-

---

tions, a soustenu hautement vostre innocence, jusques à dire en ces termes : « *Je sçay bien* qu'il y a *quelques-uns* de vous autres, « *Messieurs*, qui *n'estes pas trop* ses amis, qui *voudriez peut-estre* « *l'accuser* de la Gabelle. Mais *je le cognois de trop bon sens* pour « avoir donné *un si mauvais advis.* » Sur quoy, plusieurs ne faisoient que brâler la teste, qui estoient le vicomte et un grand maigrault, qui est advocat du roy. Un nommé Pont-Hébert, que l'on tient estre le chef de la révolte, vous a fort décrié, mesmes les nomméz Vaugueroult et Chambres, commis de Nicolle, vous ont aussy descrié partout. Et le dict Chambres eut l'effronterie de le mettre en avant, et le soustenir à M. le marquis de Canisy, présence de mon cadet, qui, prenant la parole, luy répartit *qu'il en avoit menty, et tous ceux qui parleroient de la sorte, et qu'à moins du respect qu'il portoit à M. de Canisy, il luy pileroit sur le ventre.* L'on m'a dict aussy que, Pont-Hébert en ayant parlé et contesté, mon dict sieur de Canisy l'avoit menacé de coups de baston. *L'on menace fort vos maisons.* » — Extrait inséré au 1er tome des Mss. Séguier, relatifs aux séditions de Normandie, fol. 238.

Un extrait inséré au 1er tome des Mss. de Séguier, relatifs aux séditions de la Normandie, parle de deux lettres écrites, dès le commencement de la révolte, par le sieur Dumesnil Terré, lieutenant général d'Avranches, et par le procureur du roi, « par lesquelles on recognoist clairement que le bruict que Pont-Hébert a faict courre, avec le vicomte d'Avranches et Costardière, advocat du roy, contre le dict sieur de Beaupré, *à servy de fondement à la révolte d'Avranches*, après l'assassinat de Le Poupinel de Coustances, qu'ilz recongneurent estre innocent de la Gabelle. Car, s'ilz n'eussent point exposé le sieur de Beaupré à la haine et indignation publicque, sans doubte la fureur publicque fust demeurée sans but et se fust estouffée en elle-mesme. A Mortain, un nommé Poulinier, cy-devant advocat du roy au dict Mortain, et Brilly son successeur, ont semé le mesme bruict contre le dict sieur de Beaupré, afin d'attirer la haine publicque contre ses deux frères qui possèdent les premières charges, l'un estant lieutenant général du bailliage, et

fier; qu'il estoit homme d'intelligence et de caballe, tant à Paris que dans la province; qu'il avoit advancé 29,000 liv.

---

l'autre vicomte. Et, par cet artifice, ils fomentent la rébellion, et veulent oster au magistrat l'authorité dont il pourroit se servir pour réprimer l'insolence des mutins. C'est le dict lieutenant-général qui l'escript au dict sieur de Beaupré. — Extrait du tome I, folio 239, des Mss. Séguier, relatifs aux séditions de Normandie.

Le chantre de l'église de Mortain, frère du sieur de Beaupré, lui écrivait, de Cunes, le 23 août 1639 : « Pont-Hébert l'a passée (parée) belle; car M. le marquis de Canisy luy ayant deffendu de parler en autres termes que de respect, le dict Pont-Hébert ne laissant pas de continuer, mon dict sieur de Canisy mist l'espée à la main, et luy pensa planter l'espée dans le ventre, sans le vicomte Costardière et autres, qui se jettèrent au devant. » — Extrait inséré au 1er tome des Mss. Séguier, relatifs aux séditions de Normandie, folio 238.

Appendice aux relations des séditions de Basse-Normandie.

Un domestique du sieur de Beaupré, logé dans le château de Cresnay (Election d'Avranches), propriété de ce gentilhomme, et s'y voyant menacé de mort, s'alla confiner à La Chapelle, près Thorigny, où l'allèrent encore relancer les séditieux; en sorte qu'il écrivait, le 24 août (1639) au sieur de Beaupré, son maître, fugitif : A La Chappelle, le 24 août 1639. « Nous n'osons sortir de la maison, à cause que nous sommes attacquéz au mesme temps. Le bruict de la révolte augmente tous les jours. Jean Nuds-pieds a faict des ordonnances ou mandements, par lesquels il faict commandement à toutes personnes des paroisses de l'eslection d'Avranches, qu'elles ayent à s'y trouver demain pour faire monstre, à peine d'estre punis comme complices; et il faict deffenses de souffrir dans les parroisses aucun monopollier ou qui en soit soupçonné, ny personne qui leur appartienne, à peine de la vie; et, au bas, il y a un seing, où se lit : Des Moudrius, et scellé du sceau de ses armes. Ces mandements sont imprimés et envoyés dans toutes les paroisses. » — Extrait inséré au tome I des Mss. Séguier, relatifs aux séditions de Normandie, folio 238.

sur le party ; qu'il estoit seul autheur et inventeur de la cour des Aydes de Caen ; la quelle ilz disoient avoir promis à MM. du Conseil de faire cet establissement ; que c'estoit un des articles de leur traicté. Enfin, ilz sçeurent si bien desguizer leurs mensonges qu'en moins de trois jours, ce faux bruict passa pour une vérité de la quelle il n'estoit pas permis de doubter, à moins que d'estre intéressé dans la gabelle et ennemy publicq ; et cette imposture eut un tel advantage au préjudice du sieur de Beaupré, que tous ses parents et amis demeurèrent interdictz de deffendre sa réputation.

Ceux qui le cognoissent avoient d'abord de la peine à concevoir cette croyance ; mais se voyans rebattus, de toutes partz, de cette nouvelle, et comme ung chacun ne peut pas examiner les choses de cette nature et recognoistre mesme si elles sont possibles ou non, ilz se laissèrent emporter à l'erreur commune, et s'eschauffèrent d'aultant plus contre luy, qu'il leur sembloit moins supportable que le sieur de Beaupré, au lieu de contribuer à la conservation des franchises du pays de sa naissance, se portast à les renverser. Et, en effect, le peuple n'eust pas eu de tort de se plaindre, si ce bruict eust esté véritable ; mais comme le fondement en estoit très mal pris, et ses intentions et ses pensées fort esloignées de ce dessein, autant ruineux au roy et au publicq qu'à celuy qui l'eust voulu entreprendre ; et d'ailleurs, cognoissans son cœur, tout à faict exempt de cette volonté, et que, tout au contraire, cette calomnie ne procédoit que de ses ennemis, qui vouloient se prévaloir de l'animosité publique pour satisfaire à la leur particulière, il mesprisa ce faux bruict ; et en attendant que la vérité désabuseroit le publicq, et qu'il trouveroit ouverture à destruire l'imposture de ses calomniateurs, il alla trouver MM. de la cour des Aydes à Caen, pour leur remonstrer la notable conséquence de cette gabelle, et leur donner advis tant des faux bruictz qui couroient contre eux, que des désordres qui estoient arrivéz dans Avranches. Il escrit encore au sieur marquis de Canisy, estant, pour lors à la campagne, affin qu'il allast apporter ung remède à la sédition, pendant que, de son costé, il alloit travailler pour le bien du pays ; et, par ses lettres, il se plaignoit de ce que ses dictz ennemis et le dict Ponthébert faisoient leur possible pour l'exposer à la haine et à la fureur publicque, lorsqu'il agissoit pour l'intérest publicq.

Il réussit doncq si heureusement en son voyage de Caen, qu'il y fut arresté que les Commissions du Conseil seroient surcizes, soubz le bon plaisir de S. M. et de nos seigneurs du Conseil, jusques à ce que très humbles remonstrances luy eussent esté faictes pour la révocation de cette nouvelle imposition. Cela faict, il retourne en sa maison, auprès d'Avranches, là où il apprist que, tout nouvellement, le peuple avoit assassiné un homme dans le convent des Capucins d'Avranches, et qu'on l'avoit enterré *demy-vivant*.

Toutefois, sans perdre courage, il donne advis dans toutes les eslections intéressées, de ce qui avoit esté résolu à la cour des Aydes de Caen ; mais le peuple estoit desjà tellement animé contre luy, que tout ce qui venoit de sa part passoit pour une souplesse d'esprit dont il failloit se prendre garde, ou pour ung leurre affin d'amuser les rebelles et les empescher d'agir avecq leurs forces qu'ilz s'imaginoient estre inexpugnables. Il est vray que la fureur estoit tellement animée, qu'il ne fut pas possible au marquis de Canisy d'en estre le maistre ; *l'authorité du roy et celle du magistrat ayant esté anéanties, au poinct qu'on ne parloit plus que de brusler, assassiner ou faire périr tous ceux qui ne voudroient pas se déclarer pour Jean Nudz-piedz.*

On commence doncq à faire ung manifeste, soubz son nom; on le faict imprimer dans Avranches; on envoye des mandemens par toutes les parroisses; on proscript la teste du sieur de Beaupré et de ses domestiques; on parle de razer ses maisons. En ung mot, la fureur publicque le demandoit pour sa victime.

Plusieurs de ses amis luy donnent advis de tout cecy, et de ce que les dictz Ponthébert, vicomte d'Avranches, et Costardière, recogneus partout pour ses ennemis, avoient faict courre des bruictz sy désadvantageux contre son honneur, que quiconque entreprenoit sa deffence, passoit pour l'ennemy de la patrie. Ce sont les propres termes des lettres de personnes de condition, dont M. de La Poterie est saisy.

Il estoit là fin du mois de juillet; car le lundy 25 du dict mois, sur les unze heures du soir, le marquis de la Forest luy envoya ung de ses domesticques, pour luy donner advis d'un bruict qui couroit, que quatre cens hommes estoient partis d'Avranches, tant pour l'assassiner que pour razer une de ses maisons ; par la mesme voye, il luy faict tenir un exemplaire imprimé du manifeste de *Jean Nudzpiedz*, dont vous jugerez l'élégance par ce qui ensuit :

Manifeste du hault et indomptable capitaine Jean Nudpiedz, général de l'armée de souffrance.

Que des gens enrichis avecques leurs impostz
Oppressent le publicq par leurs conjurations,
Qu'ils facent des traisnées avecques leurs suppostz ;

Qu'ilz vendent leur patrie avecq leurs factions,
Et que trop glorieux ilz se mocquent de nous,
Portant à nos despens le satin et velours,
Cela ne se peut pas sans que de leur trahison
Tout *Nud-pieds* que je sois n'abaisse l'ambition.

Qu'ilz cherchent le secours de tous les Partisans,
Qu'ilz courent à Paris pour chercher la gabelle,
Je sçauray descouvrir, avecq mes paysans,
Leur trahison secrette ; et d'un zèle fidelle,
J'arresteray le cours de tant de volleries
Qui tous les jours se voyent pour oppresser le peuple,
Succombant soubz le fais, requérant ses amis ;
Tout *Nuds-pieds* m'opposant dans le rapt de son meuble.

Cézar, dans le sénat, fut occis par Brutus,
Pour avoir conjuré contre tous les Romains.
Catilina fut tué après un tas d'abus,
Qu'il avoit entrepris aux despens des humains ;
Et moy je souffriray ung peuple languissant
Dessoubz la tyrannie, et qu'un tas de horzains
L'oppressent tous les jours avecques leurs partys !
Je jure l'empescher, tout *Nuds-piedz* que je suis.

Je ne redoubte point leurs menaces hachées ;
Mes gens sont bons soldatz, et qui, en m'appuyant,
Me fourniront assez de compagnies rangées
Pour soustenir hardis, assistéz de paisans,
Contre ces gabeleurs, vrays tyrans d'Hircanie,
Qui veulent oppresser peuples et nations
Par des solliciteurs de tant de tyrannies,
Où s'opposent Normandz, Poittevins et Bretons.

Vous, Paris, qui tenés le premier rang au monde,
Monstrez vostre valeur au secours des *souffrans*,
Assistant de vos forces une troupe féconde,
Rouennois valeureux, et Caënnois voz agens.

Vallongnes et Sainct-Lô, Carentan et Bayeux,
Domfront, Vire, Coustance, Fallaize, aussy Lizieux,
Rennes, Fougières, Dol, Avranches et Evreulx,
Secourez en tout temps un *Nud-piedz* généreux.

Courtizans, délaissez, à présent, voz maistresses;
Le temps ne permet plus d'user des attifetz;
Le peuple est ennuyé de voz molles caresses,
Et ne vous peut souffrir avecq tant de colletz.
Sainct-Malo vous demande, Tomblaine, aussy Grandville.
Portz de mer souverains, voisins de Sainct-Michel,
Les requérant, un jour vous serviront d'azyle.
Avecques Jean Nud-piedz, vostre grand colonel.

L'on pourroit s'enquérir qui m'oblige, nudz-piedz,
Entreprendre si fort contre les partizans;
La tyrannie qu'on voit joincte à l'impiété,
Me faict lever les armes en faveur des *souffrans*,
Exerçeant en cecy les œuvres de piété.

Le colonel Mondrin conjure la noblesse
De tous lieux et cantons ayder à s'affranchir,
Repoussant hardiment les impostz et gabelles,
Que partout on espère les réduire à souffrir.
Mesme villes et bourgs, dans ce grand intérest
Sont conjuréz ensemble d'assister *Jean Nudz-piedz*,
En despit des copies des crochetéz arrestz
Qu'ils s'efforcent en vain leur voir signiffier.

Voilà doncq, à peu près, la teneur de ce beau manifeste, du quel le dict sieur de Beaupré estant saisy, il partit, à l'heure mesme, et fist si grande dilligence qu'en trois jours et une nuict il feist six vingt lieues, *estant allé porter le dict manifeste à S. M. qui estoit alors à Mouzon,* là où il feist entendre, tant de vive voix que par escript, tout ce qu'il sçavoit de la dicte rébellion et de sa cause; et feist en sorte qu'il obtint des despesches de Sa Majesté, tant pour Monseigneur le chancelier que pour MM. les sur-intendans, pour révocquer les dictes commissions de la Gabelle; ensuyte des quelles lettres et du dict voyage, que le sieur de Beaupré feist, à ses fraiz le sieur de La Fontaine Raoul, secrétaire de M. de Longueville, sollicita d'estre le porteur de la dicte révocation au pays intéressé. Mais, au lieu d'user de dilligence et d'arrester le cours des rébellions qui s'augmentoient de jour en jour en autre, et au lieu de faire faire quatre ou cinq mil exemplaires de l'arrest, et aller, de ville en ville et de bourg en bourg, par tout le pays intéressé à la Gabelle, pour y publier l'effect de la bonté du roy, et exhorter, de vive voix, le peuple et les principaulx bourgeois des villes et bourgades, à députer par devers S. M. affin de l'en remercier et de la requérir très humblement de leur donner une déclaration spécialle pour la continuation de leurs antiennes franchises, et interposer, pour cet effect, les personnes d'esprit, de croyance et d'authorité, pour y porter le peuple, il se contenta d'aller auprès de M. de Mâtignon, à Caën, *où la révolte se faisoit plus par exemple que pour raison d'intérest;* et, par ce peu de soing, le peuple intéressé a demeuré ung longtemps en l'ignorance, en laquelle la plus part est encore à présent, de la révocation de la dicte Gabelle, dont, s'il eust eu cognoissance certaine, et secondée des remonstrances des officiers de chacune eslection, qui se feussent espandus partout, et qui eussent faict faire des députations; et que l'addresse d'un habile homme courtois et vigilant eust mesnagé cette affaire-là, il est indubitable que toute la Basse-Normandie eust mis les armes bas; et on eust porté le peuple à rendre au roy les defférences que des subjectz doibvent à leur souverain; mais tout le grand zèle du dict sieur de La Fontaine s'abboutit à *se faire de feste*, et à faire part de ces nouvelles par des moyens qui n'ont faict aucun esclat ny aucun effect, et à tascher d'obtenir une bonne ordonnance pour son voyage. Cependant, la ville de Vire, autant animée que celle d'Avranches, se soulève, et, par ung attentat horrible, le peuple des fauxbourgs attaque, en plain auditoire, les officiers de l'Eslection, qui estoient tous en séance à rendre justice ; et, après leur avoir demandé où estoient les pacquetz de la Gabelle, qu'ilz s'imaginoient estre en leurs mains, ils feirent gresler tant de coups de pierre et de baston, sur le sieur de Sarcilly, président, qu'il demeura comme mort sur la place, ses autres confrères s'estans sauvéz par les fenestres ; de là, toute cette populace alla piller sa maison et celle des sieurs de La Vincendière et d'un nommé Le Perlier, intéressés en la ferme des Aydes.

Quelques jours après, le sieur comte de Thorigny estant allé dans Avranches, pour essayer si son crédit et sa présence pourroient seconder les effortz du dict sieur de Canisy, le peuple, en indignation de cette visitte, démollit et pilla cinq ou six maisons, devant luy.

Quoyque l'on ait dict du dict *sieur de Canisy*, il est très véritable qu'il *a faict tout ce qu'il a peu, ayant travaillé de cœur et d'effect à réprimer les désordres, jusques à s'estre exposé luy mesme au millieu des rebelles, et avoir donné de l'espée dans le ventre d'un nommé Lalouey*, l'un des brigadiers (car il y avoit six brigades dans Avranches.)

Mais, enfin, les forces demeurèrent aux mutins, les gens de bien ayans esté réduictz en une telle impuissance que quiconque parloit contre Jean Nudz-piedz estoit plus odieux que s'il eust blasphémé contre sa religion, tant le simple peuple affectionnoit son party !

Ainsy, tout ce que peut faire le dict sieur de Canisy fut de se retyrer dans le chasteau d'Avranches, et de conserver la ville soubz l'obéyssance du roy, dans la quelle, ny dans le dict chasteau, il n'a jamais pu faire entrer pour dix escus de provisions à la fois, pour ce que les rebelles en empeschoient l'entrée, et la voiture, qui ne se pouvoit faire que par une seule porte qui gouverne l'entrée et l'issüe et de la ville et du chasteau, tout ensemble; ce que la scituation du lieu fera cognoistre, aussy bien que les informations qui s'en peuvent faire. C'est pourquoy on ne luy doibt point imputer à manquement s'il n'a pas agy comme on eust souhaité, puisque, n'ayant ny hommes, ny armes, ny munitions, et estant environné d'ennemis qui le tenoient jour et nuict assiégé, et qu'il a aydé à destruire, il luy sembloit impossible de faire mieux. M. de Mâtignon, mesme, lieutenant général, n'ayant pas peu amasser quatre cens hommes, lesquelz n'eussent servy que de trophée à *cette canaille* qui *faisoit plus de trois mil hommes*, et tous sy pleins d'insolence, qu'ilz détaschèrent un jour près de huit cens hommes bien arméz pour aller brusler et démolir la maison du sieur de Sainct-Genis, en la ville de PONTORSON, en la quelle ville ilz exigèrent 500 escuz de rançon du sieur d'Alibert, après avoir pillé le sieur de Sainct-Genis, sans autre prétexte que pour ce qu'il les avoit blasméz de leur insolence, et qu'ils y avoient esté pousséz par ses ennemis particuliers. — La mesme chose se feist au bourg de SAINCT-JAMES DE BEUVRON, à l'endroict du sieur de La Brétesche, recepveur des tailles d'Avranches, qui en a souffert une très notable perte.

Après tout cela, on retourne vers Avranches, on pille la maison du sieur Angot, receveur des deniers; on abbat ses bois ; on brusle ses maisons ; on destruit tous ses fruictiers ; enfin, on faict un désert de ses terres.

Coutances. — Tous ces beaux exploictz furent imitéz en la ville de Coustances, où la maison du sieur *Nicolle*, *recepveur des tailles*, fut pillée, plus par jalousie et haine particulière que par intérest publicq, bien que, dèz le commencement de la révolte, on l'accusast d'estre ung des intéresséz en la gabelle, dont on disoit que *Poupinel, son beau-frère*, alloit faire l'establissement ; tous discours malicieusement inventéz pour entretenir la rébellion et pour faire périr les accuséz ; de quoy mesme le sieur de Containville, président au présidial, peut en parler, ses ennemis l'ayans voulu faire passer la carrière des autres.

Mortain. A Mortain, le sieur de Reffuveille, petit filz, a causé de sa mère, de Duplessis Mornay, après avoir esté, avecq trois à quatre cens coquins ramasséz tant par le nommé Bouterie, capitaine d'aucunes parroisses, sur la coste du Bas-Maine, *révoltées depuis 3 ou 4 ans*, et, après avoir composé de la rançon d'un nommé Chauvinière, recepveur de la traicte foraine au bourg du Teilleul, dont toutes fois il ne reçeut aucune chose, alla coucher, avec tous ses soldatz, à Mortain, où il voulut piller et razer la maison du recepveur des tailles ; mais, enfin, il se contenta de celles de deux pauvres gens, nomméz Perreau et Ruhault.

On remarqua, pour lors, que les filz d'un nommé Ménardière, advocat (les quelz ont esté, depuis peu, décrétéz par M. La Poterie, tout ainsy que leur père, qui est un vray boutefeu), faisoient leur possible pour soulever la ville, et qu'ilz levèrent les armes tout exprès, commandans mesme au pillage de ces deux maisons, comme factionnaires et partizans de Jean Nudz-piedz, ainsy que leurs déportemens l'ont faict cognoistre ; mais ilz ne furent suivíz que de sept ou huict coquins, *les bourgeois s'estant retenuz en leur debvoir ;* et mesmes ayant pourveu, par un bon ordre, à empescher les visittes de semblables hostes. Du depuis ce temps-là, le dict sieur de Reffuveille, recognoissant sa faulte, s'est absenté.

Je ne parle point de ce qui s'est faict dans Rouen, Caen, et Bayeux, pour ce que le chastiment des rebelles a faict cognoistre leur crime ; mais il est vray qu'ilz ne se révoltèrent pas pour le prétexte de la Gabelle ; car elle y est establie de tout temps, mais à cause que, par imitation de la Basse-Normandie, la populace des villes vouloit paroistre aussy rebelle pour le moins, pensant qu'il y avoit du deshonneur à ne l'estre pas.

Durant tous ces pillages, les chefs des révoltéz aux eslections intéressées par l'establissement de cette gabelle, couroient de ville en ville, faisoient plusieurs practiques secrettes, desbauchoient les uns, forçeoient les autres, rançonnoient les plus riches à leur fournir des armes, tel ayant fourny jusques à cent mousquetz, ung autre des picques, et ainsy à l'équipollent, selon qu'ilz composoient avecq ceux qui se racheptoient du pillage ; et, outre tout cela, ilz envoyoient contraindre les paysans à se fournir d'armes ; et, pour cet effect, ilz faisoient saisir leur bestail, dont ilz n'avoient jamais de délivrance qu'ilz n'eussent payé la somme à laquelle on les avoit cottizéz pour les armes qu'on leur laissoit en contreschange de leur bestail, jusques à ce qu'ilz l'eussent dégagé, et dont on leur donnoit huict jours de terme.

Parmy tout cela, les inimitiéz particulières jouoient leur personnage, chacun taschant de se venger de son ennemy par le ministère de ces voleurs ; car il ne falloit que dénoncer un homme pour estre intéressé aux affaires pu-

bliques, ou mesme pour en avoir l'intelligence; au mesme temps, tout l'orage s'apprestoit contre luy; et, bien que la dénonciation fust fausse ; il falloit pourtant qu'il périst.

Toutefois, comme cette proceddure, autant injuste que violente, et qui a donné lieu à l'entretien de la révolte (la quelle, sans doubte, fust demeurée comme un coup en l'eau si on ne lui eust point présenté d'object contre le quel elle eust pu agir, cette procédure, dis-je, fut, à la fin, réprouvée ; car le général Jean Nudz-piedz feist faire un baon portant deffences à tous soldatz, à peine de la vie, d'exercer aucun acte d'hostilité sans ordre exprès, et de désemparer du camp d'Avranches sans congé du général. Ensuite de quoy, on força le sieur Delaporte Jouvinière, lieutenant du prévost, de condamner à mort un des soldatz, qui fut, en effect, pendu, pour l'exemple. Ce soldat estoit de la parroisse de Sainct-Jean-de-Bion.

J'obmettois à dire que le sieur Du Mesnil-Garnier a passé dans les calomnies, aussy bien que les autres, pour un des principaulx arcsboutans de la Gabelle. On dict que cette charité luy a esté prestée par quelques-uns d'Avranches, pour un mescontantement qu'ilz disent avoir receu de luy. Quoy qu'il en soit, il est vray qu'il fut contrainct de munir sa maison d'hommes et d'armes, y ayant tenu garnison de plus de quatre vingts hommes, durant tous ces désordres, qui luy eussent esté funestes, s'il n'avoit aussy généreusement résisté à ses ennemis, qu'ilz le vouloient attaquer injustement.

Il y avoit encore des personnes qui ne se mesloient que de parler ; mais leur langue envenimée fomentoit les haines du peuple contre ceulx qu'ilz exposoient à sa fureur aussy bien que de mauvais poètes, qui ont composé des pasquilz et des chansons par lesquelles on peut cognoistre une partie de la vérité de cette relation; et les quelles pièces ont esté imprimées, et couru toute la Province. En voicy quelques-unes :

A la Normandie.

Mon cher pais, tu n'en peux plus;
Que t'a servy d'estre fidelle?
Pour tant de services rendus,
On te veut bailler la gabelle.
Est-ce le loyer attendu
Pour avoir sy bien deffendu
La couronne des roys de France,
Et pour avoir, par tant de fois,
Remis leur lys en asseurance
Malgré l'Espagnol et l'Anglois !

Reprendz ta générosité,
Fais voir à la postérité
Qu'il est encore des ducs Guillaume ;
Fais voir que ton bras est plus fort
Qu'il n'estoit arrivant du Nord ;
Et qu'il n'a que trop de puissance
Pour combattre tous ces tyrans
Qui cryeront, sentant ta vaillance,
Seigneur, sauve-nous des Normandz.

Quoy, nous deffendre est-il trop tard ?
Nous sommes trop dans la détresse ;
Les armées et le cardinal
Ont tous noz biens et noz richesses ;
Après n'auoir plus rien du tout,
Pourrions-nous bien venir à bout
D'un sy grand nombre de merveilles?
Nous sommes aux derniers abois.
Ouy, le proverbe de nos vieilles,
Dict qu'*il vault mieux tard que jamais.*

Assiste un valeureux nudz-piedz ;
Monstre que tes villes sont pleines
De gens de guerre bien zéléz
Pour combattre soubz ses enseignes.
Tu voidz que tout est appresté
De périr pour la liberté,
Comme Rouen, Valongnes, Chartres,
Puisqu'on vous traicte à la rigueur,
*Si vous ne conservez voz Chartres,
Normandz, vous n'avez point de cœur.*

Allez, valeureux colonel,
Général du pays de souffrance,
De qui le traistre Poupinel
A senty la juste vengeance,
Allez prendre Mesnil-Garnier,
Qui s'efforce à vous ruyner ;
Ne luy permettez pas de vivre ;
Alléz et prenéz mon advis ;
Le peuple est tout prest de vous suivre
Pour aller brusler son logis.

Mortain, c'est assez enduré,
A ce coup il te faut résoudre
A faire tomber sur Beaupré
Dix mille carreaux de ton foudre.
Ne te laisse pas enchanter
A cet esprit qu'on voit hanter
Parmy ceux qui nous font querelle ;
C'est luy, il ne le peut nier,
Qui n'ait suscité la gabelle
Et l'impost dessus le papier.

Et vous, noblesse du pays,
Premier fleuron de la couronne,
Qu'on a faict servir par mespris
En farce à l'hostel de Bourgogne,

Endurerez-vous ce soufflet,
Qu'on face servir de joüet
A la comédie la noblesse ?
C'est trop attaquer vostre rang,
Monstrez que cet affront vous blesse,
Et le lavez dedans le sang.

Jean Nudz-piedz est vostre suppost,
Il vengera vostre querelle,
Vous affranchissant des impostz,
Il fera lever la gabelle,
Et nous ostera tous ces gens
Qui s'enrichissent aux despens
De vos biens et de la patrie.
C'est luy que Dieu a envoyé
Pour mettre en la Normandie
Une parfaicte liberté.

Venez, commissaires poltrons,
Pour informer de ces affaires ;
Nudz-piedz, Boidrot et Les Sablons
Incagnent[1] tous voz mousquetaires,
Il faict la nicque à voz décrectz,
Et nargue de voz grands arrestz ;
Car nostre général s'en gosse ;
Venez le juger sans appel ;
Il vous a faict faire une fosse
Proche celle de Poupinel.

Il y en a encore d'autres ; mais elles sont aussy mal faictes que celle cy. Vous en verréz seulement encore une, imprimée sous le titre de : *L'ombre du sieur Poupinel*,

---

[1] Incagnent (*bravent*).

en forme de vision, par dialogue, comme on peut voir par ce fragment : [Le fragment annoncé manque.]

Reste à faire le dénombrement des chefz de la révolte, dont la pluspart s'appelèrent *brigadiers,* environ le mois de septembre, au quel temps, ou peu auparavannt, Ponthébert, voyant qu'on le faisoit passer partout pour le vray Jean Nudz-piedz, dont les principaux mutins luy envioient la qualité, et craignant qu'il ne luy mésarrivast, il se retira dans la ville d'Avranches; et, dès lors, détestant publiquement la rébellion, et protestant le service du roy, il feist son possible pour réparer cette réputation ; en quoy ses excusateurs travaillèrent de leur possible, disant que, s'il avoit dict quelque chose qui eust peu animer le peuple contre ceux que la rébellion s'estoit proposé pour object, il ne l'avoit dict qu'après l'avoir entendu, et qu'il ne croyoit pas que ses discours eussent faict une si grande playe ; enfin, il a faict tout ce qu'il a peu pour faire perdre cette opinion de luy, bien que les mutins mesmes, se voyant abandonnéz de luy, criassent, tous les jours, auprès des murailles, *qu'on leur rendist leur général Ponthébert, qui s'estoit renfermé parmy les hiboux.* Ainsy appeloient-ilz les bourgeois d'Avranches, qui n'osoient pas sortir en plein jour.

On remarque doncq, pour les principaulx chefs d'A-vranches, en premier lieu :

Le prestre Morel, homme scélérat et inhumain, à présent en fuite ; il s'appelloit Les Mondrins, et faisoit la charge de secrétaire du général.

Ung autre prestre, appellé Bastard, qui s'est donné deux coups de cousteau, par désespoir, après sa prise, et depuis a esté exécuté.

Le curé de Sainct-Sever (ou Sénier), près d'Avranches,

qui s'estoit enfuy. Il dict pour son excuse qu'il n'a jamais levé de monde qu'une seule fois qu'il alloit pour esteindre le feu qu'on disoit estre dans les faubourgz d'Avranches.

Champmartin, 1er brigadier, fugitif.

La Lande des Planches, aussy fugitif.

Lalouey, filz d'un huissier, aussy brigadier et fugitif; ce fut luy qui fut blessé par le Sr de Canisy.

Le capitaine La Tour, cy devant sergent.

Ung nommé Conterie, de la parroisse de la Gohennière.

Ung nommé Rigaudière, bourgeois d'Avranches.

Soubz ces chefz et brigadiers, on faisoit l'estat de 3000 hommes, bien arméz, qui faisoient souvent l'exercice; il y en a encore beaucoup d'autres, quelques-uns estans gentilshommes, mais pauvres et de nulle considération.

A Mortain et à Domfront, il peut y avoir eu 800 hommes, au plus, commandéz par le sieur de Reffuveille, par le capitaine Bouterie, par un nommé Le Dru Bunetière, par les filz du dict Mesnardière, et par autres des parroisses de Barenton, Mantilli, et quelques autres adjacentes, dont les mémoires sont entre les mains du dict sieur de La Poterie. Mais il est très véritable que, hors les principaux chefs, qui se révoltèrent d'un pur mouvement de rébellion, il n'y a pas eu trente personnes qui n'ayent esté forcéez à prendre les armes, et à regret. C'est pourquoy ilz espèrent que Dieu, qui cognoist leur cœur, touschera celuy du roy d'un traict de miséricorde en leur faveur.

Vire, deuxième sédition. — Il y eut encore une sédition nouvelle dans Vire; mais elle fut réprimée par sept ou huict bourgeois ou habitans de la ville, qui mirent qnelques uns des mutins des faubourgs sur le carreau; ce qui forma une querelle entre la ville et les faubourgs, les quelz tinrent la ville assiégée durant quelque temps, jusques à ce que M. de Mâtignon les accommoda.

A Mortain, les officiers du roy ont esté souvent menacéz par les mutins ; mais ilz n'ont pas laissé de se servir de l'authorité du roy, avec une telle hardiesse que nul n'a osé branler, que ce Ménardière, advocat, et ses filz, qui ont faict leur possible pour soulever le peuple contre les juges du lieu, frères du dict sieur de Beaupré, en indignation de ce qu'ilz ont rendu leurs procès-verbaux à M. de La Poterie contre eulx.

Dans le plat pays, les gentilshommes de qualité ont retenu leurs vassaulx.

Voilà tout ce qui se peut dire, à peu près, de la révolte, qui n'a point eu d'autres chefs ny d'autres intelligences que celles du *pays intéressé à la gabelle, où tout le peuple estoit en désespoir, et se fust, indubitablement, tout soulevé, s'il avoit veu quelques efforts pour l'establissement de ce fléau, qu'ilz appréhendent plus que la perte de leur vie.*

Toutes fois, on peut encore adjouster que ceux qui n'osoient pas se déclarer pour rebelles, par la crainte de la perte de leurs biens, fomentoient secrètement la rébellion, et faisoient agir les femmes de basse et mauvaise condition dans toutes les actions susdictes, les quelles s'y portoient avecq autant plus d'ardeur et de furie, que ce sèxe indiscret et imprudent en considéroit moins l'importance ; et pour ce que toutes celles qui, comme les harpies, faisoient les principaux dégastz, voyent aujourd'huy qu'on ne les a point chastiées, et espèrent une impunité, à la faveur de leur sèxe, il est à craindre, voire mesmes comme asseuré que cette impunité les rendra plus licentieuses à l'advenir, si leur insolence n'est réprimée par quelque chastiment, qui peut estre modéré, en considération de la foiblesse du sèxe.

Deuxième Pièce.

Autre Relation des séditions arrivéez en la Basse-Normandie.

(Résultat des informations faites pour parvenir à la punition des coupables.)

Les désordres de la province de Normandie sont arrivéz de ce qu'au mois de juin dernier, il courut un bruict, en la Basse-Normandie, qu'au bail des Gabelles, qui debvoit commencer en l'an 1641, il y avoit un article qui portoit que la Gabelle debvoit estre establie aux eslections d'Avranches, Valongnes, Carentan, Coustances, Mortaing et Domfront, et que les salines de sel blanc debvoient estre ruinées. Ceulx qui semoient ces bruicts disoient haultement qu'il ne falloit souffrir cest establissement et changement, qui causeroient la ruine et la désolation de ces eslections, et ensuitte de toute la Normandie; d'aultant qu'il y avoit dix ou douze mille ames qui n'avoient et ne sçavoient aultre moyen de gaigner leurs vies, et que, sans ce qui se consommoit de fruicts et de bois aux salines, ils n'en pouvoient tirer profit, ny débit, et que les ecclésiastiques, la noblesse et le peuple seroient réduicts à une nécessité et pauvreté, sans y pouvoir trouver aulcun remède.

Ces discours allarmèrent tellement le pays, que tous ceulx qui y arrivoient des provinces, mesmes des villes voisines, passoient pour establisseurs de nouveaux droicts, qu'ilz appelloient *monopoliers*; et, pour n'estre pas surpris, ils députèrent, particulièrement à Avranches, des personnes qui visitoient les passants, et voyoient leurs lettres, et alloient aux hostelleries pour sçavoir ceulx qui y arrivoient, et en donner advis à ceulx qu'ils avoient préposés pour les commander, de ce qu'ils venoient faire dans le pays, et quelles affaires ils y avoient, les fouilloient, voyoient leurs lettres et papiers.

Le 16 juillet, le sieur Poupinel, lieutenant particulier à Coustances, estant venu à Avranches pour y faire exécuter une commission du Parlement de Rouen, pour un différend particulier, sur lequel le sieur de Chommières, lieutenant général à Avranches, avoit esté commis, n'eut pas sitost mis pied à terre en une hostellerie, que les nommés Bastard, (condamné à mort depuis, et exécuté), et Bonniel, (condamné aux galères perpétuelles, et est à la chesne), allèrent voir qui il estoit, quel esquipage il avoit; et, estant montés en sa chambre, et veu sur sa table l'arrest qu'il venoit pour faire exécuter, et la commission qui y estoit attachée, rapportèrent au sieur de Pont-Hébert[1], Champmartin et aultres, ce qu'ils avoient veu dont le bruict fut aussitost respandu dans les faulxbourgs et le voisinage. Mesmes il y a quelque preuve qu'ils décidèrent qu'il falloit en advertir les saulniers, qui, à une heure et demie de là, estant arrivés, au nombre de plus de deux cents, commencèrent à crier *qu'il estoit arrivé un monopollier et gabelleur*. Ledict Poupinel, contre l'advis de deux gentilshommes qui estoient à l'hostellerie, estant sorty pour se monstrer à ce peuple esmeu et se faire con-

---

[1] Condamné à la roue, par contumace.

gnoistre, il ne fut pas à trois pas de la porte de l'hostellerie, qu'il est oultragé de coups de piedz, de poingz, de pierres et de bastons ; et un jeune homme, nommé Follain[1], luy ayant arraché son espée, luy en donna à travers le corps ; et, tousjours suivy et battu, il se sauva chez le lieutenant général, qui les empescha d'entrer, et envoya querir un prestre et un chirurgien ; et, ayant esté confessé et pansé, mourut trois heures après ; dont le dict lieutenant général dressa procès-verbal, et fit informer le mesme jour ; *mais ils ne furent ny asséz forts, ny assez hardis pour oser entreprendre de faire exécuter aulcun décret, et emprisonner les coulpables.* Sur les cinq heures du mesme jour, un nommé Sainct-Martin, sergent, (employé pour la levée du sol pour livre) des collecteurs, estant arrivé au dict Avranches, ne fut pas sitost descendu de cheval, que le peuple, encore esmeu de l'action de Poupinel, commença à crier : *au monopolier!* le chargent à coups de baston et de pierres, et le laissèrent pour mort dans la rue, au millieu du ruisseau, d'où il fut tiré par la demoiselle de Saincte-Marie, qui le fit porter en sa maison, pendant que ces mutins partageoient l'argent qui estoit dans sa valise. Sur les neuf heures du soir, Champmartin, Latour, Lalouey, et une troupe des dicts séditieux, jusques au nombre de trente ou quarante, allèrent au logis de la dicte demoiselle, pour forcer sa maison, disant qu'elle avoit retiré un monopolier ; elle leur jura qu'il n'estoit pas chez elle, et offrit de leur ouvrir, pourveu qu'ils n'entrassent que deux. Ils la creurent à la parolle, et estant passés oultre, Latour, Letertre et Chastelain allèrent

---

[1] Condamné à la roue, par contumace.

au Pont-Gilbert, où ils pillèrent le bureau des cinq grosses fermes. Toute la nuict, les séditieux furent en armes, par la ville et fauxbourgs ; passant par-devant les logis des officiers, tiroient des mousquetades, jurant et blasphémant, et criant que *si on dressoit procès-verbal de ce qui s'estoit passé, ils brusleroient les maisons des officiers.*

La mesme nuict, les saulniers de Sainct-Liénard (Léonard) et Vains furent au bureau des quatriesmes du sel, au dict Sainct-Liénard (Léonard), chercher le receveur et ses commis, criants qu'il les falloit tous assommer, et que c'estoient des monopolliers et gabelleurs.

Le lendemain 17, on n'osa faire enterrer le sieur Poupinel, de crainte que le peuple esmeu ne fist quelque sédition ; et l'après disnée, sur les trois heures, le bruict courant par la ville qu'il estoit arrivé un monopolier, tout le peuple y courut, et l'ayant rencontré aux faulxbourgs, le poursuivirent jusqu'aux Capucins, où s'estant sauvé, sans respect du lieu, oultrageant et battant les Capucins, ils forcèrent leur bibliothèque, où il s'estoit sauvé ; et, l'ayant pris, luy donnèrent un quart d'heure pour se confesser ; après lequel ils le traisnèrent hors du couvent, l'assommèrent de coups de baston et de pierres, et le jettèrent dans un trou où on avoit tiré du sable, et le couvrirent de pierres.

On en donna advis à Monsieur de Canisy ; mais n'estant assez fort pour y aller, il y envoya un de ses gentilshommes, duquel ils ne firent pas grand cas. Pendant ceste esmotion, le lieutenant général, voyant tous les séditieux aux faulxbourgs, et qu'il n'y en avoit point dans la ville, fit promptement enterrer le dict Poupinel, sans cérémonie ; et avec un curé et un prestre, il le fit porter à l'église cathédrale, ne l'osant pas porter à la paroisse, qui est aux faulxbourgs, le fit enterrer dans la nef; et fut porté par deux prisonniers et deux des serviteurs du dict lieutenant général, ne trouvant personne qui le voulust porter.

Les 24 et 25, Barthélemy Rigauldière, et quelques séditieux des faulxbourgs d'Avranches, allèrent à Sainct-Liénard, où, avec les saulniers, ils pillèrent la maison du sieur Vaugueboust, fermier du quatriesme du sel.

Le dernier juillet, Richard Lallouey et Bastard, avec quelques-uns de leurs compagnons, allèrent au dict Sainct-Liénard, piller la maison de Blascher, commis du sieur de Vaugnenoust, et oultragèrent sa femme.

Au mois d'aoust, ils donnèrent ordre à leur establissement, et se proposèrent d'engager les villes voisines à se joindre avec eulx, et envoyèrent de ceulx aux quels ils avoient plus de créance; beaucoup les escoutèrent; mais il n'y eut point de villes qui se voulussent joindre à eulx; mais, en plusieurs endroicts, soubz prétexte des esmotions d'Avranches, des corps de communaultés ou des particuliers se servirent du temps pour piller ceulx qui tenoient quelques droicts sur eulx, ou aux quels ils vouloient du mal.

A Avranches, pour se préparer à la deffence et continuer leurs pillages, ils nommèrent les brigadiers Latour, Champmartin, Lalande, Des Planches, Basilière, Lafontaines, Rigauldière, Lalouey et Turgot dict *les Pilliers*, qui, au commencement, n'agissoient que par les ordres du sieur de Pont-Hébert, des prestres Morel, Lefebvre et Bastard; et quelquesfois les nommés Chanteloup et Molinière, se trouvoient avec eulx.

Quelques gentilshommes voisins se joignirent avec eulx: Champrout, dict Transportière, à Sainct-Sever; Les Vouges, à Chavoy; La Ruë, à Sainct-Georges de Livoye.

Le 15 aoust, ayant eu advis que l'on avoit mené un prisonnier en la maison de la Champagne, où le lieutenant général, qui estoit tombé malade aux premières esmotions, s'estoit faict porter, par l'advis de ses médecins, ils s'y transportèrent, au nombre de cent, conduicts par Basilière, Lafontaine, Rigauldière et Lachesnaye. Le 17 du dict mois d'aoust, Lalouey, Basilière, les prestres Morel et Bastard, à onze heures du soir, se transportèrent au village de Sainct-Liénard, où ils pillèrent la maison d'un nommé Azer la Rosière, qui s'estoit retiré au Mont-Sainct-Michel ; et, ayant mandé à quelques-uns de leur congnoissance de la garnison du dict lieu, que le Mont-Sainct-Michel ne debvoit servir de retraicte aux monopoliers, ils firent en sorte qu'on luy dict qu'il se retirast, ce qu'il fit ; et les séditieux ayant eu advis que, le 20 du dict mois, le sieur Azer la Rosière estoit sorty du Mont-Sainct-Michel, vinrent en sa maison pour le tuer, et, ne l'y ayant pas trouvé, achevèrent de piller ce qu'ils y avoient trouvé la première fois.

Le 2 septembre, Champmartin, Latour, Lafontaine, Rigauldière, Turgot dict *les Pilliers*, et Jehan Basire Basilière, avec les soldats de leurs compagnies, partirent d'Avranches, le tambour battant, et en passant, prirent encore quelques cinquante soldats à Courtils et à Seaux, et allèrent à Pontorson, où ils pillèrent et abattirent la maison de Sainct-Genis, couchèrent à Pontorson, où ils logèrent par étiquette.

Le 5 du dict mois, Basire Basilière, l'un des brigadiers, avec La Chesnaye, Levoulge et quelques cents soldats, partirent de la ville d'Avranches, allèrent en la paroisse de Sainct-Aubin, distant de six lieues du dict Avranches, pillèrent et bruslèrent les maisons du Val Basin, à cause que son fils, archer de la mareschaussée, avoit travaillé pour les fermiers, et exécuté les ordonnances de M. Haligre.

Le 8, le prestre Bastard alla à PONTORSON, pour faire tuer le fermier, qui, en ayant eu advis, abandonna le bureau et sa maison, et se retira dans la maison de M^r d'Agneaux, gouverneur, où il est demeuré jusqu'à la venue des troupes du roy. Le mesme jour, au retour d'une procession, Latour et Turgot, prenant l'occasion de l'assemblée du peuple, fit abattre et piller un pavillon qui estoit en un jardin appartenant au sieur Delabarre, lieutenant en l'eslection, couper tous les arbres, arracher toutes les plantes, et sept petites maisons de louage, appartenant au sieur Delabarre, proche le dict pavillon.

Des paysants de Polley (Poilley), Seaulx et Pontaubault, qui eurent advis de ce qui se passoit à Avranches, et qu'on abattoit les maisons du dict Delabarre, qui estoit un monopolier, allèrent piller et abattre une maison qu'il avoit à PONTAUBAULT, où demeuroit un de ses gendres et sa fille, aux quels ils firent de grandes indignités. Le soir du dict jour, la brigade de Latour alla faire quelques ravages en la maison de François Gosselin, sieur de la Hayse, lieutenant particulier en l'eslection. Le lendemain 9, le dict Latour et La Chesnaye, Le Vouge et quelques soixante soldats y retournèrent, pillèrent, volèrent et emportèrent ce qu'ils purent de meubles, mirent le feu en un petit appentis, qui n'eut pas grande suitte; abattirent le logis et le collombier.

Le 10 du dict mois, Lalouey et le prestre Morel mandèrent un nommé Chenevelles, de la paroisse de Vessey, et traictèrent avec luy, à 100 liv., pour empescher que sa maison ne fust abattue, après luy avoir faict faire despense de 20 liv., il paya 70 liv. comptant, et, ne payant pas assez tost, il fut *recommandé* aux factieux, ce qui le hasta d'apporter les 30 liv. restantes; mais, n'ayant pas faict assez de diligence, sa maison fut pillée et en partie abbattue.

Les factieux, jugeant que leurs meurtres, assassinats, brigandages et ravages méritoient de grands chastiments, pour s'en garantir, se portèrent à une rébellion entière, firent imprimer des mandements qu'ils envoyèrent par les paroisses, avec des lettres par les quelles ils enjoignoient aux curés de les faire publier; et ces mandements portoient qu'ils se pourveussent d'armes et se tinssent prests à se joindre au corps, où il leur seroit mandé, pour résister aux monopoliers et défendre les priviléges de la province; et ensuitte, ils firent leur despartement: Lalouey eut la sergenterie de Sainct-James, qui consistoit en 24 paroisses, des quelles il espéroit tirer 800 hommes et 200 de sa compagnie du faulxbourg d'Avranches. Pendant sa maladie, Turgot estoit brigadier; quand il fut guéry, il fut son lieutenant, et le jeune Marescot son enseigne; le lieutenant-colonel estoit Basire Basilière, nepveu du sieur de Pont-Hébert. Entre ses paroisses estoient Sacey, Vessey, La Croix en Avranchin, Poilley, le Pontaubault, Sainct-Quentin, Sainct-Loup, Juilley, Crollon, Sainct-James, Montanel, et les aultres de la dicte chastellenie de Sainct-Jehan. Champmartin eut le costé de Pontorson, avec sa compagnie de la ville, qui montoit à 300 hommes. Lalande des Planches eut Sainct-Liénard, Rane, Bastilly (Batilli), Lolif, La Mouche, Nostre-Dame et Sainct-Georges de Livoye.

Latour [eut] Cérences, Villedieu, et les paroisses des environs.

Lafontaine-Rigauldière, le costé de Gavray.... et Cuves.

Le sieur Basilière estant lieutenant-colonel de Jean Nud-Pieds, que chacun croyoit estre le sieur de Pont-Hébert, devant commander à toutes les troupes, il n'eut point de despartement.

Leurs despartements estant faicts, et les ordres donnés, et leurs mandements envoyéz, ils se remirent à piller et à contraindre les villages qui ne vouloient point fournir d'hommes, de donner de l'argent.

Les 26, 27, 28 septembre, Lalouey, Basilière, et le prestre Morel et un nommé Basselin, allèrent, à cheval, par les bureaux de Pontorson, Vessey, Susey et Montanel, pour piller les commis, leur prirent des chevaulx, et exigèrent d'eulx quelque argent, et en prirent où ils en trouvèrent, et espouvantèrent tellement les commis, qu'ils abandonnèrent les bureaux ; *et en toute l'eslection d'Avranches, il n'y avoit un seul commis qui eust osé paroistre ; ils estoient tous en fuitte, ou cachés, et ne se levoit aulcuns droicts pour le roy.* Ils se faisoient assister de six mousquetaires à pied, aux quels, quand on avoit contenté les cavaliers, il falloit donner quelque chose en particulier. Ces six mousquetaires estoient : Le Fresne, Lhonoré, La Mothe, Mestayer, Jusseaulme, et un mareschal du faulxbourg.

A l'exemple de ceulx d'Avranches, ceulx de Sainct-James pillèrent et rançonnèrent aussy leur bureau ; et ceulx de Barenton, le bureau des Forges Sainct-Baumer (Bomer).

Le 12 du dict mois de septembre, les habitants de Sainct-James, de l'eslection d'Avranches, et leurs voisins, pillèrent, volèrent et desmolirent la maison de Jean Ameline, receveur des tailles à Avranches. Le 9 du dict mois, les brigadiers envoyèrent 40 soldats, soubz la conduitte de Gaspard Manette, pour piller et ravager la maison du sieur de Basilly, esleu au dict Avranches, située en la paroisse de Monthuchon.

Le 27 du dict mois de septembre, Le Sauvage Rigauldière, frère de Lafontaine, l'un des brigadiers, partit de cette ville avec quelques séditieux, et allèrent prendre les habitants de Courtis; et, tous ensemble, allèrent au village de Noron [la page est rognée], piller, ravager et abattre la maison de la Bretesche, appartenant au sieur Angot, receveur des tailles à Avranches.

Le 29 du dict mois, Jacques Lecorvoisier, dict *Lespine*, estant venu apporter un mandement de M. de Matignon, par le quel estoit mandé à la noblesse de la vicomté d'Avranches, de se rendre à Sainct-Lô, s'en retournant, fut suivy de quelques-uns des séditieux, jusques au Pont-Gilbert, criant: *au voleur! au monopolier!* Et quelques-uns des habitants du Pont-Gilbert estant survenus, ils l'outragèrent à coups de baston, de pierres, luy volèrent sa bourse, son manteau, son cheval, ses pistolets, et l'eussent tué, sans un nommé Lapierre, qui vint à son secours et le fit entrer en sa maison.

Octobre. Pendant le commencement du mois d'octobre, il y eut peu de violences; et ils se contentèrent d'aller aux foires et marchés, dire qu'il ne falloit payer que les anciens droicts. Le 18 du dict mois, ceulx d'Avranches, de Cérences et Coustances allèrent à Gavray, où il y a foire, armés de mousquetz et piques, et firent, le matin, deux tours par la foire, et aultant l'après disnée, disant qu'*il ne falloit payer aucuns droicts, que la foire estoit franche de tout.* Les fermiers et leurs commis furent contraincts de se retirer, se firent traicter par les habitants de Gavray, leur disant qu'ils venoient pour les délivrer des monopoliers; et, d'Avranches, y estoient Champmartin, Latour, Lalande, les Pilliers, La Cavée, Basillière, Belin, Lafontaine-Rigauldière, Lalouey, Sauvagère, frère de Lafontaine, le cadet La Marselle, et Le Hamel; de Cérances : La Chaussée, La Croix, La Perrelle, Les Planches, Tinquebray, et quelques autres, conduictz par La Motte-Bellière; et de Coustances : La Vallée, Sauvagère, Le Petit, Hugueville, La Feillée; et estoient les uns à cheval, les autres à pied. Le 23 du dict mois, ceulx de Cérences allèrent piller et ravager la maison d'un nommé Adam, en la paroisse de *Meneville-sur-la-Mer*; et ils le mirent, et sa femme, nuds en chemise, hors de leurs maisons, qui, en cet estat, se retirèrent à Coustances.

Le 6 novembre, Lalande, Desplanches et 40 mousquetaires partirent d'Avranches, pour aller ravager la maison du dict deffunct Poupinel (assassiné), si sa femme ne leur vouloit donner mille livres; ils y firent quelques ravages, emportèrent ce qu'ils purent, et, en sortant, dirent que si, dans trois jours, on ne leur envoyoit 1000 liv., (on verroit....) Au sortir de la maison de Poupinel, ils allèrent ravager la maison d'un nommé Harasse, à l'induction du sieur de la Fontenelle, son voisin et ennemy, où estoient présents les fils du dict la Fontenelle. Et 10 ou 12 jours après, le père mourut de desplaisir de ce que les brigadiers d'Avranches avoient dict que c'estoit luy qui les avoit faicts venir et conduire en la maison du dict Harasse.

Les brigadiers employèrent le reste du mois à s'asseurer de ceulx qui devoient se joindre avec eulx, et à tirer de l'argent (soubz prétexte d'achepter des armes et de la poudre) de ceulx qui refusoient de se vouloir armer et de les suivre; et à ceulx qui ne vouloient donner hommes ny argent, ils y envoyoient des soldats qui y vivoient à discrétion.

Sur l'advis que M. Gassion debvoit venir à Avranches, ils mandèrent tous ceulx qui leur avoient promis de les assister, et firent monstre à la Bruyère Aulbouin, où ils se trouvèrent environ 4000, 1200 commandés par Latour, 1500 par Champmartin, 800 par Lalouey, et 300 des brigadiers de la Planche, Deslandes et Delafontaine-Rigauldière, qui n'avoient pas encore peu assembler leurs troupes.

Après avoir faict monstre, ils se départirent pour aller empescher les passages. Latour alla à Villedieu, pour en empescher le passage et les environs ; Lalouey et Champmartin à Pont-Farcy et à Gavray, les autres brigadiers, de donner ordre de ramasser leurs troupes (*sic*) La nuict de la veille de Sainct-André (29 novembre), ils eurent advis que M. Gassion avoit pris le chemin de Vire, et qu'il y passeroit la rivière, et à Cuves, si bien qu'ils se résolurent de venir deffendre les faulxbourgs ; car, de la ville, ils n'en estoient pas les maistres, et la tenoient comme assiégée, sans y laisser entrer aulcuns vivres, sans argent ; et les avoient réduicts en telle extrémité, que M. de Canisy envoya deux courriers, l'un sur l'autre, à M. Gassion, pour le presser de venir, et lui représenter que, s'ils estoient maistres de la ville, il faudroit du canon pour les en tirer. Estant logés en différents villages, Lalouey, qui estoit le plus près d'Avranches, ne peut rassembler ses troupes, et y alla avec ce qui estoit auprès de luy ; mais quelque diligence qu'il peust faire, il n'y arriva qu'un quart d'heure devant M. Gassion ; et de 800 hommes qu'il avoit à la Bruyère-Aulbouin, il ne fut suivy que de 300 ; et le reste ne l'ayant peu joindre, se retira dans ses logis. Champmartin ne fut guère mieux suivy, et laissa en chemin plus des deux tiers de ses troupes. Latour, qui estoit à Villedieu avec ses 1200 hommes, ne put gagner Avranches, et ayant eu advis que les faulxbourgs d'Avranches avoient esté forcés, s'enfuit ; et tout se dissipa.

M. de Gassion a faict une relation si particulière de ce

qui s'est passé à la prise des faulxbourgs, que n'en pouvant icy rien estre rapporté que par ouy dire, il semble plus à propos de n'en rien mettre.

Sur l'advis qu'eut M. La Potherie, qui estoit demeuré à Caen, de l'heureux succès des armes de S. M., soubz la conduicte de M. Gassion, il alla *à Avranches, où estoit le siége de la rébellion, n'y en ayant point eu de formées dans les aultres villes de la Basse-Normandie, mais seulement des vengeances particulières par des personnes intéressées, contre ceulx qu'ils croient lever des droicts sur eulx*, qui ne leur estoient pas deus, et qui faisoient des exactions (à ce qu'ils prétendoient) en la levée de ces droicts.

A Avranches, M. Gassion fit une prompte justice de ceulx qui furent pris les armes à la main; on en pendit 12 ; les autres, moins chargés, condamnés aux galères ; et sont à la chesne (chaîne); et là on commença à informer de tout ce qui s'estoit passé depuis les esmotions, dont résulte ce que dessus. Le prestre Bastard, un des plus séditieux, et un tanneur (nommé Maillard), qui avoit aydé à aller ruiner les maisons du Val Basin; et un nommé Dupont, complice de ceulx qui ont tué Poupinel, ont esté exécutés à mort; les autres qui se sont trouvés coulpables condamnés aux galères et au bannissement, plus ou moins chargés ; et ceulx qui n'ont peu estre pris, condamnés par contumace, par jugement du 8 mars 1640, en des peines telles qu'une telle rébellion méritoit, et des réparations, pour servir d'exemple à la postérité : que *les fins de tels attentats sont tousjours très funestes.*

Pendant ces désordres, M. de Canisy estoit en la ville, mais si foible et si peu assisté de noblesse, qu'il estoit contrainct de se tenir clos et couvert, et n'osa aller aux Capucins. Il alla en une hostellerie, proche de la porte de la ville, où on pouvoit tirer du chasteau, pour empescher qu'on ne fist violence au sieur de Sarvigny ; mais, estant gentilhomme du pays, avec le quel le peuple avoit contesté deux ou trois heures, ils furent bien aises de voir venir M. de Canisy, pour se dégager, ce leur sembloit, plus honorablement, de ce qu'ils avoient entrepris inconsidérément, et de quoy ils aimoient mieulx se relascher, pour son respect, que de se retirer sans rien faire. Il donna advis à M. de Mâtignon de ce qui se passoit ; et le dict sieur, par bruict commun, estoit résolu de venir à Avranches ; mais les brigadiers, qui craignoient sa venue, et qui n'estoient pas encore asseurés de leurs voisins, feinte de désarmer et de se remettre dans l'obéissance, et firent remonstrer au sieur de Canisy, par Pont-Hébert et Molinière, qu'il falloit qu'il eust l'honneur d'avoir appaysé ces désordres, sans appeller M. de Matignon ; et Molinière fut envoyé à M. de Matignon, avec une lettre de M. de Canisy, pour l'asseurer que tout estoit en bon estat ; et, par ce moyen, ayant rompu le voyage de M. de Matignon, ils se fortifièrent ; et M. de Canisy, voulant renvoyer Molinière, pour luy donner advis qu'on ne lui tenoit pas parolle, il n'y voulut pas retourner.

La prise de Lalouey et ses interrogatoires ont esclaircy beaucoup de choses qui n'estoient certaines ny claires, à l'esclaircissement et preuve des quelles on travaillera, et dont on donnera advis, comme on a faict de tout ce qui s'est passé jusques à présent.

Troisième Pièce.

Sédition a Coutances. — *Procès-verbal du lieutenant général au Bailliage de Coutances, touchant la sédition arrivée en la dite ville.*

Au Roy,

Sire,

Jacques de Sainct-Simon, escuier, vostre lieutenant général au Bailliage de Costentin, atteste et certiffie à Vostre Majesté que, le mardy sixiesme jour du *présent moys de septembre*, viron neuf heures du soir, sur ce que l'un des habitantz de vostre ville de Coustances avoit faict porter un enfant en l'église Sainct-Pierre du dict lieu, pour y estre baptizé, et qu'on avoit sonné une cloche, suivant qu'il est accoustumé en la dicte église, seroient sortiz plusieurs personnes portantz armes, de la maison de M⁰ Charles *Nicole*, recepveur de vos tailles au dict Coustancés, estant proche de la dicte église; les quelz, apprèz avoir entré en icelle, où ilz n'avoient trouvé que le prestre qui avoit baptizé le dict enfant; et, à leur issüe d'icelle, avoient esté en une rüe voisine d'icelle église, et s'estoient addresséz à quelques-uns des bourgeois de la dicte ville, estantz proches de leurs maisons, et sans armes; deux des quelz ilz avoient, à l'instant, tuéz, avecques pistoletz et autres armes, et blessé un aultre, en faisant un grand bruict, avoient encore frapé d'aultres personnes passantz par la rüe, comme il a esté rapporté au dict de Saint-Simon, èt dont a esté informé extraordinairement par vostre lieutenant criminel au dict Bailliage. Les quelz meurtres et voyes de faict avoient grandement allarmé, esmeu et irrité le peuple, qui avoit faict battre le toxin, la dicte nuict;

durant laquelle le dict Nicolle, sa femme, et aultres personnes, estantz en la dicte maison, en avoient sorty. Et le lendemain, du matin, plusieurs personnes de la populace et des parroisses voisines se seroient assemblez avec armes et bastons, auroient entré en la dicte maison, jecté hors d'icelle les meubles, partye des quelz ilz avoient brusléz, rompu et emporté les aultres, abbattu partye de la muraille et de la couverture de la dicte maison. Ce qui avoit donné subject au dict de Sainct-Simon, pour le debvoir de sa charge, de s'y transporter avec quelques-uns de vos officiers, pour tascher d'empescher le désordre. Mais, quelques commandementz qu'il eust faict à la dicte populace, il luy avoit esté impossible de faire cesser leur fureur, et auroit esté contrainct de se retirer, pour éviter au péril de sa vie, n'ayant la force à la main, à raison que la dicte ville est indeffendüe ; n'y ayant aulcune closture de muraille. Et, sur l'advis qui avoit esté promptement donné à monsieur de Matignon, vostre lieutenant en Normendye, il y seroit venu le mesme jour de lendemain septiesme du dict moys ; et, par son authorité et prudence, avoit fait cesser la dicte populace, composée, en la pluspart, de personnes venuez des villages voisins ; en laquelle ville il a mis et estably un gentilhomme pour commander aux habitantz, et ausquelz il a enjoinct de se mettre en armes pour faire cesser tous souslèvementz, s'il en arrivoit ; et à quoy le dict de Sainct-Simon proteste à Vostre Majesté contribuer, comme il a tousjours faict, de tout son pouvoir ; et le quel procèz-verbal il vous rend et présente, pour le deu de sa charge.

DE SAINCT-SIMON.

Quatrième Pièce.

Relation de la sédition qui s'est passée en la Généralité de Caen.

Vire. — En suitte des esmotions qui sont arrivées ès villes d'Avranches, Domfront et Mortaing, sur le prétexte de l'establissement des gabelles, le vendredy 12ᵐᵉ de ce mois, en la ville de Vire, où se tenoit le marché, quantité de menu peuple feirent courir le bruict que le sieur du Hallé, conseiller en la Cour des Aydes de Caen, qui s'estoit retiré pendant la message[1], en l'une de ses terres, proche de la dicte ville, avoit apporté les mandemens pour la publication des dictes gabelles, et que, ce jour-là, on les debvoit lire en l'Eslection. Aussitost, s'attroupent, et, avec armes, vont au siége de la dicte Eslection, enfoncent la porte de la chambre où estoient les esleuz, attaquent la personne du sieur de Sarcilly, antien président en l'Eslection, le frappent de quantité de coups, entre autres de plusieurs coups de pierres par la teste, le laissent pour mort sur la place; et, dict-on, que depuis il en est décédé; poursuivent les autres esleuz, dont aucuns ont esté blesséz; les aultres, sauvéz à la fuitte, vont en la maison du sieur de Sarcilly, laquelle ilz ont bruslée, et des nomméz Vincendière et Gosselinière, officiers de la dicte ville, et du sieur Jouvain, recepveur des tailles, pillent et bruslent tous leurs meubles, mesmes leurs papiers, dont ilz font des feuz au milieu des rues, de là se mettent

---

[1] *Message*, moisson. On vaquait dans les bailliages, pendant les travaux de la moisson.

en chemin pour aller en la maison du sieur du Hallé, conseiller de la court, dont ilz furent divertis par personnes qui les asseurèrent que le sieur du Hallé n'y estoit poinct, et qu'il s'en estoit retourné à Caen.

Caen. — Le lendemain samedy 13me du dict mois, s'est esmeue une grande sédition en la ville de Caen, qui semble avoir esté commencée dès le lundy précédent ; au quel jour le commis à la marque des cuirs fut battu et outragé dans la halle par les tanneurs, et fut contrainct de s'enfuir ; et le dict jour de samedy, les tanneurs, sçachant que le dict commis s'en estoit fuy, et n'osoit paroistre, le feirent sommer de se trouver en son bureau, pour marquer leurs cuirs, affin de les porter à la foire de Guibray, demandèrent acte aux esleuz de leur sommation ; et comme il ne s'estoit présenté personne pour marquer les dicts cuirs ; et ainsy s'en allèrent avec leurs dictes marchandises ; sur les 7 heures du soir, ilz feirent sortir leurs serviteurs, femmes et enfans, avec quantité de menu peuple qu'ilz avoient faict boire dès le matin, les quelz, en troupe, furent au bureau du dict commis, nommé Laporte, l'assiégèrent et forcèrent de se sauver pardessus les tuiles, desgradèrent et desmolirent sa maison, après l'avoir pillée et bruslé ses meubles. Ensuitte, furent au logis du nommé Croisière, huissier en l'Eslection, qui avoit travaillé pour faire payer la subsistance, la pillèrent, et bruslèrent aussy ses meubles, descouvrirent la dicte maison, et rompirent les planchers, deschirèrent ses registres, qu'ilz jettèrent dans le feu, avec tous les papiers qu'ilz trouvèrent chez luy, deffoncèrent des tonneaux de cidre qu'ilz trouvèrent en sa cave ; mesme aucuns d'eulx voulurent tuer deux petitz enfans qu'ilz trouvèrent couchéz en la dicte maison, dont ilz furent retenus par leurs complices ; de là, ilz allèrent en la maison du nommé Lamare, commis du dict Delaporte, au faulxbourg Sainct-Jullien, laquelle ilz ont mis rèz pieds, rèz terre, et poursuivirent le dict Lamare et sa femme jusques dans les fosséz du chasteau, où ilz se sauvèrent à toute peyne, à la faveur de quelques coups de mousquet que le sieur du Lys, lieutenant de Mr de Tresmes, feist tirer du dict chasteau, sur cette populace, dont quelques-ungs furent blesséz, et une femme tuée; et, en travaillant à la démolition de la dicte maison, dirent tout hault qu'il falloit aller à Sainct-Jehan, en faire aultant chez le sieur Lehaguais, recepveur des tailles de la ville, et qui recepvoit la subsistance; chez le sieur de Croismare, conseiller en la dicte cour, qui avoit esté commissaire avec M. d'Aligre, pour la dicte subsistance, et chez les nomméz Quentin et Lemarinier, commis au bureau du papier; mesmes menaçoient le sieur Dubois-Olivier, président en la dicte court, à cause des informations qui avoient esté commencées en icelle, pour le faict de la rébellion d'Avranches et Mortaing, dont ayant reçeu incontinent les advis, le dict sieur Lehaguais, après avoir donné ordre en sa maison, s'est retiré au chasteau, et le dict sieur de Bois-Ollivier, ayant faict sortir de la ville sa femme et enfantz, se retrancha dans sa maison, avecq quelque nombre de ses amis résolus de se défendre.

Sur les neuf heures du soir, le lieutenant général, avecq quelque nombre de personnes de condition, allèrent faire fermer les portes, et a-t-on commencé de faire garde pour empescher la continuation du désordre. *MM. de la Court des Aydes y ont esté en personne;* et, maintenant, travaillent secrètement à en faire des informations, attendant ung ordre plus précis de Nosseigneurs du Conseil. Tous les honnestes gens et personnes de condition de la ville ne trèmpent point en cette mutinerie; au contraire, se monstrent fort résolues à réprimer et chastier l'insolence de cette canaille.

Les dictz sieurs de la Court des Aydes ont reçeu advis certain que, la sepmaine précédente, *quatre hommes bien montéz alloient dans le pays de Costentin, par les bourgs et villages, et deffendoient au peuple de rien payer.* A Mortaing et à Avranches, ilz sont révoltéz à tel point, qu'ils font monstre en armes, et réclament pour leur capitaine *Jehan Va Nud-pieds,* que l'on croit, néantmoins, estre ung homme chimérique; et ne se parle point qu'ils ayent d'aultre chef.

Cinquième Pièce.

Abrégé des choses qui se sont passées en Basse-Normandie, sur le fait de la rébellion.

Toute la Basse-Normandie a esté génerallement dans la révolte, les uns pour avoir commis le crime, les autres pour l'avoir toléré. La noblesse de la campagne a souffert qu'on aye battu tous les jours le tocsain dans leurs parroisses pour l'assemblée des rebelles, et que leurs tenanciers se soient souslevéz pour cest effect, sans y avoir apporté remède quelconque. Et les officiers, dans les villes, ont toléré la révolte du peuple abattant les maisons et assassinant des personnes affectionnées au service du roy, les receveurs des tailles et des autres deniers de S. M., sans qu'ilz ayent employé ny leurs personnes, ny celles de leurs amys pour arrester le cours d'un désordre de si périlleuse conséquence.

La source de la rébellion a esté dans les fauxbourgs d'Avranches, l'assemblée et leur retraicte ordinaire, et enfin leur deffaicte et dissipation toute entière. Ce n'estoit qu'un petit nombre de gens de peu, du commencement; et ainsy bien aizé de les dissiper. Mais, s'estant grossy, peu à peu, par la connivence des grandz et par l'amas et l'assemblée générale des petitz, enfin, ont formé un corps de cincq à six mil hommes bien arméz, qu'ilz ont divisé en huict ou dix régimens commandéz par les plus aguerris d'entre eux; et de là se sont estendus en toute la province. Pontorson les a reçeus le premier; Coustance leur a fourny d'hommes et d'argent; Vire les a fortifféz; Bayeux les a soustenus, et Caen les a impunément souffertz. Tout le plat pays leur contribuoit avec joye, à la face du lieutenant du roy et des gouverneurs particuliers des places, et généralement de toute la noblesse. Ilz ont vomy leur rage en tous les lieux susnomméz, ont abattu des maisons, ruyné des familles tout entières, assassiné les gens de bien. Bref, c'estoit faict de toute la province, si le roy n'y eust employé la force de ses armes; à ce point que, si on eust encores différé quatre jours de les attaquer, ilz grossissoyent leur corps jusqu'à dix mil hommes. Et, s'ilz eussent résisté au premier effort, tout le pays se feust hautement déclaré; car un chacun en attendoit le succès.

Sixième Pièce.

Mémoire *des noms de ceux qui ont trempé ès esmotions populaires et rébellions qui ont esté faictes en la ville de Caen, et autres circonvoisines de la province de Normandie.*

Madame d'Aubigny a incité les séditieux à aller piller la maison du sieur d'Orneau, commis à la recepte générale des gabelles de la dicte ville.

Le cappitaine Brahard, séditieux, prisonnier au chasteau de Caen.

Les gens de qualité ont donné lieu aux séditions.

Les enfans des meilleures maisons l'ont excitée et commencée.

Plusieurs magistratz y ont trempé.

Un moyne de la grande abbaye de Caen.

Les depputtéz de la dicte ville sont des séditieux.

Lizieux. — Le peuple a esté enlever tout le sel blanc des salines de Toucque.

Plusieurs gens arméz, séditieux, officiers du général Jean Nudz-piedz, ont esté au port de la Barre, proche Cancalle, en Basse-Normandie, faict deffense aux officiers et commis du grenier à sel, de descharger le sel qui estoit en trois navires pour le fournissement des greniers du Bas-Mayne, qu'ilz ne leur baillássent de l'argent pour achepter des armes et munitions de guerre. Aux quelz prétendus officiers du dict Jean Nudz-piedz, le dict commis fut contrainct de leur bailler 30 pistolles, moyennant les quelles les dictz prétendus officiers donnèrent un passeport pour descharger et faire *voicturer* le dict sel, *intitulé :* De par le général Nudz-piedz, commençant : *Il est deffendu à toutes personnes ;* et finissant : En tesmoing de quoy nous avons faict signer le présent par l'un de nos officiers à ce commis, et faict apposer le cachet de nos armes. Donné à la Roche Torin, le dernier jour d'aoust 1639, signé : Nudz-piedz. Et plus bas : De par mon dict seigneur, signé : Les Mondrins; et scellé. Au bas est la quittance des dictes trente pistoles, datée des dictz jour et an, signé : Les Mondrins et Boisdrot.

Le véritable nom du dict *Les Mondrins* est Morel ou Moreau, prestre de la paroisse de Sainct-Gervais, de la ville d'Avranches, qui estoit assisté d'un nommé La Roze, du dict Avranches, ainsy qu'il appert par le procès verbal du dict de La Rembergerye, prévost des mareschaux de Saincte-Suzanne, du 15 septembre 1639.

Septième pièce.

Mémoire *pour punir les séditieux de la Basse-Normandie.*

Faire le procès à ceux qui sont prisonniers, accusés de rébellion, et les condamner aux peynes ordinaires en tel cas ; que leurs maisons soient rasées, leurs biens acquis et confisquéz au roy, pour estre employéz aux satisfactions deues à ceux qui ont souffert des pertes par la rébellion.

Arrester ceux qui se trouveront les plus chargéz, et les punir ainsy que dessus.

Pour les officiers de la ville de Caen, s'ils se trouvent n'avoir pas faict leur debvoir, les interdire de leurs charges, les renvoyer par devers le roy, pour leur estre pourveu.

Ordonner que le corps de la ville se retirera par devers le roy, pour entendre sa volonté, et cependant, jusques à ce que autrement en ayt esté ordonné, par S. M., la ville privée de tous ses priviléges et honneurs.

Quant à ceux de la campaigne, l'on pourroit en faire arrester quelque nombre, et, après en avoir chastié les factieux, envoyer le reste aux gallères.

Pour les autres villes (comme Avranches), si elles se sont entièrement souslevées contre le service du roy, *razer les murailles et les maisons des principaux séditieux*, et les punir des mesmes paynes que dessus, priver la ville de tous priviléges, interdire les magistrats, et les renvoyer par devers le roy.

Le chancelier supplie Son Eminence luy faire cest honneur que de luy mander si c'est son intention que l'on envoye l'ordre que dessus à Monsieur de La Poterie; et, en ce cas, il *sera nécessaire d'un commandement du roy pour le rasement des murailles des villes et des fauxbougs; cest ordre excédant le pouvoir du chancellier.*

Réponse. — Cet advis est fort bon. Il en faut faire autant à toutes les villes qui se trouveront coulpables.

Huitième Pièce.

Mémoire *touchant l'abolition des Nuds-pieds du diocèse d'Avranches.*

Il sera utile au service du roy d'accorder, par sa clémence ordinaire, l'abbolition aux nudz-piedz du diocèse d'Avranches, parce que *les faubourgs de la dite ville et quantité de villages estants presque désertz dans l'absence des fugitifs,* il y a de grandes non-valeurs dans les tailles, aydes, subsistances, et autres impositions.

En effet, la taille se montoit, d'ordinaire, à *dix mil livres;* et n'a esté, cette année, qu'à *douze cens livres;* et la subsistance, qui se montoit à *six mil livres,* n'a esté, cette année, qu'à *quatre cens livres; et les Aydes sont réduites à rien.*

Ce sera une action digne de la clémence de Sa Majesté, de pardonner à ces pauvres malheureux fugitifs, après le chastiment qui a esté fait *de plusieurs des principaux, desquelz on a fait deux chaisnes de galleriens;* et on a *mis à mort plus de vingt-cinq*, outre la ruine de quantité de maisons, en la place desquelles on a posé des croix, suivant le jugement de Monsieur de La Potterie. Et ce pardon est l'unique moyen de rétablir ce pays désollé, le tout à la réserve des principaux autheurs de la faction, brigadiers et autres.

Ceux qui ont participé à la rébellion seront obligéz de se présenter, au jour préfix, devant monsieur le commissaire, pour subir l'interrogatoire, prester serment de fidélité, et faire submission de payer l'amende qui leur sera ordonnée, sur le pied de dix pour cent.

Pour le dédommagement des intéresséz, il sera créé un scindic, à la poursuite et instance duquel il sera pris connoissance exacte, pardevant M. de La Potterie, tant des dommages soufferts par les dictz intéresséz qui n'ont esté jugéz que par contumace, comme aussi du bien des coulpables, et de ce que les ditz intéresséz ont desjà touché des coulpables, ou des meubles qui leur ont esté restituéz.

Après cette connoissance, il sera fait une taxe, par Monsieur de La Potterie, sur le pied de dix livres pour cent, dont les rolles seront signéz et rendus exécutoires par le dit sieur, devant lequel aussi seul sera rendu le compte de la recepte. Les serviteurs, pauvres fermiers et gens de bras n'ayant point d'immeuble, payeront vingt-cinq livres, ou serviront le roy pendant une campagne.

Les sommes provenant de ces taxes seront employées au dédommagement des intéresséz; et, s'il manque de fondz, le reste sera rejetté sur les paroisses qui auront pris les armes dans la révolte, lesquelles seront taxées par Monsieur de La Potterie, et la taxe imposée par les députéz de Monsieur le commissaire, s'il n'est jugé plus à propos de ne point publier les taxes particulières, que Monsieur de La Potterie n'ayt pris connoissance des biens d'un chascun, pour faire porter aux plus coulpables ce qui défaudra de la taxe de dix pour cent. Sa Majesté ceddera, s'il luy plaist, les confiscations en faveur des intéressez.

Les pères répondront pour leurs enfans, les maistres pour les serviteurs, les tuteurs et héritiers présumptifs, pour les mineurs, et les héritiers pour les défunctz.

Monsieur de la Potterie pourra faire vendre du bien des coulpables, pour payer la taxe imposée, sans que le bien vendu demeure chargé d'aucune hypothèque.

Attendu la longueur des formalitéz requises à la vente des immeubles, selon la coustume de Normandye, Sa Majesté sera très humblement supplyée d'en dispenser en ce point, et de permettre que l'on suive un usage plus facille et plus court, à la discrétion du commissaire.

Tout ce que dessus sera fait aux dépens de l'affaire. Cependant, Sa Majesté accordera, s'il luy plaist, surséance, pendant six moys, des condamnations jugées par contumace en faveur des intéressez par Monsieur de La Potterie.

NEUVIÈME PIÈCE.

Lieux où sont envoyéz en garnison les troupes d'infanterie qui sont venues à Rouen.

(Régiment de Monseigneur le maréchal de la Mailleraie.)

Neufbourg.   Hyesmes.
Beaumont-le-Roger   Essey.
La Haute et Basse-Lire.   Conches.
Rugles.   Breteuil.
Gacé.

(Régiment de Son Éminence.)

Nonancourt.	Château-Neuf en Thime-
Laigle.	rays.
La Ferté-au-Vidame.	Languy-au-Perche.
Senonche.	Le Mesle.

(Infanterie.)

Piedmont, à Beauvais, son ancienne garnison.

Champagne, à Vernon et Andelys, son ancienne garnison.

La Marine, à Caudebec, Lillebonne et Fécamp, son ancienne garnison.

Eu et Tréport, un régiment.

Verneuil, un régiment.

Argentan, un régiment.

Séez, un régiment.

Mortagne, un régiment.

Estat du logement des deux régiments de cavalerie qui sont allés en Basse-Normandie.

(Régiment de Monsieur le marquis de Coislin.)

La Mestre de Camp. . . . . au Pontorson.
D'Anglure et Comminge. . . . . à Bayeux.
Croisy et La Trousse. . . . . à Vire.
Dorte. à Villedieu.
Sainte-Maure. . . . . à Condé.
La Bourelie. . . . . à Aty.

(Régiment de Vatimont.)

La Mestre de Camp et Besançon. . . . , . à Valogne.
Ambleville. . . . . , . . . à Montebourg.

Descombes. . . . . à Coutances.
Bandeville. . . . . à Carentan.
Auzonville. . . . . , . . à Périer.

Projet des troupes qu'on peut laisser en Basse-Normandie pour la sureté du pays.

Dans le château de Caen. . . . . 200 hommes.
Dans le château de Bayeux. . . ، 100
Dans Vire. 200
Dans Avranches 200
Dans Coustances. . . . . 200 chevaux.
Dans Pontorson . . . . 50 chevaux.

Il faut laisser un homme de commandement pour toutes ces troupes, si l'on n'en veut laisser la conduite au lieutenant de roi.

Récompense *donnée par Louis XIII au chancelier Séguier; après son voyage en Normandie. —* Équité, désintéressement du chancelier.

Louis XIII, en récompense des services que le chancelier Séguier venait de rendre à l'État, dans ce voyage en Normandie, lui donna, par lettres patentes de mai 1640, « toutes les terres vaynes et vagues à luy appartenans et deppendans de son domayne, situées et assises dans les bailliages et vicomtés de Caen, Bayeux, Falaise, Coustances et Avranches, pour des dictes terres (à quelques sommes, valleurs et estimations qu'elles se peûssent monter et revenir), jouyr et user, faire et disposer par le dict sieur Séguier, ses hoirs, successeurs, et ayants cause, plainement, paisiblement et à tousjours, comme de leur propre chose, loyal acquest et héritage, etc.[1] »

Le conseiller d'État La Poterie, commissaire pour l'exécution de ce don, commença à publier des mandements dans tout le pays, et à envoyer des assignations à cent villages et à des milliers d'habitants, pour les contraindre à produire les titres en vertu desquels ils possédaient des marais, prairies, étangs, pêcheries, pâturages, landes, terres vaines et vagues ; et la perturbation dans tout le pays fut grande, on le peut croire. Mais, bien heureusement pour tant de communes, pour tant d'habitants, menacés de tout perdre, le chancelier Séguier ayant été averti de ces procédures, et renseigné sur le bon droit des habitants inquiétés, arrêta aussitôt les vexations auxquelles ils étaient en butte, en remettant au roi le don qu'il venait d'en recevoir, « ne voulant pas que son nom servist plus longtemps de prétexte à une si grande ruyne. » Les États de Normandie, assemblés à Rouen, au mois de novembre 1643, louèrent hautement le chancelier de cet acte éclatant de justice et d'humanité[2].

---

[1] Lettres patentes, données à Chantilly, au mois de mai 1640, enregistrées, le 22 juin suivant, à Rouen, par la commission du Parlement de Paris, remplaçant, provisoirement, le Parlement de Normandie interdit.

(*Reg. Rapports civils*, 22 juin 1640.)

[2] Remonstrances des Estats de Normandie, réunis à Rouen, le 26 novembre 1643, article 32.

TABLE
DES MATIÈRES

CONTENUES DANS CE VOLUME.

NOTICE sur la relation du voyage du chancelier Séguier en Normandie, sur les documents publiés ici avec cette relation, et sur les deux volumes manuscrits de la Bibliothèque royale (fonds de Saint-Germain), où la plupart de ces pièces sont contenues, I.

RELATION du voyage du chancelier Séguier dans la Normandie, en 1640, après la révolte des Nu-pieds; par M. de Verthamont, 1.

15 octobre 1639. Le roi Louis XIII donne mission au chancelier Séguier d'aller à Rouen rétablir l'autorité royale, blessée par les troubles de 1639, 1.

Les conseillers d'État et maîtres des requêtes ordinaires de l'hôtel sont avertis de suivre le chancelier Séguier, dans ce voyage, 3.

Les officiers de la chancellerie de France reçoivent ordre de suivre, ainsi que le secrétaire des commandements, La Vrillière, Galland, secrétaire du Conseil d'état, et Forcoal, secrétaire du Conseil des parties, 4.

Vendredi seize décembre 1639. Le chancelier tient, à Paris, le *Conseil des parties*, 5.

Samedi 17 décembre 1639. Le chancelier prend congé du roi, de la reine, du cardinal de Richelieu, salue le dauphin, dîne chez le grand écuyer Cinq-Mars, 6.

Le dimanche 18 décembre, le chancelier tient le Conseil de la petite direction des finances; il donne des audiences, reçoit des visites, 6.

Le chancelier déclare qu'il ne sera jugé aucune affaire, même légère, au Conseil, que là où il se trouvera, en Normandie, 8.

Lundi 19 décembre 1639. Le chancelier part de Paris, accompagné de madame la chancelière, du prince d'Enrichemont, l'un de ses gendres, de l'évêque de Meaux, son frère, etc., 8.

Il dîne à la Chevrette, 9.

Le chancelier voit, à Pontoise, sa sœur, supérieure des Carmélites; là, madame la chancelière le quitte, 10.

Mardi 20 décembre 1639. Le chancelier va à Mantes, 11.

Mercredi 21 décembre 1639. Le chancelier arrive à Gaillon, et se loge dans le château des archevêques de Rouen, comme l'en avait prié M. de Harlay, premier du nom, 14.

Jeudi 21 décembre 1639. Le chancelier, averti qu'à Rouen M. de Harlay devait aller à sa rencontre, aux portes de la ville, avec tout le clergé, demander grâce pour le peuple, écrit au prélat, pour le détourner de cette démarche, dont il lui démontre l'inutilité, 15.

Le chancelier reçoit des nouvelles de Gassion, qui était dans la Basse-Normandie, 21.

Pendant tout le voyage et le séjour en Normandie, tous les membres du Conseil dînèrent à la table du chancelier, 21.

Vendredi 23 décembre 1639. Des députations du Parlement de Rouen, de la cour des Aides, du présidial, viennent à Gaillon, saluer et haranguer le chancelier, 22.

Le Père Faure, général des Augustins, fait connaître à Verthamont les dispositions où l'on est à Rouen, 24.

Samedi 24 décembre 1639. Le chancelier assiste à une chasse aux daims, dans le parc de Gaillon, 27.

Dimanche 25 décembre 1639, 28.

Le colonel Gassion arrive à Gaillon, et est logé dans le château, 29.

Lundi 26 décembre 1639. Le chancelier, de concert avec Gassion, règle ce qui concerne le logement des troupes à Rouen, 30.

Le chancelier ordonne de faire le procès aux officiers du présidial de Coutances, et enjoint à ces magistrats de se rendre à sa suite, à Rouen, 31.

Gassion, après avoir dîné avec le chancelier, prend congé de lui, et va à Elbeuf rejoindre ses troupes, 33.

Le chancelier invite M. de Verthamont à rédiger un *Diaire* ou *Journal* du voyage de Normandie, 35.

Mardi 27 décembre 1639, 36.

28 décembre 1639. Le chancelier reçoit, à Gaillon, des députations de la chambre des comptes de Rouen, du chapitre métropolitain, et du présidial d'Andely, 37.

Jeudi 29 décembre 1639. Demandes d'exemption du logement des troupes, 39.

Déférence de Gassion pour le chancelier, 40.

Des procureurs au Parlement de Rouen sont arrêtés (à la poursuite des partisans) dans le château de Gaillon, 41.

Le chancelier tient le sceau à Gaillon, 42.

Vendredi 30 décembre 1639. Le chancelier éconduit deux députés du Parlement de Rouen, qui demandaient qu'il dispensât tous les officiers de cette compagnie du logement des troupes, 44.

Le chancelier fait bon accueil à Baudry de Biville, l'un des deux conseillers qui avaient sauvé la vie à Letellier de Tourneville, receveur-général des gabelles à Rouen, 46.

Il éconduit deux conseillers de la cour des Aides, députés vers lui, pour solliciter une exemption de loger les troupes, 48.

Le chancelier donne audience à M. Le Guerchois, avocat-général au Parlement de Rouen, 48.

Le chancelier arrive au Pont-de-l'Arche, où il est salué par l'artillerie du château, 50.

Saint-Georges, gouverneur du Pont-de-l'Arche, vient demander le *mot d'ordre* au chancelier, 51.

31 décembre 1639. Le chancelier tient une séance du Conseil, au Pont-de-l'Arche, 53.

Le roi regardait ce voyage en Normandie, comme étant très important, 53.)

Le chancelier s'ouvre, avec Verthamont, de plusieurs desseins qu'il se propose dans ce voyage, 55.

Le chancelier tient un sceau au Pont-de-l'Arche, 56.

On apprend, le soir, que, le jour même, Gassion est entré dans Rouen, avec ses troupes, 56.

Le chancelier, au Pont-de-l'Arche, s'enquiert des réparations dont avait besoin le pont de cette ville, 58.

1er janvier 1640. Le chancelier visite le château du Pont-de-l'Arche et le pont, et se rend compte des réparations qu'il importe d'y faire, 59.

Lundi 2 janvier 1640. Le chancelier part du Pont-de-l'Arche pour Rouen, 62.

Le bailli de Rouen, accompagné de 200 chevaux, va au-devant du chancelier, 63.

Le colonel Gassion y va aussi, avec toute sa cavalerie, 63.

Le chancelier est salué de l'artillerie du Vieux-Palais, 63.

Godart du Becquet, lieutenant général du présidial de Rouen, harangue le chancelier aux portes de la ville, 64.

Le chancelier se loge dans le manoir abbatial de Saint-Ouen. Il y reçoit les officiers de l'hôtel-de-ville et le chapitre, 66.

Le Parlement, en corps, visite et harangue le chancelier, 67.

Réponse sévère du chancelier à la harangue du premier président du Parlement, 70.

La chambre des Comptes harangue, à son tour, le chancelier, 71.

La cour des Aides harangue le chancelier, 71.

Harangue du présidial de Rouen, 72.

Harangue des officiers de la Vicomté, 73.

Réponse du chancelier, 74.

Les officiers des régiments, introduits par Gassion, présentent au chancelier les drapeaux et enseignes colonelles, qui sont mis en dépôt dans sa demeure, 75.

Un soldat, ayant commis un meurtre, est passé par les armes, 77.

Mardi 3 janvier 1640. Le chancelier tient un conseil particulier, 78.

Deux huissiers du Conseil vont au Palais de Justice, notifier aux membres du Parlement, assemblés, la déclaration royale qui les interdit, et leur enjoint de sortir de Rouen, et de se rendre à la suite du roi, 78.

Interdiction de la cour des Aides et des trésoriers de France, 82.

Évocation au Conseil, des affaires pendantes au Parlement de Normandie, 85.

Arrestation des lieutenant et enseigne d'une des compagnies bourgeoises de la ville, 87.

Mercredi 4 janvier 1640. Les curés de Rouen demandent que les filles et jeunes veuves soient exemptées de loger des soldats, 88.

Exemptions pour les maisons de la rue de la Poterne, 88.

Déclaration du roi, pour rendre responsables des séditions, les magistrats dans les villes, et les seigneurs dans les campagnes, 90.

Ordre aux capitaines des quartiers et chefs de métiers d'indiquer les noms des habitants de Rouen qui s'étaient enfuis après les troubles, 90.

Ordre aux membres du Parlement, de partir de Rouen le dimanche 8 janvier, 91.

Jeudi 5 janvier 1640. Désarmement de la populace, 92.

Le chancelier se refuse à dispenser aucun des membres du Parlement, de sortir de Rouen, quels que soient leur âge et leurs infirmités, 93.

Mesures pour réprimer les excès des soldats logés dans Rouen et dans les faubourgs, 94.

Taxe de 24 liv. par jour, allouée à chacun des maîtres des requêtes, venus en Normandie, à la suite du chancelier, 96.

Vendredi 6 janvier 1640, 96.

Maîtres des requêtes, chargés d'informer des excès des troupes, et de punir les soldats trouvés en faute, 98.

Samedi 7 janvier 1640. Les maîtres des requêtes conviennent des mesures à prendre pour l'exécution de la mission à eux donnée, de maintenir les troupes dans le devoir et la discipline, 103.

Rétablissement des bureaux, 104.

Verthamont et D'Ormesson rétablissent le bureau des gabelles (rue de la Prison), 105.

Ils vont ensuite rétablir dans leurs fonctions les officiers du grenier à sel, 108.

Les membres du Parlement de Normandie prennent congé du chancelier, et quittent Rouen, 109.

Réponse sévère du chancelier au premier président, qui voulait justifier sa compagnie, 110.

Le chancelier fait exécuter, en vertu d'un simple ordre verbal, Gorin du Castel, chef des séditieux de Rouen, et quatre de ses complices, 112.

Exécution de ces cinq condamnés, 113.

Nombre de pauvres artisans et hommes du peuple, conduits par leurs curés, viennent trouver le chancelier, demandant pardon au roi, 117.

Le chancelier règle les séances entre les conseillers d'État et les maîtres des requêtes, 120.

Dimanche 8 janvier 1640. Le chancelier assiste, en cérémonie, à la grand'messe de l'église cathédrale de Rouen, 122.

Le conseiller-clerc Godart de Braquetuit, trésorier du chapitre, fut, seul, dispensé, par le chancelier, de sortir de Rouen, 123.

Le chancelier dîne à l'archevêché, avec Gassion, que l'archevêque François de Harlay, tente, en vain, de convertir, 123.

Le chancelier visite les sépultures, le trésor de la cathédrale, et la bibliothèque du chapitre, 125.

Bibliothèque du chapitre de Rouen, 126.

Incarcération de trois soldats qui avaient maltraité leurs hôtes, 128.

Lundi 9 janvier 1640. Débats entre les maîtres de requêtes et les conseillers d'État, sur l'ordre des séances, 128.

Les conseillers d'État et maîtres des requêtes vont au palais, tenir leur audience, 130.

Débats sur l'ordre des séances, 130.

Les appeaux, 133.

Ancien serment des magistrats normands, 135.

Nouveaux débats sur l'ordre des séances, 135.

Les huissiers du Conseil vont à l'hôtel-de-ville, signifier aux échevins, aux conseillers de ville, au lieutenant général du présidial (*maire perpétuel*), les déclarations royales qui les interdisent, 138.

Excès commis par la cavalerie logée dans les faubourgs. Les maîtres des requêtes font châtier quelques cavaliers, 141.

Mardi 10 janvier 1640. 2e audience, tenue au palais, par les conseillers d'État et maîtres des requêtes, 142.

Publication de la déclaration royale qui rend responsables des séditions, les magistrats dans les villes, les seigneurs dans les campagnes, 144.

Harangue de Du Bosquet, faisant les fonctions de procureur général, 144.

Le chancelier se transporte à l'hôtel-de-ville, le visite, examine les pièces d'artillerie, et autres armes qui s'y trouvent, 147.

Pourquoi les officiers de l'hôtel-de-ville de Rouen ne furent interdits que six jours après les autres compagnies, 148.

Mercredi 11 janvier 1640. 3e audience, tenue au palais, par les conseillers d'État et maîtres des requêtes, 149.

Interrogatoire d'un cavalier, qui avait tenté de forcer une fille à Darnétal, 150.

Le chancelier tient le sceau, 151.

Levée des scellés de l'hôtel-de-ville, 151.

On songe à la punition des coupables, au dédommagement des préjudiciés. Difficultés qu'on y rencontre, 154.

Le désarmement était opéré, 154.

Le chancelier donne à entendre que l'interdiction du Parlement durera trois ans au moins, 155.

Six anciens conseillers de ville, *commis par le roi*, pour administrer les affaires de la ville de Rouen, 157.

Réformation des monastères, 158.

Exemption de logement de soldats, pour la *rue de la Poterne*, 159.

Police établie entre les soldats et leurs hôtes, 159.

Le Tellier de Tourneville, receveur général des gabelles, rentré à Rouen, 160.

Jeudi 12 janvier 1640, 161.

Enfin on déloge les soldats logés dans la rue de la *Poterne*, 163.

Le chancelier va visiter le Vieux-Palais, 165.

Vendredi 13 janvier 1640. Jugement de deux soldats, accusés, l'un de viol, l'autre de complicité, 166.

L'un est condamné à mort, l'autre aux galères perpétuelles, 166.

Particularités qui précédèrent l'exécution du premier, 166.

Lors du désarmement, on avait ôté aux douze sergents de Rouen leurs armes, 167.

L'exécuteur demande qu'il lui soit permis de mettre la main à l'épée, au cas où il serait attaqué. Gassion envoie au palais un détachement de cinquante hommes, 167.

Un soldat qui, l'épée à la main, a causé du désordre dans le palais, est arrêté, et livré à Gassion, qui, le même jour, le fait passer par les armes, 168.

Gassion va à Darnétal, faire la

police entre les habitants et les soldats, 169.

Inventaire des titres et papiers de la maison de ville, 169.

Six anciens avocats commis pour tenir les *requêtes du palais*, au Parlement de Normandie, en remplacement des conseillers commissaires aux requêtes, interdits, 170.

Livre des fontaines, Ms. appartenant à l'hôtel-de-ville de Rouen, 171.

Le chancelier se réserve de faire exécuter encore des séditieux, en vertu d'un simple *ordre verbal*, 172.

Samedi 14 janvier 1640, 173.

Exécution en vertu de l'*ordre verbal* du chancelier, 174.

Dimanche 15 janvier 1640. Le chancelier, après avoir entendu la messe aux Cordeliers, va dîner chez Gassion, 175.

Le chancelier va visiter, une deuxième fois, le Vieux-Palais, 176.

Lundi 16 janvier 1640. Deux vieux registres de chartes ducales, remis au chancelier, 178.

Mardi 17 janvier 1640. Les conseillers d'État et maîtres des requêtes procèdent au jugement des individus détenus, comme ayant trempé dans la sédition, 179.

Livre des concessions des foires de Rouen, 182.

Mercredi 18 janvier 1640. On continue de juger les individus arrêtés à la suite des séditions de Rouen, 183.

Le chancelier reçoit l'ordre d'aller en Basse-Normandie, 186.

Les canons de l'hôtel-de-ville et les armes des bourgeois sont transférés au Vieux-Palais, 187.

Le chancelier donne l'option aux bourgeois de Rouen, de se rendre garants de la tranquillité de la ville, ou de demeurer chargés d'une garnison de 6000 hommes, 189.

Translations des religieux, 192.

Jeudi 19 janvier 1640. Séances du Conseil, auxquelles assiste M. de Harlay, archevêque de Rouen, 194.

Vendredi 20 janvier 1640, 195.

Les armoiries du cardinal de Richelieu, placées sur la porte du couvent des Jacobins, en avaient été ôtées, par ces religieux, lors des troubles, 196.

Samedi 21 janvier 1640, 197.

Les bourgeois de Rouen et de Caen prennent l'engagement de conserver leurs villes en l'obéissance du roi, 198.

Le chancelier n'entendait pas qu'un avocat religionnaire pût siéger parmi ceux qu'il avait nommés pour tenir, par provision, la chambre des requêtes, 202.

Dimanche 22 janvier, 203.

Lundi 23 janvier 1640. On annonce, comme prochaine,

458 TABLE

l'arrivée de commissaires pris dans le Parlement de Paris, 204.

Le chancelier va au collége des Jésuites, y assiste aux exercices des écoliers, y reçoit, de l'un d'entre eux, des compliments préparés pour lui, 205.

Mardi 24 janvier 1640, 207.

Un soldat, qui avait tué son hôte, est passé par les armes, 207.

Mercredi 25 janvier 1640, 208.

Le chancelier s'exprime avec indignation, sur le compte des partisans, 209.

Jeudi 26 janvier 1640. On continue de procéder au jugement des séditieux, 211.

Le chancelier reçoit l'ordre exprès d'aller en Basse-Normandie, 214.

On s'occupe du dédommagement des commis. Leurs prétentions exagérées, 216.

Vendredi 27 janvier 1640, 218.

Samedi 28 janvier 1640. Fin du jugement des séditieux, 218.

Les commissaires, dans le jugement des séditieux, inclinèrent toujours à la douceur. Pourquoi ? 226.

Arrivée du sieur De la Fosse, commis procureur général près les commissaires du Parlement de Paris, attendus à Rouen, 227.

Dimanche 29 janvier 1640, 227.

Les commissaires du Parlement. de Paris arrivent à Rouen, 228.

Lundi 30 janvier 1640. L'archevêque François de Harlay, le conseiller d'Etat D'Ormesson, et le maître des requêtes Verthamont vont aux Cordeliers de Rouen, pour choses concernant la réforme, 228.

Le chancelier Séguier discute, pendant trois heures, une question de théologie, et, par suite, est pris de migraine, 231.

Mardi 31 janvier 1640. Le président Séguier et les autres commissaires du Parlement de Paris siégent au palais, pour la première fois, 232.

Harangue de M. De la Fosse, procureur général, 233.

Le président Séguier, dans sa harangue, attaque le Parlement interdit, 234.

Mercredi 1 février 1640, 238.

Jeudi 2 février 1640, fête de la Purification, le chancelier assiste, dans la cathédrale, à tout l'office, 240.

Vendredi 3 février 1640, 241.

Samedi 4 février 1640, 241.

Le chancelier fait des reproches aux bourgeois de Rouen, de leur lenteur à payer les taxes imposées sur la ville, 242.

Dimanche 5 février 1640, 242.

Lundi 6 février 1640, 243.

Mardi 7 février 1640, 245.

Mercredi 8 février 1640, 246.

Jeudi 9 février 1640, 246.

Vendredi 10 février 1640, 247.

Les six commissaires de l'hôtel de ville viennent saluer le chancelier. Ce qu'il leur dit, 247.

Samedi 11 février 1640. Le chancelier part de Rouen, 250.

Verthamont va visiter l'abbaye de Jumiéges. Légende des *Enervés*, 251.

Dimanche 12 février 1640. Verthamont visite l'abbaye du Bec, 253.

Lundi 13 février 1640, 254.

Le chancelier au château des Roques, près la Bouille, 254.

Le chancelier à Pont-Audemer, 255.

Le chancelier à Lisieux, 255.

Mardi 14 février 1640. Le chancelier à Lisieux, 256.

Mercredi 15 février 1640, 257.

Jeudi 16 février 1640. Le chancelier arrive à Caen. Tous les corps vont le saluer, et le haranguent, 258.

Difficulté du voyage de Lisieux à Caen, vu le déplorable état des chemins, 262.

Vendredi 17 février 1640, 263.

Ce que dit le chancelier aux capitaines de la ville, 264.

Samedi 18 février 1640. Promenade de M. de Verthamont dans Caen, avec plusieurs habitans instruits, qui lui en expliquent les antiquités, 265.

Dimanche 19 février 1640, 269.

Lundi 20 février 1640, 270.

Mécontentement de Gassion, à cause de l'empêchement apporté au rétablissement d'un prêche, 272.

Mardi 21 février 1640. Madame de La Forest, fille du comte de Montgomméry, 274.

Mercredi 22 février 1640, 276.

Jeudi 23 février 1640, 278.

Vendredi 24 février 1640. Interdiction des officiers de ville de Caen, du lieutenant-général, comme *Maire perpétuel*, du procureur du roi, mais sans ordre à eux de quitter la ville, et de se rendre à la suite du roi, 279.

Six bourgeois notables, préposés à l'administration de la ville, 279.

Le chancelier reconnaît, de plus en plus, la nécessité du voyage dans la Basse-Normandie, 282.

Samedi 25 février 1640, 283.

Plusieurs maîtres des requêtes vont à Notre-Dame de la Délivrande, 284.

On amène à Caen deux séditieux, arrêtés depuis peu, 284.

Dimanche 26 février 1640, 286.

Lundi 27 février 1640. Le chancelier va visiter le collège des Jésuites, où on lui présente des vers faits à sa louange, 286.

Mardi 28 février 1640. Le chancelier part de Caen, après avoir réglé les indemnités dues aux préjudiciés, 286.

Le chancelier arrive à Bayeux, 287.

On reconnaît la nécessité de rester quelques temps à Bayeux et dans ces contrées. Impatience du secrétaire des commandements La Vrillière, 287.

Gosselin, professeur de rhétorique à Caen, 289.

Mercredi 29 février 1640. On s'occupe de régler les indemnités dues aux préjudiciés de Bayeux, 290.

Réglement des indemnités dues aux préjudiciés de Bayeux, 291.

Jeudi 1er mars 1640, 293.

Discussion, sur le dogme de la présence réelle, entre le chancelier Séguier, le colonel Gassion, le chanoine De la Lande, et le P. Lecourt, jésuite, 294.

Le chanoine De la Lande citant force textes grecs et hébraïques, Gassion perd patience, 297.

Aumônes du chancelier à de pauvres prisonniers, 297.

Vendredi 2 mars 1640, 298.

Le chancelier va à l'abbaye de Cérisy, 298.

Samedi 3 mars 1640. Le chancelier arrive à Saint-Lô, 299.

Dimanche 4 mars 1640. Le chancelier part de Saint-Lô, 300.

Le chancelier, arrivant à Coutances, trouve, dans les faubourgs, nombre de femmes à genoux, criant miséricorde, 301.

Le chancelier cherche à détourner les maîtres des requêtes d'aller au Mont-St-Michel, 304.

Lundi 5 mars 1640, 305.

Procès à ceux qui avaient brûlé la maison de Nicole, et traîné, pendant trois jours, Goaslin, son beau-frère, à la queue d'un cheval, puis l'avaient achevé de deux coups de pistolet, 305.

Le chancelier fait arrêter le vicomte de Coutances, 306.

Mardi 6 mars 1640, 307.

Potence, à quatre branches, plantée au marché au blé de Coutances, 307.

Jeudi 8 mars 1640. Pêche de la pleine lune de mars, 309.

Nombre de *Nu-pieds* s'étaient retirés aux Îles de Jersey et Guernesey, 311.

Le chancelier envoie démolir la maison du baron de Ponthébert, 311.

Jugement de plusieurs séditieux. L'un est condamné à la roue; les autres à la potence, 313.

A la question, ces condamnés chargent plusieurs gentilshommes, 313.

Vendredi 9 mars 1640. Le chancelier est obsédé par les parents des personnes compromises dans les séditions, 313.

Les condamnés, avant leur supplice, et sur l'échafaud, rétractent leur dire, 314.

Indemnité allouée à Nicole, receveur des tailles, à Coutances, 315.

Le chancelier fait démolir, à Avranches, les maisons de plusieurs séditieux, 316.

Par l'ordre du chancelier, le prévôt de l'Isle va, avec ses

soldats, abattre, à Cérences, sept ou huit maisons, 316.

Samedi 10 mars 1640, 318.

Leçon que fait le chancelier aux gentilshommes du Cotentin, mandés par lui à Coutances, 319.

Dimanche 11 mars 1640, 320.

Jacques de Saint-Simon, lieutenant général du présidial de Coutances, était en fuite et caché, 320.

Lundi 12 mars 1640, 322.

Brûlement de maisons, à Cérences, par les gardes de Gassion, 322.

Mardi 13 mars 1640. Jugement de contumaces, 322.

Mercredi 14 mars. Le chancelier retourne à Saint-Lô, 323.

La Vrillière retourne à Paris, 323.

Jeudi 15 mars 1640. Le chancelier va au château de Balleroy, 324.

Vendredi 16 mars 1640. Le chancelier revient à Bayeux, 325.

Le chancelier fait mettre en liberté nombre de malheureux prisonniers, 326.

Samedi 17 mars 1640. Le chancelier revient à Caen, 327.

Dimanche 18 mars 1640, 327.

Le chancelier assiste à la thèse du docteur Halley, pour le doctorat en droit, 328.

Mention du P. Eudes, fondateur de la congrégation des Eudistes, 329.

Délivrance de nombre de malheureux détenus dans les prisons de Caen, 329.

Lundi 19 mars 1640. Le chancelier part de Caen pour Lisieux, 331.

Mardi 20 mars 1640. Le chancelier quitte Lisieux, 331.

Le chancelier revient au château des Roques, 332.

Mercredi 21 mars 1640. Le chancelier était au château des Roques, 335.

Jeudi 22 mars. Le chancelier à Gaillon, 335.

Vendredi 23 mars. Le chancelier à Rosny, 335.

Samedi 24 mars. Le chancelier à Pontoise, 335.

Dimanche 25 mars. Le chancelier à La Chevrette, puis à Paris, 335.

Lundi 26 mars. Le chancelier à Ruel, 335.

Mardi 27 mars. Le chancelier salue le roi, et revient à Paris, avec le cardinal de Richelieu, chez qui il dîne, 335.

PIÈCES inédites, relatives aux séditions de 1639, en Normandie, extraites de deux volumes manuscrits compilés par le chancelier Séguier.

SÉDITIONS ARRIVÉES A ROUEN.

PREMIÈRE PIÈCE. — Mémoire de ce qui s'est passé devant et dans la sédition dernière, arrivée dans la ville de Rouen, à l'encontre de Léonard Hugot, commis à la recepte générale des droictz domaniaux de francs fiefz et nouveaux acquetz, relliefz et demy-relliefz, de la province de Normandie, qui peult donner cognoissance de quelques aulteurs et complices de la dicte sédition, 339.

DEUXIÈME PIÈCE. — Mémoire de deux séditions de la ville de Rouen, l'an 1639 (aoust), 344.

TROISIÈME PIÈCE. — Mémoire de la 1re, 2e et 3e séditions de Rouen, 353.

QUATRIÈME PIÈCE. — Procédures faictes, tant par le lieutenant général, que par le Parlement de Rouen, concernant les séditions arrivées en la dicte ville, l'an 1639, au mois d'aoust, 364.

CINQUIÈME PIÈCE, 366.

Information faicte par les sieurs Aubert et Lebrun, conseillers au Parlement, le 25 aoust, en exécution de l'arrest du dict jour, 370.

Procès faict à GORIN et à MARIE. — Information faicte, le 25 du dict mois d'aoust, par les sieurs Damyens et Duval, conseillers au Parlement, en exécution d'un arrest du dict jour, concernant ce qui s'est passé dans les fauxbourgs de Bouvreuil et Cauchoise, ès maisons des nomméz Pierre Dumesnil, La Mare, Lestoile, et autres bourgeois demeurantz aux dictz fauxbourgz, 372.

Procédures faictes par le Parlement de Rouen, concernant ce qui est arrivé en la maison du sieur Le Tellier, 373.

SIXIÈME PIÈCE. — Mémoire touchant la révolte de Rouen, 378.

SEPTIÈME PIÈCE. — La Cour des Aydes, 383.

HUITIÈME PIÈCE. — Memoire du chancelier Séguier, contenant, sur les mesures à prendre, par suite des séditions de la Normandie, plusieurs questions, sur lesquelles il demande les réponses et les ordres du roi, 386.

NEUVIÈME PIÈCE. — Mémoire de ceux qui ont esté piller la maison de monsieur de Tourneville et qui ont emporté les biens, 392.

DIXIÈME PIÈCE. — Copie d'un « Monitoire, pour avoir connoissance de l'assassinat commis en la personne d'un nommé Jacques Hay, dict Rougemont », 393.

ONZIÈME PIÈCE. — Promesse des capitaines et principaux bourgeois de la ville de Rouen, de conserver la dite ville en l'obéissance du roy, 395.

SÉDITIONS ARRIVÉES EN BASSE-NORMANDIE.

PREMIÈRE PIÈCE. — Relation de la révolte de la Basse-Normandie, 397.

Manifeste du hault et indomptable capitaine Jean Nudpiedz, général de l'armée de souffrance, 406.

DEUXIÈME PIÈCE. — Autre relation des séditions arrivées en la Basse-Normandie, 421.

TROISIÈME PIÈCE. — Sédition à Coutances. — Procès-verbal du lieutenant général au Bailliage de Coutances, touchant la sédition arrivée en la dite ville, 435.

QUATRIÈME PIÈCE. — Relation de la sédition qui s'est passée en la Généralité de Caen, 437.

CINQUIÈME PIÈCE. — Abrégé des choses qui se sont passées en Basse-Normandie, sur le fait de la rébellion, 440.

SIXIÈME PIÈCE. — Mémoire des noms de ceux qui ont trempé ès esmotions populaires et rébellions qui ont esté faictes en la ville de Caen, et autres circonvoisines de la province de Normandie, 441.

SEPTIÈME PIÈCE. — Mémoire pour punir les séditieux de la Basse-Normandie, 443.

HUITIÈME PIÈCE. — Mémoire touchant l'abolition des Nuds-pieds du diocèse d'Avranches, 444.

NEUVIÈME PIÈCE. — Lieux où sont envoyées en garnison les troupes d'infanterie qui sont venues à Rouen, 446.

Estat du logement des deux régiments de cavalerie qui sont allés en Basse-Normandie, 447.

Projet des troupes qu'on peut laisser en Basse-Normandie pour la sûreté du pays, 448.

Récompense donnée par Louis XIII au chancelier Séguier, après son voyage en Normandie. — Équité, désintéressement du chancelier, 448.

FIN DE LA TABLE.

IMPRIMÉ A ROUEN

POUR EDOUARD FRERE.

PAR NICETAS PERIAUX

M DCCC XLII